Katzenparadies

Katzenparadies

Schöne Geschichten für alle,
die ihr Herz an eine Katze
verloren haben

Herausgegeben von
Lia Franken

Inhalt

Paul Gallico

Ein Mann wird gezähmt

Als ich ein sehr junges Kätzchen war, hatte ich das Unglück, meine Mutter zu verlieren und mich im Alter von sechs Wochen allein in der Welt zu finden. Aber darüber war ich nicht unmäßig betrübt, denn ich war intelligent, nicht unschön, nie um einen Ausweg verlegen und voll Vertrauen zu mir selbst. Auch war mir das Glück einer mehrwöchigen Belehrung durch meine Mutter zuteil geworden, ehe sie den unglücklichen nächtlichen Zusammenstoß mit einem Auto hatte. Nach etwa einer Woche des Hundelebens auf dem Lande, mit einem höchst empörenden Speisezettel aus Raupen und Insekten, beschloß ich, eine Familie zu übernehmen und eine Hauskatze zu werden. Ich machte mich sofort daran, mein Ziel zu erreichen.

Ich entdeckte auf einer Lichtung ein kleines, freundlich weißes Haus mit grünbemalten Läden, einem Schuppen nahebei, Blumengarten, Gemüsegarten, Fischteich usw. Haus und Grundstück waren sauber gehalten und gehörten offensichtlich Leuten von einiger Wohlhabenheit. Ein teurer Wagen in der Garage bestätigte mir das. Ihr kennt den Spruch: «Schöne Gefühle öffnen keine Hummerdose.» Wenn ihr eine arme Familie übernehmen wollt, bitte sehr, das ist eure Sache. Meine sollte es nicht sein.

Ich schritt zur Hintertür des Hauses und erkundete. Ein Mann und seine Frau saßen drinnen beim Frühstück. Es gab keinen Hinweis auf Kinder, auch nicht auf Personal, und das war alles nur sehr gut. Kinder sind gelegentlich in Ordnung, man wird ihrer auch Herr, aber es ist besser, wenn möglich, eine Familie zu übernehmen, bevor die Kinder kommen. Dienstpersonal macht eine Menge Verdruß.

Das Paar sah genau aus wie die Familie, die ich brauchte, also

7

sprang ich zum Fliegengitter der Tür und wimmerte mitleiderregend.

Sie schauten vom Frühstück auf und zu mir her. Ich wußte genau, wie ich denen an der anderen Seite des Gitters erschien: unwiderstehlich! Ich tat, als verlöre ich den Griff auf dem Gitter, ließ mich fallen und krabbelte wieder hinauf, die ganze Zeit weinend.

Die Frau sagte: «Schau! Das arme kleine Ding! Es möchte herein. Vielleicht ist sie hungrig. Ich werde ihr Milch geben.» Genau was ich erwartet hatte! Ich hatte schon Eindruck gemacht. Alles, was noch fehlte, war, eine Pfote durch die Tür zu bekommen – aber so einfach war das nicht. Da gab es noch den Mann! Er begann zu knurren, zu schimpfen und zu schreien, daß er Katzen hasse und keine im Haus wünsche.

«Oho», sagte ich zu mir, «du willst mit mir anhängen, mein Freund, doch *ich* bin es, die weiß, wie das geht!» Wenn es etwas gibt, was vergnüglich zu überwältigen ist, dann ein Mann, der sich als Katzenfeind aufspielt.

Die Frau öffnete, nahm mich auf und sagte zum Mann: «Ich bitte dich, mach doch keinen solchen Radau, Liebling. Ich geb ihr nur einen Tropfen Milch. Wir setzen sie nachher wieder an die Luft.»

Der Witz ist, das werdet ihr begriffen haben: daß man den Männern, je mehr sie sich aufregen, desto weniger Gehör schenkt. Denn während er immer noch randalierte und protestierte – wo war ich? Drinnen! Und schlabberte Milch aus einem Teller.

Einmal im Haus, wußte ich genau, was zu tun war, denn meine Mutter, die selber mit einer schwierigen Mannsperson umgehen mußte, hatte mir viel von den Männern erzählt, und wie man sie zu behandeln hatte. Ich ignorierte ihn einfach und spielte mit der Frau, die mich «Liebes», «Liebling», «Süßes» und «Kleiner Engel» nannte.

Und natürlich, je mehr Umstände sie mit mir machte, desto ärgerlicher wurde er und schrie schließlich: «Schluß jetzt, genug. Los, hinaus mit ihr!»

Die Frau zum Mann: «Gewiß, Liebling.» Sie hob mich auf, setzte mich vor die Tür und flüsterte: «So, lauf jetzt, Kleines.» Aber natürlich wußte ich, daß es nicht ihr Ernst war, also sprang ich noch einmal auf das Gitter und weinte um Einlaß, bis der Mann kreischte: «Na also. Da siehst du, was du angestellt hast! Geh und bring sie hinüber zum Wald!»

8

Sie gehorchte, aber sowie sie sich umwandte, folgte ich ihr zurück zum Haus. Das geschah dreimal, während der Mann aus dem Haus kam, Hut auf dem Kopf, in sein Auto kroch und uns beobachtete. Beim viertenmal setzte ich mich einfach vor den Bäumen hin und schaute miserabel drein. Der Mann küßte seine Frau, aber das letzte, was er vor dem Abfahren tat, war, sich umzudrehen und mich da sitzen zu sehen, ganz allein, verlassen. Ich war zufrieden, denn ich wußte, ich hatte ihm seinen Tag verdorben, und alles, woran er noch denken konnte, war ich.

Natürlich, sowie der Wagen um die Kurve der Straße verschwunden war, kam die Frau aus dem Haus, hob mich auf und trug mich hinein. Wir verbrachten einen wunderbaren Tag zusammen.

Knapp vor Abend nahm sie mich in die Arme, küßte mich und sagte: «Nun, Liebling, mußt du leider weg. Er wird gleich zurückkommen.» Sie setzte mich an die Luft, und bald schwang das Licht des Wagens um die Kurve. Der Mann kam nach Hause.

Ich wartete, bis es ziemlich dunkel war, und dann, als ich mich soweit hatte, daß ich mir selber leid tat (denn ich war einsam und hungrig), setzte ich mich wieder vor die Tür und weinte, weinte, weinte einfach.

Im Eßzimmer brannte Licht. Durch das Fenster sah ich sie ihr Nachtmahl essen. Ich ging unter das Fenster und weinte lauter.

Plötzlich warf der Mann Messer und Gabel hin und rief: «Ich kann diesen Lärm nicht ertragen!»

«Welchen Lärm denn?» fragte die Frau.

«Dieses verdammte Katzenvieh. Ich hab dir ja gesagt, wie das ausgehen wird.»

Verdammtes Katzenvieh – ja, so redete er von mir. Na, bevor wir miteinander fertig waren, sollte er noch auf den Knien rutschen!

Ich legte alle meine Kraft in meine Miaus. Das mußte ein Herz von Stein erweichen.

Die Frau: «Das arme kleine Ding! Sie muß wieder hungrig sein.»

«Zum Teufel», rief er, «warum läßt du sie nicht herein und fütterst sie?»

Die Frau begann: «Weil du gesagt hast –»

Der Mann antwortete: «Was hab ich denn schon gesagt? Du kannst sie ja nachher wieder hinauslassen. Ich höre mich ja selbst nicht essen bei diesem dauernden verdammten Gewinsel.»

Die Frau kam also heraus, fing mich, und ich bekam wieder eine gute Mahlzeit. Nach dem Essen nahm mich die Frau auf ihren Schoß, spielte mit mir, und ich begann sofort zu schnurren und ihr den Hof zu machen. Der Mann las seine Zeitung, immer wieder aber senkte er sie und warf uns finstere Blicke zu.

Nach einer Weile legte die Frau mich auf ihren Stuhl, ging hinaus und kehrte nicht zurück. Ich tat, als ob ich schliefe, beobachtete aber den Mann, der immer zu mir herüberschaute. Ich wußte genau, was er dachte: er hätte mich gern auf seinem Schoß gehabt. Das konnte er aber nicht zugeben.

Nach einiger Zeit rief die Frau von oben: «Liebling, ich gehe gleich zu Bett. Willst du die Katze hinauslassen?»

Der Mann knurrte laut und warf die Zeitung fort: «Ich? Warum läßt du sie nicht hinaus? Du hast sie doch hereingelassen!»

«Liebling, ich bin schon ausgezogen. Bring du sie hinaus.»

Der Mann rief hinauf: «Verdammt noch mal! Also los!» – hob mich hoch, nahm eine Taschenlampe und trug mich hinaus. Er hielt mich sehr ungeschickt, und als ich meinen Kopf unter sein Kinn praktizierte, murmelte er «Laß das schon, Kleine», und ich wußte, daß ich ihn jetzt gleich soweit haben würde, wenn ich ihn bloß mit dem Bart ein wenig gestreichelt und dabei geschnurrt hätte. Aber keine Eile! Ich wußte jetzt, daß ich ihn kriegen konnte, wann immer ich wollte. Ich beschloß, ihn derart weichzureiten, daß er zur gegebenen Zeit mein bedingungsloser Sklave würde. Je elender ich ihn machen konnte, desto besser. Also bohrte ich meine Krallen in sein Hemd und schrie, als er sich bei den Bäumen meiner entledigen wollte.

Er machte mich los und setzte mich ab. Ich schrie weiter, als er ging, und natürlich drehte er sich wie erwartet um und leuchtete mit seiner Lampe, um zu sehen, ob ich ihm folge. Was ich natürlich tat. Er hob mich auf, knurrte: «Verdammt noch einmal, Kleine, bleib da!», aber ich verankerte mich wieder in seinem Hemd. Wir wiederholten alles mehrmals. Gelegentlich bohrte ich meinen Kopf unter sein Kinn, und er fing an mit «Na, was dann!» ... und da begann ich zu schnurren! Er sagte aber: «Daß du dich nur nicht täuschst, mein Kätzchen!» und marschierte mit mir davon. Diesmal brachte er mich in den Schuppen, wo er herumrumorte, bis er eine alte Pappschachtel gefunden hatte, in die er mich steckte. «So», sagte er, «hier kannst du bleiben, aber sei um Himmels willen still!» Dann ging er, aber er konnte sich wieder nicht enthalten, sich umzuwenden und das Licht auf mich zu richten, weil er sehen wollte, ob ich ihm wieder folgte. Diesmal tat ich's nicht. Ich saß nur da, schaute ihn an, den Kopf aus der Schachtel gestreckt, und er stand da und schaute mich an. Und so verabreichte ich ihm das stumme Miau.

Der Erfolg war wie erwartet. Der Mann wurde ganz weich. Er stand völlig hilflos da und fragte: «Um Himmels willen, Kleine, was willst du denn jetzt noch?»

Ich gab ihm das stumme Miau nochmals.

Er kehrte in den Schuppen zurück und sah verwirrt drein, holte mich aus der Schachtel und sagte: «Was möchtest du eigentlich, Kleine, zum Teufel?» Ich schob meinen Kopf in seinen Nacken und schnurrte wie verrückt. «Nichts da», sagte er, «zurück ins Haus kannst du nicht.» Und dann: «Aha, ich glaube, die Schachtel ist dir nicht gut genug, wie? Na, schauen wir einmal, was wir für dich tun können.»

Er legte mich nieder und kramte herum, bis er ein altes Stück Tuch gefunden hatte, das er ausschüttelte und zu einem kleinen Nest für mich zusammenfaltete. «So also, besser jetzt, Kleine?» fragte er und wollte hinausgehen. Aber ich wußte, er würde noch einmal zurückschauen, und als es geschah, war ich auf dem Posten. Ich bediente ihn diesmal mit einem lauten Miau.

Er stammelte: «Um Himmels willen, Kleine, ich kann doch nicht die ganze Nacht hier herumstehen. Was willst du denn?»

Ich gab es ihm noch einmal. Er kehrte zurück, nahm mich heraus, hob das Tuch auf, legte es in die Schachtel und senkte mich wieder hinein. Das war es, was ich wollte, und ich ließ es ihn wissen, indem ich ein paarmal in der Schachtel herumkreiste, mein Bett machte, mich einrollte und schnurrte. Er sah einen Augenblick auf mich herab und sagte: «In Ordnung, Kleine, jetzt hab ich verstanden», und dann ging er zurück ins Haus. Seine Frau mußte an der Tür auf ihn gewartet haben, denn ich hörte sie sagen: «Liebling, was hast du denn getrieben? Du warst ja endlos weg!» und dann seine Antwort: «Ich dachte, es könnte regnen. Ich hab die Katze in den Schuppen getan. Dort kann sie bleiben!»

Ich und dort bleiben! Was für ein Witz! Schon am nächsten Abend hielt ich die Zeit für gekommen, ihn ganz zu erledigen.

Es war ein heißer, schwüler Sommerabend. Ich saß auf dem Schoß der Frau und störte sie beim Nähen. Der Mann las wie gewöhnlich in seiner Zeitung. Ich sprang vom Schoß der Frau, machte einen schönen runden Buckel, wanderte hinüber, setzte mich und schaute dem Mann zu. Zuerst tat er, als sehe er mich nicht. Endlich aber legte er die Zeitung nieder und seufzte: «Na, was willst du, Kleine?»

Ich gab ihm die volle Kur – das große «Hallo» mit dem Anreiben um die Fesseln. Wie ich erwartete, ging der Mann ganz aus dem Leim und sagte: «Na, du Süße, möchtest du auf meinen Schoß?» Womit er mich aufhob, dort absetzte und begann, mich unter dem Kinn zu streicheln. Ich drehte das Schnurren an, entwickelte Anmut und bediente ihn mit Rollen im Schoß und Anschmiegen, leckte seine Hand. Natürlich schmolz er total hin und begann idiotische Sachen zu murmeln, wie «Na, was haben wir denn jetzt vor, Kleine?», was er fortwährend wiederholte, triumphierende Blicke auf seine Frau werfend, die nur dortsaß, nähte und nichts sagte.

In diesem Augenblick begann es zu blitzen, schmetternd zu donnern, und der Regen rauschte. Sie gingen durchs Haus, alle Türen zu schließen, der Mann trug mich dabei herum und sagte: «Keine Angst, kleines Mädchen. Nur ein dummes Gewitter, das ist alles.» Später verzog sich das Unwetter, aber es regnete weiter, und die Frau sagte: «Ich glaube, wir gehen zu Bett. Wirst du die Katze hinausbringen?»

Der Mann warf ihr einen Blick zu, als sei sie wahnsinnig geworden, und rief: «Was? Sie in einer Nacht wie dieser hinausbringen? Bist du verrückt?»

«Warum? Sie hat's doch gut im Schuppen, oder nicht? Ich denke, du willst keine Katze im Haus...?»

Der Mann wurde wild. «Nun ja, ich will keine Katze im Haus», rief er, «aber das heißt doch nicht, daß ich sie in den Regen hinausjage. Sie zittert wie Espenlaub. Hast du denn gar kein Herz?»

Die Frau hob die Schultern: «Wie du willst.»

«Ganz bestimmt werde ich tun, was ich will! Wir können in der Küche für sie ein Polster auf den Boden legen.»

Sie gingen hinauf in ihr Schlafzimmer, und ich hörte sie herumgehen. Nach einer Weile verlöschten sie das Licht, und die Frau sagte: «Du hast die Schlafzimmertür nicht geschlossen.»

«Na, und wenn das Gewitter zurückkommt?» antwortete er. «Und die Kleine kriegt's mit der Angst, und wir würden sie nicht hören, was dann?»

So ging ich also während der Nacht natürlich hinauf, aufs Bett, schlief auf der Decke, darunter seine Füße waren, und da war es schön warm. Am Morgen weckte ich ihn, indem ich auf sein Gesicht spazierte und meinen Fuß in seinen Mund steckte. Er setzte sich auf, nahm mich und flötete: «Na, kleine Süße, wer hat dich denn eingeladen? So, und jetzt laß dich einmal anschauen.» Und er begann mit mir zu spielen. Ich steckte meinen Kopf wieder unter sein Kinn und schnurrte.

Seine Frau sagte: «Lieber, meinst du wirklich, daß wir sie auf dem Bett haben sollten . . .»

Er warf ihr einen bösen Blick zu. «Warum nicht? Was ist falsch dran? Schau her, sie ist verrückt nach mir. Katzen sind doch sauber?»

«Ja schon, aber –»

«Aber was? Sie ist doch auf meiner Seite im Bett. Ich weiß nicht, warum du dich aufregst.»

Wir nahmen alle das Frühstück in der Küche unten, und ich saß auf seiner Schulter oder lag auf der Lehne des Stuhls hinter seinem Hals. Der Mann sah höchst selbstzufrieden drein und sagte: «Schau dir den kleinen Bastard an. Was ist in ihn gefahren?»

Seine Frau sagte: «Kein Bastard. Sie ist eine sie. Ich glaube, sie ist in dich verliebt.»

Diese Behauptung hatte einen höchst kuriosen Effekt auf den Mann. Er begann lauter zu lachen, als nötig war, fummelte nach Zigaretten und wußte nicht, was er mit seinen Händen beginnen sollte. Er errötete wahrhaftig und stotterte: «Unsinn, ich habe nur gewußt, wie ich sie beim Gewitter behandeln soll. Sie ist einfach dankbar.»

Ich rutschte auf meinem Sitz hin und her, rieb mich an seinem Nacken und schnurrte. Als er an diesem Morgen zur Arbeit fuhr, küßte er seine Frau zum Abschied, sagte: «Wiedersehen, Kleine» zu mir und dann noch, ehe er hinausging, zur Frau: «Kümmere dich um meine Kleine.»

An diesem Abend sprang ich nach dem Abendessen auf seine Schulter, als er die Zeitung las, und blieb dort.

Plötzlich legte er das Blatt hin, gähnte, streckte sich und bemerkte: «Schlafenszeit, nicht wahr? Komm, Kleine.»

Vom Schuppen war keine Rede mehr. Auch von der Küche nicht. Wir gingen alle nach oben. So kam ich in mein Haus.

Karel Čapek

Möchten Sie nicht ein Kätzchen?

Am Anfang dieser Geschichte von einer Katze steht – mit der Inkonsequenz, die für die Wirklichkeit bezeichnend ist –, ein Kater, und zwar ein geschenkter.

Jedes Geschenk hat etwas Übernatürliches. Jedes ist gleichsam aus einer anderen Welt, fällt vom Himmel, dringt ohne Rücksicht mit dem Elan eines Meteoriten auf uns und in unser Leben ein. Besonders dann, wenn es sich um einen geschenkten Kater mit blauem Bändchen handelt.

So wurde er denn auf den Namen Philipp getauft. Infolge seiner unterschiedlichen moralischen Qualitäten nannten wir ihn dann auch Kujon oder Lumpi. Er war ein Angorakater, aber zausig und rostfarben wie irgendeine Miez aus unseren Landen.

Eines Tages fiel Philipp – im Zuge einer Expedition – vom Balkon einer Frauensperson auf den Kopf. Diese fühlte sich dadurch teils gekratzt, teils tief beleidigt und erhob gegen meinen Kater Anklage. Er sei ein gefährliches Tier, das vom Balkon ahnungslosen Passanten auf den Kopf springt. Ich konnte zwar die Unschuld meines seraphischen Tierchens beweisen, doch drei Tage später tat es seinen letzten Atemzug. Arsen und menschliche Bosheit hatten es dahingerafft.

Als ich eben mit seltsam verschleierten Augen beobachtete, wie seine Glieder sich in letzten Zuckungen streckten, vernahm ich von der Eingangstüre her ein klägliches Miauen. Dort stand zitternd ein verirrtes, schmutziges Kätzchen, das abgemagert war wie ein Fakir und dreinsah wie ein verlorenes Kind. Nun, komm her, Miez! Vielleicht ist es ein Fingerzeig Gottes, der Wille des Geschickes, ein geheimnisvoller Wink oder wie man es sonst nennen mag, wenn man guten Willens und traurig ist. Am ehesten meine ich, daß mein

Katerchen Philipp in der Sekunde seines Hinscheidens Ersatz geschickt hat.

Das war also das Entree der Katze, die wegen ihrer Bescheidenheit den Namen Daisy – Gänseblümchen – erhielt. Wie Sie merken, kam sie aus dem Unbekannten, aber ich lege Zeugnis dafür ab, daß sie sich auf ihren geheimnisvollen oder gar übernatürlichen Ursprung nichts zugute tat. Im Gegenteil! Sie benahm sich wie jede sterbliche Katze. Sie trank Milch, stahl Fleisch, schlief auf meinem Schoß und trieb sich nächtens herum.

Als ihre Zeit kam, warf sie fünf Junge. Eines war rotbraun, eines schwarz, das dritte dreifarbig, das vierte dunkelgrau und das letzte gar ein Angora.

Aha, da haben wir es!

Ich begann, alle Bekannten zu stellen: «Hören Sie», sagte ich großartig, «ich habe für Sie ein phantastisches Kätzchen!» Einige von ihnen wanden sich heraus – wahrscheinlich aus übermäßiger Bescheidenheit –, sie möchten wohl, können aber leider nicht und was dergleichen Ausreden mehr sind. Andere wieder waren so verblüfft, daß sie kein Wort herausbrachten, worauf ich ihnen schnell die Hand drückte und erklärte, die Sache sei demnach abgemacht. Das Katzenjunge würde ich ihnen beizeiten zustellen lassen. Und schon jagte ich dem nächsten zukünftigen Katzenbesitzer nach.

Es gibt wohl nichts Schöneres als so eine Katzenmutterschaft. Man sollte sich eine Katze schon wegen ihrer Jungen anschaffen. Sechs Wochen später allerdings ließ Daisy ihre Kätzchen Katzen sein und wollte den heiseren Bariton von Nachbars Kater aus nächster Nähe genießen.

Nach dreiundfünfzig Tagen entledigte sie sich junger Katzen, sechs an der Zahl. Nach Jahr und Tag waren es insgesamt siebzehn. Ich glaube, daß der Mann, der den Ausdruck «fruchtbar wie ein Kaninchen» prägte, meine Daisy nicht gekannt haben kann.

Immer hatte ich gedacht, der Teufel hol's, ich hätte weiß Gott wie viele Bekannte. Doch seit der Zeit, da sich Daisy mit der Katzenfabrikation befaßt, erkenne ich, daß ich im Leben allein stehe. Daß ich zum Beispiel niemanden habe, dem ich das sechsundzwanzigste Junge anbieten könnte.

Wenn ich mich jemandem vorstelle, murmle ich meinen Namen und dann: «Möchten Sie vielleicht ein Kätzchen?» – «Was für ein

Kätzchen?» fragen die Leute erstaunt. «Das weiß ich noch nicht», antworte ich, «ich weiß nur, daß ich demnächst wieder welche bekomme.»

Bald hatte ich den Eindruck, daß mich die Leute mieden. Vielleicht war der Neid die Ursache, weil ich soviel Glück mit Katzenjungen hatte.

Nach Brehm haben Katzen zweimal im Jahr Junge. Daisy kam hohnlächelnd drei- bis viermal jährlich nieder, und das ohne Rücksicht auf die Jahreszeit. Sie war eben eine übernatürliche Katze. Offenbar war ihr die Bestimmung auferlegt, den vergifteten Kater zu rächen und hundertfach zu ersetzen.

Nach drei Jahren fruchtbarer Tätigkeit ging Daisy plötzlich ein. Dies war die Folge eines schweren Hiebes, den ihr irgendein Hausmeister unter dem unwürdigen Vorwand versetzt hatte, sie wäre in seine Speisekammer eingedrungen und hätte dort eine Gans gefressen.

An dem Tag, da Daisy dahinschwand, kehrte ihre jüngste Tochter zu uns zurück, die ich meinem Nachbarn angehängt hatte. Sie blieb unter dem Namen Daisy II, dies in gerader Nachfolge ihrer verblichenen Mutter. Sie folgte geradezu vorbildlich nach. Als sie noch ein Katzenjüngferlein sein sollte, ging sie auf wie Kuchenteig und schenkte der Welt alsbald vier Junge. Eines schwarz, eines ziegelrot, eines gesprenkelt wie eine Pferdebohne und das vierte mit dem Schimmer durch Waschblau gezogener Bettücher.

Daisy II warf dreimal jährlich mit der Präzision eines Naturgesetzes. Innerhalb von dreißig Monaten bereicherte sie die Fauna unserer Stadt durch einundzwanzig Katzen aller Farben und Rassen, die von der Insel Man ausgenommen, denn dort kommen die Katzen schwanzlos zur Welt.

Das einundzwanzigste Junge brachte mich in größte Verlegenheit: Ich konnte keinen Abnehmer dafür finden. Eben hatte ich mich entschlossen, die Aufnahme in eine Freimaurerloge anzustreben, die mir einen neuen Bekanntenkreis erschließen sollte, als Nachbars Rolf Daisy II zu Tode biß.

Das hinterbliebene Kätzchen wurde mit dem Namen Daisy III begabt und warf vier Monate später fünf Junge. Seit dieser Zeit erfüllt sie ihre Mission gewissenhaft in Intervallen von fünfzehn Wochen.

Man würde gar nicht glauben, daß sie eine so große, unsterbliche

Aufgabe hat. Sie sieht aus wie eine gewöhnliche dreifarbige Hausmiez, die den ganzen Tag auf dem Schoß des Familienpatriarchen schläft – oder auf dessen Bett –, einen ausgeprägten Sinn für persönliche Bequemlichkeit hat, gegen Mensch und Tier gesundes Mißtrauen hegt und, wenn es darauf ankommt, ihre Interessen und ihre angestammten Rechte mit Zahn und Kralle zu verteidigen weiß.

Doch wenn die fünfzehn Wochen um sind, beginnt sie zitternde Unruhe zu zeigen, sitzt nervös vor der Tür und täuscht vor: «Mensch, ich muß schnell hinaus, ich vergehe vor Bauchgrimmen!» Dann fliegt sie wie eine Hexe ins nächtliche Dunkel und kehrt erst morgens wieder. Verfallen im Gesicht und mit Ringen unter den Augen.

In dieser Zeit kommt vom Norden her, wo der große Friedhof sich breitet, ein riesiger schwarzer Kater. Vom Süden, wo es von Fabriken wimmelt, schleicht ein rotbrauner, einäugiger Raufbold daher. Der Westen, in dem die Zivilisation siedelt, entsendet einen Angorakater, der einen Schwanz wie Straußenfedern hat, und der Osten, wo gar nichts ist, liefert ein geheimnisvolles weißes Tier mit getigertem Schweif.

Inmitten der vier sitzt dreifarben und schlicht Daisy III und lauscht bezaubert ihrem Geheul, ihren abgehackten Schreien, dem Gewimmer gemordeter Säuglinge, dem Grölen betrunkener Matrosen, den Saxophonen, dem Dröhnen der Trommel und den übrigen Instrumenten der großen Katersymphonie.

Damit alles klar ist: Zum Katersein gehört nicht nur Kraft und Tapferkeit, es gehört auch Ausdauer dazu. Manchmal belagern die vier apokalyptischen Kater Daisys Heim eine volle Woche hindurch. Sie blockieren das Tor, dringen durch die Fenster ins Haus ein und entweichen wieder unter Zurücklassung höllischen Gestanks.

Endlich kommt die Nacht, da Daisy III nicht auszugehen fordert. «Laßt mich schlafen», sagte sie, «schlafen, in alle Ewigkeit schlafen. Schlafen, träumen – ach, ich bin ja so unglücklich!»

Worauf sie in angemessener Frist fünf Junge wirft. Ich habe diesbezüglich schon meine Erfahrungen: Es werden fünf sein. Ich sehe sie schon vor mir, die teuren, süßen Dingerchen, wie sie wieder durch die Wohnung hüpfen und schleichen, vom Tisch die Stehlampe reißen, Schuhe von innen naß machen, mir die Beine entlang auf den Schoß kriechen, wie ich ein Junges im Ärmel finde, wenn ich den Rock anziehen will, die Krawatte unterm Bett, die ich umbinden wollte. Ja, mit Kindern hat man Sorgen, das wird jeder bestätigen. Es genügt nicht, sie zu erziehen, man muß auch ihre Zukunft sicherstellen.

In meiner Redaktion haben schon alle Kollegen Kätzchen. Ich bin bereit, jeder Organisation, jedem Verein beizutreten, wenn mir die Abnahme von einundzwanzig Katzenjungen garantiert wird.

Inzwischen werde ich mich in dieser unerfreulichen Welt nach Plätzen für weitere Generationen umsehen, und Daisy III oder IV werden – die Pfötchen eingezogen – das Garn ihres Katzenlebens spinnen. Sie werden von einer Katzenwelt träumen, von Katzenarmeen und davon, daß die Katzen, sobald ihrer genug sind, das Weltall erobern wollen. Denn das ist die große Aufgabe, die ihnen der unschuldig hingemordete Kater Philipp auferlegt hat.

Aber ernstlich: Möchten Sie nicht ein Kätzchen?

Colette

Nonoche

Die Sonne versinkt hinter den Ebereschenbäumen, deren grüne Beerendolden da und dort schon einen rosigen Hauch zeigen. Langsam erholt sich der Garten von der Hitze des Tages. Noch hängen die weichen Blätter des Tabaks schlaff herab. Das Blau des Eisenhuts ist ganz gewiß bleicher geworden seit heute morgen, aber die Reineclauden, die gestern noch grün waren unter ihrem silbrigen Staub, haben heute abend alle eine bernsteinfarbige Backc.

Der Schatten der Tauben kreist riesengroß auf der warmen Mauer des Hauses und erweckt mit einem Fächerschlag Nonoche, die in ihrem Korb schlief.

Ihr Fell hat gefühlt, wie der Schatten eines Vogels über sie hinstrich. Sie weiß nicht recht, was ihr geschehen ist. Sie hat ihre japanischen Augen, deren Grün einem das Wasser im Munde zusammenlaufen läßt, zu schnell geöffnet. Sie sieht dumm aus, wie ein sehr hübsches junges Mädchen, und die Flecken ihres portugiesischen Katzenfells scheinen noch unregelmäßiger verteilt als sonst. Ein orangefarbener Kreis sitzt auf der Wange, ein schwarzer Streifen auf der Schläfe, drei schwarze Punkte am Mundwinkel neben der rosigen Nase... Sie senkt die Augen. Ein dreieckiges Lächeln gleitet über ihr Gesicht: Sie hat sich in der Wirklichkeit wieder zurechtgefunden. An sie geschmiegt, in sie versenkt, liegt, wie eine Schnecke zusammengerollt, ihr schlafender Sohn.

«Wie schön ist er doch!» sagt sie sich. «Und dick! Keines meiner Kinder war so schön. Übrigens erinnere ich mich gar nicht mehr an die anderen ... Er macht mir warm.»

Sie rückt zur Seite und zieht den Bauch ein, bevor sie aufsteht, damit sie ihren Sohn nicht weckt. Dann krümmt sie den Rücken zu einem Dromedarbuckel, setzt sich und gähnt, wobei sie die feinen Rippen eines dreimal schwarzgefleckten Gaumens sehen läßt.

Trotz mehrfacher Mutterschaft hat Nonoche einen kindlichen Ausdruck, der über ihr Alter täuscht. Ihre kräftige Schönheit wird lange jung bleiben. Weder an ihrem Gang noch an ihren schlanken und schmalen Lenden kann man erkennen, daß sie in vier Würfen bereits achtzehn Junge in die Welt gesetzt hat. Die Spitzen ihrer kurzen dichten Haare glänzen und zeigen wie Hermelin im Sonnenlicht alle Farben des Regenbogens. Ihre Ohren sind ein wenig zu lang geraten und verstärken den reizenden Ausdruck des Staunens in ihren schief stehenden Augen. Ihre zarten, mit kurzen, krummen Krallen bewaffneten Pfoten verstehen es, sich zutraulich und weich in eine Freundeshand zu schmiegen.

Leichtfertig, verträumt, leidenschaftlich ist Nonoche, naschhaft, zärtlich und eigensinnig. Sie will nicht mit jedermann umgehen, sondern nur mit Auserwählten, mit Katzenfreunden. Doch selbst diese verstehen sie nicht sofort und sagen: «Welch launenhaftes Tier!» Launenhaft? Nein. Launenhaft ist sie nicht; bloß übermäßig reizbar. In der Freude ist Nonoche immer den Tränen nahe, und selten endet ein Spiel mit Bindfaden oder Wollknäuel ohne hysterische Krise, Gebeiße, Gekralle und rauhes Gefauche. Doch solch eine Krise läßt sich durch verständnisvolles Streicheln überwinden. Gleitet eine sanfte Hand über ihre feinfühligen kleinen Zitzen, so wird die eben noch rasende Nonoche sich weicher als ein Hasenfell auf die Seite strecken und zitternd zu schnurren beginnen. Zuweilen schnurrt sie so stark, daß sie husten muß...

»Wie schön er ist!» sagt sie, indem sie ihren Sohn betrachtet. «Der Korb wird zu klein für uns beide. Es ist ein wenig lächerlich, daß ein so großes Kind noch bei der Mutter trinkt. Er saugt nun schon mit spitzen Zähnen... Er kann längst aus der Untertasse trinken, der Geruch rohen Fleisches läßt ihn aufschreien, er scharrt, meinem Beispiel folgend, in der Kiste voll Sägespänen, und zwar ganz ängstlich und hastig wie ich selber... Ich habe ihm wirklich nichts mehr beizubringen. Nur entwöhnen muß ich ihn noch. Wie er meine dritte Zitze rechts schon zugerichtet hat! Es ist ein Jammer. Das Fell meines Bauches ringsum sieht aus wie ein Roggenfeld nach einem Regenguß! Aber ach, wenn dieses große Junge sich auf mich stürzt, die Augen geschlossen wie ein Neugeborenes, wenn es seine zu breit gewordene Zunge rings um die Zitze zu einer Rinne zusammenrollt... mag es mich wild anpacken, beißen, aussaugen, ich habe nicht die Kraft, es daran zu hindern!»

Nonoches Sohn schläft in seinem gestreiften Kleid, mit leblosen Pfoten und zurückgeworfenem Kopf. Unter seiner hochgezogenen Lippe kann man die Spitze der Zunge sehen, die rot ist vom Saugen, und vier sehr harte, kleine Zähne, die aus durchsichtigem Kiesel gemacht scheinen.

Nonoche seufzt, gähnt und steigt vorsichtig über ihren Sohn hinweg. Die Wärme der Fliesen tut den Pfoten wohl. Eine Libelle knistert in der Luft, ihre Flügel aus steifer Gaze streifen herausfordernd Nonoches Ohren. Nonoche zuckt zusammen, runzelt die Stirn und bedroht das türkisblau schimmernde, längliche Tier mit ihrem Blick.

Die Berge hüllen sich in blauen Dunst. Die Tiefe des Tales füllt sich mit weißem Nebel, der schwankend wallt und sich wie eine Welle ausbreitet. Schon steigt ein frischer Hauch von diesem See aus Wasserdampf auf, und Nonoches Nase belebt sich schnuppernd und wird feucht. In der Ferne ruft der Hirt unermüdlich seine Kühe. Kuhglocken bimmeln, der Wind weht friedlichen Stallgeruch herbei, und Nonoche denkt an den Milcheimer, den leeren Eimer, aus dem sie den Kranz restlichen Schaumes leckt... Sie miaut vor Begehrlichkeit. Müßiggang lastet auf ihr, sie langweilt sich. Seit einiger Zeit wird sie allabendlich, wenn es zu dämmern beginnt, von melancholischer Gereiztheit ergriffen, von einem Gefühl der Leere, von einem unbestimmten Verlangen...

Die erste Fledermaus schwingt sich in Zickzackflügen durch die Luft. Sie fliegt so niedrig, daß Nonoche zwei Rattenaugen unterscheiden kann und den roten Samt des feigenförmigen Bauches. Auch so ein Tier, das man nicht recht kennt noch begreift. Es dünkt einen verächtlich und hat doch etwas Beunruhigendes. Durch Gedankenverknüpfung kommt Nonoche der Igel in den Sinn und die Schildkröte, ebenfalls rätselhafte Erscheinungen. Nachdenklich fährt sie sich mit einer speichelbenäßten Pfote übers Ohr.

Doch plötzlich hält sie inne, die Ohren legen sich spitz nach vorn, das herbe Grün der Augensterne wird schwarz.

Hat sie nicht eben aus der Tiefe des Waldes, auf den die wuchtige Dunkelheit der Nacht mit einem Male herabgesunken ist, über das unbewegliche Gold der Weingelände hinweg, durch alle anderen vertrauten Geräusche hindurch, den Ruf des Katers vernommen – langgezogen, wild, melodisch, einschmeichelnd?

Sie horcht... Nichts mehr. Sie hat sich geirrt... Nein! Der Ruf ertönt von neuem in der Ferne, rauh und zum Weinen traurig, erkennbar unter allen anderen Stimmen. Mit vorgestrecktem Hals sieht Nonoche aus wie die Statue einer Katze. Nur ihr Schnurrbart bewegt sich ein wenig, denn ihre Nasenlöcher zittern. Woher kommt er, der Verführer? Was wagt er zu verlangen, was zu versprechen? Sein Ruf wiederholt sich, ändert den Ton, wird zärtlich, wird drohend. Er nähert sich und bleibt trotzdem unsichtbar. Seine Stimme erklingt aus dem schwarzen Wald, als wäre sie die Stimme des Schattens selbst.

«Komm!... Komm!... Wenn du nicht kommst, ist es um deine Ruhe geschehen. Diese Stunde ist die erste, aber bedenke, daß alle folgenden ebenso wie diese von meiner Stimme erfüllt sein werden, dir ebenso Kunde bringen werden von meinem Begehren... Komm!

Du weißt es, du weißt es nur zu gut, daß ich ganze Nächte hindurch klagen kann, daß ich nicht mehr trinken und nicht mehr essen werde, denn meine Begierde erhält mich am Leben, Liebe ernährt mich... Komm!

Du kennst mein Gesicht nicht, aber was tut das? Voll Stolz teile ich dir mit, wer ich bin: Ich bin der lange Kater, dessen Fell zehn Sommer zerfetzt, den zehn Winter gestählt haben. Eine meiner Pfoten trägt die Narbe einer alten Wunde und hinkt, meine zerschrammten Nüstern sind verzerrt, ich habe nur noch ein Ohr und das ist von den Zähnen meiner Rivalen zerbissen.

Weil ich immer auf der Erde schlafe, hat die Erde mir ihre Farbe gegeben. So unablässig bin ich umhergestreift, daß meine Pfoten hörnerne Sohlen tragen und hart auf dem Waldpfad klingen wie die Hufe eines Rehs. Ich gehe wie ein Wolf mit zu Boden geducktem Hinterteil, der Stummel meines Schwanzes ist fast kahl. Meine ausgemergelten Flanken stoßen zusammen, die Haut gleitet mir lose über die trockenen Muskeln, die Raub und Gewalttat gestrafft haben... In all dieser Häßlichkeit bin ich dennoch die Liebe! Komm!... Wenn ich dir vor die Augen treten werde, wirst du nichts anderes sehen als die Liebe!

Meine Zähne werden deinen widerspenstigen Nacken beugen, ich werde dein Kleid beschmutzen, ich werde dir ebenso viele Bisse zuteilen wie Liebkosungen. Jede Erinnerung an dein Heim wird ausgelöscht sein in dir, und tage- und nächtelang wirst du meine wilde, heulende Gefährtin sein. Bis die noch dunklere Stunde kommt, da du wieder allein sein wirst. Denn ich werde heimlich entfliehen, deiner überdrüssig, gerufen von einer Unbekannten, die ich noch nicht besessen habe... Dann wirst du zu deiner Heimstätte zurückkehren, ausgehungert, gedemütigt, schmutzbedeckt, blaß die Augen und das Rückgrat eingedrückt, als ob die Jungen schon schwer in deinem Bauch lasteten. Du wirst dich in einen langen Schlaf flüchten, doch in deinen Träumen wird unsere Liebe wieder auferstehen... Komm!...»

Nonoche lauscht. Nichts in ihrer Haltung verrät, daß sie mit sich selbst kämpft, denn die Lüge ist der erste Schmuck einer Verliebten. Sie lauscht, weiter nichts...

Die Dunkelheit erweckt allmählich ihren Sohn im Korb. Wie eine haarige Raupe entrollt er sich, streckt tastend die Pfoten von sich. Ungeschickt richtet er sich auf, breiter als hoch, und setzt sich in kindlicher Würde zurecht. Das schwindende Blau seiner Augen, das sich bald in Grün oder in blasses Gold verwandelt haben wird, verrät ein wenig Beunruhigung. Um besser schreien zu können, dehnt er seine gelbliche Nase, gegen die alle Streifen seines Gesichts zusammenlaufen... Doch er schweigt tückisch: er hat den buntgefleckten Rücken seiner Mutter gesehen, die auf der Terrasse sitzt.

Aufrecht auf seinen vier kurzen Pfoten, der Überlieferung getreu, die ihn diesen barbarischen Tanz gelehrt hat, mit zurückgelegten Ohren, gekrümmtem Rücken, eine Schulter vorgeschoben, nähert er sich in kleinen Sprüngen Nonoche und stürzt sich auf die Ahnungslose... Welch schöner Spaß! Fast hätte sie geschrien. Nun gibt es sicher bis zum Abendessen ein tolles Spiel!

Doch ein kräftiger Pfotenhieb hat den Angreifer von der Terrasse hinuntergeworfen, und nun hageln Schläge auf ihn herab, begleitet von wildem Gefauche und wütenden Blicken... Mit brummendem Kopf und staubbedeckt erhebt sich Nonoches Sohn, so erstaunt, daß er nicht einmal zu fragen wagt, warum ihm dies widerfahren ist, noch jener zu folgen, die fortan nie mehr seine Amme sein wird. Würdig schreitet sie den dunklen Gartenweg entlang, dem Walde zu...

Cleveland Amory

Die Katze, die zur Weihnacht kam

Niemanden, der je Eigentum einer Katze war, wird es verwundern, daß er selbst die unbedeutendsten Ereignisse, die im Zusammenhang mit seiner Katze passierten, sein ganzes Leben nicht vergißt. Zu diesen Erinnerungen gehört nicht zuletzt, wie sie beziehungsweise er ihm zum erstenmal begegnete.

Als ich meine Katze das erstemal sah, dachte ich nie, daß unser Zusammentreffen je etwas Denkwürdiges bekommen würde. Zunächst einmal sah ich sie nur undeutlich. Es schneite, und sie stand in einiger Entfernung von mir in einer engen Straße in New York. Und dann nahm das, was ich von ihr sah, mich ganz und gar nicht für sie ein. Sie war mager, sie war verdreckt, und sie war anscheinend verletzt.

Die Umstände unserer Begegnung entbehrten nicht einer gewissen Ironie: Es war Heiligabend, und inmitten der weihnachtlichen Stimmung bot die Katze ein Bild des Jammers. Ein Fremder würde es kaum glauben, aber New York kann, wenn es sich anstrengt, eine schöne Stadt sein. So war es auch an jenem Weihnachtsabend vor ein paar Jahren.

Einen wichtigen Beitrag leistete der Schnee: Schnee lag in den Straßen, und noch immer fielen dicke Flocken – ein seltener Anblick zu Weihnachten. Die weiße Pracht begann allmählich die vielen alltäglichen New Yorker Mißlichkeiten wie Lärm und Dreck, üble Gerüche und Schlaglöcher zu dämpfen und zu überdecken. Die Christbäume und die Lämpchen und die weihnachtlich dekorierten Fenster, all das, was anderswo so gewöhnlich wirken kann, wirkte an diesem verschneiten Abend in New York einfach stimmig.

Für mich persönlich jedoch schien gerade dieses Weihnachtsfest wenig Erfreuliches bereitzuhalten. Daß es bereits sieben Uhr war und ich noch immer in meinem Büro am Schreibtisch saß, sprach für sich. Der Verein zur Bekämpfung von Grausamkeit gegenüber Tieren, den ich ein paar Jahre zuvor gegründet hatte, war in Schwierigkeiten – offen gesagt, gilt das heute noch – und schien dem Ende nahe. Wir waren auf beinahe jedem Gebiet des aktiven Tierschutzes vehement engagiert, und obwohl wir dies zu Gehältern taten, die mit knapper Not zum Leben reichten – oder, wie die meisten von uns, überhaupt ohne jede Bezahlung –, konnte sich der Verein finanziell kaum über Wasser halten. Er hatte zwar gewisse Erfolge verbuchen können, doch seine großen Leistungen lagen noch im Schoß der Zukunft.

Sogar sein Name, Tierschutz-Fonds, hatte sich als eine Enttäuschung erwiesen. Ich hatte ihn in einem, wie ich glaubte, Augenblick sublimster Inspiration gewählt, weil ich überzeugt war, seine bloße Erwähnung werde erkennen lassen, daß wir Geld gebrauchen konnten. Doch wie sich zeigte, hatte der Name mitnichten diese, sondern die gegenteilige Wirkung. Alle Leute dachten, wir hätten das Geld bereits.

Zu der Ebbe, die an diesem Heiligen Abend in der Vereinskasse herrschte, kam noch, daß es um meine eigenen Finanzen nicht zum besten bestellt war. Meine schriftstellerische Tätigkeit, mit der ich mir schon seit Jahren meinen Lebensunterhalt zu verdienen pflegte, wollte keine Früchte tragen. Ich verwandte soviel Zeit darauf, den Fonds flottzubekommen, daß ich den Ablieferungstermin für ein Buch um vier Jahre überzogen hatte und mit zwei Zeitschriftenartikeln schon so viele Monate in Verzug war, daß mir halbwegs plausible Entschuldigungen ausgingen.

Was mein Privatleben anging, ließ auch dieses einiges zu wünschen übrig. Vor kurzem geschieden, wohnte ich in einem kleinen Apartment, und obwohl ich nicht gerade ein Eremitenleben führte – ich hätte an diesem Abend zwischen mehreren Einladungen von Arbeitskollegen und sogar von Freunden wählen können –, fand ich doch, daß Weihnachten ein Fest ist, das man nicht mit Leuten aus dem Büro oder auch Freunden, sondern mit seiner Familie verbringen soll. Und meine Familie bestand zu diesem Zeitpunkt aus einer einzigen, geliebten Tochter, die in Pittsburgh lebte und selbst eine Familie hatte, die sie vollkommen ausfüllte.

Ein letztes kam dazu: Obwohl ich zeit meines Lebens, soweit ich mich überhaupt erinnern kann, und auch während meiner Ehejahre Tiere hatte und obwohl ich jeden Tag mit Tieren zu tun hatte, nannte ich kein einziges mein eigen. Für einen Tierfreund ist ein Heim ohne Tiere überhaupt kein Heim. Trotzdem war ich überzeugt, daß es bei diesem Zustand bleiben werde. Ich war im Durchschnitt mehr als zwei Wochen pro Monat auf Reisen und beinahe so oft von zu Hause fort wie daheim. In meiner Situation ein Tier zu halten, wäre unverantwortlich gewesen.

Ich war gerade von der erfreulichen Beschäftigung, dem fallenden Schnee draußen zuzusehen, zu der unerfreulichen Arbeit zurückgekehrt, die eingegangenen Rechnungen durchzusehen, als es klingelte. Draußen stand eine mit Schneeflocken bedeckte Frau; es war Ruth Dwork. Ich kannte Miss Dwork schon seit vielen Jahren. Sie war früher einmal Lehrerin gewesen und gehört zu den Leuten, die ein großes Herz für Tiere haben. Sie holt alle möglichen Geschöpfe von der Straße, von Hunden bis zu Tauben, und hat ihr Leben der «Armee der Helfenden», wie ich sie getauft habe, verschrieben. Allerdings ist sie in dieser Armee kein einfacher Soldat – sie hält sie einsatzbereit. Deswegen habe ich sie immer Sergeant Dwork genannt.

«Fröhliche Weihnachten, Sergeant», sagte ich. «Was kann ich für Sie tun?»

Sie war ganz geschäftsmäßig-nüchtern. «Wo ist Marian?» fragte sie. Marian Probst, meine langjährige Gehilfin, hat viel Erfahrung darin, Tiere von der Straße zu holen; nach dem Gebaren Sergeant Dworks zu urteilen, war gerade eine solche Aktion im Gange. «Marian ist nicht mehr da», sagte ich. «Sie ist gegen halb sechs weggegangen und hat etwas davon gemurrt, daß manche Leute am Heiligen Abend frei bekämen. Ich sagte ihr, sie gehöre zu denen, die immerfort auf die Uhr sehen, aber es hat nichts geholfen.»

Sergeant Dwork fand das nicht lustig. «Und wie steht's mit Lia?» wollte sie wissen. Lia Albo koordiniert die Arbeit des Tierschutz-Fonds landesweit und ist außerdem sehr geschickt darin, herrenlosen Tieren ein Heim zu finden. Sie war jedoch schon vor Marian weggegangen.

Miss Dwork war offensichtlich nicht sehr glücklich darüber, mit mir vorliebnehmen zu müssen. «Na schön», sagte sie, mich kritisch musternd, versuchte aber, das Beste daraus zu machen, «ich brauche unbedingt jemanden mit langen Armen. Ziehen Sie Ihren Mantel an.»

Während ich mit Sergeant Dwork durch den wirbelnden Schnee und in bitterer Kälte die Straße entlangging, erklärte sie mir, daß sie schon seit beinahe einem Monat eine bestimmte herrenlose Katze einzufangen versuchte, bisher aber keinen Erfolg gehabt habe. Sie habe, sagte sie, schon alles versucht, habe sich bemüht, die Katze in eine «Hab-ein-Herz»-Falle zu locken, doch so ausgehungert das Tier und so erfolgreich diese Methode in zahllosen anderen Fällen gewesen sei, hier habe sie nicht funktioniert. In der letzten Zeit, sagte Miss Dwork, sei sie nun zu einem direkteren Vorgehen übergewechselt. Zwar habe sie es immerhin so weit gebracht, daß die Katze dicht an den Eisenzaun am Ende der Gasse gekommen sei und sogar von ihren ausgestreckten Fingern kleine Käsestückchen genommen habe. Es sei ihr aber nie geglückt, das Tier so nahe herbeizulocken, daß sie es fangen konnte. Bei jedem Versuch sei die Katze weggesprungen, und jedesmal sei es schwieriger geworden, das Vertrauen des immer argwöhnischer werdenden Tieres zurückzugewinnen.

Am Abend vorher, erfuhr ich von Sergeant Dwork, sei sie zum erstenmal drauf und dran gewesen, die Katze zu erwischen. Diesmal sei das Tier, während es den Käse verschlang, nicht weggesprungen, sondern stehengeblieben, wo es war – näher als je zuvor, aber ärgerlicherweise gerade noch außer Reichweite. So erfreulich das war, Miss Dwork war nun überzeugt, sich im Wettlauf mit der Zeit zu befinden. Die Katze hatte im Souterrain eines Wohngebäudes Zuflucht gesucht, und der Hausverwalter war angewiesen worden, sie noch vor Weihnachten daraus zu vertreiben; andernfalls werde er Ärger bekommen. Und nun hatten die ihm unterstellten Leute auf seine Anweisung der Katze den Krieg erklärt. Miss Dwork hatte, als sie das letztemal dort gewesen war, selbst gesehen, wie jemand einen Gegenstand nach dem Tier warf und es damit traf.

Als wir unser Ziel erreichten, stellte ich fest, daß hier zwei Gassen begannen. «Sie ist entweder in der einen oder in der andern», flüsterte Sergeant Dwork. «Sie nehmen sich die hier vor, ich mir die andere.» Sie verschwand nach links, und ich stand da, im unablässig fallenden Schnee in meinen Mantel vermummt, und spähte in den dunklen Schacht vor mir. Ehrlich gesagt, hatte ich wenig Vertrauen zu dem ganzen Plan.

Die Gasse war wie ein Messereinschnitt zwischen zwei hohen Gebäuden, gesäumt von düsteren, eingedellten Mülltonnen, mit schneebedeckten Abfallbergen, die durch einen Eisenzaun von der Straße getrennt waren. Und dann, während ich angestrengt umherblickte, um zu sehen, wo sich inmitten dieser Trostlosigkeit die Katze versteckt halten könnte, bewegte sich plötzlich einer der Abfallhaufen. Irgend etwas reckte sich, schüttelte sich und drehte sich zu mir her, um mich in Augenschein zu nehmen. Ich hatte die Katze entdeckt.

Wie ich schon sagte, war der erste Anblick nicht eben denkwürdig. Das Tier wirkte eher wie ein Gespenst in Katzengestalt. Vor dem weißen Hintergrund des Schnees sah es so mager aus, daß es ganz und gar wie ein richtiges Gespenst gewirkt hätte, wäre es nicht so mitleiderregend schmutzig gewesen. Ja, es starrte derart vor Dreck, daß sich nicht einmal erraten ließ, welche Farbe sein Fell ursprünglich gehabt haben mochte.

Wenn Katzen, selbst streunende Katzen, es so weit mit sich kommen lassen, zeigt das zumeist, daß sie aufgegeben haben. Auf diese Katze traf dies jedoch nicht zu, obwohl sie nicht nur schmutzig, sondern auch naß war, fror und Hunger hatte. Zu allem Überfluß ließ ihre schiefe Haltung auf eine Verletzung schließen, entweder an einem der Hinterbeine oder an einer Hüfte. Und das Maul wirkte sonderbar verkrümmt, offenbar von einer breiten Schnittwunde entstellt.

Aber sie hatte, wie gesagt, nicht aufgegeben. Während sie zu mir herstarrte, hob sie, so schwer es ihr auch gefallen sein muß, eine Vorderpfote und begann sie abzulecken. Dann kam die andere Vorderpfote dran. Und als sie geputzt waren, machte sich das Tier an das ungleich schwierigere Werk, zuerst – ungeachtet seiner verletzten Hüften – die eine und dann die andere Hinterpfote hochzuhieven. Als es schließlich damit fertig war, vollführte es etwas, was mir völlig unglaublich erschien: Es machte mit angelegten Ohren einen Luftsprung, als übte es, ausgerechnet in dieser Verfassung, seinen Beutesprung.

Als ich diesen Sprung sah, fühlte ich mich erleichtert. Vielleicht war die Katze doch nicht so schwer verletzt, wie ich anfangs gedacht hatte.

Einen Augenblick später merkte ich, daß Miss Dwork, die sich auf leisen Sohlen bewegte, wieder zu mir gestoßen war. «Sehen Sie sich ihr Maul an», wisperte sie. «Ich hab Ihnen ja gesagt, sie haben ihr den Krieg erklärt.»

Auch wir hatten einen Krieg vor uns – aber nicht einen gegen, sondern für die Katze. Während Sergeant Dwork mir leise ihren taktischen Plan mitteilte, beschlich mich das ungute Gefühl, daß sie mich anscheinend als einen blutigen Anfänger betrachtete und deswegen darauf bedacht war, mir nur einfache Aufgaben zuzuteilen, mit denen nicht einmal ein männliches Wesen überfordert war. Jedenfalls erklärte sie mir, noch immer im Flüsterton, sie werde sich dem Zaun nähern, auf der ausgestreckten Hand die Käsestückchen, die der Katze inzwischen völlig vertraut waren. Ich sollte mich hinter ihrem Rücken zusammen mit ihr vorwärts bewegen. Sobald sie die Katze so nahe wie möglich herangelockt hatte, wollte sie rasch einen Schritt zur Seite tun, und ich sollte mich, die Arme bereits durch den Zaun gestreckt, auf die Knie fallen lassen und zupacken. Sergeant Dwork war überzeugt, die Katze sei derart ausgehungert, daß sie in diesem Augenblick in ihrer Wachsamkeit so weit nachlassen werde, daß sie nach dem Köder schnappte – und das werde ihre Gefangennahme besiegeln.

Wir machten uns ans Werk, und während ich hinter Sergeant Dwork kroch, erhaschte ich zum erstenmal einen Blick in die Augen der Katze, die zu uns herüberstarrte. Sie waren das Schönste überhaupt an der armseligen Kreatur: sanft und von einem strahlenden Grün.

Während sich Sergeant Dwork dem Zaun näherte, redete sie in beruhigendem Ton auf die Katze ein, zog zugleich demonstrativ den vertrauten Käse aus der Tasche und versuchte das Tier dazu zu bringen, sich nicht auf das massige Etwas zu konzentrieren, das hinter ihr dräute. Sie tat dies mit solcher Geschicklichkeit, daß wir unsere Zielposition tatsächlich fast im selben Augenblick erreichten, als die Katze, die noch immer, wenn auch zusehends argwöhnischer, näher kam und so dicht am Zaun stand, daß sie den ersten Bissen von Sergeant Dworks ausgestreckter Hand nehmen konnte.

Doch dies bot uns noch keine Chance. Mit einer einzigen unglaublich flinken Bewegung packte die Katze das Käsestückchen, schlang es hinunter und sprang zurück. Unser zweiter Versuch hatte genau das gleiche Ergebnis. Wieder ein Satz nach vorne, das Zupacken, das Hinunterschlingen und der Sprung zurück. Sie beherrschte das Spiel des Zuschnappens und Ausweichens einfach zu gut.

Mittlerweile war ich überzeugt, daß Sergeant Dworks Plan zu nichts führen werde. Aber ebenso stand für mich fest, daß wir die Katze irgendwie erwischen mußten. Ich wäre am liebsten über den Zaun geklettert und hätte Jagd auf sie gemacht.

Von einer solchen Verrücktheit wollte Sergeant Dwork natürlich nichts wissen, und obwohl es mich ärgerte, wußte ich doch, daß sie recht hatte. Auf diese Weise hätte ich das Tier nie gefangen. Doch Sergeant Dwork ging etwas anderes durch den Kopf. Wortlos gab sie mir zu verstehen, wie sie ihre Taktik abzuwandeln gedachte. Diesmal wollte sie der Katze nicht nur ein, sondern zwei Käsestückchen hinhalten – je eines auf beiden ausgestreckten Händen. Doch diesmal, bedeutete sie mir, werde sie zwar die rechte Hand, so weit es ging, die linke hingegen längst nicht so weit durch den Zaun strecken. Offensichtlich hoffte sie, die Katze werde versuchen, beide Bissen zu erwischen, ehe sie wegsprang. Noch einmal gingen wir zum Angriff über, und ich schob über Sergeant Dwork die Hände durch den Zaun. Und jetzt nahm die Katze, ganz wie erhofft, nicht nur den ersten Bissen, sondern wollte sich auch den zweiten holen. Und exakt in diesem Augenblick, mitten im Zubeißen, warf sich Sergeant Dwork seitwärts, während ich mich auf die Knie fallen ließ.

Meine Knie schlugen auf dem Boden auf, mein Gesicht prallte gegen den Zaun, aber ich spürte es nicht einmal. Denn zwischen meinen Händen – von meinen Fingern fest umklammert – war die Katze. Ich hatte sie.

Überrascht und wütend gab sie zuerst ein Fauchen und dann einen Schrei von sich, wand sich hin und her und zerkratzte mir mit ihren Krallen beide Hände. Wieder spürte ich nichts, weil ich inzwischen ganz mit der doppelten Aufgabe beschäftigt war, sie nicht loszulassen und gleichzeitig ihren mageren, sich verzweifelt windenden Körper – den ich in einem festen Griff hielt, wenn auch für einen Sekundenbruchteil nur in einer einzigen Hand – durch eine der schmalen Öffnungen in dem Eisenzaun zu manövrieren. Nun kam mir zustatten, daß sie nur aus Haut und Knochen bestand, denn so konnte ich sie zwischen den Stangen durchziehen.

Noch immer kniend, hob ich sie auf und versuchte sie in meinen Mantel zu stopfen. Doch dabei war ich entweder zu optimistisch oder zu wenig auf der Hut, denn irgendwo zwischen Hochheben und Hineinstopfen verpaßte sie mir, noch immer fauchend und spuckend, einen letzten bösen Kratzer über Gesicht und Hals.

Als ich mich hochrappelte, klatschte Sergeant Dwork vor Freude in die Hände, aber offensichtlich fand sie, nun sei es an der Zeit, *mich* in Sicherheit zu bringen. «Oh!» sagte sie. «O je! Ihr Gesicht! Mein Gott!» Während wir im Schnee dastanden, versuchte sie mir mit ihrem Taschentuch das Blut abzuwischen. Und währenddessen spürte ich, daß das kleine Herz der Katze vor Furcht wie wild pochte und sie sich unter meinem Mantel zu befreien versuchte. Doch ich hatte sie fest im Griff und nun wieder mit beiden Händen.

Sergeant Dwork hatte mir inzwischen das Gesicht saubergetupft und wurde wieder ganz zum Sergeant. «Ich übernehme sie jetzt», sagte sie und streckte die Hände aus. Unwillkürlich machte ich einen Schritt zurück. «Nein, nein, es ist schon in Ordnung so», versicherte ich ihr. «Ich nehme sie mit zu mir nach Hause.» Davon wollte Sergeant Dwork nichts wissen. «Aber nein!» rief sie. «Ich wohne ja ganz in der Nähe.» – «Ich auch», antwortete ich und schob die Katze noch tiefer in die Tiefen meines Mantels. «Wirklich, es macht mir überhaupt nichts aus. Und außerdem ist es ja nur für diese Nacht. Morgen entscheiden wir dann – äh –, was mit ihr geschehen soll.»

Sergeant Dwork sah mich zweifelnd an, als ich mich auf den Weg machte. «Na schön», sagte sie. «Ich rufe Sie gleich morgen früh an.» Sie winkte mit der Rechten, die in einem Fäustling steckte. «Fröhliche Weihnachten.» Ich wünschte ihr das gleiche, aber zurückwinken konnte ich nicht.

Joe, dem Portier in meinem Apartmenthaus, gefiel mein Aussehen ganz und gar nicht. «Mr. Amory!» rief er. «Was ist denn mit Ihrem Gesicht passiert? Ist alles in Ordnung?» Ich gab zurück, er hätte sehen sollen, wie der andere Typ zugerichtet war. Während er mich zum Lift führte, konnte er vor Neugierde kaum an sich halten, sowohl was den Umstand, daß ich scheinbar keine Hände mehr hatte, als auch die Ausbuchtung unter meinem Mantel betraf. Joe ist wie jeder gute Portier in New York die Diskretion in Person – zumindest von Hausbewohner zu Hausbewohner –, aber seine Neugier ist so riesengroß, daß sie es mit dem Mount Everest aufnehmen könnte. Zugleich aber hat auch er ein Herz für Tiere und konnte sich denken, daß das, was ich unter meinem Mantel trug, jedenfalls etwas Lebendiges war. Er beugte sich zu mir und wollte in meinen Mantel fassen. «Lassen Sie's mich streicheln», sagte er. «Nein», antwortete ich entschieden. «Nicht anfassen!» – «Was ist es denn?» wollte er wissen. «Sagen Sie's niemandem», antwortete ich, «aber es ist ein Säbelzahntiger. Und außerdem hat man ihm die Krallen nicht abgefeilt.» – «Mann!» sagte er. Und dann, kurz bevor sich der Lift in Bewegung setzte, teilte er mir mit, daß Marian schon oben sei.

Ich hatte damit gerechnet, daß Marian dasein werde. Mein Bruder und seine Frau hatten sich zu einem Drink bei mir angesagt, bevor wir alle zu einer Party aufbrachen, und Marian, die wußte, daß ich mich vermutlich verspäten würde, war gekommen, um sie hereinzulassen und sozusagen die Stellung zu halten.

Ich stieß mit dem Fuß an die Wohnungstür. Als Marian öffnete, sprudelte ich die Geschichte mit Sergeant Dwork und der eingefangenen Katze heraus. Auch sie wollte wissen, was mit meinem Gesicht geschehen sei. Ich versuchte es mit dem gleichen Witz wie bei Joe. Doch Marian ließ sich nicht mit matten Witzchen abspeisen. «Der einzige ‹andere Typ›, der mich interessiert», sagte sie, «steckt in Ihrem Mantel.» Bevor ich mich nach vorne beugte, um meine Beute freizugeben, drückte ich die Katze noch einmal an mich, um ihr zu zeigen, daß jetzt alles in Ordnung sei.

Im Wohnzimmer hatte ich ein bescheidenes Weihnachtsbäumchen stehen. Es war nicht sehr groß – aber auch die Katze war damals noch nicht sehr groß. Den Baum umgab ein ansehnlicher Haufen bunt verpackter Geschenke, und er war sogar mit Kerzen geschmückt, die in rhythmischen Abständen aufleuchteten und erloschen. Für eine Katze jedoch ist ein Baum ein Baum, und dieser, so verrückt er auch aussah, bildete keine Ausnahme. Mit einem einzigen Satz sprang sie über die Päckchen, schoß durch die Zweige, an den Kerzen und der elektrischen Schnur vorbei nach oben und verschwand in der Krone. «Braves Kätzchen», hörte ich mich törichterweise sagen. «Du brauchst keine Angst zu haben. Hier passiert dir schon nichts.»

Ich trat an den Baum und griff dorthin, wo ich sie ungefähr vermutete, bekam sie aber nicht zu fassen. Mit einem einzigen Satz sprang sie herunter, flitzte an meinen wedelnden Armen vorbei und versuchte in den Kamin zu klettern. Zum Glück war der Rauchfang verschlossen.

Als sie wieder erschien, merklich schmutziger als vorher, wartete ich bereits auf sie. «Braver Junge», flötete ich – denn inzwischen war mir klargeworden, daß es sich um einen Kater handelte. Ich versuchte dabei den verständigsten Ton anzuschlagen, dessen ich fähig war. Doch es half nichts – wieder war er weg. Diesmal tobte er durchs Schlafzimmer, in einer Blitztour, von der mehr zu hören als zu sehen war, so daß Marian und ich fürchteten, er könnte durchs Fenster zu springen versuchen. Als der Kater schließlich im Flur wieder auftauchte, wirkte sogar er etwas entmutigt. Vielleicht, dachte ich verzweifelt, kann ich ihm jetzt vernünftig zureden. Langsam trat ich rückwärts ins Wohnzimmer, um vom Tablett mit den Horsd'œuvres ein Stück Käse zu holen. Das würde ihm sicher klarmachen, daß er sich bei Freunden befand und ihm nichts geschehen würde. Als ich wieder in den Flur kam, traf ich Marian mit bestürzter Miene an. «Er ist fort», sagte sie. «Fort?» sagte ich. «Wohin denn?» Marian schüttelte den Kopf, und plötzlich wurde mir bewußt, daß kein Lärmen, ja überhaupt kein Geräusch zu hören war.

Wir warteten auf sein Wiedererscheinen. Als es nicht dazu kam, blieb offensichtlich nichts anderes übrig, als mit einer systematischen Suche zu beginnen. Meine Wohnung ist vergleichsweise klein und bietet – jedenfalls waren Marian und ich zunächst dieser Ansicht – nur relativ wenige Versteckmöglichkeiten. Doch wir täuschten uns. Zum Beispiel stand im Wohnzimmer ein Bücherregal, das eine ganze Wand einnahm: der Kater war so mager und so flink, daß es durchaus denkbar war, daß er hinaufgeklettert war und es fertiggebracht hatte, sich hinter einen Stapel Bücher zu klemmen. Wir begannen Buch um Buch herauszuräumen.

Aber er war nicht dahinter. Er war überhaupt nirgends. Wir räumten drei Einbauschränke aus. Wir zerrten das Sofa von der Wand weg. Wir schauten unter die Tische. Wir suchten die Küche ab. Und obwohl sie so winzig ist, daß darin zwei Erwachsene von Normalgröße nur knapp zur gleichen Zeit Platz finden, öffneten wir jeden Schrank, schoben den Herd weg, schauten in das Mikrowellengerät und stocherten sogar in dem kleinen Schränkchen unter dem Spültisch herum.

In diesem Augenblick klingelte es an der Wohnungstür. Marian und ich tauschten einen Blick – das mußten mein Bruder und seine Frau Mary sein. Mein Bruder ist einer von den drei Männern, die als einfache Soldaten in den Zweiten Weltkrieg zogen und als Befehlshaber einer Frontdivision im Oberstenrang zurückkamen. Er war, genau gesagt, bei den amphibischen Kampfeinheiten und hat an vierzehn Landeoperationen gegen die Japaner teilgenommen. Später hatte er auch das Amt eines stellvertretenden Direktors der CIA inne. Als ein Mann, für den Krisen etwas Altgewohntes sind, warf er nur einen einzigen Blick auf das Chaos in meiner Wohnung. In solchen Situationen spricht mein Bruder nicht, sondern er blafft. «Einbrecher», blaffte er. «Haben anscheinend gründliche Arbeit geleistet.»

Ich erklärte ihm kurz das Vorgefallene und daß der Kater nun überhaupt unauffindbar sei. Während Mary Platz nahm, übernahm mein Bruder augenblicklich das Kommando. Er wollte wissen, wo wir nicht gesucht hätten. Nur an Stellen, die für den Kater absolut unerreichbar seien, versuchte ich meine Stellung zu halten. «Ich will keine Theorien hören», blaffte er. «Wo habt ihr *nicht* gesucht?» Resigniert nannte ich die obersten Fächer im Einbauschrank, die Herdröhre und die Geschirrspülmaschine. «Mal sehen», schnarrte mein Bruder und nahm sich zuerst den Einbauschrank, dann den Herd und zuletzt die Geschirrspülmaschine vor. Und siehe da, unten im Geschirrspüler, buchstäblich um die Mechanik gewickelt, im unmöglichsten Versteck, in das man sich in der ganzen Wohnung zwängen konnte, war der Kater. «Sieh an», sagte mein Bruder und wollte sich bücken, um das Tier herauszuziehen.

Ich hielt ihn zurück, weil ich nicht zulassen wollte, daß er noch einmal bei einer Landung unter feindlicher Gegenwehr sein Leben riskierte. Tapfer trat ich an seine Stelle. Schließlich war ich leichter zu entbehren.

Aber so oder so, keiner von uns brachte den Kater heraus. Er hatte sich so tief in die Maschine verkrochen, daß er selbst nicht mehr herausfand. «Benützt du den Spüler?» wollte mein Bruder wissen. Ich schüttelte den Kopf. «Dann zerleg ihn!» befahl er. Gehorsam suchte ich nach Schraubenzieher, Zange und Hammer, und wenn ich auch kein großer Monteur bin, kann mir wohl niemand, nicht einmal mein Bruder, als Demonteur das Wasser reichen. Doch ich kam ihm zu langsam voran. Ungeduldig schob er mich beiseite und stürzte sich selbst ins Getümmel. Ich erhob keinen Protest. Mit der Geschirrspülmaschine war er als Pionier schließlich fast in seinem Element.

Als mein Bruder mit der Arbeit fertig war, guckten wir alle,

Marian eingeschlossen, den Kater an. Und zum erstenmal, seit ich ihn in der Gasse gesehen hatte, guckte er zurück. Er war derart erschöpft, daß er keinen Versuch machte, sich zu bewegen, obwohl es ihm nun möglich gewesen wäre. «Ich möchte einen Antrag einbringen», sagte Marian leise. «Ich beantrage, daß wir ihn dort lassen, wo er jetzt ist, ihm etwas zum Fressen, Wasser und ein ‹Töpfchen› hinstellen und ihn sich selbst überlassen. Ruhe und Frieden, das braucht er jetzt.»

Der Antrag wurde angenommen. Wir stellten drei Schüsselchen hin mit Wasser, Milch und etwas zu fressen, löschten alle Lichter, auch die Kerzen am Weihnachtsbaum, und verließen ihn.

Als ich in der Nacht nach Hause kam, trat ich auf Zehenspitzen in die Wohnung. Die drei Schüsseln standen genau dort, wo wir sie hingestellt hatten, und alle drei waren geleert. Von dem Kater war jedoch nichts zu sehen. Doch diesmal begann ich keine Suchaktion. Ich füllte die Schüsselchen einfach wieder und ging ins Bett. Unterstützt von einem Sergeanten, einem Oberst und von Marian war ich, wozu es auch führen mochte, zumindest auf ein paar Tage zu einer Weihnachtskatze gekommen.

Am nächsten Morgen erwachte ich schon früh – nach meiner Erinnerung so früh wie noch nie an einem Weihnachtsmorgen seit meiner Kindheit. Mein Rekord im Wachwerden am Weihnachtsmorgen stand bei vier Uhr früh. An meinem ersten Weihnachtsfeiertag mit dem Kater unterbot ich diese Marke zwar nicht, war aber nahe daran. Jedenfalls beschloß ich, sofort aufzustehen und mich auf die Suche nach ihm zu machen. Doch als ich mich schlaftrunken im Bett aufsetzte, sah ich mit einem einzigen Blick, daß sich das erübrigte. Nur ein paar Schritte von meinem Bett entfernt, in beinahe genau der gleichen Haltung, in der ich ihn zum erstenmal gesehen hatte, stand der Kater.

Anscheinend stand er schon seit einiger Zeit so da, auf irgendwelche Lebenszeichen von mir wartend. Und nun, da er solche registrierte, begann er zu sprechen. «Ajau», sagte er.

«Was heißt hier ‹ajau›?» antwortete ich. «Fröhliche Weihnachten.» Ich erinnerte ihn, daß er eigentlich «miau» sagen müßte.

«Ajau», wiederholte er. Konsonanten waren offenbar nicht seine Stärke, aber in Vokalen war er groß.

Als ich aus dem Bett stieg und dicht an ihm vorbeiging, um seine Schüsselchen wieder zu füllen, stellte ich fest, daß er keinen Versuch machte, mir aus dem Weg zu gehen. Er verdrückte sich auch nicht, als er mit seiner Mahlzeit fertig war. Er saß ein paar Augenblicke ruhig da, leckte sich und betrachtete die Dinge ringsumher. Dann trat er, langsam und gemessen, einen Rundgang durch die Wohnung an. Als er ins Schlafzimmer zurückging, folgte ich ihm. In der Ecke zwischen den beiden Fenstern blieb er stehen und blickte zu mir zurück. «Ajau», gab er wieder von sich. Offenbar wollte er aufs Fensterbrett hinauf, um hinauszuschauen. Und ebenso offensichtlich war, daß er diesmal um Beistand ersuchte, obwohl ihm am Abend vorher dieser Sprung ohne jede Mithilfe – und mit fast fünfzig Stundenkilometern – gelungen war.

Ich ging hin und hob ihn auf. Er blickte sich zu mir um, als ich ihn anfaßte, tat aber sonst nichts. Einen Augenblick später setzte er seinen langsamen Rundgang fort, diesmal auf dem Fensterbrett. Er verbrachte einige Zeit damit, auf die Straße in den verschneiten Central Park zu schauen. Anschließend sprang er zum nächsten Fenster hinüber, das auf einen kleinen Balkon geht. Dieser nahm sein Interesse so stark in Anspruch, daß er sich hinlegte und einige Zeit liegenblieb, wobei sich sein Schwanz vor und rückwärts bewegte. Es lag auf der Hand, daß er Tauben gesehen hatte. Schließlich sprang er hinunter und ging ins Wohnzimmer zurück.

Wieder ging ich ihm nach, und zum erstenmal seit unserer Bekanntschaft streckte er sich in voller Länge aus. Dann drehte er sich auf den Rücken, steckte den Kopf halb unter eine Schulter und sah mich an, während sich der Schwanz wieder gemächlich hin und her bewegte. Katzen sprechen mit ihrem Schwanz, und noch nie hatte sich eine Katze deutlicher ausgedrückt. «Ich ziehe hier ein», gab er zu verstehen, auf genau die Art, wie jemand, der gerade eine Wohnung gründlich besichtigt hat, einem Mietverhältnis zustimmen würde. Befriedigt ging ich wieder ins Bett.

Gegen acht Uhr klingelte das Telefon. Ich konnte nicht glauben, daß am Weihnachtsmorgen jemand imstande war, so früh anzurufen. Es war, wie ich mir hätte denken können, Sergeant Dwork. «Fröhliche Weihnachten», sagte sie. «Wie geht's unserer Katze?» – «Gut geht's unserer Katze», antwortete ich. «Ganz gut.» Ich bemühte mich, mir nicht anmerken zu lassen, daß ich, selbst in diesem Stadium meines Lebens mit dem Kater, dieses «unser» nicht recht angebracht fand. Das gelang mir anscheinend, denn Sergeant Dwork sprach begeistert weiter. «Ich habe eine wunderbare Neuigkeit», sagte sie. «Eine Frau, die die Katze haben möchte.»

«Toll», antwortete ich, allerdings ohne Begeisterung, was Sergeant Dwork gemerkt haben muß, denn sie fügte rasch hinzu: «Ich kenne sie, und sie wird ihr ein wunderbares Zuhause schaffen.»

Ich sagte, davon sei ich überzeugt. «Die Sache ist allerdings die», fuhr Miss Dwork fort, «daß sie sie sofort haben will, als Weihnachtsgeschenk für ihre Tochter. Sie haben nämlich ihre eigene Katze verloren.»

Ich bemühte mich, wenn nicht Begeisterung, so doch einen gefaßten Ton aufzubieten. Wann sie kommen und den Kater ansehen könnten, fragte ich. Am Nachmittag?

«Aber nein.» Sergeant Dworks Stimme klang schockiert. «Nicht erst am Nachmittag. Heute vormittag. Gleich jetzt. Sie ist bereits zu Ihnen unterwegs. Übrigens, sie heißt Mrs. Wills.»

«Moment», bremste ich sie in strengem Ton. «Nicht so hastig.» Ich warf einen Blick auf die Stelle im Wohnzimmer, wo der Kater es sich gemütlich gemacht hatte. «Er ist so schmutzig», sagte ich, «und es kommt mir ganz schrecklich vor, daß er wieder woanders hingebracht werden soll, wo er gerade anfängt –»

Doch Sergeant Dwork schnitt mir das Wort ab. «Unsinn», sagte sie. «Je früher, desto besser. Wenn er sich bei Ihnen zu sehr eingewöhnt und Sie ihn zu liebgewinnen, dann wird es für Sie wie für ihn um so schwerer, wenn Sie ihn doch hergeben. Und bitte, Sie haben ja selbst gesagt, daß für Sie eine Katze auf Dauer ganz und gar nicht das Richtige wäre, weil Sie doch so oft fort sind und so.»

Was sie sagte, hatte natürlich Hand und Fuß, das mußte ich zugeben. «Okay», lenkte ich ein. «Ich werde mit Mrs. Wills sprechen und Ihnen nachher am Telefon sagen, ob ihr die Katze gefällt.»

Doch als ich auflegte, brachte ich es nicht fertig, den Kater anzusehen, obwohl ich spürte, daß er zu mir herblickte. Ich wandte den Kopf ab und schaute zum Fenster hinaus.

Gleich darauf klingelte es. Mrs. Wills war da.

«Entschuldigen Sie, daß ich so früh komme», sagte sie munter, während sie in jedem Wortsinn Einzug hielt. «Aber ich hätte ihn gern für –»

«Ich weiß», sagte ich, «für Ihre Tochter als Weihnachtsgeschenk.» Ich drehte mich um und wollte auf den Kater zeigen. Aber von einem Kater war natürlich nichts zu sehen.

«Das ist komisch», sagte ich vorsichtig. «Vor einer Sekunde war er noch da.» Ich blickte mich nervös um. Die Vorstellung einer zweiten Suchaktion wie der vom Abend vorher und unter den Augen von Mrs. Wills hatte den ganzen Reiz einer Betriebsprüfung durchs Finanzamt. Mrs. Wills ließ den Blick umherschweifen.

«Was ist denn hier passiert?» fragte sie. «Es sieht ja aus, als wäre hier eine Bombe hochgegangen. Hat der Kater...?»

Ich hatte natürlich das Chaos in der Wohnung vollkommen vergessen. «Ach, der Kater», wiederholte ich und versuchte, unbekümmert zu lachen. «O nein. Das war nicht der Kater. Mein Bruder hat das angerichtet. Er war nämlich gestern abend hier, und wir haben vergeblich nach einem Buch gesucht. Mein Bruder ist nämlich eine Leseratte.»

Mrs. Wills Augenbrauen hoben sich etwas, während sie den Inhalt des Einbauschranks im Wohnzimmer musterte, der noch auf dem Boden in der Diele verstreut lag. «Soooo», sagte sie.

Ich fragte, ob ich ihr eine Tasse Kaffee holen solle. Sie schüttelte den Kopf.

Es blieb nichts anderes übrig, als den Tatsachen ins Gesicht zu sehen. «Komm hierher, mein Junge», rief ich kühn. Ich kam mir dabei nicht nur idiotisch vor, sondern wußte auch sehr genau, daß es ganz unwahrscheinlich war, er würde einen solchen Ruf zur Kenntnis nehmen, geschweige denn ihm Folge leisten, zumal wenn eine fremde Person anwesend war. Trotzdem ging ich im Zimmer umher und wiederholte meinen Ruf, während ich so tat, als rückte ich Dinge zurecht, in Wahrheit aber verstohlen nach dem Kater Ausschau hielt. Schließlich – Mrs. Wills hatte gerade begonnen, bedeutungsvoll mit einem Fuß auf den Boden zu klopfen – manövrierte ich mich in die Position, die ich von vornherein angepeilt hatte, das heißt, ich tat so, als wollte ich den kleinen Teppich neben dem Sofa glätten, linste aber in Wirklichkeit unter das Sitzmöbel. Und siehe da, ganz hinten an der Wand kauerte in starrer Unbeweglichkeit der Kater. «Sieh an!» rief ich und ließ mich auf Hände und Knie nieder. «Da ist er ja! An seinem Lieblingsplätzchen!»

Zögernd kniete sich Mrs. Wills neben mich. «Ich sehe überhaupt nichts», sagte sie vorwurfsvoll. Ich sagte, ich wolle eine Taschenlampe holen.

Als ich zurückkam und der Strahl der Lampe auf den Kater fiel, glühten seine Augen auf. Im übrigen aber wirkte er wie eine in die Enge getriebene Hyäne. «Oh», sagte Mrs. Wills. «O je! Wie wild er aussieht.»

«Ach, machen Sie sich darüber keine Gedanken», beruhigte ich sie. «Er ist nur ein bißchen überrascht.»

«Und wie schmutzig er ist», fuhr sie fort. «Nun ja», antwortete ich gemessen, «vergessen Sie nicht, er hat ja bis jetzt auf der Straße gelebt. Er ist im Handumdrehen sauber zu bekommen.»

Doch die Inspektion war noch nicht abgeschlossen. «Warum kauert er denn so schief?» wollte Mrs. Wills wissen. «Ist was mit ihm nicht in Ordnung?»

«Ach, das ist nichts Besonderes. Manchmal steht er sogar so da. Es läßt sich bestimmt beheben. Und bedenken Sie auch, daß er nervös ist, weil wir beide ihn so anschauen.»

Doch Mrs. Wills war mittlerweile argwöhnisch geworden. «Irgend etwas ist mit seinem Maul verkehrt», konstatierte sie.

«Er hat eine Schnittwunde», antwortete ich. «Eine ganz kleine. Wirklich nur winzig, die Wunde.»

Sie rappelte sich hoch und ging zu ihrem Sessel zurück. «Ach Gott», sagte sie wie in einem Selbstgespräch. «Ich weiß nicht recht. Jetzt, da ich ihn gesehen habe, bin ich mir nicht mehr so sicher. Einen Versuch könnte ich wohl machen. Aber Jennifer ist ja noch so klein, und diese Katze wird sicher schrecklich viel Arbeit geben.»

Ich sagte, ich nähme nicht an, daß es so schlimm wäre, und machte ihr einen Vorschlag. Was würde sie dazu sagen, fragte ich sie, wenn sie es mir überließe, das Tier zu säubern und zu beruhigen, und dann ihre Entscheidung träfe? Ich stellte mir mindestens ein paar Tage dafür vor.

Die Idee gefiel ihr – nicht aber die Zeitdauer. Es mußte offenbar unbedingt eine Weihnachtskatze sein. Sie blickte auf ihre Armbanduhr. «Ich komme nach dem Gottesdienst wieder und lasse inzwischen den Katzenkoffer da.»

So, dachte ich, das war's. Zumindest hatte ich mich um das bemüht, was auf lange Sicht das beste für den Kater war. Jedenfalls blieb nun – erster Weihnachtsfeiertag hin oder her – nichts anderes übrig, als das Tier zu säubern. Ich ging ins Badezimmer, um Seife und Waschlappen, über die ich warmes Wasser laufen ließ, und außerdem eine Badematte zu holen.

Als ich ins Wohnzimmer zurückkam, war der Kater nicht mehr unter dem Sofa. Er lag wieder in der Zimmermitte auf dem Boden, genau dort, wo er vor Mrs. Wills' Auftritt gelegen hatte. Ich hatte den Eindruck, daß er genau begriff, was es mit der Matte, dem Badetuch und all den übrigen Utensilien auf sich hatte, daß er genau wußte, was ich im Schilde führte. Zugleich aber schien er einfach nicht glauben zu wollen, daß ich zu etwas Derartigem imstande wäre. Sein Schwanz vollführte ein ungläubiges Klapp-klapp. «Eine Katze waschen!» rief er. Er fand offensichtlich, daß sogar jemand wie ich, mochte ich als Katzenliebhaber auch noch so unerfahren sein, doch mit den Selbstverständlichkeiten vertraut sein müßte – und was konnte selbstverständlicher sein als das schlichte Faktum, daß das Waschen nicht meine, sondern seine eigene Aufgabe war?

Er stellte sich auf die Pfoten und schaute zu mir hoch. Ich schaute zu ihm hinunter. Wir blickten einander gewissermaßen in die Augen, ich aus 1,80 und er aus 0,15 Meter Höhe. Und wie bei allen solchen Konfrontationen sollte es auch hier darum gehen, wer als erster blinzelte. Ich, so hatte ich mir bereits geschworen, würde das auf keinen Fall sein.

Und ärgerlich blieb ich meinem Vorsatz treu. Zugegeben, manche Nörgler könnten bemängeln, daß ich mich nicht sofort ans Werk machte. Sie könnten sogar argumentieren, daß ich ein kleines bißchen geblinzelt hätte. Aber es wäre völlig verkehrt und mir gegenüber äußerst unfair, es aufzubauschen. In Tat und Wahrheit geschah folgendes: Im selben Augenblick, als ich mit der Säuberung beginnen wollte und das Klapp-klapp des Katzenschwanzes noch unheilverkündender wurde, kam mir plötzlich und ganz aus eigenem Antrieb – es hatte nichts damit zu tun, daß der Kater einen Buckel zu machen begann und die Ohren anlegte – die Idee, daß ich möglicherweise nicht genug über das Waschen von Katzen wisse und Autoritäten zu Rate ziehen sollte.

Eilends legte ich die Waschutensilien beiseite und trat zum Bücherregal, wo ein ganzes Fach mit Katzenliteratur angefüllt war. Wie die übrigen Bücher befanden sich auch diese nun in einem Zustand trauriger Unordnung. Zudem suchte ich nach etwas ganz Speziellem – nicht nach Auskünften über Katzen im allgemeinen, sondern über das Waschen von Katzen. In den verschiedenen Büchern standen viele Hinweise zu dem Thema, aber es fanden sich auch, wie es bei heiklen Fragen oft vorkommt, viele unterschiedliche Meinungen oder, um es genau zu sagen, zwei einander diametral gegenüberstehende Denkschulen. Die eine der beiden vertrat die Auffassung, man solle eine Katze nie, unter keinen Umständen waschen. Katzen, so diese Theorie, besorgten das nicht nur lieber selbst, sondern seien darin auch viel besser als irgendein Mensch, und außerdem könnte es leicht vorkommen, daß ihnen Seife in die Augen oder ins Fell geriete, was für sie möglicherweise sehr schlimme Folgen hätte. Die andere Schule hingegen vertrat den Standpunkt, es sei durchaus in Ordnung, wenn man seine Katze wäscht. Ja, wenn man es unterließe, könnten ihr alle möglichen unguten Dinge zustoßen.

Angesichts der gegebenen Situation und nach Abwägung sämtlicher Faktoren beschloß ich, mich an die Theorie II zu halten, und ging die Bücher durch, bis ich eines fand, schlicht «Du und deine Katze» betitelt, das mir als das maßgeblichste auf diesem Gebiet erschien. Geschrieben hatte es ein englischer Tierarzt, David Taylor, und frohgemut begann ich zu lesen.

Das beste «Bad» dürfte das Spülbecken in der Küche abgeben. Ehe Sie sich an die Arbeit machen, vergewissern Sie sich, daß sämtliche Türen und Fenster geschlossen sind und der Raum frei von kalter Zugluft ist. Legen Sie eine Gummimatte ins Spülbekken, damit die Katze nicht ausrutscht.

So weit, so gut, befand ich. Doch der folgende Absatz hatte es in sich:

Wenn Sie annehmen, Ihre Katze wird sich sträuben, stecken Sie sie in ein Leinwandsäckchen, so daß nur der Kopf herausschaut. Schütten Sie das Shampoo in das Säckchen, und senken Sie dieses zusammen mit der Katze ins Wasser. Dann können Sie die Katze durch den Stoff massieren und Schaum erzeugen.

Die Katze in einen Sack stecken! Vielleicht, dachte ich, brächte das mein Bruder mit seinem Regiment fertig, aber daß ich allein es schaffen könnte, war höchst zweifelhaft. Zwar verhielt sich der Kater an diesem Vormittag ruhig, doch in Erinnerung an das Getobe vom Vorabend und angesichts dessen, daß ich selbst keine amphibische Kampfausbildung durchgemacht hatte, sah ich voraus, daß es zu einem Desaster à la Gallipoli oder zumindest Dünkirchen kommen könnte.

Doch nichts konnte Dr. Taylors wäßrige Offensive aufhalten.

Lassen Sie in das Spülbecken fünf bis zehn Zentimeter hoch warmes Wasser einlaufen. Die Wassertemperatur sollte der Körpertemperatur Ihrer Katze, achtunddreißigeinhalb Grad, möglichst nahekommen. Um die Katze hineinzuheben, schieben Sie eine Hand unter ihr Hinterteil, während Sie sie mit der andern am Genick packen. Wenn Ihre Katze es lieber hat, erlauben Sie ihr, daß sie die Vorderpfoten aus dem Wasser heraushält.

Ich war mir sicher, daß die Katze, um die es hier ging, dies nicht nur lieber hätte, sondern daß sie auch die erste Gelegenheit ergreifen würde, mit eben diesen Pfoten auf denjenigen loszugehen, der sich zu solchen Waschungen erdreistete. Jedenfalls ich hatte genug. Ich stellte das Buch wieder an seinen Platz, ging zu dem Kater zurück und breitete mit all der Autorität, die mir zu Gebote stand, die Matte neben ihm auf dem Boden aus.

Zu meiner Verblüffung stellte er sich prompt darauf. Obwohl ich vorsichtshalber aufrecht stehengeblieben war, um mich notfalls rasch zurückziehen zu können, erkannte ich rasch, daß ich ihn falsch eingeschätzt hatte. Wenn ich so dumm sein wollte, die Arbeit eines anderen – das hieß, seine – zu machen, dann bitte sehr.

Ich konnte ihm nicht länger widerstehen. Ich kniete mich neben ihm nieder, nahm ihn in die Arme und drückte ihn so lange an mich, daß er ein leises und überrascht klingendes «Ajau» von sich gab, im übrigen aber nichts tat. Ich bin überzeugt, daß er seit langer Zeit – wenn nicht überhaupt – zum erstenmal von einem Menschen in die Arme genommen wurde oder sonst einen Beweis von Zärtlichkeit erhalten hatte. Dann begann ich mit seiner Säuberung, und ohne einen Laut, ohne einen einzigen Versuch, sich mir zu entziehen, ließ er sich von mir abwaschen – was ich zuerst behutsam und dann, während ich mich buchstäblich durch Schichten von Schmutz arbeitete, fester und fester tat.

Nach geraumer Zeit und nach etlichen Gängen ins Badezimmer, wo ich die Waschlappen sauber spülte, hatte ich sein Fell so weit abgeschrubbt, daß ich eine verblüffende Entdeckung machte: Unter all dem Dreck war er weder gelbbraun noch grau, sondern – weiß.

Ich konnte meine Begeisterung nicht verbergen, worauf der nun einigermaßen saubere Schwanz sich zum erstenmal während der ganzen Prozedur regte. «Was für eine Farbe hast du denn erwartet?» wollte er wissen. «Purpurrot?» – «Aber du warst so *schmutzig!*» protestierte ich. «Weiß hätte ich auf keinen Fall erwartet.»

Als ich ihn in einen leidlich präsentablen Zustand gebracht und mit dem Badetuch trockengerieben hatte, stand ich auf und nahm ihn in Augenschein. Mit seinen grünen Augen im Verein mit dem nun relativ sauberen weißen Gesicht sah er zum erstenmal schön aus. Ja, ich fand ihn in diesem Augenblick so schön, daß mich der Drang überkam, ihn einfach anzuschauen. Ich wußte, daß es den meisten Tieren nicht behagt, wenn sie angestarrt werden, und daß sie, wenn ein Mensch sie anstarrt, zumeist wegblicken. Er aber sah nicht weg, sondern erwiderte meinen Blick unverwandt. Noch einmal bückte ich mich und drückte ihn an mich.

Es klingelte wieder, und draußen stand natürlich Mrs. Wills. Doch als ich sie ins Wohnzimmer führte, hatte sich der Kater wieder an seinen Zufluchtsort zurückgezogen.

Ich reichte Mrs. Wills die Taschenlampe. Inzwischen war sie schon daran gewöhnt, daß seine Inaugenscheinnahme verlangte, sich auf Hände und Knie niederzulassen. Sie knipste die Taschenlampe an und steckte entschlossen den Kopf unters Sofa. «Mein Gott», rief sie gleich darauf, «er ist ja weiß!» Ihr Gesicht wandte sich mir mit einem mißtrauischen Ausdruck zu. «Sind Sie sicher», fragte sie, «daß das derselbe Kater ist?» Ich versicherte es ihr und deutete zum Beweis auf den Haufen der Waschlappen und Handtücher, der auf der Herdplatte in der Küche lag. «Nicht zu glauben», sagte sie.

«Es war gar nicht weiter schlimm», sagte ich mit einem Achselzucken. «Man muß sich nur auskennen und ausdauernd sein. Aber Sie hatten recht, Mrs. Wills. Weiße Katzen machen wirklich eine Heidenarbeit.»

Mrs. Wills achtete nicht auf mich. Statt dessen war sie ganz damit beschäftigt, unter dem Sofa einen Kontakt herzustellen. «Komm her, kleines Miezekätzchen», rief sie. Wieder und wieder lockte sie – ja, sie rief jeden Namen bis auf Schmutzelchen. Natürlich blieb alles wirkungslos. Sie streckte die Hand aus. Der Kater rückte weiter weg. Dieses stilisierte «Duett» ging einige Zeit so. Dann rappelte sich Mrs. Wills hoch und setzte sich in einen Sessel. Ich registrierte, daß sie einen wählte, der dem Sofa gegenüberstand. Ich nahm neben ihr Platz.

«In meinem ganzen Leben ist es mir noch nie passiert, daß ein Tier so auf mich reagiert», sagte sie. «Zumindest auf halbem Weg sind sie mir immer entgegengekommen. Ich hab mich bisher mit Tieren immer gut vertragen.»

Ich sagte zu ihr, das sei ja das Problem. Er glaube, sie wolle ihn forttragen. Mrs. Wills ignorierte mein schlechtes Wortspiel. «Ich habe noch nie ein Tier gesehen, das dermaßen scheu war.»

Ich hätte einmal einen Lehrer gehabt, gab ich zum besten, der uns gesagt habe, es gebe nichts Trügerisches als Schüchternheit und Scheu. Schüchterne Menschen fielen oft nur ihrer Einbildung zum Opfer: Sie glaubten, alle Leute blickten auf sie, dabei sei dies natürlich gar nicht der Fall.

Mrs. Wills sah mich jetzt an, als hätte ich zwei Köpfe. Aber die Katze beschäftigte sie noch immer. «Sie ist so hübsch», sagte sie. «Jennifer würde sie sicher ins Herz schließen.»

Es war an der Zeit, sämtliche Register zu ziehen. Natürlich sagte ich, sei es möglich, daß es sich nicht nur um Scheu handle – genau könne man das nie sagen. Eventuell aber sei es etwas anderes. Ich gab ihr zu bedenken, daß weiße Katzen schließlich Albinos und deswegen vielfach taub seien.

«Taub!» rief sie. «Wollen Sie damit sagen, daß er mich vielleicht nicht hören kann?»

Ich sagte ihr, das sei durchaus denkbar.

Zum erstenmal wirkte Mrs. Wills unschlüssig. «Ich weiß eigentlich nicht viel über weiße Katzen», gestand sie.

Ich stieß rasch nach.

«Aber es geht nicht nur um die Taubheit», sagte ich, «sondern auch um die Probleme mit der Haut. Weiße Katzen können nämlich schreckliche Schwierigkeiten mit ihrer Haut bekommen.»

Jetzt war ihr sichtlich unbehaglich zumute. «Nun ja», fuhr ich erbarmungslos fort, «die Sache ist sicher nicht ansteckend. Wie alt ist Ihre Jennifer?»

«Zehn», antwortete sie besorgt.

«Sie könnte vielleicht Handschuhe anziehen», regte ich an. «Hautprobleme können eine Katze natürlich irritieren und bösartig machen. Zum Glück ist der Kater ja nicht sehr groß. Aber wütend kann er zweifellos werden.» Ich deutete auf die Kratzer an meinem

Gesicht und Hals. «Er hat mich ordentlich zugerichtet, aber zum Glück wenigstens meine Augen nicht erwischt. Trägt Jennifer eine Brille?»

Mrs. Wills' Augen blickten mich jetzt starr an. «Es war natürlich nicht der Rede wert», sagte ich, «und Ruth Dwork hat das Blut rasch gestillt.» Nach einer Pause fuhr ich fort: «Trotzdem finde ich, es wäre nicht ratsam, Jennifer mit ihm allein zu lassen, zumindest am Anfang.»

Mrs. Wills' Blick wanderte zur hintersten Ecke unter dem Sofa. «Aber», sprach ich weiter, «er wird ja zunächst ohnehin mehrere Monate lang meistens beim Tierarzt sein. Sie hatten ganz recht mit seiner schiefen Haltung. Er braucht mindestens *eine* Operation, das ist klar.»

Mrs. Wills schwieg lange Zeit. Dann breitete sich langsam ein Lächeln auf ihrem Gesicht aus. «Mr. Amory», fragte sie, «haben Sie vor, den Kater selbst zu behalten?»

Nun war es an mir zu lächeln. «Aber, Mrs. Wills», sagte ich, «wie kommen Sie denn auf diese Idee?»

Sie erhob sich und nahm den Katzenkoffer. «Das sagt mir mein kleiner Finger», antwortete sie. Ich wollte mich dafür entschuldigen, daß sie sich zweimal die Mühe hatte machen müssen, in meine Wohnung zu kommen. «Lassen Sie's gut sein», sagte sie. «Und rufen Sie Ruth Dwork nicht an. Ich möchte mir nicht den Spaß entgehen lassen, ihr selbst zu erzählen, wie sich alles abgespielt hat.» Sie legte eine letzte Pause ein. «Ich wünsche Ihnen mit Ihrem Kater alles Glück auf der Welt.» Sie lächelte maliziös und versetzte mir einen letzten Stich. «Nach dem zu schließen, was Sie mir über ihn erzählt haben», sagte sie, «werden Sie es gebrauchen können. Schöne Weihnachten.»

Ernest Hemingway

Katze im Regen

Im Hotel wohnten nur zwei Amerikaner. Von all den Leuten, die ihnen auf ihrem Weg in ihr Zimmer auf der Treppe begegneten, kannten sie niemanden. Ihr Zimmer war in der zweiten Etage mit dem Blick aufs Meer und auch auf die öffentlichen Anlagen und das Kriegerdenkmal. In den öffentlichen Anlagen gab es große Palmen und grüne Bänke. Bei gutem Wetter war da immer auch ein Maler mit seiner Staffelei. Maler mochten die Art, wie die Palmen wuchsen, und die leuchtenden Farben der Hotels, die den Gärten und dem Meer gegenüberlagen. Italiener kamen von weit her, um an dem Kriegerdenkmal emporzusehen. Es war aus Bronze und glänzte im Regen. Es regnete. Der Regen tropfte von den Palmen. Wasser stand in Pfützen auf den Kieswegen. Das Meer durchbrach in einer langen Linie den Regen, glitt über den Strand zurück und kam herauf, um sich wieder in einer langen Linie im Regen zu brechen. Die Autos waren von dem Platz beim Kriegerdenkmal verschwunden. Auf der Schwelle eines gegenüberliegenden Cafés stand ein Kellner und blickte über den leeren Platz.

Die junge Amerikanerin stand am Fenster und sah hinaus. Grad unter ihrem Fenster hockte eine Katze unter einem der von Regen triefenden Tische. Die Katze suchte sich so zusammenzuballen, daß es nicht auf sie tropfen konnte.

«Ich geh runter und hole das Kätzchen», sagte die junge Amerikanerin.

«Ich werd's machen», erbot sich der Mann vom Bett her.

«Nein, ich hol's. Das arme Kätzchen da draußen; was es sich anstrengt, um unter dem Tisch trocken zu bleiben.»

Ihr Mann las weiter; er lag am Fußende des Bettes auf die zwei Kopfkissen gestützt.

«Werd nicht naß», sagte er.

Seine Frau ging hinunter, und der Hotelbesitzer stand auf und verbeugte sich, als sie am Büro vorbeikam. Sein Pult stand ganz hinten im Büro. Er war ein alter und sehr großer Mann.

«*Il piove*», sagte die Frau. Sie mochte den Hotelbesitzer.

«*Si, si, Signora, brutto tempo*. Es ist sehr schlechtes Wetter.»

Er stand hinter seinem Pult in der Tiefe des dämmrigen Zimmers. Die Frau mochte ihn. Sie mochte die todernste Art, mit der er alle Beschwerden entgegennahm. Sie mochte seine Würde. Sie mochte die Art, wie er ihr gegenüber immer dienstbereit war. Sie mochte, wie er sich als Hotelbesitzer fühlte. Sie mochte sein altes, schweres Gesicht und seine großen Hände.

Sie mochte ihn, machte die Tür auf und sah hinaus. Es regnete stärker. Ein Mann in einem Gummicape überquerte den leeren Platz zum Café. Rechts um die Ecke mußte die Katze sein. Vielleicht konnte sie unter der Dachtraufe trocken bis hin gelangen. Während sie auf der Schwelle stand, öffnete sich hinter ihr ein Regenschirm. Es war das Mädchen, das ihr Zimmer aufräumte.

«Sie sollen nicht naß werden», sagte sie lächelnd auf italienisch. Natürlich hatte sie der Hotelbesitzer geschickt.

Das Mädchen hielt den Schirm über sie, während sie auf dem Kiesweg unter ihr Fenster ging. Der Tisch stand da, vom Regen hellgrün gewaschen, aber die Katze war fort. Sie war plötzlich enttäuscht. Das Mädchen sah fragend zu ihr auf.

«*Ha perduto qualque cosa, Signora?*»

«Da war eine Katze», sagte die junge Amerikanerin.

«Eine Katze?»

«*Si, il gatto.*»

«Eine Katze?» lachte das Mädchen. «Eine Katze im Regen?»

«Ja», sagte sie, «unterm Tisch», und dann: «Ach, ich wollte sie so gern haben. Ich wollte so gern ein Kätzchen haben.»

Als sie englisch sprach, nahm das Gesicht des Zimmermädchens einen verschlossenen Ausdruck an.

«Kommen Sie, Signora», sagte sie, «wir müssen wieder hinein, Sie werden sonst naß.»

«Vermutlich», sagte die junge Amerikanerin.

Sie gingen den Kiesweg zurück und überschritten die Schwelle. Das Mädchen blieb draußen, um den Schirm zuzumachen. Als die junge Amerikanerin an dem Büro vorbeiging, verbeugte sich der

Padrone hinter seinem Pult. Sie fühlte sich innerlich irgendwie sehr klein und wie zugeschnürt. Beim Anblick des Padrone fühlte sie sich sehr klein und gleichzeitig wirklich wichtig. Einen Augenblick hatte sie ein Gefühl von höchster Wichtigkeit. Sie ging weiter, die Treppe hinauf. Sie öffnete die Zimmertür. George lag lesend auf dem Bett.

«Hast du die Katze?» fragte er und legte das Buch hin.

«Sie war weg.»

«Wo sie wohl hin sein mag?» sagte er, während er seine Augen vom Lesen ausruhte.

Sie setzte sich aufs Bett.

«Ich wollte sie so furchtbar gern haben», sagte sie. «Ich weiß eigentlich gar nicht, warum ich sie so gern haben wollte. Ich wollte das arme Kätzchen haben. Es ist kein Spaß, ein armes Kätzchen draußen im Regen zu sein.»

George las wieder.

Sie ging hinüber, setzte sich vor den Spiegel des Toilettentisches und besah sich in ihrem Handspiegel. Sie besah sich prüfend ihr Profil, erst eine Seite, dann die andere. Dann betrachtete sie ihren Hinterkopf und ihren Nacken.

«Was meinst du, wäre es nicht eine gute Idee, wenn ich meine Haare wachsen ließe?» fragte sie und besah sich nochmals ihr Profil.

George blickte auf und sah ihren Nacken, der wie bei einem Jungen ausrasiert war.

«Ich mag es so, wie es ist.»

«Ach, ich hab's so über», sagte sie. «Ich hab's so über, wie ein Junge auszusehen.»

George veränderte seine Lage auf dem Bett. Er hatte, seitdem sie redete, nicht von ihr weggesehen.

«Du siehst ganz verteufelt hübsch aus», sagte er.

Sie legte den Spiegel auf den Toilettentisch, ging zum Fenster hinüber und sah hinaus. Es wurde dunkel.

«Ich möchte meine Haare ganz straff und glatt nach hinten ziehen und hinten einen schweren Knoten machen, den ich wirklich fühlen kann», sagte sie. «Und ich möchte ein Kätzchen haben, das auf meinem Schoß sitzt und schnurrt, wenn ich es streichle.»

«Wahrhaftig?» sagte George vom Bett her.

«Und ich will an meinem eigenen Tisch mit meinem eigenen Besteck essen, und ich will Kerzen. Und ich will, daß es Frühling ist, und ich will mein Haar vor dem Spiegel richtig bürsten können, und ich will ein Kätzchen haben, und ich will ein paar neue Kleider haben.»

«Nun hör schon auf, und nimm dir was zu lesen», sagte George. Er las wieder.

Seine Frau sah aus dem Fenster. Draußen war es jetzt ganz dunkel, und es regnete immer noch in den Palmen.

«Auf jeden Fall will ich eine Katze haben», sagte sie. «Ich will eine Katze haben. Ich will sofort eine Katze haben. Wenn ich keine langen Haare oder sonst ein bißchen Spaß haben kann, eine Katze kann ich haben.»

George hörte nicht zu. Er las ein Buch. Seine Frau sah aus dem Fenster auf den Platz, wo die Laternen jetzt angezündet waren.

Jemand klopfte an die Tür.

«*Avanti*», sagte George. Er sah von seinem Buch auf.

In der Tür stand das Zimmermädchen. Sie hielt eine große, schildpattfarbene Katze eng an sich gepreßt, die an ihrem Körper herunterhing.

«Verzeihung», sagte sie. «Der Padrone sagte, ich soll dies der Signora bringen.»

Ella Maillart

Ti-Puss

Sie hieß mit vollem Namen Frau Minou Wildling geborene Pusch-i-kin. Ti-Puss war ihr Kosename.

Elegante Damen fanden sie zu mager und häßlich.

Intelligente Menschen bemerkten nachdenklich, ihre feurigen Augen wären bezaubernd.

Tierliebhaber riefen sogleich: «Was für ein wundervolles Geschöpf!»

Eine Freundin von mir ging so weit, zu einem gemeinsamen Bekannten zu sagen: «Ellas Katze? Das ist gar keine Katze, sie ist ja erzogen wie ein Hund!»

Wenn die Höflichkeit mich zwang, über sie zu sprechen, murmelte ich nur bescheiden, der Charakter sei ausschlaggebend. Nie versuchte ich jemand zu überzeugen, daß Ti-Puss das Urbild des Katzenwesens sei – Leidenschaft, Geschmeidigkeit und Schönheit in allen Stimmungen.

Sie badete im Ganges und reiste durch ganz Südindien. Sie kam zum Maharischi, dem großen Seher und Weisen von Tiruvannamalai; er streichelte ihren Kopf, als sie neugierig das Lager beschnupperte, auf dem er den ganzen Tag nackt saß. Sie war auch beim Meister von Trivandram zu Besuch, der mit ihr Ball spielte. Welch seltenes Schicksal für eine Katze! ...

Aber ich will mit dem Anfang beginnen: In einem Schrank säugte eine getigerte Katzenmutter drei Junge. Zwei waren teilweise weiß; das dritte Kätzchen, das lebhafteste, hatte Pantherabzeichen in einem dünnen grauen Fell. Es erinnerte mich an unsere Katze daheim bei Genf, ein reizendes Tier, das uns immer am Bahnhof abholte, wenn wir nach Hause kamen, und an stürmischen Nachmittagen auf dem glatten Kies am Seeufer kauerte, um flammenschnell die kleinen Sardinen zu erhaschen, die leichtsinnig aus dem klaren Wasser aufschossen. Wenn wir sie im Ruderboot mitnahmen und das Ufer allzu weit entschwand, wurde ihr ein wenig unbehaglich zumute, und sie sprang über Bord. Dann paddelte das kleine Geschöpf mit allen vieren über die Bucht, Schnurrhaare, Nase und Ohren aus dem Wasser streckend, den Schwanz aufgerichtet wie ein Periskop; so setzte das mutige Tier seinen Willen durch.

Aber in der trockenen Hitze Südindiens, wo ich ein Kätzchen auswählte, war ich weit fort von der Kühle dieses blauen Sees.

Sujata brachte uns zusammen, Sujata, die stille Französin, die mit einem Inder verheiratet war.

Ich fühlte mich einsam und hätte deshalb gern ein Tier um mich gehabt. Ich war nach Tiruvannamalai gekommen, um in der Nähe eines Lehrers zu sein, der das Wesen der Hindu-Weisheit verkörperte. Außerdem hatte ich gerade unter viel Plackerei mein drittes Buch über meine Reisen in Innerasien beendet, und mein Gemüt verlangte als Belohnung ein lebendiges Spielzeug, das ich liebkosen könnte, wenn ich die Wirklichkeit aus meinen Sorgen und vorgefaßten Ansichten verbannen wollte. Ich wollte wieder lächeln!

Mein Wunsch muß tatsächlich stark gewesen sein: Binnen einer Woche wurde er erfüllt! So erkläre ich es mir, daß Sujata ihre Meditation unterbrach und mich leise fragte: «Möchtest du ein Kätzchen haben?» Schnell antwortete ich: «Ja.»

Unter vielen Hindus saßen wir mit untergeschlagenen Beinen auf dem Fliesenboden und blickten stumm auf den Weisen, die Frauen an der Wand beim Eingang, die Männer in der Mitte des langen Raumes. Ich sollte wieder eine Katze haben! Ich mußte für das kleine Ding eine Kiste beschaffen, auch eine Toilettepfanne. O weh! Mein Versuch, über ein bestimmtes Thema nachzusinnen, war gescheitert. Ein kleines Tier trat in mein Leben ein!

Damals ahnte ich nicht, welch starkes Gefühl uns verbinden sollte, was für Tribute wir einander entrichten würden und was für tiefe Gedanken dieses Tier in mir auslösen sollte.

Narajan, Sujatas dunkelhäutiger Koch, klopfte an meine Türe, die aus zwei Brettern mit einem Vorhängeschloß bestand und zu der man in dem kleinen indischen Hause über zwölf Stufen gelangte. «Die Mutterkatze hat keine Milch mehr bei diesem heißen Wetter;

deshalb bringe ich Ihnen das Kätzchen, obwohl es noch kaum laufen kann.»

«Gut, halte es fest, bis ich mit Sand zurückkomme!»

Als das dunkelgefleckte, grauseidene Würstchen behutsam auf den Fliesenboden gelegt wurde, versuchte es umherzulaufen. Es vermochte sein Gleichgewicht nicht zu halten, da die zitternden Beine es nicht trugen, nicht etwa aus Angst, sondern weil es noch so klein war. Seine Reise zu mir war ja kurz und leicht gewesen! Narajan hatte nur die breite Straße an der westlichen Mauer des wuchtigen Tempels benutzt, die am Fuße des Arunatschala emporsteigt, des pyramidenförmigen heiligen Berges, der aus Felsgestein und zerzaustem Gebüsch besteht. Sujata wohnte in der Straße der Brahmanen an der Nordseite des Tempels, ich selbst in der bescheideneren Straße der Tanzmädchen an der Südseite des gleichen großen Tempels.

Das Kätzchen zitterte; dies waren wohl seine ersten Entdekkungsschritte auf indischem Boden. Es war ein häßliches Geschöpf; die Ohren, über denen ein Büschel dunkler Haare stand, waren viel zu groß, das Fell zu armselig, und die schlaffe rosa Hauttasche, die das Bäuchlein vorstellte, schleifte beinahe über die roten Fliesen.

Narajan war gegangen. Ich eilte hinunter und erklärte meiner Wirtin, die nur Tamil sprach, mit Gesten, warum ein Mann mein Zimmer betreten hatte. Ich wollte ihr Anstandsgefühl nicht verletzen, zumal meine westliche Lebensweise in ihren Augen ohnehin reichlich anstößig war.

Wieder in meinem Zimmer, stellte ich eine Untertasse voll Milch vor das Kätzchen, das alsogleich den Fuß hineinsetzte. Dann steckte es die Nase in die weiße Flüssigkeit und nieste. Es erneuerte den Angriff, jedesmal die Entfernung besser berechnend. Das Schwänzchen war steil aufgerichtet, während das kleine Tier in ungeschickten Schlucken trank.

Geistesabwesend beobachtete ich diesen Vorgang, der bei allen Kätzchen gleich ist. Ob das Tier wohl meinen Mangel an Begeisterung spürte? Es unternahm schnell drei Dinge, wodurch es sich mein Herz gewann.

Es schnüffelte an der sauberen Sandpfanne, betrat die Arena, hockte sich nieder und verrichtete bedächtig sein Geschäftchen.

Das zweite Unternehmen: Sein Lager bestand aus einer Schachtel, die mit einem alten Seidenhemd gepolstert war. Das Kätzchen kletterte über den nachgebenden Rand, fiel hinein, setzte sich auf, blickte sich verständnisvoll um – und sprang plötzlich heraus! Entzückt über die Entdeckung, daß es die Kletterei über die schwankende Wand vermeiden konnte, wiederholte es die Heldentat, bezwang das Hindernis nochmals durch einen Sprung und kehrte so in sein Nest zurück.

Doch wieder kam es heraus, diesmal, um mich, diese stille Erscheinung, zu ergründen. Ich saß in dem Liegestuhl, den Sujata mir gegeben hatte, als sie erfuhr, daß ich mir ein solches Möbelstück aus dem weit entfernten Madras kommen lassen wollte. Sonst verfügte ich nur über zwei Seifenkisten, die als Tische dienten. Nach fruchtlosen Versuchen, an meinem Kattun-Hosenbein emporzuklettern, entschied das Kätzchen, daß das Hinterbein des Liegestuhls mehr Erfolg verhieß. Ein paarmal mißlang das dritte Unternehmen; dann gelangte es hoch genug, um sich am Stoff des Sitzes anzukrallen, und es landete in meinem Schoß. Ein tiefes Schnurren war sein Triumphgesang.

Auf französisch sprach ich nun zum erstenmal zärtlich zu meinem Kätzchen. «*Brave petit pussy!*» Das war der Ursprung seines Namens «Ti-Puss». Und von da an war Ti-Puss kein sächliches Wesen mehr für mich, sondern ein weibliches.

Ihre breiten Ohren bewegten sich unablässig, wie auf Drehscheiben montiert; wenn die Spitzen sich zu meinem Gesicht richteten, schien es, als könnte sie nichts sehen, ohne die Ohren zu benutzen. Sie wollte meine redenden Lippen berühren, streckte ihr allzu kurzes Pfötchen aus und erwiderte mein Lächeln, den in ihren Augen lauernden Ärger halb verschleiernd. Welch rascher Fortschritt, dachte ich erfreut, wir lächeln uns schon an... Aber nein, das Kätzchen schlief ein!

Ich verbrachte meine Tage im Aschram, das heißt, in der Siedlung des Weisen etwa anderthalb Kilometer außerhalb der Stadt, und aß in seiner Nähe in einer großen Speisehalle zu Mittag. Dort badete ich auch täglich. Wenn ich abends heimkehrte, freute ich mich immer über den Willkomm der ungeduldigen Ti-Puss, die hinter der Türe miaute und dann schnurrte, sowie ich sie berührte.

Wie spielten wir zusammen, welch hohe Sprünge vollführte sie und was für kühne Purzelbäume erfand sie, wenn sie einer Schnur nachjagte, die über den Boden zuckte oder an der Rückenlehne des

Stuhles baumelte! Welche Versteckspiele, bei denen wir einander erschreckten und das Kätzchen den kurzen flaumigen Schwanz gerade aufgerichtet wie einen Weihnachtsbaum hielt! Was für heldenhafte Sprünge nach einem tanzenden Pingpongball! Aber ich konnte die Hände nie lange von ihr lassen. Es tat gut, den geschmeidigen Rücken zu fühlen, die weiße Kehle zu küssen, wo das warme Schnurren vibrierte, und den sauberen, milchgenährten Körper dieses kleinen Lebewesens zu riechen.

Sie beklagte sich, sobald wir getrennt waren. Wenn sie auf meiner Schulter saß, schnupperte sie oft an meinem kurzen Haar, suchte etwas und war enttäuscht, nachdem sie einen Versuch gemacht hatte, hinter meinem Ohr zu saugen. Während ich mir auf der Terrasse die Zähne putzte, wo ich auf die Straße spucken konnte, kauerte sie auf meinem Fuß und knabberte an den Zehen, die die Sandale frei ließ.

Beim Schlafengehen spielte sich Tag für Tag folgendes ab. Ich brachte meine Sachen auf die kleine Terrasse hinaus, wo es kühler war als in dem unter dem Dach liegenden Zimmer, das die Hitze des Tages aufspeicherte. Dann bettete ich mich auf meinen Schlafsack, nachdem ich eine Decke in erreichbare Nähe gelegt hatte, um mich vor der Zugluft zu schützen, die in der falschen Dämmerung entsteht, vor der Zugluft der bleifarbenen Stunde, in der Scharen von Krähen angstvoll krächzend vor dem kommenden Tag fliehen. Diese weiche Decke bestand aus brauner Vigognewolle, einer weichen Wolle, die Ti-Puss in wildes Entzücken versetzte. Sie bepfotete sie und knetete sie mit rhythmischer Tatkraft, wobei sie beseligt die Augen schloß und sabberte. Diese Decke war das Geschenk eines mitleidigen Zuhörers, der mich bei einem vor langer Zeit in London gehaltenen Vortrag frieren gesehen hatte. Jeden Tag wollte ich sie retten; aber jeden Tag fehlte mir der Mut, mein mutterloses Kätzchen einer solchen Freude zu berauben.

Schließlich fiel sie erschöpft neben mir nieder; ihr Schnurren erstarb allmählich, während ich dem unablässigen Rauschen des nahen Pipalbaumes lauschte, der mich ein wenig an unsere große Pappel daheim erinnerte. Aber das ferne Tamtam der Hindutrommeln gemahnte daran, daß dies ein tropisches Land war, wo Beschwörungen die Götter am Leben erhalten.

Die Bettler wimmerten schon ihr «Lalà batschàri!» auf ihrem Abendgang, als ich eines Tages später als gewöhnlich zurückkehrte.

Ich nahm den Krug mit der von meinem Kätzchen ungeduldig erwarteten Milch von der Treppe und öffnete das Türschloß so schnell wie möglich. Ich hörte nicht das übliche «Mimi!», das mir sonst immer sagte, wie sehnsüchtig ich begehrt wurde. Das kleine Geschöpf war nicht in seiner Schachtel, auch nicht hinter den Büchern ... Ich zündete meine Petroleumlampe an, suchte überall und schaute sogar in meinem Reisesack nach.

Die dunkle Terrasse war ebenfalls leer – das Kätzchen konnte nämlich unter den Türplanken durchschlüpfen. «Ti-Puss? Meine Ti-Puss, wo bist du? Komm zu mir! Bist du hinuntergefallen?» Ich erhielt keine Antwort.

Hatte ein umherstreifender Affe sie entführt, vielleicht der Frechdachs, der mit meiner Seife entronnen war? Hatte meine Wirtin auf der Terrasse Hirse getrocknet, und war Ti-Puss bei dieser Gelegenheit entwischt?

Die gute Frau wußte von nichts. Die kleine Rani, die neben ihrer Mutter auf einem zusammengelegten Sari schlief, stand sehr besorgt auf. Sie trug einen langen, weiten Rock; aber ihr Oberkörper war nackt. Ihre Haut, die nie schweißfeucht war, schimmerte violett in ihren braunen Schattierungen. Sie kam mit mir, um Ti-Puss zu suchen.

Von Natur pessimistisch, war ich auf das Schlimmste gefaßt. Wir gingen sofort zu der kleinen Gasse hinter unserem Hause, in der Hoffnung, daß ein Loch der geduldigen grauen Pelzkugel Schutz gewähren würde. Nichts war zu sehen außer der viereckigen Spalte, durch die der Straßenkehrer die Latrinen reinigte. Ich nahm Rani bei der Hand, als wir an einem grunzenden Schwein vorbei mußten. Wir kehrten zu der sehr breiten Weststraße am Fuß meiner Terrasse zurück. Unser Haus hatte drei Seiten, da es das letzte in der Straße war. Und dort, o Freude, versteckte sich das Kätzchen fast unsichtbar an der Tür unseres kleinen Stalles.

Ti-Puss wurde erst ruhig, als sie sich auf der weichen Vigognedecke befand. Sie war vermutlich von der Dachrinne gefallen, als sie den Kopf geschüttelt hatte; sogar auf dem Fußboden verlor sie immer das Gleichgewicht, wenn sie diese Bewegung machte. Nach dem Tauchen schüttelt sich ein Schwimmer auf dieselbe Weise, um das Wasser aus den Ohren zu bekommen. Vielleicht stimmte etwas mit ihren Ohren nicht?

Ich freute mich, das kleine Herz wieder neben mir klopfen zu fühlen; aber während der Suche war mir in meiner Angst, ein streunender Hund hätte ihr den Garaus gemacht, der Gedanke durch den Kopf gezuckt: «Früher oder später muß ich die Katze verlieren. Die Lehre sagt: Man wird dort getroffen, wo man am stärksten gebunden ist. Beschränkte oder blinde Liebe verhindert unser Wachsen ins Grenzenlose.»

Dieses ungewöhnliche Kätzchen erweckte von neuem meine Zärtlichkeit, und während ich mit ihm spielte und es tröstete, vernahm ich belustigt die vollen warmen Töne, die meine Stimme ganz veränderten. Aus früheren Erfahrungen wußte ich, was das bedeutete: Bald würde ich wegen der kleinen Hexe alle Vernunft verlieren und ihr damit lästig werden. Konnte ich denn nicht einmal klüger sein?

Voraussichtlich würden wir jahrelang zusammen leben. War es nicht vielleicht möglich, diesmal ausgeglichener zu sein, wenn ich mich bemühte, sie zu verstehen, sie zu achten und sie auf die richtige Weise zu lieben, indem ich sie sich selbst bleiben ließ? Wäre das zuviel verlangt nur um eines Tieres willen? Ganz und gar nicht, der Versuch lohnte sich, wenn wir als Ergebnis allmählich eine vollkommene Beziehung erreichten!

Über Weihnachten war ich zu einer Tigerjagd eingeladen, und nachher wollte ich für einen Monat nach Benares gehen.

Inzwischen war die Katze an Eisenbahnfahrten gewöhnt. Wenn sie das Menschengewimmel unerträglich fand, landete sie mit einem flugähnlichen Sprung im Gepäcknetz, wo sie sich schlafend stellte, und ich band ihre Leine an den Griff meines Tropenkoffers. Aber wenn wir bequem auf einem Eckplatz saßen, band ich sie an der Fensterstange an. Dann hatte Ti-Puss die Hinterbeine auf meinem Schoß, die Vorderbeine auf dem Fensterbrett und betrachtete mit gespitzten Ohren, gestrecktem Hals und wie ein Metronom taktschlagendem Schwanz abwechselnd die lärmende Versammlung auf dem Bahnsteig, wo sich eine quirlende Menschenmenge drängte, und die langen Meilen flachen Landes, wo die einzigen beweglichen Linien die Gleichgewichte der Brunnen waren, die langsam von ihren Achsen aus getrocknetem Lehm in die Höhe stiegen.

Ein lustiges Zwischenspiel fand in Madras statt, das ich aber nicht gern noch einmal durchmachen möchte. Nachdem wir am Morgen von Tiruvannamalai angekommen waren, mußten wir drei Stunden auf unseren Anschluß warten. Diese Zeit verbrachten wir in dem großen Restaurant, das im ersten Stock lag und um diese Zeit leer war. Müde von der Nachtfahrt, schlief die gefügige Katze zu meinen Füßen auf dem kühlen Fliesenboden.

Während ich las, verflog die Zeit: Ganz plötzlich hieß es aufbrechen; aber die Katze war fort. Unter gewöhnlichen Umständen hätte ich mich nicht zu sorgen brauchen, da sie immer auf meinen Ruf gehorchte. Doch diesmal kam sie nicht, und die Zeit war knapp! Die breite Treppe, die geradewegs zu den Zügen führte, konnte sie nicht hinuntergegangen sein; auf der anderen Seite der geräumigen Galerie lagen Office, Küche, Lagerräume, Gänge und Waschräume, die ich unruhig durchschritt, wobei ich zu den Leuten, die ich traf, zur Entschuldigung sagte: «Haben Sie meine Katze gesehen?» Aber die verwunderten Tamilen-Angestellten waren nicht hilfsbereit. Eine richtige Eingebung trieb mich, bis zur Gepäckkammer vorzudringen: Dort schlief sie auf einem staubigen Bord! Wenn jemals ein Mensch gerannt ist, um einen Zug noch zu erwischen, und sich dabei die ganze Zeit laut selbst ausgelacht hat, so war ich es, als ich meinen Gepäckträger einzuholen versuchte!

Er hatte meinen Koffer in ein Frauenabteil dritter Klasse gestellt, wo ich mir eine leere Bank zunutze machte und bald einschlief. Doch plötzlich klopfte mir ein Schaffner auf die Schulter: «Warum gehen Sie nicht ins nächste Abteil?» – «Weshalb denn?» gab ich zurück. – «Oh, Verzeihung», sagte er. «Ihre Mitreisenden dachten, Sie wären ein Mann!» (Ich trug nämlich wie üblich Hosen.)

Diese irrenden Reisegefährtinnen waren übrigens die einzigen unangenehmen Inderinnen, die wir auf unseren vielen Reisen in Indien getroffen haben. Es waren drei dicke, weiß eingehüllte Mohammedanerinnen aus dem Süden mit grobem Gesicht. Neben sich hatten sie das übliche Rüstzeug zum Betelkauen und auch Schnupftabaksdosen. Sie erhoben Einspruch gegen mein Liegen auf der Bank, ohne zu bedenken, daß ihre Bündel viele Plätze einnahmen. Gegen das Kauen war ich abgehärtet, auch gegen den Anblick von Fingern, die den Rest des weißen Kalkbreis an der nächsten Wand abwischten. An Matrosensitten gewöhnt, habe ich sogar Freude am zielgerechten Spucken, wenn ich windwärts stehe; aber eine mit Schnupftabak verstopfte Nase, die einer schwabbeligen Frau gehört, ist höchst abstoßend. Bei jedem Halt brachten ihnen die männlichen Angehörigen – die im Gegensatz zu den Frauen trotz ihrem Fes weibisch aussahen – neugekaufte Süßigkeiten, Kaffee, Obst und Gewürze zum Kauen.

Sie hatten viel gegen die Katze einzuwenden, die sich an mich schmiegte. Waren sie neidisch auf ihre schlanke Linie, auf ihr Gesichtchen, das sich hinter der geschmeidigen, mit dunklen Armbändern geschmückten Pfote vor der Welt verbarg? Sie hatten keinen Grund für ihre Ablehnung, im Gegensatz zu einer grauhaarigen Missionarin, mit der ich einmal auf einer Nachtfahrt ein Abteil zweiter Klasse teilte, weil ich mich nicht wohl fühlte und Bequemlichkeit und Schlaf brauchte. Auch sie war müde, und mit amerikanischem Tonfall warnte sie mich sogleich, daß sie Katzen nicht möge und daß Tiere in der Eisenbahn nicht mitgeführt werden dürften. Ich bekam es mit der Angst. Ti-Puss wollte mit ihrem Miauen nicht aufhören, das sonst immer nur ein paar Minuten dauerte und bedeutete: «Ist das notwendig, wirklich notwendig?» Diesmal miaute sie, wie eine Uhr tickt, ohne Unterlaß! Von Minute zu Minute hoffte ich, sie würde aufhören, da ihr ja meines Wissens nichts fehlte. Die Dame war sehr ungehalten – mit Recht, ich nicht minder –, so daß ich mich schließlich auf den Abort zurückzog, wo ich die ganze Nacht saß, das endlich ruhig gewordene Kätzchen auf dem Schoß. Ich wollte in mein Abteil zurückkehren; doch sogleich hob sie wieder ihr rührendes Geschrei an. Und da gibt es Menschen, die den Wunsch hegen, ihre Tiere könnten sprechen! Mir ist es mehr als einmal so vorgekommen, als ob sie es ohnehin tun. Ich behaupte auch, daß Kätzchen, die ja die Welt lieben, den Inbegriff der Freude bilden und daß die leiseste Geste des Wohlwollens von unserer Seite sie in Entzücken versetzt. Aber es klappt nicht immer!

In Raipur befanden wir uns in einem Haus mit Teppichen und Vorhängen, Sesseln und Kissen. Das weichste Polster wurde von meiner Katze mit Beschlag belegt, als ob sie, wie ich zu meiner Freude sagen kann, immer in großem Stile gelebt hätte. Auf dieselbe königliche Art nahm sie Jane als gegeben hin. Jane war eine große, goldfarbene Setter-Hündin mit einem kräftigen Schwanz, der geräuschvoll an alle Möbelstücke schlug.

«George, was meinst du?» fragte ich. «Muß ich Puss nachts im Lager an eine Zeltstange binden – wegen der umherschleichenden Tiger?»

«Bestimmt wird deine Katze die Tiger mit ihren glühenden Augen, die größer sind als ihr Gesicht, verscheuchen!»

George, mein früherer Gastgeber in Gilgit und Indor, war britischer Geschäftsträger. Er erzählte mir vom Staat Bastar, einem Gebiet so groß wie Belgien, wo wir unter Bisons, Hirschen, Panthern und Tigern kampieren sollten.

Während George und Nancy bei Sonnenuntergang zum Klub gingen, machte ich mit Ti-Puss einen Spaziergang. Unser Haus lag an der Landstraße, als letztes des Kantonnements; dann kam eine weite Strecke dürrer Erde, die wie der Boden einer trockenen Lagune aussah, wo man spielen konnte, man wäre in einer grenzenlosen Wüste. Wir jagten einander, wir streckten uns im Sand aus und lauschten den urzeitlichen Stimmen der Kröten in einem fernen Kanal. Wie freute es Ti-Puss, sich hinter einem Busch zu verstecken und mir ans Bein zu springen, wenn ich vorbeischritt! Aber ich streifte auch gern in der andern Richtung umher. Hinter unseren Nebengebäuden war ein Holzhof voller baufälliger Schuppen, alter Mauern und bemooster Bäume, wo die aufgeregte Ti-Puss ihren Weg sehr sorgsam erschnüffelte. Wenn mich die Essensglocke überraschte, mußte ich die Katze dort auf einem Balken unter Fledermäusen zurücklassen, während ich über die Mauer unseres Gartens kletterte. Zur Kaffeezeit war sie wieder auf ihrem Kissen, putzte sich nach einem guten Fleischmahl und schaute mich an, als wollte sie sagen: «Endlich werde ich mit gebührender Rücksicht behandelt.»

Doch eines Nachts, als der Vollmond die Erde in ein kaltes blaues Licht tauchte, war es schon Mitternacht, und ich fand mich immer noch allein in meinem großen, stillen Zimmer. Das war noch nie vorgekommen. Kein zartes «Mie...!» beantwortete meine Rufe. Kläffende Schakale und kreischende Eulen ließen an die Schrecken denken, die mein Haustierchen bedrohen mochten.

Da wir am nächsten Morgen zu unserem Lager in Amrati aufbrechen wollten, lief ich schließlich zwei Stunden herum und suchte sie. Ich lenkte meine Schritte wieder zu der traumhaften trockenen Lagune, die einsam im Schweigen von tausend Sternen lag, und ich hoffte und hoffte immerzu, daß ich bald den lebendigen Pelz an meinem Bein spüren würde. Was wollte der Wind mir sagen, der an meinen unbedeckten Ohren vorbeipfiff? Hatte er sie gesehen? Später, als ich den Holzplatz absuchte, sprach der Wind, der die großen Bäume marterte, in harten, gefährlichen Stößen.

Als ich am Morgen aufwachte, war ich in meinem feindseligen Zimmer immer noch allein. Es war nun nicht mehr nötig, eine Katze an einer Zeltstange festzubinden. Aus Delhi traf Peter ein, der ehemalige Etonschüler. Als er aus dem Auto stieg, begrüßte ich ihn nach jahrelanger Trennung mit den Worten: «Guten Tag, Peter. Ich bin so traurig, ich habe soeben mein Kätzchen verloren!» Die Engländer lieben Tiere. Er verstand mich und antwortete mitfühlend: «Das tut mir leid. Was läßt sich da machen?»

Nichts ließ sich machen. Zwölf Tage lang sollte ich dreihundert Kilometer entfernt sein. Für diese Zeit waren Georges Diener beurlaubt, und die zurückkehrende Katze würde ein geschlossenes Haus vorfinden.

Wie fehlte mir ihre anregende Gesellschaft, die ich sechs Monate lang gehabt hatte! Aber jetzt war es die Katze, um die es ging, nicht ich. Es war ihr etwas zugestoßen. War sie mondsüchtig, daß sie sich so weit entfernt hatte? Ich konnte es nicht glauben, daß sie in einem jähen Entschluß fortgelaufen wäre, und läufig war sie noch nicht. Sie war es gewöhnt, bei mir Schutz zu suchen; doch nun würde sie unser Fenster verrammelt finden; sie würde sich in ihrem Vertrauen zu mir getäuscht fühlen. Ja, sie wartete auf mich, brauchte mich zweifellos. Bei meiner Rückkehr von Jagdalpur würde ich sie vorfinden – tot oder lebendig.

Nach Raipur zurückgekehrt, suchte ich immer noch die Spuren meines Kätzchens, ging allein an jeden Ort, wo wir gemeinsam gewesen waren, rief die zärtlichsten Worte in alle vier Windrichtungen, befragte kühn jeden Vorbeikommenden in der Hoffnung, es würde bald bekannt werden, daß ein Kätzchen gesucht wurde.

Wie hüpfte mir das Herz, als ein Holzfäller sagte, er habe das Tierchen auf dem Dachbalken eines Schuppens gesehen! Ich lief hin und rief... und erblickte nur einen einäugigen Kater, der mich höhnisch anfauchte.

Am dritten Tage beschloß ich, die Suche aufzugeben. Ti-Puss konnte nicht mehr am Leben sein. Meine Augen und Ohren waren abgestumpft vor Überanstrengung; ich hielt jedes Kreischen für einen Notschrei, jeden aufrechten Stein für meine sitzende Katze, jeden bewegten Schatten für ihr angstvolles Schleichen. Dennoch bat ich plötzlich George und Nancy, als sie zum Klub fuhren, mich zwei Kilometer vom Hause entfernt abzusetzen; es sollte meine letzte Katzensuche sein. Es wurde Zeit, mich aus dieser gefühlsmäßigen Verstrickung zu befreien.

Wie ein Automat folgte ich der Mauer eines großen Gartens und wiederholte meinen Singsang: «Ti-Puss! Komm zu mir! Wo bist du, mein Liebling?» Ein Gärtner antwortete, seit einer Woche säße ein verwundetes Kätzchen außer Reichweite wimmernd in einem Strauch.

Ich rannte zu einem Loch in der Mauer, rannte zu dem Strauch, immerzu rufend. Ehe ich mich niedergekniet hatte, antwortete mir ein kehliges «Mau». Ein Knochenbündel hinkte auf mich zu – verstörte Augen und Ohren größer denn je über einem mageren Vogelhals. Himmel, welch ein Anblick! Was für ein leichtes Körperchen!

Aus der Kehle meines Lieblings kam ein lautes Geräusch, das mehr ein Schnarchen als ein Schnurren war. Bisweilen drückte sie ihre feuchte Nase an meinen Hals, wie um zu sagen: «Ja, du bist es, du, endlich!»

Ihr linkes Schlüsselbein war gebrochen; aber ich fand keine Wunde. Bedeutete das, daß die Verletzung von einem Stockhieb stammte? Der alte Gärtner wußte von nichts.

Ich fand einen runden Korb, borgte mir ein Fahrrad aus, traf den Tierarzt zu Hause an. Der Knochen würde heilen, sagte er; aber vielleicht würde sie für immer lahmen. Sie knurrte wütend, als wir ihr einen Gipsverband anlegten.

Wie glücklich war ich, daß ich sie noch dieses letzte Mal gesucht hatte! Sehr stark fühlte ich, daß uns ein Vertrag bindet, wenn wir ein Tier annehmen. Das Tier glaubt höchst wahrscheinlich, daß wir allmächtig seien und verantwortlich für alles Gute und Böse, das ihm begegnet; es wird uns seine Schönheit, seine Freuden und Leiden entgegenbringen, wenn wir unsere Pflichten ihm gegenüber nicht vernachlässigen. Sonst «verfehlen wir den Anschluß» und haben keinen Zutritt zu seiner Welt, die dazu da ist, unser Erleben zu bereichern. Doch um zu verhindern, daß aus diesem Vertrag der Wunsch wurde, ein Geschöpf zu besitzen – ein Wunsch, der mich versklaven würde –, beschloß ich, das Tier als ein täglich neues Geschenk zu betrachten, ein Geschenk, das mit Dankbarkeit entgegengenommen werden mußte.

Wenn der Mond schien und die Erde nicht mehr brannte, ging ich manchmal in der großen Lagune baden, zu der ich über einen langen, malerischen Damm mit Felsen, Palmen und Buchsbaumsträuchern gelangte. Es war außergewöhnlich, daß die Katze mir eine halbe Stunde über offenes Land folgte, das keine Deckung bot, und wo wir Bauern mit Stöcken begegneten. Seit ihrem Erlebnis in Raipur war ihr schon der Anblick eines Stockes verhaßt.

Am Rande des glitzernden Wassers, das kühl aussah, es jedoch nicht war, zog ich mich rasch aus, mußte aber auf schlüpfrigen Steinen in knietiefem Wasser weit hinauswaten, ehe ich schwimmen konnte. Von der Lagune aus gesehen, schien Arunatschala, der unwandelbare Berg, aus der stumpfen Ebene aufsteigend, die Erde zu beherrschen. Ein schwaches Fleckchen am Ufer war meine rührende Pussy, die nicht wußte, wie sie meinem großen Körper folgen sollte, ihrem Zufluchtsort und ihrer Nahrungsquelle. Mit scharfem «Mrrau!» begrüßte sie meine tropfende Rückkehr; sie hatte entschieden Angst, mich zu verlieren!

In dieser Zeit war es, daß ich sie Tränen vergießen sah...

Es war meine Schuld. Der Nachbarkater hatte einen langen Körper, anscheinend rund wie ein Rohr, hohe Schultern, die sich unter einem dünnen Fell wiegten, einen hellen Pelz mit lockenden Leopardenflecken, einen von der Hitze abgenutzten Mantel, der die zwei kleinen, unter seinem Schwanz vorkommenden Samtfeigen nicht verbarg. Wie hart, wie verschieden war er mit seinen langen Gliedern, seinen knochigen, boxbereiten Vorderpfoten von meiner sanften kleinen Katze!

Da ich «Leopard» willig bewunderte, gab ich ihm Milch, als er mich einmal besuchte. Er folgte mir und bat um mehr, während Ti-Puss teilnahmslos auf der Mauer blieb. Er schlief drei Stunden, und zur Teestunde hielt ich es für richtig, Ti-Puss zu einer förmlichen Vorstellung hineinzutragen. Beide waren ruhig und höflich... bis er ganz plötzlich knurrte, die Schwanzhaare sträubte und eine Pfote hob, um zuzuschlagen! Ich schickte ihn beizeiten fort.

Zehn Minuten später griff Ti-Puss etwa hundert Meter entfernt Leopard an. In tödlicher Umschlingung wälzten sie sich herum, eine einzige runde lebendige Kugel, die durchdringende, wütende Schreie ausstieß. Ich rannte hinzu! Wie sie zupackten... Fellflokken flogen zwischen Staubwolken. Sie wurden getrennt; Ti-Puss jagte ihm wieder nach; aber Kuppu, der Gärtner, schickte sie zu mir zurück, während Leopard sich mit einer Fahne grauen Felles in den Zähnen zurückzog.

Meine arme sanfte Pussy hatte sich mein freundliches Entgegenkommen angesehen, bis sie es nicht mehr zu ertragen vermochte. Sie hatte mit Zähnen und Klauen gekämpft.

Lang ausgestreckt auf dem Zementboden keuchte sie laut, als ob ihre kochende Brust eine Dampfmaschine geworden wäre. Sie knurrte drohend, als ich sie zu streicheln versuchte. Während ich mich entschuldigte, fiel mir auf, wie ungewöhnlich feucht ihre Augen waren. Ja, sie schwammen in Wasser! Sie schloß die Augen, wodurch sie zwei wohlgeformte Tränen entpreßte; die eine fiel auf meine Hand, die andere zerplatzte in ihrem Schnurrbart.

Eine Verletzung fand ich nicht. Aber sie war so erregt und gekränkt, daß sie sich zwanzig Stunden lang nicht rührte, weder aß noch trank. Sie war kein Kind mehr.

Kein Anzeichen warnte mich mehr, wenn meine Katze herankam; als Erwachsene war sie leise und klug. Wenn ich abends in aller Ruhe einem Gedanken bis zu seinem Urgrund zu folgen versuchte, lief oft ein fremdartiges Tier an uns vorbei. Es machte mich neugierig; aber Ti-Puss blieb ungerührt. Es trabte wie ein schwarzer Hund, schien pelzig wie ein Bär; es gurrte kläglich, und seine Losung war voller Beeren. Der Gärtner Parsuram sagte, es sei ein indischer Palmenroller, eine Wildkatze, die es versteht, den Saft aus den Palmyrapalmen zu saugen.

Ti-Puss wurde unruhig und erregt. Es kam eine Nacht, in der sie nicht mehr neben mir schlief, sondern auf dem Holzkohlensack. Ihr Fell verlor den blauen Chinchilla-Schimmer und wurde sandfarben, und da sie sehr lange Ohren hatte, sah sie immer mehr wie ein Luchs aus. Ihr Gesicht verschmälerte sich, und die stark ausgeprägten Knochen unter den Augen verliehen ihr einen tragischen Ausdruck.

Sie wurde wilder, verbrachte die Nächte mit Raufereien und kehrte mit geschwollenem Ohr oder einer schwarzen Narbe über dem hellen Samt ihrer festen Nase zurück. Ich konnte sie nur noch berühren, wenn sie den Tanz für den Nahrungsspender aufführte und sich an meinem Bein rieb. Sie kam nicht mehr herbei, wenn ich sie rief. Und warum verbrachte sie eine ganze Nacht in der Gabelung eines Baumes?

Eines Nachts brachte sie ihren Freund mit, einen prachtvollen dunkelgrauen Kater mit schwarzen Streifen. Er schlich leise herbei und blieb ein paar Meter von mir entfernt stehen. Murmelnd, aber höflich und geduldig – sehr besorgt, zu mißfallen – bat er mit kaum hörbarer Stimme um eine Gunst. Er ging soweit, unter meinem Tscharpoy zu schlafen, während Ti-Puss wieder unter mein Netz kroch. Ich beglückwünschte sie herzlich zu ihrem guten Geschmack. Parsuram erzählte mir später, daß es sicher ein Wildkater sei.

Sie waren ein friedliches Paar, saßen stundenlang nebeneinander auf dem Pfad und taten nichts. Von jetzt an nannte ich meine Katze Frau Minou Wildling.

Als ihre Flitterwochen eine Woche später beendet waren, sah sie am Tage würdevoll und verschlafen aus (und leider hatte sie zum erstenmal Flöhe). Sie wußte nicht, was ihr geschah, gab jedoch vor, ganz normal zu sein. Halben Herzens versuchte sie ihren Schwanz zu fangen, brach das Spiel plötzlich ab und legte sich ein weiblicheres Benehmen zu: Sie saß geistesabwesend da und leckte sich die Pfote, nur um gute Haltung zu zeigen. Dennoch war sie aufgeregt; ihr peitschender, schlagender, wischender Schwanz verriet sie.

Eines Morgens weckte mich ein fürchterliches Geheul gerade über meinem Kopf auf meinem gebrechlichen Mattendach, wo Ti-Puss in der Regel ein paar private Bemerkungen zu der aufgehenden Sonne machte. Dort war sie und wurde von einer kleinen weißgesprenkelten Schwester angegriffen, die von der anderen Seite über die Mauer gekommen war. Die «weiße Schwester» pflegte Ti-Puss zu beobachten wie ein Tiger seine Beute, ehe sie zum Angriff überging und Verwünschungen fauchte, die zu sagen schienen: «Er schaut nur dich an! Nur dich! Das treibt mich zum Wahnsinn, zum Wahnsinn!» Eifersucht erfüllte ihren schlanken, fiebrigen Körper. Sie hatte noch keinen Gatten, und erst zwei Jahre später fand sie einen. Aus irgendeinem sonderbaren Grunde schlug Ti-Puss nie zurück, sondern legte nur die Ohren an, als wollte sie sagen, ein so häßliches Schwesterchen sei zu dumm, um ernst genommen zu werden.

Als sie eines Tages ausgestreckt zu meinen Füßen lag, mit gedehntem Leib und ausgeringeltem Schwanz, teilte sich das seidige helle Fell ihres Bauches ein wenig: Ihre kleinen Zitzen waren zur Größe einer harten rosigen Knospe angewachsen.

Ich beklagte das Ende ihrer Jugend, die mit nichts anderem als unschuldigem Staunen ausgefüllt gewesen war. Sie war mein gewesen, und ich hatte die meisten ihrer Gedanken gekannt; im ganzen gehorsam, hatte sie meine Allmacht anerkannt. Jetzt war sie unergründlich, versunken in ihre eigene Welt, in die Welt des großen Katzenspiels, an die meine Einfühlungskraft nicht heranreichte. Von nun an gehörte ich der Katze, und es hing ganz von ihrer Gnade ab, wenn sie sich herabließ, mit mir zusammen zu sein.

Bruce Marshall

Katzengesellschaft

Tag und Nacht und immerzu von acht Katzen umgeben, glaube ich des Abbé Zannuziellis Behauptung ein wenig besser zu verstehn, daß Gott jede Seele, die Er erschaffen, so liebt, als wäre es die einzige auf der Welt. In unserer übervölkerten *apartheid* ist jede Pussi eine Persönlichkeit für sich, und Cassie Puddings Gegenwart ist uns kein Trost, wenn Geddes Bijou erst spät von einer Rattenjagd heimfindet, und Sammys Gute-Nacht-Schnurren läßt uns Joshua vermissen, denn Dew Choir schnurrt nur in den Morgenstunden.

An ihrem Schnurren sollt ihr sie erkennen! Hengist gerät nur des Abends gegen sieben Uhr in Wallung, wenn er auf meinen Schoß springt in der Hoffnung, Gin und Vermouth könnten sich am Ende vielleicht doch noch in Milch und Honig verwandeln. Horsa singt zur Teestunde, auf die Minute genau um vier Uhr. Wenn die Tassen hereingetragen werden, beginnt sie mit ihrer Musik zum *Thé Dansant*. Cassies Schnurren beschwört Erinnerungen herauf, es ist wie ein leises Flügelschlagen in meinen Armen, und es birgt die Dankbarkeit des kleinen Kätzchens in sich, das ich einst an meiner Wange wärmte. Geddes Bijou, Enzo und Emma lassen ihren Anlasser zumeist am Frühstückstisch surren.

Mit acht Katzen oder sechzehn engen Pupillen bei Tag und sechzehn weiteren Pupillen bei Nacht, fehlt es mir nicht an Gesellschaft. Sitzt Sammy einmal zufällig nicht auf meinem Manuskript, so versucht Cassie mit meiner Feder zu spielen, oder Joshua miaut vor der Tür, um eingelassen zu werden. Geddes Bijou, Hengist, Horsa, Enzo und Emma räkeln sich auf den Fliesen unter meinem Fenster, und wenn Sammy und Cassie in aller Frühe mit ihren Buckeln Brücken bauen und ins Freie hinausstelzen, dann schießt auch schon Hengist mit einer Hagebutte im Mäulchen herein und kuschelt sich neben mich ins Bett.

Aber nur zu den Mahlzeiten kann ich hoffen, sie alle zusammen zu sehn. Wegen ihrer Gefräßigkeit sind Hengist, Horsa, Enzo und Emma noch von der Ehrentafel ausgeschlossen, und sie sitzen weiterhin am Katzentisch draußen vor der Hintertür. Wenn sie dort ihre Portionen vertilgt haben, kommen sie hereingestürmt, um nachzuschauen, ob nicht doch noch einige Brosamen vom Tische der Großen für sie abfallen, und wenn sie noch so hungrig sind, daß ihnen der Neid aus den Augen blitzt, so räumen die andern vier Katzen manchmal vor ihnen das Feld. Sind alle acht einmal zusammen in der Küche, so erinnern sie mich an eine kämpfende Rugbymannschaft; die Zinnteller fliegen durch die Luft, und Cassie flüchtet erschreckt den Orangenbaum hinauf und läßt sich nicht so schnell wieder blicken.

Denn Cassie ist noch immer der kleine Musterknabe, der nach einem Scharmützel mit einem Hund ins Haus gewankt kommt und sich, an allen Gliedern schlotternd, hinter dem Küchenherd verkriecht. Obgleich er sehr wohl weiß, daß wir es nicht gerne sehn, wenn er – anstatt schon brav im Bett zu liegen – sich noch immer draußen herumtreibt, schleicht er doch immer wieder mit einem schuldbewußten Schweif die Treppen hinauf. Ich glaube, ich bin der einzige Mensch auf dieser Welt, dem er voll und ganz vertraut, und ich bin es, nach dem er schreit, wenn Sammy nicht daheim ist, um ihm Gesellschaft zu leisten. Wenn ich ihm des Abends im Bett den Platz zu meinen Füßen anweise, dann blickt er mich aus seinen verschlafenen, purpurnen Augen vorwurfsvoll an und stiehlt sich dann leise herauf, um sich in mein Kopfkissen zu schmiegen und um mich an den Haaren zu zupfen. Geddes Bijou ist *le chat de Madame Marshall*, auch wenn er es ihr nicht erlaubt, ihn in die Arme zu nehmen. Wenn immer Phyllis ihn ruft, kommt er sogleich herbeigeeilt, erhebt sich auf die Hinterbeine und schmiegt seinen Kopf an ihre Hände. Wie Casiano, so verachtet auch er es, sich wegen des Fressens mit den anderen Katzen zu zanken, aber er beklagt sich wie ein echter Herr, der sehr wohl weiß, daß er ein Recht darauf hat, sein Essen eigens serviert zu bekommen.

Auch Sammy wäre es zu dumm, sich wegen seines Fressens zu streiten; er hat übrigens auch keinen Grund dazu, denn noch immer wird für ihn in seiner Speiseecke eigens gedeckt. Er ist ein alter Herr geworden, und außer Fressen und Schlafen beeindruckt ihn nur noch Schlafen und Fressen und vielleicht einmal ein Spielchen mit meinen Hosenträgern oder mit den Bändern meiner Pyjamahose. Wir vermissen bei ihm die Weisheit des Alters: er bekommt immer noch seine Wutanfälle, aber wir vergeben ihm sein Grollen und seine Spucker, wenn er reumütig den weitesten und beschwerlichsten Weg wählt und durch den ganzen Raum, über Tische und Stühle klettert, herbeikommt, um unsere Hände zu lecken und zu schnurren und aus Leibeskräften mit den Pfoten radzufahren.

Manchmal haben wir den Eindruck, als ob Sammy abdanken wolle, weil er Stück um Stück seiner Macht auf Joshua überträgt. Joshua scheint nicht abgeneigt, die Regentschaft zu übernehmen: er läßt seinen Anlasser schon schnurren, wenn eine der andern Katzen seinem Napf auch nur nahekommt, und wenn er Schläge verteilt, dann ist Horsa die einzige, die nicht vor ihm ausreißt.

Denn Horsa hat ihren eigenen Willen, und wenn ich daran denke, wie sie kratzte und um sich biß, als wir versuchten, ihr Bein einzureiben, ist mir nicht bange, daß sie je ein Zigeuner zu fassen kriegt, selbst dann, wenn sie gerade nicht auf der Hut ist. Seltsamerweise aber ist es Hengist, der uns und seine Katzenkameraden gleichermaßen liebt, und sollte es so etwas wie Heilige im Katzenjenseits geben, so wird er unter ihnen bestimmt seinen Platz einnehmen.

Auf jeden Fall aber war er der einzige, der Billy Bunter willkommen hieß, als dieser vor genau drei Tagen den Weg herauftrabte. Sammy war so erschrocken, daß er die Beine in die Hand nahm und lief, was das Zeug hielt, und es blieb Cassie überlassen, seine Ohren hängen zu lassen, bis sie Baskenmützen glichen, und den Neuling durch einen Spucker zur *Chat d'Antibes* zu befördern.

Bunter ist ein ganz strammer kleiner Junge von acht Monaten. Er hat Sammys krokusgelbe Augen, Joshuas schwarzweißen Wanst und den Schnurrbart eines englischen Generalmajors. Zuerst verdächtigten wir folgende Herren der Vaterschaft: Demosthène oder Nicky Low, Timoléon, Octave oder Théophraste, Herkules, Aristide, Séraphin, Godefroy oder Silvester Cantacugini. Erst später erfuhren wir, daß Billy Bunter von besonders feinen Eltern abstammte und – sozusagen – aus allen Wolken über die Hecke in unsern bescheidenen Garten gefallen war, und daß er in Wirklichkeit Fan-Fan hieß, dem wir (unserer Freundin Gina Lollobrigida zu Ehren) La-Tulipe hinzufügten.

Mit Fan-Fan-La-Tulipe-Bunter haben wir nun neun Katzen oder achtzehn enge Pupillen, um den Stand der Sonne zu bestimmen, und achtzehn weitere, den Grad der Dunkelheit zu messen. Nicht nur, daß ich nach meinen Katzen die Zeit bestimme, die Katzen anderer Leute erinnern mich an Orte:

Genua – das ist für mich Bernardo, das Kätzchen Fra Nazareno Fabrettis, das weiß, daß man keine Seele haben muß, um Hunger und Schmerzen zu spüren; Edinburgh ist Nipper und Dumbo, die noch heute die Festspielbesucher im Clarendon-Hotel willkommen heißen; an Perpignan erinnert mich Donegal, ein Kater, der mir im Hôtel-de-France zuvorkommenderweise bei meinem *côte-de-porc* half; Marmalade, die aprikosenfarbene Katze, die eine witzige Kellnerin gegen Keiller eintauschen wollte, ruft die Erinnerung an South Audley Street in mir wach; Jermyn Street – das ist das Kätzchen mit der Halskrause, das für ein freies Mittagessen den Hanswurst spielt; Nottingham ist Sheilas Kätzchen Fofime, Joshuas Schwesterchen aus dem ehrbaren Geschlecht derer von Dew Choir; Paris ist natürlich des Staffelkapitän Yeo-Thomas schwarzer Winkie; Rom ist Broccolo aus dem Ristorante Santa Chiara, und New York ist Tyleke und Neleke und der siamesische Kater Mr. Callahan mit irischer Abstammung und unirischen Manieren, der einem einen Schlag versetzte, wenn er zu spielen wünschte. Mit all diesen und mit meinen eigenen dazu habe ich genug Katzen für meine Katzenliebe, und zur Not ist immer noch Rigobert da, der sich auch weiterhin bei uns seine Extraportion Fisch holt.

Vielleicht bringt es der Abbé Zannuzielli mit seinem Evangelium in der Umgangssprache am Ende doch noch soweit, auch in andern die Liebe zu ihnen zu entflammen. Jedenfalls tauchten am letzten Sonntag sowohl Sin-Sin-Frin als auch Dante, der Klomann, in der Kirche auf, beide in niegelnagelneuen Stiefeln. Sie hätten vielleicht besser den nächsten Sonntag gewählt, denn diesmal ließ der Abbé im Beichtstuhl Strenge walten, und was er für ein Flüstern hielt, war noch vorn am Taufbecken zu hören: «*Si vous recommencez je me trouverai dans l'obligation de vous refuser l'absolution.*»

Laßt uns hoffen, daß es nicht nur um Mädchen ging. Laßt uns hoffen, daß der Abbé nun endlich endgültig auch für die Katzen zu Felde zog.

Edgar Allan Poe

Der schwarze Kater

Für die höchst schauerliche und doch so schlichte Erzählung, die ich hier niederzuschreiben mich anschicke, erwart' ich weder noch erbitt' ich Glauben. Toll wahrlich müßte ich sein, darauf zu rechnen – in einem Fall, wo sich ja selbst die eignen Sinne sträuben, das Wahrgenommene für wahr zu nehmen. Doch toll bin ich gewiß nicht – und gewiß auch träum' ich nicht. Aber nun sterb' ich morgen, und so wollte ich heute noch meine Seele erleichtern. Mein Zweck ist dabei geradeheraus der, in offener, kurz- und bündiger Weise und ohne Drumherum eine Reihe von bloßen Alltagsereignissen vor der Welt auszubreiten. In ihren Folgen haben diese Ereignisse mich entsetzt – mich gefoltert – mich innerlich zerrüttet und zerstört. Doch will ich nicht versuchen, sie zu deuten. Mir selber haben sie kaum anderes als Grauen gebracht – vielen dagegen werden sie wohl weniger schrecklich denn *baroques* vorkommen. Vielleicht ja findet sich hiernach auch ein Verstand, der meine Phantasmen aufs Gewöhnliche zurückführt, ein Kopf, der ruhiger, der logischer und der weit weniger erreglich ist als meiner und der in den Umständen, die ich mit Grauen hier erzähle, nichts anderes erblickt denn eine gewöhnliche Folge von ganz natürlichen Ursachen und Wirkungen.

Von Kindheit auf schon war ich bekannt für mein lenksames und menschenliebendes Wesen. Meine Herzensweichheit gar trat so auffällig hervor, daß ich darob von meinen Kameraden oft gehänselt wurde. Ich liebte vor allem die Tiere, und der Nachsicht meiner Eltern verdankte ich's, daß in unserm Haus zahlreiche vierbeinige Gefährten um mich waren. Mit ihnen verbrachte ich den größten Teil meiner Zeit, und kein größeres Glück kannt' ich, als sie füttern und streicheln zu dürfen. Diese Charaktereigenart wuchs mit mir,

und da ich zum Manne geworden, bildete sie mir eine der Haupt-
quellen des Vergnügens. Allen denen, die einmal Zuneigung zu
einem treuen und klugen Hunde hegten, brauche ich wohl kaum
eigens die Natur beziehungsweise die Intensität der Befriedigung zu
erklären, welche daraus erwächst. Es liegt etwas in der selbstlosen
und aufopfernden Liebe der unvernünftigen Kreatur, das greift
einem jeden ans Herze, der häufig Gelegenheit hatte, die nichtswürdige Freundschaft und flüchtige Treue des bloßen Menschen zu
erproben.

Ich heiratete früh und war glücklich, in meinem Weibe eine
durchaus verwandte Seele zu finden. Da sie meine Vorliebe für
Haustiere bemerkte, versäumte sie keine Gelegenheit, uns solche
der reizendsten Art anzuschaffen. Wir hatten Vögel, Goldfische,
einen schönen Hund, Kaninchen, ein kleines Äffchen und einen
Kater.

Dieser letztere war ein bemerkenswert großes und schönes Tier,
vollkommen schwarz und in geradezu erstaunlichem Maße klug.
War von seiner Intelligenz die Rede, so spielte meine Frau, die im
Herzen von rechtem Aberglauben angekränkelt war, des öftern
auf den alten Volksglauben an, welcher alle schwarzen Katzen als
verkleidete Hexen betrachtete. Nicht daß es ihr je ernst mit diesem
Punkt gewesen wäre; ich erwähne die Sache überhaupt aus keinem
besseren· Grunde als dem, daß sie mir zufällig just eben jetzt ins
Gedächtnis kam.

Pluto – so hieß der Kater – war mein Spielkamerad und mir von
allen Haustieren das liebste. Ich allein fütterte ihn, und er begleitete
mich auf allen meinen Gängen durch das Haus. Mit Mühe nur
konnte ich ihn daran verhindern, mir auch noch durch die Straßen
zu folgen.

Unsere Freundschaft dauerte in dieser Weise mehrere Jahre fort,
während welcher mein allgemeines Temperament und Wesen –
durch das Wirken des bösen Feindes Ausschweifung – (schamrot
gesteh' ich's) eine radikale Veränderung zum Schlimmen erfuhr.
Von Tag zu Tag ward ich übellauniger, reizbarer und rücksichtslo-
ser gegenüber den Gefühlen anderer. Ich ließ mich hinreißen, maß-
lose Worte gegen mein Weib zu gebrauchen. Schließlich gar tat ich
ihr Gewalt an. Auch meine Haustiere bekamen natürlich den Wechsel in meiner Gemütsart zu spüren. Ich vernachlässigte sie nicht nur,
ich mißhandelte sie. Für Pluto hatte ich grad noch soviel Rücksicht,

daß ich ihn wenigstens nicht mutwillig quälte, indessen es den Kaninchen, dem Äffchen oder gar dem Hunde ohne Skrupel schlimm erging, wenn sie mir einmal durch Zufall oder aus Zuneigung in den Weg kamen. Doch mein Leiden – und welches Leiden ist dem Alkohol gleich? – es wuchs und ward übergewaltig; und schließlich begann selbst Pluto, der jetzt langsam in die Jahre kam und infolgedessen ein bißchen launisch wurde, die Wirkungen meiner inneren Zerrüttung zu erfahren.

Eines Nachts, da ich, schwer berauscht, von einem meiner Rundzüge durch die Stadt nach Hause kam, bildete ich mir ein, der Kater meide meine Nähe. Ich packte ihn – da brachte er mir, erschrocken ob meiner Heftigkeit, mit seinen Zähnen eine leichte Wunde an der Hand bei. Augenblicklich ergriff eine dämonische Wut von mir Besitz. Ich kannte mich selber nicht mehr. Das, was einmal meine Seele gewesen, schien wie mit einem Schlage aus meinem Körper entflohen; und eine mehr denn teuflische, vom Gin genährte Bosheit durchzuckte schauernd jede Fiber meines Leibes. Ich zog ein Federmesser aus der Westentasche, öffnete es, packte das arme Vieh bei der Kehle und schnitt ihm in voller Überlegung eines seiner Augen aus der Höhle! Ich werde rot, ich brenne, schaudere, während ich diese verdammenswerte Scheußlichkeit niederschreibe.

Als mit dem Morgen – da der Schlaf die Dunstwallungen der nächtlichen Ausschweifungen verscheucht hatte – die Vernunft wiederkehrte, durchrann mich ein Gefühl aus Grauen halb und halb aus Reue ob des Verbrechens, dessen ich schuldig geworden; doch war es bestenfalls ein schwaches und zweideutig schwankes Empfinden, das meine Seele unberührt ließ. Ich stürzte mich aufs neue in Exzesse und hatte bald im Weine jede Erinnerung an die Tat ertränkt.

Derweil erholte sich der Kater langsam wieder. Die Höhle des verlornen Auges bot, das muß ich sagen, einen wahrhaft fürchterlichen Anblick, doch Schmerzen schien das Tier nicht mehr zu leiden. Es lief ganz wie gewöhnlich durch das Haus, doch floh's, wie zu erwarten, in äußerstem Entsetzen, wenn ich näherkam. Noch hatt' ich immer soviel Herz in mir, daß mich's betrübte, diese offenbare Abneigung von einem Tiere zu erfahren, das mich einst so geliebt hatte. Doch dies Empfinden machte bald Gereiztheit Platz. Und dann kam, wie um mich endgültig und unwiderruflich zu vernichten, der Geist der Perversheit über mich. Diesen Geist hat die Philosophie noch gar nicht zur Kenntnis genommen. Doch so gewiß ich bin, daß meine Seele lebt – nicht weniger bin ich's, daß die Perversheit einer der Urantriebe des menschlichen Herzens ist – eine der unteilbaren Grundfähigkeiten oder -empfindungen, welche dem Charakter des Menschen Richtung geben. Wer hat sich nicht schon hundertmal dabei ertappt, daß er eine niederträchtige oder törichte Tat aus keinem anderen Grunde beging denn aus dem Bewußtsein, daß sie ihm verboten sei? Verspüren wir denn nicht – wider all unser bestes Wissen – die fortwährende Neigung, das zu verletzen, was Gesetz ist, bloß weil wir es als solches begreifen? Dieser Geist der Perversheit kam, sag' ich, über mich, um mich endgültig zu vernichten. Es war dies unerforschliche Verlangen der Seele, *sich selbst zu quälen* – der eigenen Natur Gewalt anzutun – unrecht zu handeln allein um des Unrechts willen –, das mich drängte, die dem harmlosen Tiere zugefügte Unbill fortzusetzen und schließlich zu vollenden. Eines Morgens legt' ich ihm gänzlich kühlen Blutes eine Schlinge um den Hals und hänge es am Aste eines Baumes auf; erhängte es, indessen mir die Tränen aus den Augen strömten und die bitterste Reue mir das Herz zerriß; erhängte es, *weil* ich wußte, daß ich damit eine Sünde beging – eine Todsünde, die meine unsterbliche Seele so gefährden mußte, daß – wenn es möglich wäre – selbst die unendliche Gnade des allbarmherzigen und schrecklichen Gottes sie vielleicht nicht mehr zu retten vermochte.

In der Nacht nach jenem Tage, an dem die grausame Tat geschehen war, fuhr ich aus dem Schlaf und hörte «Feuer!» rufen. Die Vorhänge meines Bettes standen in Flammen. Schon brannte das ganze Haus. Mit großer Mühe nur vermochten mein Weib, eine Dienerin und ich selber dem Glutmeer zu entkommen. Die Zerstörung war vollständig. Mein ganzer weltlicher Reichtum war dahin, und fortan überließ ich mich der Verzweiflung.

Ich stehe über der Schwäche, hier etwa zwischen dem Unglück und meiner Untat eine Beziehung wie von Ursache und Wirkung herstellen zu wollen. Doch lege ich eine Kette von Tatsachen dar, und darin soll, so wünsch' ich's, nicht das Kleinste fehlen, das möglicherweise ein Glied wäre. Am Tage nach dem Feuer besichtigte ich die Ruinen. Die Mauern waren – bis auf eine – eingestürzt. Diese eine stellte sich als nicht sehr dicke Innenwand heraus, die sich etwa in der Mitte des Hauses befand und an der das Kopfende

meines Bettes gestanden hatte. Der Stuckverputz hatte hier in großem Maße dem Wirken des Feuers widerstanden – eine Tatsache,
welche ich dem Umstand zuschrieb, daß er kürzlich erst frisch
aufgetragen worden war. Um diese Mauer hatte sich eine dichte
Menschenmenge versammelt, und viele Leute schienen mit sehr
eifriger und minuziöser Aufmerksamkeit eine ganz bestimmte
Stelle zu untersuchen. Die Worte «sonderbar!», «eigenartig!» und
andere ähnliche Ausdrückungen erregten meine Neugierde. Ich trat
näher und erblickte, ganz als sei es ein Basrelief, in die weiße Fläche
gegraben, die Gestalt einer riesigen Katze. Sie bot einen geradezu
verblüffend natürlichen Eindruck. Um den Hals des Tieres war ein
Strick geschlungen.

Beim ersten Anblick dieser geisterhaften Erscheinung – denn für
ein andres konnte ich's kaum ansehen – geriet ich vor Verwundern
und Entsetzen schier außer mich. Doch dann kam kühlere Erwä-
gung mir zu Hilfe. Die Katze hatte, so entsann ich mich, in einem an
das Haus angrenzenden Garten gehangen. Auf den Feueralarm hin
hatte sich dieser Garten unmittelbar mit Menschen gefüllt – und
einige aus der Menge mußten dann wohl das Tier vom Baume
geschnitten und durch ein offenes Fenster in meine Kammer geworfen haben. Dies war vermutlich in der Absicht geschehen, mich aus
dem Schlaf zu wecken. Der Fall der andern Wände hatte dann das
Opfer meiner Grausamkeit in den frisch aufgetragenen Verputz
gedrückt; dessen Kalk schließlich im Vereine mit den Flammen und
dem von dem Kadaver entwickelten Ammoniak das Abbildnis so
zustande brachte, wie ich's sah.

Obschon ich solcherart meiner Vernunft, wenn nicht gar meinem
Gewissen gegenüber recht rasch eine Erklärung für den verstören-
den Tatbestand, den ich soeben geschildert, bereit hatte, so verfehlte
derselbe doch nicht, einen tiefen Eindruck auf meine Phantasie zu
machen. Monatelang vermochte ich mich nicht von dem Trugbild
der Katze zu befreien; und während dieser Zeit kehrte in meinen
Geist ein Halbgefühl zurück, das Reue schien, doch aber keine war.
Es kam so weit, daß ich Bedauern empfand über den Verlust des
Tieres und mich in den elenden Kaschemmen, deren häufiger Besuch mir jetzt zur Gewohnheit geworden war, nach einem andern
Haustiere von gleicher Art und einigermaßen ähnlicher Erscheinung umsah, das seine Stelle einnehmen sollte.

Eines Nachts, da ich halb betäubt in einer schon mehr als bloß verrufenen Spelunke hockte, ward meine Aufmerksamkeit ganz plötzlich auf ein schwarzes Etwas gelenkt, welches oben auf einem der ungeheuren Oxhofts voll von Gin oder Rum ruhte, aus denen in der Hauptsache die Ausstattung des Raumes bestand. Ich hatte schon einige Minuten lang beständig auf dieses Oxhoft gestarrt, und was mir nun Überraschung machte, war die Tatsache, daß mir das Etwas oben darauf bislang gänzlich entgangen war. Ich trat heran und berührte es mit der Hand. Es war ein schwarzer Kater – ein sehr großes Tier – genau so groß wie Pluto und ihm in jeder Hinsicht ganz ungemein ähnlich – bis auf einen Punkt. Pluto hatte nicht ein weißes Haar an seinem Leibe besessen; doch dieser Kater trug vorn einen großen, obschon unbestimmten weißen Flecken, welcher nahezu die ganze Brustpartie bedeckte.

Auf meine Berührung hin erhob er sich unmittelbar, schnurrte laut, schmiegte sich an meine Hand und schien über meine Aufmerksamkeit recht entzückt zu sein. Dies war genau ein Tier, wie ich es suchte. Ich erbot mich sogleich, es dem Wirte abzukaufen; doch der Mensch erhob gar keinen Anspruch darauf, wußte gar nichts davon, hatte es noch nie zuvor auch nur gesehen.

Ich setzte mein Streicheln fort, und als ich mich fertig machte, um heimzugehen, bezeigte das Tier eine deutliche Neigung, mich zu begleiten. Das verwehrte ich ihm nicht, und so gingen wir nebeneinander her, wobei ich mich gelegentlich bückte und ihm das Fell tätschelte. Als es das Haus erreichte, fühlte es sich sogleich dort heimisch und ward in kurzem der Liebling meiner Frau.

Was mich jedoch betrifft, so spürte ich bald rechte Abneigung gegen das Tier in mir aufsteigen. Dies war grad das Gegenteil dessen, was ich eigentlich erwartet hatte; doch – ich weiß nicht, wie es kam und warum es so war – seine offensichtliche Neigung zu mir bereitete mir Ekel und Verdruß. Ganz langsam und allmählich wandelten sich diese Empfindungen in bitterlichen Haß. Ich mied die Kreatur, wo ich's nur konnte; wobei mich ein gewisses Schamgefühl und die Erinnerung an meine frühere grausame Tat daran verhinderten, ihr körperlich ein Leid zu tun. Wochenlang bekam sie weder Schläge noch irgend andere schwere Mißhandlungen von mir zu spüren; aber allmählich – ganz langsam und allmählich – kam's dahin, daß ich sie nur mit unaussprechlichem Widerwillen noch betrachten konnte und schweigend ihre verhaßte Gegenwart floh wie den Hauch der Pestilenz.

Was ohne Zweifel meinem Hasse auf das Tier hinzukam, war – an dem Morgen, nachdem ich es mit heimgebracht – die Entdeckung, daß es ganz ebenso wie Pluto eines seiner Augen eingebüßt hatte. Dieser Umstand machte es jedoch nur um so teurer für mein Weib, das, wie ich schon gesagt habe, in hohem Grade jene Menschlichkeit des Fühlens besaß, welche einst mein eignes Wesen ausgezeichnet und die Quelle vieler meiner schlichtesten und reinsten Freuden gebildet hatte.

Mit meiner Aversion gegen diesen Kater jedoch schien gleichzeitig seine Vorliebe für mich zu wachsen. Stets folgte er meinen Spuren mit einer Hartnäckigkeit, welche dem Leser begreiflich zu machen schwer fallen würde. Wann immer ich mich irgendwo niederließ, kroch er unter meinen Stuhl, um sich dort hinzukuscheln, oder sprang mir auf die Knie, um mich mit seinen widerwärtigen Liebkosungen zu bedecken. Erhob ich mich, um zu gehen, so geriet er mir zwischen die Füße und brachte mich fast zu Fall, oder er schlug seine langen und scharfen Krallen in meinen Anzug und kletterte mir in dieser Weise zur Brust hinauf. Obschon es mich zu solchen Zeiten verlangte, ihn mit einem Hieb zu erschlagen, hielt mich doch immer wieder etwas davon ab: – zum Teil war's die Erinnerung an mein früheres Verbrechen, doch in der Hauptsache – ich will's nur gleich gestehen – war's regelrechte Furcht vor diesem Tiere. Es war dies freilich durchaus keine Furcht vor körperlichem Schaden, und doch wieder wäre ich verlegen, wie anders ich's beschreiben sollte. Fast ist es mir genierlich zu bekennen – ja, selbst in dieser Verbrecherzelle hier befällt mich nachgerade Scham bei dem Geständnis, daß all das Entsetzen und Grauen, welches das Tier mir eingeflößt hatte, recht eigentlich erhöht noch worden waren durch ein Hirngespinst, wie man es sich kaum trügerischer vorzustellen vermag. Mehr denn einmal hatte meine Frau mein Aufmerken auf die Bildung jenes Flecks von weißem Haar gelenkt, von welchem ich zuvor schon berichtet habe und das den einzigen sichtbaren Unterschied zwischen dem fremden, neuen Tiere und jenem, das ich umgebracht, ausmachte. Der Leser wird sich erinnern, daß dieser Fleck, wenn schon groß, ursprünglich sehr unbestimmt gewesen war; doch nach und nach, ganz langsam und allmählich – ja, fast kaum wahrnehmbar, so daß meine Vernunft sich lange Zeit mühte, das Ganze als phantastisch abzutun – hatte er am Ende einen schauerlich eindeutigen Umriß angenommen. Es war nun die Darstellung eines Gegenstandes, den zu nennen es mich graut – und um dessentwillen ich vor allem Ekel litt und Angst und gern des Untiers mich entledigt hätte, *hätt ich's nur gewagt!* – es war nun, sage ich, das Abbild eines scheußlichen, gespensterlichen Dinges – war das Bild des Galgens! – oh, grausig, gräßlich Werkzeug des Entsetzens und des Verbrechens – der Seelenangst – des Tods!

Und nun erst wahrlich übertraf mein Elend den ganzen Jammer menschlicher Natur. Und nur ein unvernünftiges Geschöpf – dess' Artgenossen ich verachtungsvoll getötet – ein rohes Vieh vollbracht' es, mir – *mir*, einem Menschen, geschaffen nach dem Bild des Höchsten Gottes – soviel unsägliches, so unerträgliches Wehleiden zu bereiten! Ach! nicht bei Tage noch tief in der Nacht erfuhr ich mehr die Segnungen der Ruhe! Bei Tage ließ die Kreatur mich nicht mehr einen Augenblick allein; und in der Nacht fuhr ich aus unausprechlich grausem Angstgeträum wohl stündlich auf, nur um den Atem *des Dinges* heiß auf dem Gesicht zu spüren und sein erdrückendes Gewicht – das eines fleischgewordnen Albs, den abzuschütteln ich die Kraft nicht hatte – nun auch im Wachsein ewig auf dem Herzen!

Unter dem Druck von Qualen wie diesen mußte der schwache Rest des Guten in mir zum Erliegen kommen. Böse Gedanken wurden meine einzigen Vertrauten – die finstersten und schlimmsten aller Gedanken. Die Verdrießlichkeit meines gewöhnlichen Naturells wuchs zum Haß auf alle Dinge und die ganze Menschheit; indessen mein Weib als ach! die stillste aller Dulderinnen klaglos all die häufigen, jähen und unbezwinglichen Ausbrüche der Wut über sich ergehen ließ, denen ich mich blind und rücksichtslos hingab.

Eines Tages begleitete sie mich auf irgendeinem Haushaltsgange in den Keller des alten Gebäudes, das unsre Armut uns nun zu bewohnen zwang. Der Kater folgte mir die steilen Stufen hinab, und als ich seinetwegen einmal fast der Länge nach hingeschlagen wäre, packte mich eine wahnsinnige Wut. Mit einemmal hatte ich in meinem Grimm die kindische Furcht vergessen, welche meiner Hand bis hierher Einhalt getan; ich packte eine Axt, holte aus und führte einen Streich nach dem Tiere, der ihm gewiß im Augenblick verhängnisvoll geworden wäre, hätte er so getroffen, wie ich's wünschte. Doch dieser Schlag ward von der Hand meines Weibes aufgehalten! Ob dieser Einmischung wandelte sich meine Wut in mehr denn dämonisches Rasen. Ich entzog meinen Arm ihrem

Griffe und grub ihr die Axt ins Hirn. Ohne auch nur einen Seufzer fiel sie auf dem Fleck tot nieder.

Kaum war diese scheußliche Mordtat vollbracht, so begab ich mich alsbald in voller Überlegung ans Werk, den Leichnam zu verbergen. Ich wußte, daß ich ihn weder bei Tage noch bei Nacht aus dem Hause bringen konnte, ohne Gefahr zu laufen, von den Nachbarn bemerkt zu werden. Mancherlei Projekte kamen mir in den Sinn. Eine Zeitlang dachte ich daran, die Leiche in winzige Stücke zu schneiden und diese durch Feuer zu vernichten. Ein andermal faßte ich den Entschluß, im Kellerboden ein Grab dafür auszuheben. Dann wieder erwog ich, sie in den Brunnen im Hof zu werfen, sie unter den üblichen Vorkehrungen wie eine Handelsware in eine Kiste zu packen und diese dann durch einen Dienstmann aus dem Hause schaffen zu lassen. Schließlich verfiel ich auf etwas, das ich für einen weit besseren Ausweg ansah denn das bisherige. Ich beschloß, die Leiche im Keller einzumauern – ganz wie's die Mönche des Mittelalters mit ihren Opfern getan haben sollen.

Für einen Zweck wie diesen war der Keller recht wohl geeignet. Seine Wände bestanden aus ziemlich lockerem Mauerwerk und waren erst kürzlich durchwegs mit einem groben Mörtel verputzt worden, dessen Hartwerden die dumpfe Feuchtigkeit der Atmosphäre verhindert hatte. Überdem befand sich an einer der Mauern ein Vorsprung, bedingt durch einen blinden Schornstein oder Kamin, und ihn hatte man aufgefüllt und dem übrigen Keller angeglichen. Ich hegte keinen Zweifel, daß ich an dieser Stelle leicht die Ziegel entfernen, den Leichnam hineinbringen und das Ganze wieder aufmauern könnte wie zuvor, ohne daß hernach ein Auge noch irgend Verdächtiges zu bemerken vermöchte.

Und in dieser Berechnung sah ich mich auch nicht getäuscht. Mit Hilfe einer Brechstange entfernte ich die Ziegel, und nachdem ich den Körper sorgfältig an die Innenwand gelehnt hatte, stützte ich ihn in dieser Haltung ab und führte sodann ohne viel Schwierigkeit die ganze Mauer wieder auf, wie sie ursprünglich gestanden hatte. Mörtel, Sand und Mauerwolle hatte ich bereits unter allen möglichen Vorsichtsmaßregeln besorgt; so rührte ich jetzt einen Verputz an, der von dem alten nicht zu unterscheiden war, und strich ihn sehr sorgfältig auf das neue Mauerwerk. Als ich damit fertig war, fand ich alles zu meiner Zufriedenheit gelungen. Man sah der Wand auch nicht die mindeste Veränderung an. Der Schutt auf dem

Boden wurde mit der peinlichsten Sorgfalt aufgekehrt. Ich blickte triumphierend in die Runde und sprach zu mir selbst: «Also hier wenigstens ist meine Mühe nicht vergeblich gewesen.» Mein nächster Schritt bestand darin, nach dem Tiere Ausschau zu halten, das die Ursache so vielen Elends gewesen war; denn ich hatte mich unterweil fest entschlossen, es zu Tode zu bringen. Wär' ich in diesem Augenblick imstande gewesen, es zu erreichen, sein Schicksal hätte keinem Zweifel unterlegen; doch wie es schien, war das verschlagene Biest ob der Heftigkeit meines früheren Wutanfalles in Unruhe geraten und vermied es, mir bei meiner gegenwärtigen Gemütslage über den Weg zu kommen. Es ist unmöglich, zu beschreiben oder auch nur sich vorzustellen, welch tiefes, welch beseligendes Gefühl der Erleichterung mir die Abwesenheit der verhaßten Kreatur im Busen schuf. Sie trat die ganze Nacht nicht in Erscheinung, und somit war es mir, seit ich sie damals mit ins Haus gebracht, für eine Nacht zum mindesten gegeben, gesund und seelenruhig auszuschlafen; jawohl, *zu schlafen* – selbst noch mit der Last des Mordes auf der Seele!

Der zweite und der dritte Tag vergingen, und immer noch erschien mein Quälgeist nicht. Oh, endlich wieder atmete ich als ein freier Mensch! Das Untier war aus Schreck für immer aus dem Haus geflohen! Ich würd' es nimmer wiedersehen müssen! Mir schwindelte vor Glück! Die Sorge vor den Folgen meiner finsteren Tat störte mich dabei nur wenig. Wohl war es zu einigen Vernehmungen gekommen, doch hatte ich alle Fragen prompt und glatt beantwortet. Sogar eine Haussuchung war schließlich vorgenommen worden, aber zu entdecken war natürlich nichts. Ich betrachtete mein Zukunftsglück als gesichert.

Am vierten Tage nach dem Meuchelmord kam sehr unerwarteterweise eine Gruppe Polizisten in das Haus und ging abermals daran, das ganze Grundstück rigoros zu durchsuchen. Sicher jedoch, daß mein Versteckort unauffindbar sei, empfand ich nicht die mindeste Beunruhigung. Die Beamten baten mich mit einiger Bestimmtheit, sie auf ihrem Rundgang zu begleiten. Sie ließen keinen Winkel, keine Ecke undurchsucht. Schließlich stiegen sie, zum dritten oder vierten Male schon, in den Keller hinab. Ich zuckte nicht mit der Wimper. Mein Herz schlug ganz so ruhig wie bei einem Menschen, der in unschuldigem Schlummer liegt. Ich durchmaß den Keller von einem Ende zum andern. Ich verschränkte die Arme über der Brust und schritt in völliger Gelassenheit auf und ab. Die Polizei war ganz und gar zufriedengestellt und schickte sich zum Gehen an. Da war die Freude in meinem Herzen zu mächtig, als daß ich sie hätte zurückhalten können. Ich brannte darauf, meinem Triumph Ausdruck zu geben, und sei's mit einem Wort nur, und sie in ihrer Überzeugung von meiner Schuldlosigkeit doppelt sicher zu machen.

«Meine Herren», sagte ich denn schließlich, als die Gesellschaft bereits die Stufen hinanstieg, «ich bin entzückt, Ihre schlimmen Verdächtigungen entkräftet zu haben. Ich wünsche Ihnen alles Gute und ein bißchen mehr Höflichkeit. Übrigens, meine Herren, das Haus – dies Haus hier – ist doch ein sehr solider Bau, finden Sie nicht auch?» (In meinem tollen Verlangen, irgend etwas leichten Sinns zu sagen, wußte ich kaum noch, was ich da eigentlich redete.) «Ja, ich darf wohl sagen, ein geradezu prachtvoll solider Bau! Diese Wände – ah, Sie wollen schon gehen, meine Herren? – diese Wände – alles grundmassive Mauern –» Und damit pochte ich, aus bloßem wahnwitzigen Übermut, mit einem Stocke, den ich in der Hand hielt, genau auf diejenige Stelle des Ziegelwerks, dahinter der Leichnam meines Herzensweibes stand.

Doch mög' mich Gott beschirmen und beschützen vor den Fängen des Erzfeinds! Noch waren meine Schläge nicht in der Stille verhallt, da schallte es mir Antwort aus dem Grabesinnern! Ein Stimmlaut wie ein Weinen, erst gedämpft, gebrochen, dem Wimmern eines Kindes gleich, doch dann – schnell anschwellend in ein einziges grelles, lang anhaltendes Geschrei – ein Heulen – ein Klag-Geschrill, aus Grauen halb und halb aus Triumph gemischt, so widermenschlich und -natürlich, daß es nur aus der Hölle selbst heraufgedrungen sein konnte, vereinigt aus den Kehlen der Verdammten in ihrer Pein und der Dämonen, die ob der Qualen jauchzen und frohlocken.

Was soll ich noch von meinen eigenen Gedanken sprechen! Mit schwindenden Sinnen taumelte ich zur gegenüberliegenden Wand hinüber. Einen Augenblick lang blieb die Gesellschaft auf der Treppe reglos, im Unmaß des Entsetzens und des Grauens. Doch schon im nächsten mühten sich ein Dutzend derbe Arme an der Mauer. Sie fiel zusammen. Der Leichnam, schon stark verwest und von Blut rünstig, stand aufrecht vor den Augen der Betrachter. Auf seinem Kopfe aber saß, mit rot aufgerissenem Rachen und feuersprühendem Einzelaug', die scheußliche Bestie, deren Verschlagenheit mich zum Morde verführt und deren anklagende Stimme mich dem Henker überliefert hatte. Ich hatte das Untier mit ins Grab gemauert!

Axel Eggebrecht

Mutz und Pimsel

Ehe Mutz Mutz hieß, hieß sie Laura. Sie hieß so nach der wenig gut
geratenen und einigermaßen verschollenen Tochter der Wirtschafterin Mädicke, die gleich ihr im Restaurant «Zum Schmalen Handtuch» beschäftigt war. Die Frau kochte eifrig von früh bis nachts.
Laura war gegen die Mäuse da. Die gab's freilich gar nicht. Also galt
ihr einfaches Dasein schon für eine hinreichende Beschäftigung.
Aus den fetten Töpfen der – Mamsell genannten – Patronin blieb
immer genug übrig, daß Laura schon in jungen Jahren zu einer
feisten Kätzin herangemästet war. Im Gegensatz zu den meisten
Bewohnern dieser Stadt Berlin war ihr ständiger Zustand eine unge-
störte Sattheit, durch keinerlei Beschwerden erkauft als durch eine
rasch zunehmende, ziemlich unproblematische Temperamentsver-
fettung. Von den Kämpfen und Liebesnächten ihrer Rasse ist nie die
Kunde bis hinter den dicken Ofen gedrungen, wo sie zufrieden im
Bouillondampf gebreitet lag und das, was ihr Welt schien, mit
phlegmatischem Blinzeln zur Kenntnis nahm, weil sie zu faul war,
die Augen ganz zu öffnen. Der Oberkellner Schnurbaum jedoch, in
Katzen ebenso wenig bewandert wie in Temperamenten, hielt dies
Blinzeln für den Ausdruck eines bösartigen Wesens und Laura für
einen Kater. *Der* Laura, der Laurer also, der Lauernde – das schien
dem viven Berliner eine etymologisch wie charakterologisch höchst
treffende Bezeichnung. Wenn er sich zur Mamsell zuweilen die
Bemerkung gestattete: *er* laure ja heute wieder recht auffällig, dann
gab sie ihm stets im gleichen, höhnisch-samtenen Ton zurück: *sie* sei
eine äußerst brave Person. Und fuhr dabei der Beschuldigten mit
fettigen Fingern über den ganz und gar schwarzen, durch kein
gräuliches Härchen getrübten Pelz, der im unglaubhaften Glanz
von Kunstseide strahlte.

Ein größerer Gegensatz zum Temperament der Katze Laura war nicht denkbar als das des Schriftstellers Meerfeld. Täglich um Mittag betrat er das «Schmale Handtuch» mit den schlenkrigen Bewegungen einer geradezu provozierend geäußerten Müdigkeit. Er war Rebell aus Anlage und Erfahrung. Die kleine satirische Wochenschrift, die er herausgab, verkaufte er selbst den ganzen Vormittag über auf den Straßen. Dann kam er, die Bank erklang von der Wucht, mit der er sich und sein Zeitschriftenbündel daraufwarf. In einer eigentümlich selbstzufriedenen Wut bestellte er seinen Klops.

Aufgewachsen war er einst bei ländlich biederen, unentwegt für ihr kleines Leben dankbaren Verwandten. Die wollten dem Jungen ihr Zufriedensein mit der ganzen quälenden Inständigkeit katholischer Kleinbürger einpflanzen. Das pferchte und preßte und nötigte und konnte die Flamme doch nicht ersticken, vor der sich die Guten fürchteten. Früh schon brach er aus der Enge, floh armselig ins Weite, schlug sich durch ein buntes Dutzend Berufe bis zu der geachteten, wenngleich immer noch hart an der Hungergrenze geführten Existenz als Schriftsteller.

Meerfeld dachte nicht gern an die Kindheit zurück. Nur eine einzige Erinnerung war ihm lebendig und gegenwärtig geblieben: die an eine kleine, schwarze Katze, an das einzige Wesen, das sich stets dem geordneten, betstubenzahmen Gang jenes Hauses entzogen hatte. Willkürlich kam und ging sie, fuhr teuflisch durch die schläfrigen Möbel, lebendiger Protest gegen die stumpfe Gewöhnung. Dem Nachsinnenden schien es später, als sei sie ihm damals schon wie das Versprechen einer besseren, ungebundenen Zukunft erschienen. In seiner Erinnerung wurde dieser dunkle Schatten einer Rebellion zu einem kleinen Fetischgott.

Wie mußte es also auf ihn wirken, als er – seit einem halben Jahr Stammgast der zweifelhaften, aber fetten Gerichte der Mamsell Mädicke – eines Nachmittags die ganz und gar schwarze Katze Laura durchs Lokal wandeln sah. Nun war die Brave freilich seinem wilden Idol so unähnlich wie möglich. Einem sonderbar bepelzten Mops gleichend, schlurfte sie langsam vorüber, ohne Ahnung ihres bedeutsamen Symbolwertes. Meerfeld aber lockte sie, griff sie, als sie nicht auf ihn achtete, versuchte ihre Zuneigung mit Streicheln und halblauten Worten zu gewinnen. Alsbald erbitterte ihn die Gleichgültigkeit des Tieres. Als sie vor seinem heftig Gegenliebe heischenden Blick die Lider zukniff, gab es einen gar nicht so paradoxen Kurzschluß in seinem Rebellenhirn: in diesem Augenblick war es für ihn beschlossene Sache, daß dies trotzdem und gerade seine Gefährtin werden müsse. Schnurbaum wurde gerufen. Der Zufall ließ die Mamsell gerade an diesem Tag abwesend sein. (Jene ziemlich verschollene Tochter war aus einem Krankenhaus avisiert worden.) Der Ober war sofort bereit, sich für einen kleinen Geldschein eines minderen Wesens zu entledigen, vor dem er so oft Unrecht behalten hatte.

So sahen an diesem Nachmittag die Flaneure des Kurfürstendamms ein sonderbares Schauspiel. Ein offenbar doch den gebildeteren Ständen angehöriger Mann bot mit lauter Stimme eine zweifelhafte Zeitschrift an. Einen Stoß der Hefte schleppte er mit dem linken Arm. Auf dem rechten aber trug er eine umfängliche schwarze Katze, die, über so unwürdige Verwendung sichtlich ungehalten, die Augen krampfhaft geschlossen hielt.

Für unnütze Formalitäten hatte Meerfeld nie viel übrig. Ohne lange Überlegungen nannte er die neue Kameradin Mutz, was ja ein auskömmlicher Name für eine Kätzin ist. Sie hauste mit ihm im fünften Stock eines bis zum vierten äußerst eleganten Hauses, in dem er schon seit je nicht sehr angesehen war, nun aber durch Mutz sich die ausgesprochene Antipathie des Portiers zuzog. Sie war sehr erstaunt, wenn der violettnasige Mann, in Filzpantinen über den Wäscheboden schlurfend, ihr im Vorübergehen schlecht gezielte, aber unverkennbar gehässig gemeinte Tritte versetzte.

Aber es gab nun überhaupt genug Zeit und Anlässe für sie zum Staunen. Nur machte sie nicht allzuviel Gebrauch davon, weil sie es mit allen anderen Temperamentsäußerungen vergessen hatte. Rasch gewöhnte sie sich an alles, auch daran, daß hier alles ungewöhnlich war. Anfangs versuchte sie, einfach ihr Schlafleben fortzusetzen. Aber hier war es kühler, viel Unruhe scheuchte sie tags und nachts auf, die dünnere Luft ohne Bouillonzusatz war beinahe stets in Bewegung. Und dann lernte sie ein fremdartiges, surrendes Gefühl kennen: Hunger. Freilich war Meerfeld gewillt, alles mit ihr zu teilen, aber dieser guten Absicht stand oft nicht viel mehr als nichts zur Verfügung. Zudem blieb sie, nach jener einen straßenhändlerischen Eskapade, meist den größten Teil der Tagesstunden allein zu Hause, wurde nie mehr im Zeitungsvertrieb beschäftigt, war beunruhigender Einsamkeit überlassen.

Da änderte sie sich nun allmählich, weil ihr durch alle Unbequemlichkeiten nahegelegt war, sich zu ändern. Sacht und anfangs unentschlossen fing sie an herumzusteigen. Die pompöse Landschaft steiler Dächer wurde ihr bekannt, wenn auch noch nicht lieb. Hart, auf erschreckende Art gebrochen, stachen die Geräusche der Straße in ihr Ohr, das nur das gleichförmige Brodeln des Suppenkessels gewohnt war. Unruhig saß sie am Fenster, langsam wurden Spannung, Erwartung, Absichten in ihr lebendig, wurde sie wach, erfüllt von der immerhellen Bereitschaft zu Blick, Griff, Sprung, die ihre Rasse vor allen Wesen dieser trägen Erde auszeichnet.

Kam Meerfeld heim, nahm er sie gern zu sich ins Bett. Seine hastigen Zärtlichkeiten, die sie anfangs erschreckten, wurden ihr rasch Bedürfnis. Langsam tauten ihre natürlichen Anlagen aus dem abebbenden Fett auf. Als der Körper auf seinen normalen Umfang zurückmagerte, war die starke und bewußte Seele der Katze erlöst.

In dieser Zeit heiratete Meerfeld, auf richtige, bürgerlich gültige Weise. Niemandem, und vor allem sich selbst gegenüber, glaubte er sich damit mehr zu vergeben, als er verantworten könnte. Nur Mutz, seine vorher einzige Gefährtin, schien einen Anspruch an ihn zu haben, den er nun nicht mehr richtig erfüllen würde. Gerechterweise verglich er ihre völlige Verlassenheit mit seiner Lage, die geschlechtliche Isolierung der Kameradin betrübte und bedrückte ihn.

Und das bestimmte die Wahl des Ziels für eine verspätete Hochzeitsreise: jenes salzburgische Dorf, den Ort der schwarzen Katze, wo er aufgewachsen war.

Mit einiger Mühe forschte Meerfeld dort einen kleinen schwarzen Kater aus, ein struppig-störrisches Biestchen, das bis dahin seine Tage in Busch und Feld zugebracht hatte und allem Menschenwesen ein mehr als bösartiges Mißtrauen zeigte. Aber gerade das beglückte Meerfeld tief und befriedigte ihn ganz. Und wenn auch nichts weniger feststand, als daß dies nun etwa ein Sproß jener einst auf symbolische Art rebellischen Katze seiner Jugendtage sei, so war der Phantast durchaus bereit, ihn als solchen anzuerkennen. In einem Korb, sehr gegen seinen Willen, machte der kleine Kater die Heimreise mit. Versuche der Annäherung wurden von ihm überhaupt nicht beachtet. Jeder gute Wille dazu verbrannte vor dem glühwütigen Blick des Eingesperrten. Nun kam alles auf die Begegnung und Bekanntschaft mit Mutz an.

Sorgfältig und würdig wurde dieser große Moment vorbereitet. Der neuangekommene junge Herr wurde in seinem Korb gegenüber einer Tür plaziert, durch die Mutz sogleich in feierlichem Aufzuge hereingeleitet werden sollte. Tür und Korb öffnen sich, die beiden tun jeder zwei, drei zögernde Schritte, starren sich mißtrauisch an, die schöne Zeremonie bleibt stecken, mit dem vollkommen überzeugenden Ausdruck ablehnender Fremdheit hebt man beiderseits den Kopf in arrogantem Ruck und wendet sich ab. Dann gehen sie lautlos voneinander weg. Der Kater zurück in seinen Korb, welches Wunder. Die junge Frau sagt: «So ein Pimsel!»

So hieß er also nun.

Er war verbannt in eine ganz und gar nichtswürdige, gleichgültige, unbekannte, zweifelhafte Umwelt. Da hockte er, stundenlang unbeweglich, um plötzlich aufgeschreckt zu springen, zu fliehen, sich an einer anderen Stelle zu verkriechen.

Er war gewöhnt an den leicht faßlichen Waldboden, an die zuverlässige Rauheit von Felsen; nun erschreckten ihn die glatte Härte der Schieferplatten, die schwindelhafte Bröcklichkeit der Betonflächen, die keinen Halt erlaubte. Heftige Farben und Lärme, nachts grellblendende Lichter jagten den Verstörten auf. Immerfort wollten Menschen ihn anfassen, waren erstaunt und lächerlich beleidigt, wenn er ihre zudringlichen Finger beiseite schlug. Nicht immer konnte er dem peinlichen Gekrabbel entgehen.

Vor allem aber war da diese Teufelin, an der alles einer Katze ähnlich war, Schwärze, Augen, Stimme und Krallen – und doch alles wie verdorben, schlecht riechend, böse, ein Spuk, ein Alb. Ein Ding, das sich täuschend als Katze ausgab. Schon von weitem fauchten sie beide in Wut und Haß voreinander. Die Krallen stellten sich auf, wenn eines das andere spürte. Pimsel wurde ein Zittern nicht mehr los. Saß er in den Winkel gepreßt, wo die Dächer sich schnitten, und es nahte die Verhaßte, dann sprang er in unerhörten, unbegreiflichen Sprüngen seitwärts, rückwärts, knapp an der tödlichen Straßentiefe hin.

Meerfeld kommt nach Hause. Grinsend tritt ihm der an der Nase opalisierende Portier entgegen, das Gesicht zum Platzen gespannt vor Schadenfreude:

«Eben vorhin gab's 'n kleenen Knall, so, als wenn eener 'n Kartoffelsack absetzt. Ick jeh hin. Liegt da eene von Ihre Katzen. Hier is se.«

Um die Ecke. Da ist ein kleiner, formloser Haufen. Pimsel liegt da, entzweigebrochen, kaputt. Deutlich gesagt: geplatzt. Ein Restchen Atem bewegt noch die Überbleibsel. Dies konnte man nur noch auslöschen. Jeder andere hätte das auch getan. Aber Meerfeld war gewohnt, keine Situation so hinzunehmen, wie sie sich ihm aufdrängte. Er verlangte von dem erstaunten Portier einen Bogen Packpapier, wickelte unendlich vorsichtig den Rest der Katze hinein, trug ihn Schritt für Schritt hinauf.

Alarm. Die Frau lief zur Apotheke, zum Drogisten, setzte Wasser auf. Schon legten sich um das leise jaulende Tier Decken, Umschläge, endlich preßten fünf feste Gipsverbände den zersprungenen Leib wieder zusammen: um den Bauch, um jedes Bein einer.

Dicht umwickelt lag das Bündel die lange Nacht über auf der Zentralheizung. Zwei Meter davor Meerfeld auf einem Sofa, für jeden Zwischenfall zur Hand.

Mitten in der Nacht fuhr er auf, erschreckt durch ein Geräusch. Licht: da saß Mutz, die böse, faule, feindliche Mutz, und leckte dem Eingegipsten das gottergeben hingehaltene Gesicht.

Von diesem Augenblick an war die große Liebe geschlossen. Mutz verließ Pimsel nicht mehr. Streichelte, zerrte ihn zurecht, leckte ihn stündlich über und über, klaute ihm Fleisch, Bücklinge, legte ihm alles appetitlich zurecht, kaute ihm auffordernd etwas vor, bis seine Augen wieder leuchteten und er zu fressen begann. Schon schnurrte er wieder.

Nur kurze Zeit, dann konnte die dicke Gipsröhre um seinen Leib fallen. Ehe Meerfeld die vier Manschetten zerschlug, wollte Pimsel schon wieder laufen. Klappernd tapste er umher, die einzige Katze, die man je laufen hörte.

Vielleicht ist Seele doch nur ein Defekt? Erst als Pimsels Körper in die Brüche ging, entstand das, was Meerfeld nachher immer seine Seele nannte. Knötchen blieben in seinem vielmal geknickten Schwanz, Höcker waren an den Beinen fühlbar. Aber mit tiefbesinnlichen Eulenaugen glotzte er vor sich hin, vergaß allem Anschein nach ganz, wo er saß, schnurrte auf ein Streicheln hin liebenswürdig und doch so, daß man deutlich merkte, er war nicht bei der Sache. In seinem weichen, unsteten Blick lag die müde Unrast eines Dostojewskischen Idioten.

Das wahre Wunder aber, die tiefe Metamorphose, hatte sich an Mutz vollzogen. Als tätige Altruistin bewies sie, daß an den höheren Empfindungen denn doch sozusagen etwas war. Sie hielt den verdösten Gefährten zu allerlei nützlichen Unternehmungen an. Tags und nachts, nie mehr getrennt, stiegen sie umher. Weißbrote, Käse, ganze Beefsteaks verschwanden um diese Zeit aus den benachbarten Wohnungen, lagen – beknabbert, doch zum größten Teil unversehrt – auf dem Tisch der heimischen Küche, als Präsente gebreitet.

Oft saß jetzt Mutz vor Pimsel, legte ihm gurrend die Pfoten um den Hals, gespreizt wie Hände und überhaupt ganz wie ein Menschchen. Sie schienen eine gehörige Portion Sentimentalität bekommen zu haben. Aber dann wieder taten sie, in ruhigster Sachlichkeit und doch hingebungsvoll erregt, morgens mitten auf dem Frühstückstisch miteinander, wozu Menschen die Einsamkeit ihrer Betten oder abgelegener Hotelzimmer aufsuchen.

Und eines Nachts lagerte dann Mutz fünf Kinder zärtlich auf der Brust der schlafenden jungen Frau ab.

Hier sollte wohl die Geschichte von Mutz und Pimsel in einen rührenden Familienroman ausmünden. Aber die beiden Hauptakteure zeigten gar kein Verständnis für ein solches *happy end*. Erstaunt und ziemlich unwillig sah Mutz, was da zustande gekommen war. Noch in der gleichen Nacht verschwand sie auf Nimmerwiedersehen. Nicht einmal ihren allerliebsten Idioten hatte sie mitgenommen.

Die Kleinen wurden mit Füllfederhalterspritzen voll lauwarmer Milch gepäppelt. Aber sie starben sacht und unaufhaltsam weg. Zwei von ihnen hatte Pimsel auf dem Gewissen. War es allgemeiner Katerhaß oder vermutete er in diesen nassen, unappetitlichen Dingern die Ursache seiner betrüblichen Verlassenheit: er lauerte unablässig auf Gelegenheit zum Kindermord. Als er das vorletzte Junge erwürgte, wurde er verschenkt.

Das letzte blieb leben: Putz. Jeden Besucher des nun bedeutenden Verlagshauses Meerfeld & Co. begrüßte er auf der großen Freitreppe mit jovialem, ehrerbietigem oder erbostem Maunzen, je nach der Qualität des Einzelnen. Er ist strenger als ein snobistischer Hotelportier, er ist hundertmal rascher arriviert als sein erfolgreicher Herr. Niemand würde ihn in seiner großartigen Würde für eine armselige Waise, für den letzten Sproß verschollener Eltern halten, deren Felle vielleicht in diesem Augenblick vor der Tür einer bunten Drogerie wehen, um die vom gleichen Winde rheumatisch Durchblasenen zu heilbringendem Kauf anzulocken.

Patricia Highsmith

Leer ist das Vogelhaus

Als Edith es zum erstenmal sah, mußte sie lachen. Einen Augenblick glaubte sie, sich geirrt zu haben; aber als sie zur Seite trat und noch einmal hinsah, war es immer noch da, nur etwas weniger deutlich. Ein Gesicht wie das eines Eichhörnchens, mit dämonisch-intensiven Augen, starrte sie aus dem runden Loch des Vogelhäuschens an. Es konnte natürlich nur eine Täuschung sein – wahrscheinlich lag es an den Schatten, oder an einem Astknoten in der hölzernen Rückwand des Häuschens. Die Sonne schien hell auf den kleinen Kasten, der in der Ecke zwischen Geräteschuppen und Hauswand aufgehängt und etwa zwanzig mal fünfundzwanzig Zentimeter groß war. Edith trat näher und stand jetzt etwa drei Meter entfernt. Das Gesicht verschwand.

Komisch, dachte sie, als sie ins Haus ging. Das muß ich heute abend Charles erzählen.

Aber sie vergaß es und sagte Charles nichts davon, und drei Tage später war das Gesicht wieder da. Diesmal sah sie es, als sie eben zwei leere Milchflaschen an die Hintertür gestellt hatte und sich wieder aufrichtete. Zwei schwarze Knopfaugen blickten sie gerade und unverwandt aus dem Vogelhäuschen an, und rundherum saß etwas wie bräunliches Fell. Edith fuhr leicht zusammen und blieb reglos stehen. Sie meinte, zwei rundliche Ohren zu sehen und einen Mund – es war weder eine Schnauze noch ein Schnabel, aber er sah böse und grausam aus.

Dabei wußte sie doch, daß das Vogelhaus leer war. Vor Wochen schon war die kleine Blaumeisenfamilie ausgeflogen – gerade noch rechtzeitig, denn Jonathan, der Kater der Nachbarn, hatte ein Auge auf die Jungen geworfen. Vom Schuppendach aus konnte er mit der Pfote bis in das runde Loch des Kästchens reichen; Charles hatte es damals ein wenig zu groß gemacht für Blaumeisen. Edith und Charles hatten Jonathan mit einiger Mühe ferngehalten, bis die Vögel ihr Häuschen verlassen hatten. Ein paar Tage später hatte dann Charles das Vogelhaus abgenommen – es war wie ein Bild mit einer Drahtöse an der Wand befestigt – und gründlich geschüttelt, damit sich kein Schmutz darin festsetzte. Blaumeisen nisteten zuweilen ein zweites Mal, meinte er. Bis jetzt waren sie jedoch nicht wiedergekommen, das wußte Edith; sie hatte darauf geachtet.

Und Eichhörnchen wohnten niemals in Vogelhäusern. Oder vielleicht doch –? Aber hier gab es ja gar keine. Ratten? Die würden sich doch nicht in einem Vogelhaus niederlassen. Außerdem, wie sollten sie da hinaufkommen, sie konnten doch nicht fliegen.

Das alles ging Edith durch den Kopf, während sie das starre braune Gesicht anblickte und die scharfen Augen sie ebenso intensiv beobachteten.

Ich geh einfach mal hin und seh es mir an, dachte sie und trat auf den kleinen Pfad, der zum Schuppen führte. Doch sie ging nur drei Schritt weit, dann blieb sie stehen. Sie hatte keine große Lust, das Vogelhaus anzufassen und womöglich von irgendeinem unsauberen Nagetier gebissen zu werden. Heute abend wollte sie es Charles erzählen. Sie stand jetzt nahe vor dem Vogelhaus, und das Ding saß immer noch darin, deutlicher als zuvor. Von einer optischen Täuschung konnte nicht die Rede sein.

Charles Beaufort, Ediths Mann, war Ingenieur für Datenverarbeitung und in einem Betrieb angestellt, der acht Meilen von ihrem Wohnort entfernt lag. Als ihm Edith abends berichtete, was sie gesehen hatte, zog er lächelnd die Augenbrauen in die Höhe. «Tatsächlich?» fragte er.

«Ich *kann* mich irren, natürlich. Bitte nimm doch das Ding noch einmal herunter und schüttle es, damit wir sehen, ob irgendwas drin ist.» Auch Edith lächelte jetzt, nur ihr Ton war ernst.

«Schön, das werde ich tun», versprach Charles bereitwillig und ging dann zu einem anderen Thema über. Sie waren noch beim Dinner.

Edith mußte ihn an sein Versprechen erinnern, als sie das Geschirr in die Spülmaschine stellten. Sie wollte gern, daß er nachsah, bevor es dunkel wurde. Charles ging hinaus, und Edith blieb an der Tür stehen und schaute ihm zu. Charles klopfte an das Vogelhaus und horchte. Dann nahm er es vom Haken, schüttelte es und drehte es langsam um, so daß das Loch unten lag. Wieder schüttelte er es.

«Nicht das mindeste drin!» rief er Edith zu. «Nicht mal ein Strohhalm.» Er lächelte nachsichtig und hängte das Kästchen wieder an die Mauer. «Was du wohl gesehen hast? Du hast doch nicht vorher einen Whisky getrunken?»

«Aber nein, Charles. Ich hab's dir doch beschrieben.» Edith kam sich auf einmal ganz leer vor, als sei ihr etwas weggenommen worden. «Der Kopf war ein bißchen größer als bei einem Eichhörnchen, die Augen waren blank und schwarz wie Knöpfe, und der Mund sah – irgendwie streng aus.»

«Der Mund sah streng aus!» Charles warf den Kopf zurück und lachte, als er jetzt ins Haus kam.

«Ja – angespannt. Richtig böse», beharrte Edith.

Mehr sagte sie nicht. Sie saßen im Wohnzimmer, Charles blätterte in der Zeitung und griff dann zu einem Ordner mit Geschäftsberichten. Edith hatte einen Katalog vor sich, aus dem sie Kacheln für die Küche aussuchen wollte. Was sollte sie nehmen – blau-weiß oder blau-weiß-rosa? Sie war nicht in der Stimmung, das zu entscheiden, und Charles war bei so etwas auch keine große Hilfe, er sagte immer nur freundlich: «Mir ist alles recht, was dir gefällt.»

Edith war vierunddreißig und seit sieben Jahren mit Charles verheiratet. Im zweiten Jahr ihrer Ehe hatte sie eine Fehlgeburt gehabt, an der sie im Grunde selbst schuld war, weil sie so panische Angst vor der Geburt gehabt hatte. Als sie dann die Treppe hinunterfiel, war das beinahe mit Absicht geschehen, das mußte sie – war sie ganz ehrlich – zugeben, wenn auch die Fehlgeburt dann einem Unfall zugeschrieben wurde. Zu einem zweiten Kind hatte sie nicht mehr den Mut gehabt; sie und Charles hatten darüber niemals auch nur mit einem Wort gesprochen.

Sie fand, daß sie eine glückliche Ehe führten. Charles hatte einen sehr guten Posten bei der Firma Pan Com Gerätebau, und sie hatten mehr Geld und Freiheit als ihre Bekannten, die durch zwei oder drei Kinder eingeengt waren. Sie hatten oft und gern Gäste bei sich, Edith vor allem im Haus und Charles auf dem Zehn-Meter-Motorboot, wo sie zu viert schlafen konnten. Bei gutem Wetter waren sie an den meisten Wochenenden auf dem Fluß und den inländischen Kanälen unterwegs. Edith war eine hervorragende Köchin, an Bord wie zu Hause, und Charles sorgte für Getränke, Angelgerät und Plattenspieler. Auf Wunsch tanzte er auch ein Solo zur Flöte.

An diesem Wochenende blieben sie daheim, weil Charles einiges zu arbeiten hatte. Edith warf immer wieder einen Blick auf das Vogelhaus, war aber ganz beruhigt, denn nun wußte sie ja, daß es leer war. Wenn die Sonne darauf schien, sah sie nichts als ein blasses Braun in dem runden Loch, das war die Rückwand des Kästchens; und wenn es im Schatten lag, war das Loch ganz schwarz.

Montag mittag stand sie im Schlafzimmer und bezog die Betten mit frischen Laken, denn um drei kam der Wäschemann. Als sie eine Decke vom Boden aufhob, huschte etwas darunter hervor, lief über den Fußboden und zur Tür hinaus – etwas Braunes, größer als ein Eichhörnchen. Edith schrak zurück und ließ die Decke fallen. Auf den Fußspitzen ging sie zur Tür und blickte die Treppe hinunter, von der sie die ersten fünf Stufen übersehen konnte.

Was war das für ein Tier, das überhaupt kein Geräusch machte, selbst nicht auf nacktem Holzfußboden? Hatte sie sich auch nicht getäuscht? War da wirklich etwas gewesen? Doch sie war ganz sicher, es war kein Irrtum. Sogar die kleinen schwarzen Augen hatte sie erkannt. Es war das Tier aus dem Vogelhaus.

Es half nichts – sie mußte es finden. Der Hammer fiel ihr ein – das wäre eine gute Waffe, falls sie eine brauchte, nur war der Hammer leider unten. Sie nahm statt dessen ein schweres Buch und ging vorsichtig zur Treppe hinunter. Aufmerksam sah sie sich überall um, als sich am Fuß der Treppe das Blickfeld weitete.

Im Wohnzimmer war nichts zu sehen. Aber es konnte ja unter das Sofa oder unter den Sessel geschlüpft sein. Sie ging in die Küche und nahm den Hammer aus der Schublade, kehrte dann ins Wohnzimmer zurück und schob eilig den Sessel etwas beiseite. Nichts. Jetzt hatte sie doch tatsächlich Angst davor, unter dem Sofa nachzusehen – die Decke hing fast bis auf den Fußboden. Sie schob das Sofa eine Handbreit von der Stelle und horchte. Nichts war zu hören.

Es war ja immerhin *denkbar*, daß ihre Augen ihr einen Streich gespielt hatten. So was kam vor – ein Stäubchen, das einem vor den Augen verschwamm, wenn man sich gebückt hatte. Sie beschloß, Charles nichts davon zu sagen. Und doch – was sie im Schlafzimmer gesehen hatte, war realer, konkreter gewesen als das Ding draußen im Vogelhaus.

Ein Yuma, dachte sie eine Stunde später, als sie in der Küche Mehl über den Braten stäubte. Ein junges Yuma. Wo hatte sie das auf einmal her? Gab es so ein Tier überhaupt? Hatte sie vielleicht in einer Illustrierten ein Foto gesehen oder das Wort irgendwo gelesen?

Edith zwang sich dazu, zunächst alles in der Küche zu erledigen, was sie sich vorgenommen hatte; dann ging sie ins Wohnzimmer, wo das große Lexikon stand, und suchte das Wort Yuma. Es stand nicht drin. Diesmal war es offenbar die Phantasie, die mit ihr durchgegangen war – so wie vorher die Augen, die ihr das braune Tier vorgegaukelt hatten. Aber es war merkwürdig, wie beides zusammentraf: als sei dies genau der richtige Name für das seltsame Tier.

Zwei Tage später, als sie und Charles ihre Kaffeetassen in die Küche trugen, sah Edith es unter dem Kühlschrank – oder vielleicht hinter dem Kühlschrank? – hervorwetzen, quer über die Schwelle huschen und im Eßzimmer verschwinden. Um ein Haar hätte sie ihre Tasse fallen lassen, die laut gegen die Untertasse klirrte.

«Was ist los?» fragte Charles.

«Da war es wieder!» sagte Edith blaß. «Das Tier –»

«Was für ein Tier?»

«Das – ich hab's dir nicht gesagt –» Die Kehle wurde auf einmal so trocken, als sei sie im Begriff, ein peinliches Geständnis zu machen. «Das Ding – das Ding aus dem Vogelhaus, das habe ich wiedergesehen, am Montag, oben im Schlafzimmer. Und ich glaube, jetzt eben auch. Gerade eben.»

«Aber Liebling, im Vogelhaus war doch gar nichts.»

«Ja – als du nachgesehen hast, da nicht. Aber das Tier rennt ganz schnell – beinahe als ob es flöge.»

Charles' Gesicht nahm einen besorgten Ausdruck an. Er sah hinüber auf die Schwelle, auf der auch Ediths Blick lag. «Und jetzt eben hast du es auch gesehen? Ich werde mal nachschauen.» Er trat ins Eßzimmer. Suchend sah er sich auf dem Fußboden um, warf einen Blick auf seine Frau, bückte sich dann nachlässig und schaute unter den Tisch und zwischen die Stuhlbeine. «Also wirklich, Edith –»

«Schau doch noch mal ins Wohnzimmer», sagte sie.

Charles suchte im Wohnzimmer, etwa fünfzehn Sekunden lang, dann kam er zurück und lächelte. «Tut mir leid, Kindchen, aber ich glaube, du bildest dir das ein. Außer wenn es eine Maus war, natürlich. Vielleicht haben wir Mäuse –? Ich will's ja nicht hoffen.»

«Ach, es ist viel größer und außerdem braun. Mäuse sind grau.»

«Ja», sagte Charles obenhin. «Aber nun laß nur, mein Herz – du brauchst keine Angst zu haben, es wird dir nichts tun. Es läuft ja weg.» Und mit einer Stimme, die nicht sehr überzeugend klang, fügte er hinzu: «Wenn nötig, rufen wir den Kammerjäger.»

«O ja», stimmte sie sofort zu.

«Wie groß war es denn?»

Sie hielt die Hände etwa sechs Zentimeter auseinander. «So groß.»

«Könnte ein Wiesel sein», meinte er.

«Es ist noch flinker als ein Wiesel. Und es hat schwarze Augen. Eben – da blieb es einen Augenblick stehen und sah mir direkt ins Gesicht. Ganz bestimmt, Charles.» Ihre Stimme kippte fast über. Sie zeigte auf die Stelle neben dem Kühlschrank. «Genau da blieb es eine Viertelsekunde stehen und –»

«Komm, komm, Edith.» Er drückte ihr den Arm.

«Es sieht so böse aus, so – ich kann's gar nicht sagen.»

Charles sagte nichts, er sah sie nur an.

«Gibt es ein Tier, das Yuma heißt?» fragte sie.

«Yuma? Nie gehört. Warum?»

«Weil mir das heute auf einmal einfiel. Nur so. Ich dachte – weil mir das Tier immer im Kopf rumging und weil ich noch nie so eins gesehen habe, wäre es möglich, daß ich den Namen irgendwo gelesen habe.»

«Yuma? Y-u-m-a?» Sie nickte.

Charles lächelte. Die Sache schien sich zu einem lustigen Spiel zu wandeln. Er trat an das Bücherregal mit dem Lexikon und suchte das Wort, wie Edith es getan hatte. Er schlug den Band zu und nahm die Encyclopaedia Britannica im untersten Fach heraus. Nach einer Minute sagte er: «Weder im Lexikon noch in der Britannica. Ich glaube, das Wort hast du dir ausgedacht.» Er lachte. «Oder vielleicht ist es ein Wort aus Alice im Wunderland.»

Nein, es ist ein richtiges Wort, dachte Edith, aber sie hatte nicht mehr den Mut, es zu sagen. Charles würde ihr doch nicht glauben.

Edith war erschöpft und ging gegen zehn Uhr mit einem Buch zu Bett. Sie las noch, als Charles kurz vor elf ebenfalls hereinkam. In diesem Augenblick sahen sie es beide: es flitzte vom Fußende des Bettes, deutlich sichtbar, quer über den Teppich, verschwand unter der Kommode und dann, wie Edith meinte, zur Tür hinaus. Auch Charles mußte das geglaubt haben, denn er wandte sich schnell um und blickte ins Treppenhaus.

«Du hast es gesehen!» stellte sie fest.

Mit ausdruckslosem Gesicht machte Charles Licht auf dem Treppenflur, sah sich suchend um und ging dann hinunter. Er blieb etwa drei Minuten unten, und Edith hörte, wie er mehrere Möbel wegrückte. Dann kam er zurück.

«Ja, ich hab's auch gesehen.» Er sah auf einmal blaß und müde aus. Edith seufzte und lächelte kaum merklich, sie war erleichtert, daß er ihr endlich glaubte.

«Siehst du, jetzt weißt du, was ich meinte. Ich hab's mir nicht eingebildet.»

«Nein», stimmte er zu.

Edith saß aufrecht im Bett. «Das Schreckliche ist, es sieht so – so unfangbar aus, weißt du.»

Charles begann sein Hemd aufzuknöpfen. «Unfangbar – was für ein Wort, Kindchen. Nichts ist unfangbar. Vielleicht ist es doch ein Wiesel. Oder ein Eichhorn.»

«Konntest du es denn nicht erkennen? Es ist doch genau an dir vorbeigelaufen.»

«Na ja, aber –» Er lachte. «Es rannte ja ziemlich schnell. Du hast es doch schon zwei- oder dreimal gesehen und auch nicht erkannt.»

«Hatte es einen Schwanz? Ich konnte nicht sehen, ob es einen Schwanz hatte oder ob der Körper allein so lang ist.»

Charles schwieg. Er griff nach seinem Morgenmantel und zog ihn langsam an. «Ich glaube, es ist kleiner, als es aussieht», sagte er dann. «Es rennt sehr schnell, deshalb sieht es so lang aus. Vielleicht doch ein Eichhörnchen.»

«Aber die Augen sitzen vorne am Kopf. Beim Eichhörnchen sitzen sie doch mehr an der Seite.»

Charles bückte sich und blickte suchend unter das Bett. Er fuhr mit der Hand über die am Fußende eingesteckte Decke und ebenso darunter, dann stand er auf und sagte: «Paß mal auf. Wenn wir es noch mal sehen – *wenn* wir es überhaupt gesehen haben –»

«Was heißt das, *wenn*? Du hast es doch gesehen, das hast du selbst gesagt.»

«Na schön, ich glaub's ja auch.» Er lachte. «Aber wie kann ich wissen, ob mir nicht meine Augen oder Sinne etwas vormachen? Du hattest es ja sehr lebendig beschrieben.» Die letzten Worte klangen fast gereizt.

«Also – wenn was?»

«Ja – wenn wir es noch einmal sehen, besorgen wir uns eine Katze. Die findet es bestimmt. Wir leihen uns eine aus.»

«Aber nicht den Kater von Masons. Die möchte ich keinesfalls darum bitten.»

Sie hatten den Kater der Nachbarn nur mit kleinen Steinchen vom Vogelhaus fernhalten können, als die Blaumeisen flügge wurden. Das hatten die Nachbarn nicht gern gesehen. Sie standen immer noch auf gutem Fuß mit ihnen, aber weder Edith noch Charles wäre es eingefallen, sie um den Kater Jonathan zu bitten.

«Wir können doch den Kammerjäger bestellen», sagte Edith.

«Ha – und was wollen wir ihm sagen? Wonach soll er suchen?»

«Nach dem, was wir gesehen haben», sagte Edith leicht verärgert. Vor wenigen Stunden noch hatte Charles selber den Kammerjäger vorgeschlagen. Das Gespräch mit ihm spannte sie auf die Folter, und gleichzeitig deprimierte es sie. Es war alles so vage und hoffnungslos; sie wollte am liebsten schlafen und die ganze Sache vergessen.

«Wir versuchen es mal mit 'ner Katze», meinte Charles. «Farrow hat eine, die hat er von den Nachbarn übernommen. Du weißt doch – Farrow ist der Buchprüfer, er wohnt in der Shanley Road. Er hat die Katze ins Haus genommen, als die Leute nebenan umzogen. Seine Frau mag aber keine Katzen, sagt er. Sie hat –»

«Ich bin auch nicht gerade wild darauf», sagte Edith. «Wir wollen keine Katze ins Haus nehmen.»

«Nein, das nicht. Aber diese könnten wir bestimmt mal leihweise kriegen. Sie fiel mir gerade ein, weil Farrow sagt, sie wäre so ein fabelhafter Jäger. Es ist übrigens 'ne Katze, kein Kater. Neun Jahre alt, sagt er.»

Am nächsten Abend brachte Charles die Katze mit. Er kam eine halbe Stunde später als sonst, weil er mit Farrow nach Hause gefahren war, um die Katze zu holen. Er und Edith schlossen Türen und Fenster und ließen dann im Wohnzimmer die Katze aus dem Korb. Sie war weiß mit grauscheckigen Streifen und schwarzem Schwanz. Sie blieb steif mitten im Zimmer stehen und blickte ablehnend und mit leicht verdrossener Miene um sich.

«Komm, Pussy, komm – na komm doch her.» Charles bückte sich, berührte sie aber nicht. «Du bist ja nur für einen oder zwei Tage hier. Haben wir Milch im Hause, Edith? Oder Sahne, das wäre noch besser.»

Sie machten für die Katze ein Lager in einem Pappkarton, legten ein altes Handtuch hinein und stellten den Karton in eine Ecke des Wohnzimmers. Aber die Katze legte sich lieber ans Fußende des Sofas. Sie hatte das Haus oberflächlich inspiziert und keinerlei Interesse an Winkeln und Schränken gezeigt, worüber Edith und Charles enttäuscht waren. Edith meinte, die Katze sei sicher viel zu alt, um irgend etwas zu fangen.

Am nächsten Morgen rief Mrs. Farrow an und sagte, sie könnten die Katze behalten, wenn sie wollten. «Es ist ein gesundes Tier, und sehr sauber. Bei mir ist es einfach so, daß ich Katzen nicht gern habe. Wenn Sie sie also mögen – oder wenn die Katze Sie mag –»

Edith wand sich mit überreichlichen Dankesworten und Erklärungen heraus; sie berichtete, warum sie die Katze brauchten, und versprach, Mrs. Farrow übermorgen wieder anzurufen. Sie sagte, sie und Charles hätten den Verdacht, es seien Mäuse im Haus; sie wollten aber gern sicher sein, bevor sie den Kammerjäger bestellten. Sie war einigermaßen erschöpft nach ihrem Wortschwall.

Die Katze verschlief den größten Teil des Tages, entweder auf dem Sofa oder am Fußende des Bettes oben im Schlafzimmer, was Edith nicht gern sah; aber sie wollte sie nicht reizen und tat deshalb nichts. Sie redete ihr sogar freundlich zu und trug sie auf dem Arm an die offenen Schranktüren, wo sich Pussy jedoch jedesmal steif abwandte, nicht etwa aus Furcht, sondern aus Langeweile. Den Thunfisch, den Mrs. Farrow angeraten hatte, fraß sie jedoch gern.

Freitag nachmittag saß Edith am Küchentisch und putzte Silber, als sie das Ding neben sich über den Fußboden flitzen sah – es kam von hinten und schoß wie eine braune Rakete durch die Küchentür ins Eßzimmer. Sie sah, wie es sich nach rechts wandte und ins Wohnzimmer huschte, wo die Katze lag und schlief.

Edith stand schnell auf und trat an die Wohnzimmertür. Nichts war mehr zu sehen, und auf dem Sofa lag die Katze mit geschlossenen Augen, den Kopf auf die Pfoten gebettet. Ediths Herz klopfte laut. In die Angst mischte sich nervöse Ungeduld, einen Augenblick lang hatte sie das Gefühl von Chaos und völliger Verwirrung. Das Tier war hier im Zimmer, und die Katze rührte sich nicht! Und um sieben kam das Ehepaar Wilson zum Essen; sie hatte kaum Zeit, Charles die Sache zu erzählen, weil er sich vorher noch waschen und umziehen wollte, und in Gegenwart der Gäste konnte und wollte sie nichts davon sagen, obgleich die Wilsons alte Bekannte waren.

Das Gefühl des Chaos wurde zu ohnmächtiger Empörung; Tränen brannten in ihren Augen. Sie stellte sich vor, wie der Abend verlaufen würde, wie nervös und ungeschickt sie sich gewiß benahm, alle möglichen Sachen würde sie fallen lassen und doch nicht sagen können, was eigentlich mit ihr los war.

«Das Yuma – das verdammte Yuma», sagte sie erbost mit halblauter Stimme, als sie in die Küche zurückging und trotzig das Silber fertig putzte, bevor sie sich ans Tischdecken machte.

Das Dinner verlief dann jedoch sehr gut, ohne zerbrochenes Geschirr und verbrannte Speisen. Christopher und Frances Wilson wohnten am anderen Ende des Dorfes; sie hatten zwei Söhne von sieben und fünf. Christopher war Syndikus bei Pan Com.

«Du siehst ziemlich müde aus, Charles», meinte Christopher. «Habt ihr nicht Lust, am Sonntag mit uns rauszufahren?» Er blickte seine Frau an. «Wir wollten nach Hadden zum Schwimmen und dann ein Picknick machen – nur wir und die Kinder. Schön viel frische Luft.»

«Ach –» Charles wartete auf eine Ablehnung von Edith, aber sie schwieg. «Vielen Dank, bloß – wir wollten eigentlich mit dem Boot raus, weißt du, aber nun haben wir uns eine Katze ausgeliehen, und wir können sie wohl nicht gut den ganzen Tag allein lassen.»

«Eine Katze ausgeliehen?» fragte Frances Wilson.

«Ja – wir dachten, wir hätten vielleicht Mäuse im Haus, das wollten wir gern feststellen», meinte Edith lächelnd.

Frances sagte noch ein paar Worte über die Katze, dann war das Thema erledigt. Pussy war jetzt sicher oben, dachte Edith. Sie verschwand immer nach oben, wenn Fremde ins Haus kamen.

Später, als die Gäste fort waren, erzählte Edith ihrem Mann von dem Tier, das sie wieder in der Küche gesehen hatte, und von der Katze, die so gleichgültig auf dem Sofa liegengeblieben war. «Ja, das ist ja das Dumme: es macht keinerlei Geräusch», meinte Charles und runzelte die Stirn. «Bist du auch ganz sicher, daß du es gesehen hast?»

«So sicher, wie daß ich es überhaupt jemals gesehen habe», erwiderte Edith.

«Laß uns noch ein paar Tage abwarten mit der Katze», schlug Charles vor.

Am nächsten Morgen – Samstag – kam Edith gegen neun von oben, um Frühstück zu machen, und blieb erstarrt stehen, als ihr Blick auf den Fußboden im Wohnzimmer fiel. Da lag das Yuma, tot –

zerfleischt an Kopf und Bauch und Schwanz. Vom Schwanz war nur noch ein zernagter Stumpf von etwa fünf Zentimeter Länge zu sehen, vom Kopf gar nichts – es war keiner da. Das Fell war braun, an den noch blutig-feuchten Stellen fast schwarz.

Edith drehte sich um und lief die Treppe hinauf.

«Charles!»

Er war wach, aber noch verschlafen. «Ja – was ist?»

«Die Katze hat es gefangen. Es liegt unten auf dem Fußboden, mitten im Zimmer. Bitte komm doch runter, ja? Ich kann nicht – wirklich –»

«Aber natürlich, Liebes.» Charles warf die Decke zurück und war schon aus dem Bett. Sekunden später war er unten. Edith folgte ihm.

«Hm – ganz schön groß», sagte er.

«Was ist es?»

«Das weiß ich nicht. Laß – ich hole die Schaufel.» Er ging in die Küche. Edith sah ihm in einiger Entfernung zu, wie er alles mit Hilfe einer zusammengerollten Zeitung auf die Kehrichtschaufel schob. Er betrachtete das blutige Häufchen, die zerbissene Luftröhre, die Knochen. Die Füße hatten keine Krallen.

«Was ist es? Ein Wiesel?» fragte Edith.

«Keine Ahnung. Wirklich, ich weiß es nicht.» Charles wickelte die Reste eilig in Zeitungspapier. «Ich werd's in den Mülleimer tun. Montag ist doch Müllabfuhr, nicht wahr?»

Edith antwortete nicht.

Er ging durch die Küche, und sie hörte den Deckel des Mülleimers klappern, der draußen vor der Küchentür stand.

«Wo ist die Katze?» fragte sie, als er wieder hereinkam.

Charles wusch sich die Hände am Spülstein. «Keine Ahnung.» Er nahm den Mop, ging damit ins Wohnzimmer und scheuerte die Stelle, wo das Tier gelegen hatte. «Stark geblutet kann es nicht haben – ich sehe hier überhaupt kein Blut.»

Während sie noch beim Frühstück saßen, kam die Katze durch die vordere Haustür. Edith hatte sie geöffnet, um das Wohnzimmer zu lüften, obgleich sie keinerlei Geruch festgestellt hatte. Die Katze hob kaum den Kopf, blickte sie müde an und gab ein langes «Miauu» von sich – den ersten Ton, seit sie im Hause war.

«Brave Pussy!» sagte Charles laut. «Eine ganz brave Pussy bist du.»

Aber die Katze wich der Hand aus, die sie streicheln wollte, und schlich langsam in die Küche, wo der Napf mit dem Thunfisch stand.

Charles lächelte Edith zu, und sie bemühte sich, das Lächeln zu erwidern. Ihr Ei hatte sie aufgegessen, aber von dem Toast brachte sie keinen Bissen mehr hinunter.

Nach dem Frühstück holte sie den Wagen aus der Garage und machte ihre Einkäufe, aber es geschah wie in einem Nebel. Sie ging umher und grüßte wie üblich die Bekannten, die sie unterwegs traf, nur spürte sie keinerlei Kontakt zwischen sich und den anderen. Als sie nach Hause kam, lag Charles angezogen auf dem Bett, die Hände hinter dem Kopf verschränkt.

«Ich wußte gar nicht, wo du warst», sagte Edith.

«Oh – entschuldige. Ich war ein bißchen müde.» Er setzte sich auf.

«Nichts zu entschuldigen. Schlaf doch ruhig, wenn du müde bist.»

«Ich wollte die Spinnweben aus der Garage rausmachen und mal gründlich durchfegen.» Er stand auf. «Bist du nicht froh, Kindchen, daß das – das Ding nun weg ist?» fragte er und zwang sich zu einem Lachen.

«Doch, natürlich. Weiß Gott, ja.» Aber ihr war immer noch deprimiert zumute, und sie merkte, daß es Charles ebenso ging. Zögernd blieb sie in der Tür stehen. «Was es wohl für ein Tier war? Das würde ich doch gern wissen.» Wenn wir bloß den Kopf gefunden hätten, dachte sie; aussprechen konnte sie es nicht. Der Kopf mußte doch noch irgendwo auftauchen, im Haus drinnen oder im Garten. Den Schädel konnte die Katze nicht gefressen haben.

«Sowas Ähnliches wie ein Wiesel, meine ich», sagte Charles. «Wir können die Katze jetzt zurückbringen, wenn du willst.»

Sie beschlossen, noch bis morgen zu warten und dann die Farrows anzurufen.

Pussy schien jetzt zu lächeln, wenn Edith sie ansah. Es war ein müdes Lächeln, oder saß die Müdigkeit nur in den Augen? Sie war immerhin neun Jahre alt. Edith blickte immer wieder zu ihr hinüber, als sie an diesem Wochenende ihrer Arbeit nachging. Die Katze hatte jetzt ein anderes Gesicht: sie sah aus, als habe sie ihre Aufgabe pflichtgemäß erfüllt und wisse das auch, sei aber nicht besonders stolz darauf.

Es war komisch, aber Edith hatte das Gefühl, als bestehe da ein Bündnis zwischen der Katze und dem Yuma oder was immer es für ein Tier gewesen war. Als seien die beiden so etwas wie Bundesgenossen, oder seien es gewesen. Beide waren Tiere und hatten einander verstanden, das eine – das stärkere – war der Feind, das andere die Beute. Und die Katze hatte das Tier gesehen, vielleicht auch gehört, und hatte ihre Krallen in seinen Leib geschlagen. Vor allem hatte die Katze keine Angst gehabt, wie sie und sogar Charles Angst gehabt hatten. Und während ihr das alles durch den Kopf ging, wurde es Edith klar, daß sie die Katze nicht mochte. Sie sah so mürrisch aus, so voller Mißtrauen. Und bestimmt mochte die Katze sie und Charles auch nicht leiden.

Edith hatte sich vorgenommen, am Sonntag nachmittag gegen drei mit Mrs. Farrow zu telefonieren, aber Charles ging nach Tisch selbst an den Apparat und sagte, er werde anrufen. Sie hatte etwas wie Angst davor, auch nur Charles' Teil des Gesprächs mit anzuhören, doch sie blieb mit der Zeitung auf dem Sofa sitzen und hörte zu.

Charles bedankte sich zunächst überschwenglich und berichtete, die Katze habe ein Tier gefangen, das wie ein großes Eichhörnchen oder ein Wiesel aussehe. Das sei sehr erfreulich, aber behalten wollten sie Pussy nun doch nicht, so nett sie auch sei; konnten sie sie heute zurückbringen, so gegen sechs? «Ja, aber – die Sache ist ja nun erledigt, wissen Sie, und wir sind Ihnen schrecklich dankbar, aber . . . Ja, ganz bestimmt, ich werde mich im Betrieb mal umhören, ob dort jemand eine Katze gebrauchen kann.»

Er legte den Hörer aufatmend hin und öffnete seinen Kragen. «Uff – das war ein Stück Arbeit! Ich komme mir richtig schäbig vor. Aber es hat doch keinen Zweck zu behaupten, daß wir die Katze behalten möchten, wenn wir sie doch los sein wollen, findest du nicht?»

«Ganz bestimmt. Aber wir müßten ihnen irgendwas mitbringen, eine Flasche Wein oder sowas.»

«Ja, das ist eine gute Idee. Haben wir noch Wein?»

Nein, Wein war nicht mehr da. An ungeöffneten Flaschen fand sich nichts als eine Flasche Whisky, die Edith befriedigt zum Mitnehmen vorschlug. «Sie haben uns ja wirklich einen großen Gefallen getan», meinte sie.

«Ja, das stimmt», sagte Charles lächelnd. Er wickelte die Flasche in eines der grünen Seidenpapiere ein, die der Weinhändler immer zum Verpacken benutzte, setzte die Katze in ihren Korb und machte sich auf den Weg. Edith hatte keine Lust mitzukommen, aber er sollte ja nicht vergessen, auch in ihrem Namen herzlich zu danken.

Sie setzte sich mit der Zeitung aufs Sofa und versuchte zu lesen, doch ihre Gedanken waren nicht bei der Sache. Die Augen schweiften durch das leere Zimmer, über die unteren Treppenstufen und durch die Wohnzimmertür. Es war ganz still im Haus.

Nun war es tot, das kleine Yumababy. Warum sie es sich immer als Baby vorstellte, wußte sie nicht. Was für ein Baby überhaupt? Aber für jung hatte sie es immer gehalten, wenn auch gleichzeitig für grausam. Und es hatte die ganze Bosheit und Tücke der Welt gekannt, der menschlichen und der tierischen Welt. Das Genick war ihm durchgebissen worden, von der Katze. Sie hatten den Kopf nicht gefunden.

Edith saß noch auf dem Sofa, als Charles zurückkam. Langsam trat er ins Zimmer und ließ sich in den Sessel fallen.

«Du – sie wollten sie eigentlich gar nicht wiederhaben.»

«Wieso – was meinst du?»

«Ja – es ist nicht ihre eigene Katze, weißt du. Sie haben sie nur aus Freundlichkeit übernommen, als die Leute von nebenan wegzogen. Die sind nach Australien ausgewandert und konnten die Katze nicht mitnehmen. Nun treibt sie sich so ein bißchen in beiden Häusern herum, aber ihr Futter bekommt sie bei den Farrows. Eigentlich traurig.»

Unwillkürlich schüttelte Edith den Kopf. «Ich mochte sie nicht, Charles. Und für eine neue Familie ist sie auch schon zu alt, meinst du nicht?»

«Kann sein, ja. Na, verhungern wird sie jedenfalls nicht bei den Farrows. Würdest du uns wohl einen Tee machen, Kindchen? Das wäre mir lieber als was Alkoholisches.»

Abends rieb sich Charles die rechte Schulter mit Rubriment ein und ging dann früh ins Bett. Edith wußte, er fürchtete einen Rückfall des alten Rheumaleidens.

«Ich werde alt, du», sagte er. «Jedenfalls komme ich mir heute abend richtig alt vor.»

Edith ging es ebenso. Melancholie hing über ihr. Sie stand vor dem Spiegel im Bad und besah sich die kleinen Falten unter den Augen, die ihr heute stärker auffielen als sonst. Der Sonntag war anstrengend gewesen. Aber das Grauen war nun aus dem Haus, das war eine große Erleichterung. Fast zwei Wochen hatte sie in Angst gelebt.

Das Yuma war tot, und jetzt wußte sie auch, was das alles zu bedeuten hatte, oder konnte es jedenfalls zugeben. Das Yuma hatte die Vergangenheit zurückgebracht, eine dunkle böse Schlucht. Es hatte die Zeit zurückgebracht, da sie ihr Kind verloren hatte – absichtlich. Charles' bitterer Kummer war wieder lebendig geworden und seine zur Schau getragene Ungerührtheit. Ihre alte Schuld war aufgestanden. Und Charles – war es ihm vielleicht ebenso ergangen? Kein Mensch, kein Erwachsener auf der ganzen Welt hatte eine völlig einwandfreie Vergangenheit, eine Vergangenheit ohne Schuld und Fehl...

Ein paar Tage später war Charles eines Abends dabei, mit dem Gartenschlauch die Rosen zu wässern, als er plötzlich in dem runden Loch des Vogelhäuschens ein Tiergesicht erblickte. Es war genau das gleiche Gesicht wie das andere, von Edith beschriebene, das er nie aus dieser Nähe gesehen hatte: starre schwarze Augen, ein rabiater kleiner Mund und die argwöhnische Bosheit, von der Edith so beeindruckt gewesen war. Charles vergaß den Schlauch, das Wasser spritzte hoch gegen die Mauer. Er ließ den Schlauch fallen und wandte sich zum Haus, um den Wasserhahn abzustellen; dann wollte er sofort das Vogelhaus abnehmen und nachsehen, was darin war. Gleichzeitig fiel ihm ein, daß das Kästchen ja gar nicht groß genug war für ein Tier, wie es die Katze gefangen hatte. Das konnte es also nicht sein.

Er lief auf das Haus zu und hatte es fast erreicht, als er Edith sah. Sie stand in der Tür und blickte auf das Vogelhaus.

«Da ist es schon wieder!»

«Ja.» Er drehte den Wasserhahn zu. «Jetzt werd ich mir mal ansehen, was das ist.»

Eilig ging er auf das Vogelhaus zu, doch auf halbem Wege blieb er stehen und starrte auf die Gartenpforte.

Durch die offene Tür kam Pussy, zerzaust und erschöpft, fast beschämt sah sie aus. Sie kam mit normalen Schritten und trottete dann etwas mühsam und mit gesenktem Kopf auf Charles zu.

«Sie ist wieder da», sagte er.

Edith fühlte den Schleier aus dunkler würgender Angst, der auf sie zukam. Es war alles so vorausbestimmt, so fürchterlich unabwendbar. Mehr Yumas würden kommen, immer mehr. Wenn Charles jetzt gleich das Vogelhaus ausschüttelte, dann war natürlich nichts darin. Dann würde das Yuma wieder im Hause auftauchen, und Pussy würde es wieder fangen. Sie und Charles waren ihm ausgeliefert, sie konnten ihm nicht mehr entrinnen.

«Stell dir vor, die hat den ganzen Weg allein zu uns zurückgefunden – zwei Meilen!» Charles nickte seiner Frau überrascht lächelnd zu. Aber Edith mußte die Zähne zusammenbeißen, um nicht laut aufzuschreien.

Warren Chetham-Strode

Katzen ganz privat

Die Warrens saßen in dem kleinen Wohnzimmer, das sie zu benützen pflegten, wenn sie allein waren – ein Zimmer, das kleiner war als der Salon und auch gemütlicher, weil es niedriger war.

Charles legte seine Pfeife weg und schob die Abendzeitung beiseite.

«Dieser Scheck aus Amerika», meinte er beiläufig, «was sollen wir damit anfangen?»

Mary hielt ihre Antwort längst bereit: «Davon leben natürlich. Was sonst?»

Sie ließ ihr Strickzeug auf die Knie sinken. «Was, hast du gedacht, sollen wir damit machen?»

«Ich dachte, wir sollten etwas davon für etwas ausgeben. Weiter nichts. Es ist so stupid, das Geld Monat um Monat für die Rechnungen des Kolonialwarenhändlers zu benützen.»

«Etwas fürs Haus, meinst du?»

«Ja. Nein – das ist meist doch nur etwas für die Küche. Ich würde gern etwas für dich kaufen – um es eben zu feiern.»

Er nahm seine Abendzeitung wieder auf und legte sie, als ob es sich eben so ergeben hätte, auf die Knie. Mary war von seinem Angebot gerührt.

«Ach, Liebster, Charles!» rief sie, «das ist ganz reizend von dir. Aber solange Nicholas und Sandra in die Schule gehen, sollten wir, glaube ich, kein Geld für uns ausgeben.»

Charles zündete seine Pfeife wieder an. Er wußte genau, was er seiner Frau kaufen wollte – ganz genau. Die Frage war nur, wie er es ihr beibringen konnte, ohne sie merken zu lassen, daß er selbst auch daran Interesse besaß. Es war etwas anderes, als wenn er ihr einen neuen Hut kaufte – ein Geschenk, das für ihn völlig nutzlos war – es sei denn, der Hut machte ihn stolz, wenn er Mary damit sah. Und er erinnerte sich, wie er sie letztes Weihnachten mit einem Fernsehapparat überraschte und dabei für sein Teil gar kein Interesse an dem Apparat gehabt hatte. Das war wirklich das letzte gewesen, was er sich gewünscht hätte, aber er hatte gewußt, daß Mary gar zu gern einen solchen Apparat besessen hätte. Doch irgendwie hatte sich der Geist hinter dem Geschenk verfälscht, denn seit es da war, hatten Charles' Augen sich daran verfangen, und während der Wimbledon-Übertragungen hatte er sechs Tage lang nichts gearbeitet – nicht einmal am Vormittag. Nein, nein: Er mußte diesmal klar zu erkennen geben, daß es allein ihr Geschenk sein sollte und daß sein Motiv dafür nur seine großzügige Zuneigung ihr gegenüber war – und allein und nur ihr gegenüber.

Aber wie? Mary war mißtrauisch, und diesen Charakterzug lehnte er entschieden ab. Die Menschen sollten Geschenke demütigen und dankbaren Geistes entgegennehmen und nicht nach Motiven Ausschau halten.

Nach einigen Minuten Nachdenkens beschloß er, die Sache ganz vorsichtig einzufädeln, und seine Augen nahmen einen fernen, jahreüberblickenden Ausdruck an. «Ich glaube», begann er, «dir fehlt irgend etwas Junges im Haus. Ist es nicht so?»

«Meinst du die Kinder? Um ganz aufrichtig zu sein: Ich fühle mich immer ziemlich erleichtert, wenn sie wieder ins Internat fahren. Das bewirkt, daß ich sie in den Ferien dann um so lieber habe.»

Charles merkte, daß er mit dem falschen Fuß losmarschiert war. Er mußte noch einmal ansetzen: «Ich dachte an etwas, das viel jünger ist als die Zwillinge, viel, viel jünger.» Und er schloß an seine Bemerkung ein etwas nervöses Lachen an.

Mary musterte ihn einen Augenblick lang hell erstaunt. Sie wußte, daß Männer zuweilen plötzlich von den seltsamsten Ideen befallen werden können – aber diese mußte sie ihm augenblicklich und gründlich austreiben. «Charles, unsere Zwillinge sind jetzt neun», sagte sie mit allem Nachdruck. «Und ich habe sie sehr, sehr gern. Aber ich möchte wirklich keine neue Familie mehr gründen.»

Charles sah schafsdumm drein – genau wie die im Feld auf der anderen Straßenseite. «Ach so! Nein, das war nicht ein bißchen meine Idee – nicht im geringsten.»

«Was hast du dann damit gemeint: daß in diesem Haus etwas Junges fehle?»

«Ja, nun ...» Charles zögerte. «Eine Frau braucht etwas Junges um sich, das weißt du doch auch. Und ganz besonders eine Frau wie du. Es ist der natürliche mütterliche Instinkt.»

Mary beschloß, das Gesprächsthema zu wechseln – eine Sache, die sie oft tat. Das hatte geholfen, in ihrem Haus zehn Jahre lang Glück und Frieden zu erhalten, und Mary war stolz auf ihr Taktgefühl.

«Wann fährst du morgen nach London?» erkundigte sie sich leichthin.

Charles wußte, daß es jetzt oder nie geschehen mußte. «Um Viertel zehn. Ich habe mit meinem Agenten ausgemacht, daß wir uns am Vormittag treffen. Danach habe ich nichts weiter vor.»

Er raschelte mit der Zeitung und fuhr dann fort: «Jede Frau, jede Mutter, meine ich, hört gern das Tappen kleiner, zarter Füße.»

Seine Bemerkung rührte etwas in Mary an – aber keineswegs mütterliche Gefühle.

«Das ist sentimentaler Unsinn», sagte sie heftig. «Jede halbwegs vernünftige Mutter möchte gern die Familie haben, die sie haben möchte, und nicht mehr.»

Charles sah in die Zeitung, und seine Stimme klang ganz gleichgültig-beiläufig, als ob er die Notiz eben erst gelesen hätte.

«Hier steht», sagte er, «daß die Siamkatzenausstellung morgen nachmittag geöffnet ist. Ich glaube, ich sollte einmal dort vorbeisehen.»

Es gab eine Pause, und nichts war zu hören als erneut das Rascheln der Zeitung. Als Mary wieder sprach, klang ihre Stimme sehr leise, und etwas Drohendes lag darin: «Was hast du nun eigentlich vor?»

«O nein, es ist nicht meinetwegen. Ich bin völlig mit den zweien zufrieden, die wir haben. Ich habe nur an dich gedacht.»

«Charles», sagte Mary kalt, «du lügst. Und du weißt, daß es dich sechs Guineen kostet – mehr sogar noch, wenn es eine prämierte Katze ist.»

«Das ist es mir wert», antwortete er, «wenn ich an die Freude denke, die es dir machen wird. Und ich kann mir vorstellen, daß du diesmal ein Mädchen möchtest.»

Einen Augenblick lang dachte Charles, er hätte sein Ziel verfehlt, aber Mary war an ihn gewöhnt. Sie erinnerte sich an den Fernsehapparat.

«Was ich an dir liebe», sagte sie begeistert, «ist deine völlige Selbstlosigkeit. Etwas zu schenken, was du selbst verabscheust – das ist doch eine wundervolle Geste.» Sie stand auf und küßte ihn. «Liebster, ich fände ein Mädchen einfach himmlisch. Komm mit und plaudere noch etwas mit mir in der Küche, während ich das Abendessen richte.»

Keines von beiden bemerkte, als sie aus dem Zimmer gingen, Ting und Thai. Sie saßen bolzengerade vor dem Kaminfeuer, die Vorderpfoten auf die niedrige Ziegeleinfassung gelegt. Ihre Ohren standen nicht aufrecht, wie es sich gehörte, sie hatten sie vielmehr zurückgelegt, als ob sie eine üble Neuigkeit erfahren hätten – und das war in der Tat der Fall. Tings Fell sträubte sich wellengleich seinen Rücken entlang und bildete eine regelrechte Krause um seinen Halsansatz. Er blinzelte zweimal mit den Augen, ehe er sprach.

«Hast du das gehört! Eine Frau!» Er zog die Mundwinkel zurück und hinunter.

«Ach» stöhnte er und «oh». Und schließlich setzte er hinzu: «Ich glaube, ich werde krank.»

Thai, der vorbildliche Manieren hatte, widersprach: «Bitte, nicht hier. Auf alle Fälle ist der Salon ein viel geeigneterer Ort dafür. Wir benützen ihn sowieso nicht oft. Nur immer sie!»

Ihre Einstellung weiblichen Artgenossen gegenüber hatte gute Gründe für sich und braucht hier nicht im einzelnen erklärt zu werden. Es genügt, darauf hinzuweisen, daß ihre Gefühle in dieser Hinsicht völlig neutral waren. Für diese sogenannten Damen oder Mädchen hatten sie gar nichts übrig – ohne deswegen gleich Abneigung zu empfinden. Sie wurden einfach durch jene Sache irritiert, die ihnen wie eine unersättliche Schaustellung von Liebesbezeigungen vorkam, wie sie, in ihren besonderen Umständen, keiner von ihnen beiden zu bieten vermochte. Beide hatten derartiges in ihrer Jugend wohl erlebt, aber jetzt kam es ihnen unsäglich primitiv vor.

Ting erinnerte sich an seine Mutter. Sie stammte aus einer sehr guten Familie, und ihre Hochzeit mit dem großen Ajax, der seinerzeit drei erste und zwei zweite Preise gewonnen hatte, war ein bedeutendes gesellschaftliches Ereignis gewesen. Und Ting war stolz auf seinen Vater.

Aber seine Mutter – das war eine andere Schale Milch. Sie war wunderschön anzuschauen, aber moralisch durch und durch angefault. Man konnte sie wohl bis zu einem gewissen Punkt verstehen: es war eben der Liebeswahnsinn. Aber nie konnte Ting ihr verzeihen, daß sie einmal acht schwarzweiße Kätzchen im Wäscheschrank zur Welt gebracht hatte. Das war eine Schmach – nicht nur seiner Familie, sondern der ganzen Siamesenart. Und dies war es auch gewesen, was ihn aus dem Haus, einem prachtvoll gemütlichen Haus in Chelsea, vertrieben und ihn zum Zusammenleben mit den Warrens veranlaßt hatte.

Und sie nun, denen er glaubte blind vertrauen zu dürfen – sie hatten ihn fallenlassen. Eine Frau! Eine Frau sollte in seinem eigenen Haus wohnen! Und mit keinem Tun und Lassen war etwas dagegen auszurichten!

Er schloß, um die ganzen widerwärtigen Zukunftsaussichten zu vergessen, die Augen und überließ sich dem Schlaf.

Charles verließ den Omnibus am Ende der Victoria Street und ging schräg über Dean's Yard zum Vincent Square.

Als er die königliche Gartenbauhalle betrat und seine Eintrittskarte löste, konnte er durch die auf und zu gehenden Schwingtüren das Murmeln der Katzengespräche vernehmen. Vielleicht und immerhin, dachte er nachsichtig, war doch etwas daran, wenn Mary sich so darauf versteifte, ihre Sprache zu verstehen. Frauen, das hatte er schon immer gefühlt, besaßen einen sechsten Sinn für eine Menge Dinge. Zum Beispiel für Männer ... Es kam, wie sie sorgsam und eindringlich dargelegt hatte, vor allem darauf an, mit Verstand zuzuhören. Er mußte nur auf den Tonfall achten. Das war es: auf die Modulationen des Tonfalls. Warum sollte nicht auch eine Katze, wenn sie eine Frage stellte, ihre Stimme beim letzten Wort heben? Menschliche Wesen taten es ebenfalls. Es stellte sich als viel einfacher heraus, als er sich eingebildet hatte. Und es war ein angenehmer Gedanke, daß er, Charles, im Begriff war, noch ein weiteres Interesse mit seiner Frau zu teilen, das wie alle anderen dazu angetan war, die eheliche Gemeinsamkeit zu festigen.

Die ersten fünf Minuten verbrachte er damit, zwischen den ausgestellten Siamesen hin und her zu gehen. Im übrigen hielt er sich nur bei einigen ausgewählten auf, aber es war schwer zu entscheiden, ob sie zu wohlgeboren waren, um ihn ohne standesgemäße Vorstellung anzusprechen. Kein Angehöriger des königlichen Geblütes antwortete auf seine freundlichen Worte, und einer, uneingedenk seines langen Stammbaumes, zischte sogar. Es war sehr enttäuschend. Charles hätte sich so gefreut, zu Mary heimkehren und berichten zu können – ganz aufrichtig und wahrheitsgemäß – er hätte den zweiten Preisträger eine eindeutige Feststellung über den Preisrichter abgeben hören. Etwa so: «Ich glaube, der Kerl hat etwas von einem Stinktier an sich – oder nicht?» Irgend etwas von dieser Art. Aber als er den zweiten Preisträger ansprach und die Hand durchs Gitter steckte, um ihm die Ohren zu kraulen, bekam er nur einen Kratzer ab.

Dann zog eine Frau, offensichtlich eine Ausstellerin, seine Aufmerksamkeit auf sich. Sie trug ein hübsches Tweedkostüm und hatte jenes geschmeidig katzenhafte Wesen, das alle Katzenbesitzer nach jahrelangem Züchten und Ausstellen annehmen. Ihre Augen standen etwas schräg, und ihr Teint war isabellfarben. Charles warf einen raschen Blick auf ihre Hände, um zu sehen, ob sie schwarz wären, aber sie trug Handschuhe. Er lüftete höflich den Hut.

«Erfolg gehabt?» fragte er.

«Hm – nicht recht», erwiderte sie. «Nicht das, was ich Erfolg nenne. Aber ich fürchte, der Preisrichter kennt nicht den Unterschied zwischen einer Siamkatze und einer ordinären getigerten.»

Das lange Zusammensein mit den königlichen Katzen von Bangkok hatte einen deutlichen Einfluß auf ihre Stimme ausgeübt. Wie schade! dachte Charles, daß das nicht eine Katze gesagt hat. Es wäre genau das gewesen, worauf er gehofft hatte. Aber vielleicht war sie eine Katze – eine von denen, die ihre Gestalt gewechselt haben. Doch nein, alles, was recht war: Er durfte jetzt nicht seine Phantasie wild durchgehen lassen.

Die Frau fuhr mit gedehnter Stimme fort: «Haben Sie Interesse an Siamesen?»

«Ja, doch, sehr. Ich habe schon zwei daheim. Beide mit seehundschwarzen Abzeichen.»

Die Frau trat ein wenig beiseite, so daß Charles ein hübsches Tier in dem Käfig hinter sich sehen konnte. «Rama Pajama ist blau gezeichnet», sagte sie, und ihr Tonfall verlor etwas an Interessiertheit. «Und dort drüben – nein, nicht dort – habe ich zwei schokoladebraun gezeichnete. Einer davon bekam eine lobende Erwähnung.»

Charles hielt an seiner Meinung fest: «Ich habe nun einmal schwarzgezeichnete am liebsten.»

Die Frau blies eine Wolke Zigarettenrauch in die Luft. «Ganz im Ernst, ich bin davon überzeugt, daß Sie einen unverzeihlichen Fehler begehen. Blaugezeichnete sind wirklich moderner. Sehen Sie doch dieses göttlich weiße Fell an und diese entzückenden Ohren! Züchten Sie übrigens selbst?»

Charles wollte ihr eben von seinen Zwillingen erzählen, als er sich noch rechtzeitig unterbrach. «Sie meinen Katzen? Nein. Meine beiden sind geschlechtslos. Ich bin nur gekommen, ein Katzenmädchen zu kaufen.»

Die Frau fuchtelte mit ihrer Zigarettenspitze hin und her. «Junge Kätzchen finden Sie dort drüben in der Kinderabteilung. Hier gibt es nur ausgewachsene Kater. – Leben Sie wohl, und guten Erfolg!»

Charles wanderte durch den Hauptkorridor zusammen mit allen anderen Menschen, die sich jetzt jedoch schon etwas zerstreuten, da die Prämiierung vorüber war. Dann blieb er neben einem Käfig stehen, aus dem ihm acht schwarze Gesichter entgegenblickten – jedes mit leuchtend blauen Augen, langen, zuckenden Barthaaren und spitzen Ohren. Die geschmeidigen Körper purzelten verspielt übereinander und durcheinander.

«Aus welcher Familie stammen sie?» fragte Charles die Besitzerin und setzte eine fachmännische Miene dazu auf. Die Frau stellte die Katzenmilch beiseite, die sie eben in ihren eigenen Tee gießen wollte, und wandte ihre volle Aufmerksamkeit den Verkaufsaussichten zu. «Ihre Mutter ist Prestwick Pelzige Pfote», sagte sie stolz, «die im vergangenen Jahr einen ersten Preis gewonnen hat, und ihr Vater ist Pagan Brahma, der vor zwei Jahren zur besten Katze der Ausstellung erklärt wurde. Dieser Wurf hier hat eben einen zweiten Preis gewonnen. Es sind fünf Buben und drei Mädchen.»

«Ich suche ein Mädchen», erklärte Charles.

Die Frau schloß den Käfig auf und holte ein Kätzchen aus dem pelzigen Gewirr.

«Wie wär's mit der? Sie hat ein liebenswürdiges Wesen – wirklich liebenswürdig – nein, nein, Liebling, beiß mich nicht! Sie heißt Prestwick Tania.»

Charles nahm ihr das Kätzchen ab und drückte es fest gegen seine Brust, denn so wollen Siamkatzen gehalten sein.

Diese Rasse hatte es ihm schon angetan, als er noch ein Junge war, und obwohl er auch gewöhnliche Katzen gern hatte, standen sie ihm doch nicht so nahe wie gerade diese. Plötzlich in Liebe zu fallen, ist ein köstliches und aufregendes Erlebnis, und Charles hatte es jedesmal, wenn ein Paar dieser blauen Augen in seine blickte; und wenn er merkte, daß seine Liebe erwidert wurde, war er auf der Stelle im siebenten Himmel. Zudem befriedigte ihn das Bewußtsein, daß er ein Geschenk für Mary hatte, das sie sich tatsächlich wünschte.

Prestwick Tania begann zu schnurren, während sie ihren Kopf an seinen Fingern rieb. Charles spürte, wie seine Knie weich wurden. Er wußte, daß er unwiderruflich besiegt war. «Wieviel wollen Sie?»

«Die Buben kosten neun Guineen, die Mädchen sieben.»

«Kann ich sie sofort mitnehmen?»

«Hm – es wird eigentlich von uns erwartet, daß wir keine Katze vor Ende der Ausstellung weggeben.»

«Aber ich muß meinen Zug erreichen!»

Die Ausstellerin sah sich um, was das Komitee tat. «Es geht schon», sagte sie. «Aber Sie müssen sie unter den Mantel nehmen. Und wie ist's mit dem Stammbaum?»

«Sie können ihn nachsenden. Ich schreibe meine Adresse auf die Rückseite des Schecks.»

Er erfüllte alle vorgeschriebenen Formalitäten, während Tania von seiner Schulter auf ihre Brüder und Schwestern mit königlicher Überlegenheit herabsah. Er gab der Besitzerin die Hand, steckte Tania in die Innentasche seines Mantels und ging zum Ausgang. Und da geschah etwas Seltsames. Eine Stimme, ganz nah bei ihm, sagte: «Heda, Dicker!»

Nun war es Charles nicht gewohnt, Dicker genannt zu werden – weder von Freunden noch von Fremden. Er blieb stehen und sah sich um, aber da war niemand nah genug, der diese Bemerkung hätte von sich geben können. Höchstens eine weißhaarige alte Dame, die durch eine Lorgnette eine blaugezeichnete Siamkatze betrachtete. Doch diesen Verdacht wies Charles sofort weit von sich. Dann erklang die Stimme wieder, diesmal unmittelbar hinter ihm: «Was hast unterm Mantel? Wohl 'n Mädchen? Laß mal sehen!»

Es war eine ausgesprochen ordinäre Stimme, und es lag etwas Forderndes in ihr, das Charles aus der Fassung brachte. Er sah den Gang hinunter und blickte hinter die Käfige auf beiden Seiten, aber der nächste Mensch war meterweit entfernt – und die Stimme war unmittelbar neben seinem Ellbogen erklungen! Das einzige Wesen, das nah genug gewesen wäre, war ein schwarzgezeichnetes Siamkätzchen mit einem frechen Zug im Gesicht, das ihn schmeichelnd und herausfordernd ansah. Charles zuckte die Schultern und wollte schon weitergehen, als eine dicke Frau mit einem grünen Hut und einer roten Feder darauf den Gang entlanggerannt kam.

«Entschuldigen», begann sie im harten Cockney-Dialekt. «Wünschen Sie etwas Bestimmtes?»

«Nein, danke.»

«Ich habe gerade mit einem von den Züchtern gesprochen, stelle hier zum erstenmal aus. Gibt eine Menge zu lernen.»

«Ich dachte, jemand hätte mich angesprochen», erklärte Charles. «Aber ich muß mich geirrt haben.»

«Heda, Alter, laß mal 'n Auge riskieren!»

Die Stimme war so deutlich wie die Marys, nur hatte sie einen anderen Akzent.

«Ach so! Das erklärt alles: Sie haben mich angesprochen.»

«Ich? Ich habe kein Wort gesagt.» Die Frau unterbrach sich. «Sie meinen wohl das Geräusch da? Das war Tootoo.»

Sie sah zu dem Käfig neben sich. «Hört keinen Augenblick zu reden auf, der da. Ein waschechter Cockney. Geboren und aufgewachsen in Whitechapel.»

Charles sah das Kätzchen an: Schwarz gezeichnet war es und vielleicht drei Monate alt. «Komisch», murmelte er. «Sonderbar.»

Die Frau nahm an seiner Bemerkung etwas Anstoß. «Was ist komisch an ihm? Nichts an ihm, was nicht stimmt. Ich gebe zu, er hat keinen Peis bekommen, aber was macht das? Sie wissen, man kann beim erstenmal nicht alles erreichen.»

«Gegen ihn habe ich überhaupt nichts gesagt.»

«Du tust's auch besser nicht, wär' noch schöner!» sagte eine drohende Stimme.

«Verzeihen Sie, ich habe das nicht verstanden.»

«Ich habe gar nichts gesagt», antwortete die Frau.

Langsam wurde es zuviel für Charles. Er versuchte, sich an den gestrigen Abend zu erinnern: ein Glas Sherry vor dem Essen, zwei Glas Rotwein zur Mahlzeit, sonst nichts. Hatte er sich in der Ausstellungshalle vielleicht das Katzenfieber geholt? Ob er Temperatur hatte?

Er steckte Tania von der einen Brusttasche in die auf der anderen Seite, aber ohne sie Tootoo sehen zu lassen. Er wollte keine anzüglichen Bemerkungen mehr von ihm hören.

Die dicke Frau fuhr fort: «Er ist von guter Abstammung. Sein

Vater war Oriental Silky Tail, der orientalische Seidenschwanz, und seine Mutter war Natascha Patani – sie gewann voriges Jahr in der Stadthalle von Walthamstow einen zweiten Preis, und dort habe ich sie gekauft. Ich gebe zu, seine Großmutter hatte so etwas von einer Vagabundin im Blut, aber in Natascha kam es nicht zum Vorschein. Sie war in Ordnung.»

Wieder spürte Charles seine Kniegelenke nachgeben – das sichere Zeichen. «Wie heißt er?»

«Sein eigentlicher Name ist Bombay Duck, aber ich nenne ihn kurz Tootoo.»

Charles blickte in den Käfig. Tootoo strich erst mit der einen Pfote über sein Gesicht und dann mit der anderen Pfote. Geradeso, wie wenn ein Hypnotiseur am Werk wäre, dachte Charles, und in seinem Kopf schwamm alles durcheinander. «Wieviel?»

«Nun, mein Herr, weil er keinen Preis gewonnen hat – Sie können ihn für sechs Guineen haben. Sie werden finden, daß er sehr freundlich ist.»

Jetzt wäre Charles vor jedes beliebige Gericht getreten und hätte jeden Eid geschworen, daß er gerade in diesem Augenblick mit dem Rücken zum Käfig stand und der Ausstellerin direkt ins Gesicht sah; genauer: er sah auf ihren Mund, weil ihn die Tatsache beschäftigte, daß sie einen Damenbart hatte; und er hätte geschworen, daß sie in dem Augenblick, da die Stimme wieder erklang, den Mund geschlossen hatte. Selbst wenn sie eine Bauchrednerin gewesen wäre – und das war sie sicher nicht – war es nicht sie, die jetzt sagte: «Los, Chef, riskier es.»

Charles riß sich zusammen und wandte sich um. Dann blickte er wieder die Ausstellerin an: «Haben Sie das gehört?»

«Was gehört?»

«Ach – nichts.» Er schwieg eine Weile, während er das Kätzchen ansah, das ihm ebenfalls ins Gesicht starrte. «Ich – ich – ich habe gerade gedacht, ich hätte jemanden sprechen hören. Sonst nichts.»

Die ganze Situation war einfach absurd. Oder war er schwer krank, ohne es zu wissen? Er schrieb einen Scheck aus, riß Tootoos Stammbaum an sich und stürzte zum Ausgang, während er Tootoo kopfvoran in die Tasche steckte, damit er still wäre.

Es regnete in Strömen, als Charles am Vincent Square nach einem Taxi Ausschau hielt. Tania war durch seinen Mantel geschützt, aber

Tootoo, energisch sich dagegen wehrend, daß er kopfüber in der Tasche steckte, hatte sich herumgedreht und sah nun aus Charles' Mantel heraus, wobei sein Kopf triefend naß wurde.

Im Taxi trocknete ihn Charles mit seinem Taschentuch ab – ein bißchen fahrig und nicht sehr gründlich, da er fürchtete, Tootoo könnte etwas sagen. Und als sie an einer Apotheke vorbeikamen, war er einen Augenblick lang nahe daran, hineinzugehen und sich die Temperatur messen zu lassen. Das ganze Erlebnis war schon reichlich verwirrend gewesen. Aber jetzt war Tootoo still und nur damit beschäftigt, dem draußen vorbeiflutenden Verkehr zuzusehen.

Die Heimfahrt in der Eisenbahn brachte ihre eigenen Verwicklungen. Charles hatte den Zug mit knapper Not erreicht und fand sich in einem Abteil zusammen mit einer anderen Reisenden – einer Dame von einigen vierzig Jahren. Er erwartete die üblichen Bewunderungsrufe, das Hätscheln und die Babysprache. Nicht für sich selber natürlich, aber für seine beiden Kätzchen. Doch nichts dergleichen geschah. Im Gegenteil: Als die Dame Tania und Tootoo erblickte, stopfte sie ein Taschentuch in den Mund, und zugleich begann sie, schwer zu atmen. «Katzen machen mich asthmatisch», stellte sie mit säuerlicher Miene fest.

Charles entschuldigte sich, und die Dame öffnete das Fenster.

Charles dagegen, in der Furcht, eine seiner Katzen könnte hinausspringen, schloß es sofort wieder.

«Möchten Sie nicht in ein anderes Abteil?» schlug die Dame vor.

«Dieser Wagen hat keinen durchlaufenden Seitengang», erwiderte Charles. «Außerdem hält er nicht mehr bis Weet, wo ich aussteige. Und ich habe nicht vor, eher auszusteigen.» Dann zog er sich hinter seine Zeitung zurück, um die Börsennotierungen zu studieren.

Tania lag, gemütlich schnurrend, auf seinen Knien. Aber Tootoo war ins Gepäcknetz geklettert und starrte von dort aus die Dame auf dem anderen Sitz an, die ihn ebenfalls starr anblickte. Dann verlor er das Interesse an ihr und blickte zu Tania herunter.

«Heda, Mädchen, wie heißt du?»

Charles hörte ihn nicht. Er war zu sehr davon in Anspruch genommen, zu lesen, wie seine Aktien gefallen waren. Irgendwer in Moskau hatte offenbar irgend etwas ziemlich Blödes gesagt, und das hatte ihn, wie er sich an den Fingern abzählen konnte, etwa vierhundert Pfund gekostet. Nun wußte er endlich, welch niederträchtig schlaue Wege die Russen einschlugen, um die Kapitalisten aus der Welt zu schaffen.

Tania hob den Blick und senkte ihn sogleich wieder sittsam. «Tania», sagte sie geziert.

«Woher stammst du?»

«Aus der Nähe von Horsham in Sussex.»

«Also eine Dorfkatze. Na ja. Weißt du was über das Haus, in das wir ziehen?»

«Ich habe herausgehört, daß es zwei Herren namens Ting und Thai gehört.»

«Herren – Quatsch. Männer. Siamesen oder ordinäre Mausekater?»

«Siamesen natürlich. – Wie gewöhnlich kannst du noch sein?»

«Ich habe noch gar nicht damit angefangen. Willst du was über meine Oma hören?»

«Nein, danke», erwiderte Tania.

Die Dame nahm ihr Taschentuch aus dem Mund. «Warum haben sie so scheußliche Stimmen?»

«Gnädige Frau», antwortete Charles, während er seine Zeitung sinken ließ, «mir klingen ihre Stimmen nicht scheußlich. Mir», er übertrieb um eine Kleinigkeit, «mir erscheinen sie wie Musik.»

«Welch seltsame Ohren müssen Sie haben.»

Charles überhörte dies geflissentlich und kehrte zu seiner Zeitung zurück.

«Ist es wahr», fuhr die Dame fort, «daß sie von Affen abstammen?»

«Wenn Sie schon Katzen nicht mögen, gibt es keinen Grund, Ihnen ihre Geschichte zu erzählen.»

«Auf die Entfernung habe ich nichts gegen sie einzuwenden. Fangen Sie nur an.»

Charles wurde etwas freundlicher. Es war immerhin ein Waffenstillstand. «Die Geschichte der Siamkatzen», so begann er, «verliert sich im Dunkel des Altertums. Aber es ist doch wahrscheinlich, daß sie von der ägyptischen Katze abstammen; ihre Erscheinung gleicht Katzendarstellungen in ägyptischen Gräbern. Aber die englischen Siamkatzen stammen alle von den Katzen im Königspalast zu Bangkok ab.»

«Wie wollen Sie das wissen?»

«Das erste Paar, das nach England eingeführt wurde, kam 1884 von dort. Es gibt übrigens eine eigene Geschichte dazu.»

«Welche?»

«Man sagt, daß im Königspalast dreihundert Jahre lang die Katzen bei der Geburt ihren Müttern weggenommen und menschlichen Ammen zum Säugen gegeben worden wären. Das könnte ganz einleuchtend ihre angeborene Zuneigung zu menschlichen Wesen erklären.»

Die Dame sah plötzlich so aus, als ob sie krank würde. «Ah» und «uh» stöhnte sie und stopfte ihr Taschentuch wieder in den Mund.

«Ich sehe keinen Anlaß, ah und uh zu sagen. Ich kann mir nichts Natürlicheres und Schöneres vorstellen.» Charles mußte einsehen, daß es keinen Zweck hatte, noch etwas zu erklären.

Eine herausfordernde Stimme erklang über ihm. «Wetten, du kannst nicht vom einen Gepäcknetz zum anderen springen.»

Tania schenkte diesem ungezogenen Possenreißer keine Beachtung und wandte ihre ganze Aufmerksamkeit einer Fliege zu, die sich auf Charles' Knie niedergelassen hatte. Tania streckte gelangweilt eine Pfote aus. Etwas Weißes, Fahles und Schwarzes schoß plötzlich unter der Decke des Abteils entlang, und als Charles hinaufschaute, sah er Tootoo mit den Vorderpfoten an der Stange des Gepäcknetzes gegenüber hängen. Schwanz und Hinterbeine baumelten über dem Hut der Dame. Sie duckte sich und schrie.

«Tun Sie ihn weg! Tun Sie ihn weg!»

Aus eigener Kraft zog sich Tootoo mit einer wirbelnden Bewegung völlig hoch. Nun saß er stolz auf dem Koffer der Dame.

«Bitte, ich hab's geschafft», sagte er.

«Wenn Sie dieses Ding nicht wegnehmen, werde ich den Zug anhalten.»

«Was Sie fünf Pfund kosten wird», sagte Charles bissig, während er Tootoo packte. Er setzte sich wieder in seine Ecke und drückte Tania an seine eine Seite und Tootoo an die andere.

Für den Rest der Fahrt gab keiner der vier mehr einen Laut von sich.

Am Bahnhof wartete Mary im Auto und überlegte sich, vor dem Steuer sitzend, ob der Neuankömmling wohl sehr schief stehende Augen und deutlich gezeichnete Ohren oder, wie Ting und Thai, eine breite Stirn und ein rundes Gesicht hätte. Dies letztere wäre wohl, dachte sie, zu bevorzugen.

Als sie Charles hinter dem Beamten an der Sperre auftauchen sah, verließ sie das Auto. Er schien in großer Eile zu sein, denn er rannte. «Nimm das», rief er, während er ihr Tania in den Arm drückte. «Ich habe Tootoo verloren.»

«Wen verloren?»

«Tootoo.»

Er rannte zurück auf den Bahnsteig und sah gerade noch, wie der Zug abfuhr.

Mary hielt Tania im Arm und war hellauf entzückt von ihr. Dann setzte sie sie auf eine Decke am Vordersitz des Autos und wickelte sie gut ein. Anschließend ging sie in den Bahnhof, um nach ihrem Mann zu sehen.

«Was hat er verloren?» fragte sie den Beamten an der Sperre. «Irgend jemands Kind?»

«Er sagte, es wäre ein Kätzchen.»

«Aber er hat mir das Kätzchen doch vor ein paar Sekunden gegeben.»

«Ein Kätzchen. Doch. Genauso hat es geklungen.»

Mary ging auf den Bahnsteig hinaus und sah dort Charles mit langen Schritten zum anderen Ende des Bahnhofs laufen, wo er in der Gepäckaufbewahrung verschwand.

«Tootoo!» rief er – zuerst gegen eine Mähmaschine, dann gegen einen in Filz gewickelten Rosenstock, endlich gegen einen alten Koffer, ein neues Fahrrad und ein Paar Ski – «Tootoo! Tootoo! Tootoo!»

Es kam ihm zum Bewußtsein, wie blödsinnig es klingen mußte, wenn ein fünfunddreißigjähriger Mann einem Haufen von Gepäckstücken Tootoo! zurief. Aber er beruhigte sich doch rasch wieder mit dem Gedanken, daß er wenigstens nicht Bombay Duck! Bombay Duck! Bombay Duck! schreien mußte.

Als er die Gepäckaufbewahrung verließ, traf ihn Mary. «Du hast aber nicht die ganze Ausstellung leergekauft, oder?»

«Ungefähr hier ist er mir von der Schulter gesprungen. Der abfahrende Zug wird ihn erschreckt haben. Gott weiß, wohin er geraten ist. Sieh du in dieser Ecke nach!»

Mary suchte unter den Bahnsteigbänken, hinter der Brückenwaage und zwischen den Kisten, Kästen und Koffern auf den Gepäckträgerkarren. Ein scheußlicher Gedanke kam ihr, und sie blickte auf die Schienen. Sie hatte von Leuten gehört, die flach auf den Schwellen lagen, während der Zug über sie wegfuhr – und Siamkatzen haben schließlich mehr gesunden Menschenverstand als die meisten Menschen. Aber hier lag nichts außer einer alten Bananenschale. Mary sah nochmals hin: ja, nur eine Bananenschale.

Der Stationsvorsteher, der in der Royal Air Force gewesen war und dem man nachsagte, daß er seinen Schnurrbart anstelle von Signalen benutze, schloß sich den Suchenden an und rief: «Miez! Miez! Miez! Miez!»

«Es hat keinen Sinn, Miez! Miez! zu rufen, Mister Crump. Es ist ein Siamkater, und die antworten nicht auf Miez! Miez! Er heißt Tootoo.»

Vielleicht hatte Mister Crump das Gefühl, daß er einen derartigen Namen nicht vor seinen versammelten Gepäckträgern lauthals rufen konnte – jedenfalls verschwand er wieder.

Mary eilte den Bahnsteig entlang, und als sie kehrtmachte, hörte sie einen Schrei, einen langen und ziemlich ärgerlichen Schrei.

«Er ist hier, Charles», rief sie. «Er ist hier.»

Charles kam angelaufen. «Wo?»

«Hier.» – «Na, gut. Fang ihn!» – «Ich kann nicht.»

«Warum nicht?» Inzwischen war Charles bei Mary angekommen.

«Er sitzt in der Herrentoilette.»

Charles verschwand einen Augenblick lang, und als er zurückkam, hielt er Tootoo im Arm, einen ruhigeren und viel weniger aufgeblasenen Tootoo.

Auf der Heimfahrt fragte Mary: «Was hat dich dazu gebracht, ihn zu kaufen?»

Charles antwortete eine ganze Weile nicht, und Mary wiederholte ihre Frage.

«Ich kann es dir nicht sagen. Irgend etwas zwang mich.»

«Das heißt, die Ausstellerin war sehr attraktiv, wie ich annehme.»

«Überhaupt nicht. Ich hatte eine aufregende Erscheinung.»

«Welcher Art?»

«Ich kann es nicht erklären. Es hatte etwas mit dir zu tun.»

«Wieso mit mir?»

Es entstand wieder eine Pause.

«Ein Mann kann eine überreizte und überspannte Einbildungskraft haben.»

«Welch seltsames Ereignis in einer Katzenausstellung.»

«Nicht im geringsten. Es kann überall eintreten.»

«Was Männern nicht alles widerfährt! Enorm!»

«Wenn es dir nicht paßt, werde ich eben nicht darüber reden.»

Mary blieb, auf Tanias Schnurren hörend, während sie ihre Ohren kitzelte, für den Rest der kurzen Fahrt still. Und Tootoo saß schmollend am Boden vor den Rücksitzen.

Der Sommer kam über Nacht, und der Wind, der über die Marsch wehte, hatte sich zu einer leichten Brise besänftigt. Er versetzte die frühen Rosen auf ihren langen Stengeln in ein sanftes Schwanken. Die Lupinen auf der Böschung waren noch immer ein einziges purpurnes, gelbes und rotes Flammenmeer.

Im Frühling hatten Tania und Tootoo den Garten hundertmal entdeckt und wiederentdeckt, und je höher das Gras wuchs, um so vielfältigere Abenteuer gab es zu erleben. Mit angelegten Ohren duckten sie sich hinter Narzissenbüsche, um sich gegenseitig herauszufordern und zwischen den Blumen umherzujagen – vibrierende Schultermuskeln, ein Sprung über den abgestorbenen Apfelbaum, der oben auf der Böschung lag, dann die lange Strecke zum Gartenhaus, das als Ziel diente.

Tootoo war gewöhnlich der Jäger, Tania die Gejagte.

Obwohl Ting Tootoo oft fluchend aus seinem eigenen Revier vertrieben hatte, brachte es Tootoo doch fertig, die dumme Feldmaus zu erlegen, als der Alte, wie er wußte, im Haus schlief. Er schlug eben, so gut er konnte, aus seiner Intelligenz Kapital.

«Sie haben irgend etwas aufgespürt», sagte Charles, als sie eines Tages im Garten Tee tranken. «Schau hin!»

Zwei Paar spitze Ohren lugten hinter einem Grasbüschel hervor, deutlich zu erkennen gegen die gelben und rosa Lupinen. Welch reizvoller Anblick! dachte Charles. Plötzlich verschwand ein Ohrenpaar, und auf der Böschung hörte man ein feines Quieken.

«Nimm es ihnen doch weg!» sagte Mary rasch. «Es ist eine Maus, und ich kann es nicht leiden, wenn sie etwas umbringen.»

Charles kletterte die Böschung hinauf. Diesen Weg hatte er schon oft auf Marys eindringliche Bitten hin zurückgelegt, aber nur, um jedesmal das Wesen, das er hatte retten sollen, schon halb verschlungen zu finden – gewöhnlich von Tootoo. Doch diesesmal hatte Tania den Mord begangen – oder eigentlich den Mordversuch, denn der Maulwurf, den sie aus dem Schlaf aufgestört hatte, knurrte sie mit wütend gebleckten Zähnen und gesträubtem Fell an. Das war nicht die Art und Weise, wie er geweckt zu werden wünschte. Er mußte Tania bereits einen bösen Schlag mit seinen langen Klauen auf die Nase versetzt haben, denn sie blutete. Charles hob den Maulwurf hoch und setzte ihn vorsichtig über die Hecke auf einen seiner Hügel, in den er sich auf der Stelle mit erstaunlicher Kraft und Schnelligkeit hineinwühlte. Dann nahm Charles Tania und Tootoo unter den Arm und trug sie zum Rasen zurück.

«Ein Maulwurf», erklärte er. «Das war zuviel für sie.»

«Ist er tot?»

«Nicht im mindesten. Da – putz Tanias Nase ab.»

Ihrer rechtmäßigen Unterhaltung beraubt, gerade jetzt, da Ting unter dem Rasenmäher schlief, saßen beide Katzen schmollend da. Schließlich machten sie sich auf zu untersuchen, was ihnen der Werkzeugschuppen alles bot.

«Ich habe gestern Tanias Stammbaum studiert», sagte Mary. «Sie ist heute neuneinhalb Monate alt. Es kann also jeden Augenblick soweit sein. Und wie steht es mit Tootoo?»

«Er ist noch zu jung.»

«Was soll das heißen: daß er noch zu jung ist?»

«Ich glaube nicht, daß er schon völlig seinen Lebensaufgaben gewachsen ist, meine Liebe. Ich meine, daß ein älterer Kater einen besseren Vater für Tanias Kinder abgibt.»

«Aber ich hätte Tootoo gern als Vater. Dann bliebe alles in der Familie.»

Charles setzte einen so fachmännischen Gesichtsausdruck auf, als ob er sein Leben lang im Züchterverband gewesen wäre: «Der Kater sollte wenigstens ein Jahr älter sein als die Katze.»

«Und wieviel älter ist Tootoo?»

«Vielleicht sechs oder sieben Wochen.»

«Aber um genausoviel bist du älter als ich, und an Sandra und Nicholas ist alles in Ordnung.»

«Ich wäre dir sehr dankbar, wenn du mich nicht gerade mit einem Zuchtkater vergleichen wolltest.»

Einen Augenblick lang war das Schweigen fast beängstigend.

«Ach, Charles, kann Tootoo wirklich nicht der Vater werden? Ich bin sicher, er wäre es gern.»

Charles zündete seine Pfeife an. «Es wäre ein grober Fehler – ganz sicher. Drüben in Longshore wohnt eine Frau, die Siamkatzen züchtet, nicht wahr?»

«Meinst du Miss Firth-Albany?»

«Ja, genau. Vor zwei Jahren hat sie in London einen ersten Preis gewonnen. Wie heißt doch ihr Kater? Wir haben ihn auf der Ausstellung gesehen.»

«Er hieß The Noble Savage – der Edle Barbar.»

Was konnte sie nun tun, fragte sich Mary, um Tania alle edlen Barbaren vom Leib zu halten? Der Name klang zwar romantisch – aber warum sollte man Tania mit einem wildfremden Kater verkuppeln? Gewiß, in Frankreich wurden die Ehen von den Eltern vereinbart, aber hier war man in England. Wenn man einen Tootoo im Haus hatte, der so anmaßend mit dem Schwanz um sich schlug und mit dem Schnurrbart wippte, waren solche Umstände völlig überflüssig – ganz abgesehen von der zusätzlichen Ausgabe. Immerhin, die Sache war noch nicht ganz soweit: Noch war es Zeit, etwas auszudenken für den Fall, daß Charles unnachgiebig bleiben sollte.

Doch nicht viel Zeit. Den ganzen nächsten Tag verbrachte Tania im Garten. Zum Fressen kam sie ins Haus, aber sie schnupperte nur daran und ging geradewegs wieder zu ihrem Lieblingsplätzchen: der Buschhecke um den alten Brunnen. Irgend etwas lag ihr im Sinn, und sie verspürte keinen Hunger.

Charles erinnerte sich nachher daran, daß auch er, als er ein Auge auf jenes fünfzehnjährige rothaarige Mädchen gehabt hatte, nichts essen wollte. Allen bringt das Leben ähnliche Probleme.

An diesem Abend saßen Charles und Mary im Salon, als ihnen Tania die Nachricht überbrachte, daß sie endgültig der Liebe verfallen war. In der Ankündigung war nichts von Geziertheit und Befangenheit. Aus dem kleinen Wohnzimmer nebenan kam ein kräftiger, deutlicher Schrei, und dieser Laut war tief und bedeutungsvoll. Ting sah Thai schläfrig und gelangweilt an. Er war zuhöchst desinteressiert.

«Sie ist soweit», sagte Mary.

«Wo ist Tootoo?» – «Draußen.»

«Dann laß ihn draußen.»

Wieder kam der lange Schrei aus dem anderen Zimmer. Charles und Mary standen auf und gingen hinüber. Tania, die ausnehmend schön anzusehen war, wälzte sich, außer sich vor Sehnsucht, auf dem Teppich vor dem Kamin. Sie hörte auf, als sie Charles und Mary hereinkommen sah, und stieß wieder einen Schrei aus, der über die Straße weg und noch weit übers Feld zu hören sein mußte.

«Da gibt's keinen Zweifel mehr», sagte Mary. «Was willst du nun tun?»

Charles bückte sich und streichelte Tanias Ohren, was sie für den Augenblick beruhigte.

«Die Geburt der Liebe ist etwas Wunderbares», sagte er belehrend, denn im Innersten war er reichlich gefühlvoll. Tania schrie dreimal laut auf, als ob sie zustimmen wollte, und Charles fügte hinzu: «Wir fühlen das gleiche wie sie.»

«Nur hat uns die menschliche Gesittung gelehrt, unsere Gefühle zu beherrschen», stellte Mary nachdrücklich fest.

«Ich bin nicht sicher, daß es so ist. Tania hat nur gesagt, daß sie einen Mann möchte, und das macht keinen großen Unterschied gegenüber einem Backfisch, der eben in die Gesellschaft eingeführt worden ist.»

«Nur daß die Debütantin keinen solchen Lärm macht.»

«Ich weiß nicht, ob du ganz recht hast», sagte Charles.

Draußen war noch heller Tag, und Mary sah zum Fenster hinaus. «Aha, Verehrer sind zu Besuch gekommen.»

Charles blickte in dieselbe Richtung. Auf dem Zaun sah er zwei Katzen sitzen, eine graue und eine getigerte, und unter ihnen am Straßenrand stand ein gewaltiger Mausekater mit einem verkrüppelten Ohr.

«Das entscheidet alles», sagte Charles. «Du mußt Tania in den Werkzeugschuppen sperren. Dort ist es halbwegs warm, wenn du ihr eine Decke gibst.»

Mary hob den zuckenden kleinen Körper auf und drückte ihn an die Brust. Unter sanften, liebevollen Worten trug sie Tania hinaus.

Der Werkzeugschuppen war ein langes, schwarzgestrichenes, hölzernes Gebäude. Aus einigen trockenen Säcken, über die sie eine Wolldecke legte, bereitete Mary ein Lager. Das seit langem zerbrochene Fenster war mit einem Fliegengitter bespannt, um die

Vögel von dem Kasten mit Hühnerfutter fernzuhalten. Mary legte Tania auf die Decke und ging zum Fenster. Das Gitter war, wie sie feststellte, mit schwachen Krampen am Fensterrahmen befestigt. Mary zog eine davon mühelos mit den Fingern heraus, und das Gitter rollte sich nach innen zu ein Stück auf, so daß ein kleiner Durchschlupf entstand. Mary nahm einen Hammer aus dem Regal, und mit ein paar schwachen Schlägen trieb sie die Krampe so weit ins Holz, daß sie das Gitter wieder hielt.

«Liebe», sagte sie vor sich hin, «Liebe – tap – findet – tap – immer – tap – einen Weg – tap.» Ihr Plan war fertig. Das Spiel konnte beginnen.

Sie fand Charles vor dem Telefon sich durchs Verzeichnis buchstabierend.

«Wen willst du anrufen?»

«Miss Firth-Albany.»

«Sie ist eine sehr zimperliche Dame. Geh also nicht allzusehr ins Detail.»

Endlich fand er den Namen, und als er den Hörer abhob, starrten ihn die drei Kater von der anderen Straßenseite her unverschämt an. Er verlangte die Nummer.

«Hast du etwas dagegen, wenn ich am oberen Apparat mithöre? Ich möchte gern wissen, was sie sagt.»

«Meinetwegen.»

Einen Augenblick später sagte eine Stimme: «Bitte sehr. Hier ist die Villa Miss Firth-Albany. Miss Firth-Albany persönlich – bitte schön?»

«Guten Abend, ich bin Mister Charles Warren, ich wohne in Weet.»

«Ja?»

«Ich glaube, wir haben uns einmal auf einer Siamkatzen-Ausstellung kennengelernt.»

«Wirklich? Ich kann mich nicht erinnern.»

«Doch, doch. Es ist einige Zeit her. Sie haben damals eine Katze ausgestellt, die, soviel ich mich erinnere, der Edle Barbar hieß. Das stimmt doch?»

Er konnte hören, wie Mary im ersten Stock den Hörer abhob.

«Das ist sehr wohl möglich, Mister Warren, sehr wohl möglich.»

«Besitzen Sie ihn noch?»

«Gewiß, er ist mein erstes Zuchttier.»

«Sehr gut. Ich habe nämlich eine Katze, die Tania heißt, und sie möchte ich gern mit Ihrem Edlen Barbaren verheiraten. Läßt sich das bewerkstelligen?»

«O gewiß, warum nicht?»

«Wie hoch ist die Gebühr, Miss Firth-Albany?»

«Ich nehme zwei Guineen.»

«Einverstanden. Lassen Sie mich überlegen: Heute ist Donnerstag, das stimmt doch? Ja. Angenommen, ich brächte Tania am Samstag vormittag – kann ich sie dann am Samstag abend wieder abholen?»

Es entstand eine kurze Pause.

«Glauben Sie», fragte Miss Firth-Albany, «daß Sie Tania am Samstag herbringen und sie am Montag wieder abholen können?»

Charles überlegte einen Augenblick, bevor er antwortete, weil er nicht wußte, was er sich für Montag, außer zu arbeiten, noch vorgenommen hatte. Schließlich sagte er: «Montag? Ja, ich glaube, das geht schon.»

«Ach, noch eine ganz wichtige Sache, Mister Warren: Schreit Ihre Katze?»

«Ob sie schreit? Sie schreit wie der Teufel. Ich kann sie hier hören, obwohl sie draußen im Werkzeugschuppen ist.»

«Dann erwarte ich Sie also am Samstag, und Sie werden Tania am Montag wieder abholen. Ist es so recht?»

«Ja, es ist gut so. Aber, um alles in der Welt, warum soll sie bis Montag bei Ihnen bleiben?»

Wieder entstand eine Pause, und am anderen Ende der Leitung war ein tiefes Atmen zu vernehmen. Charles gewann den Eindruck, daß ihm eine Eröffnung von unerhörter Bedeutung bevorstand. Und so geschah es.

»Nun, Sie wissen doch, Mister Warren», sagte Miss Firth-Albany, «Siamkatzen müssen sich kennenlernen.» Nochmals eine Pause – «Sie sind nicht wie Menschen.»

Als sich Charles verabschiedete und den Hörer auflegte, kam Mary ins Zimmer gestürzt.

«Das», sagte sie, «ist das vernichtendste Urteil über den Menschen, das ich je gehört habe.»

Freitag – und in Mary Warrens Leben ein besonders bedeutsamer Tag. Sie begriff das augenblicklich, sowie sie von den Sonnenstrahlen aufgeweckt wurde, die durch die Jalousie fielen. Charles schlief noch. So hatte Mary Zeit und Ruhe, ihren Feldzug noch einmal zu überdenken und ihn auf irgendwelche schwachen Stellen hin zu prüfen.

Das Glück kam ihr zu Hilfe. Fünf vor acht läutete der Apparat zwischen den Betten und Rosemary Ponsonby lud sie zum Mittagessen ein.

«Meinst du heute, Rosemary?»

«Ja, heute. Zwischen eins und Viertel zwei.»

Das alles war ja sehr zufriedenstellend, dachte Mary. Rosemarys Mittagessen dauerten immer bis weit in den Nachmittag hinein. Aber noch war verschiedenes einzukalkulieren.

Während des ganzen Vormittags behielt Mary die Uhr im Auge. Sie fütterte die drei Kater und brachte Tania etwas Fisch in den Schuppen, die aber nur ein bißchen daran knabberte und im übrigen ihr Fressen stehenließ. Als Mary die Schuppentür wieder abschloß, begann Tania winselnd zu miauen.

«Schsch, Liebling», sagte Mary durch das Fliegengitter. «Es ist schon alles in Ordnung.»

Tootoo dagegen hatte nicht den Eindruck, daß alles in Ordnung wäre. Er saß hoch oben auf dem Brunnendeckel, von wo ihn nichts und niemand vertreiben konnte.

«Sei kein Frosch», sagte er. «Mach die Tür auf!»

«Was hast du gesagt?»

«Ich habe gesagt, du sollst kein Frosch sein und die Tür aufmachen. Ich bin verrückt nach ihr – ich sterbe gleich.»

«Ein guter Liebhaber muß warten lernen», belehrte ihn Mary, bevor sie ins Haus zurückging.

Zehn nach zwölf führte sie ihren nächsten Schachzug aus.

Sie rannte zum Werkzeugschuppen. Tania kreischte, und Tootoo saß noch immer glasigen Blicks auf dem Brunnendach.

Mary drückte so lang vorsichtig gegen das Drahtgeflecht, bis sie die gelockerte Krampe innen auf den Betonfußboden fallen hörte. Das Gitter sprang zurück, rollte sich etwas auf und gab so eine spannbreite Lücke frei. Mary drehte sich um und betrachtete Tootoo, der aus seinem Liebestraum aufgewacht war und seine Hinterbeine putzte.

«Viel Glück und alles Gute!» sagte sie.

Tootoo brauchte weiter keine Ermunterung. Mit einem Satz war er auf dem Fenstersims, und ein leiser Liebesruf Tanias hieß ihn willkommen. Mary sah zu, wie sein Schwanz hinter dem Gitter verschwand, und ging dann ins Haus, um ihren Hut aufzusetzen.

Pünktlich zwanzig Minuten vor eins stieg sie vor dem Haus zu ihrem Mann ins Auto, um zu den Ponsonbys zu fahren.

Nach dem Mittagessen blieben die Herren im Speisezimmer bei einem Glas Portwein. Als sie in den Salon zurückkamen, sah Mary auf die Uhr: Es war drei Viertel drei. Von Viertel eins bis drei Viertel drei – das waren zweieinhalb Stunden.

«Ihr geht jetzt aber noch nicht heim, Mary», sagte Rosemary. «Das Gespräch ist so anregend.» Sie lud mit einer Handbewegung ein, und die Herren setzten sich.

Mary verfolgte den Lauf der Minuten durch heimliche Blicke auf ihre Armbanduhr. Es war inzwischen halb fünf geworden, als ein Dienstmädchen den Tee zu servieren begann. Aus dem Tee wurden unversehens Cocktails, und als sie endlich aufbrachen, war es zehn vor acht.

«Ein bezaubernder Nachmittag», sagte Charles auf der Heimfahrt.

Mary lockte ihn mit der Ausrede durch die Vordertür ins Haus, daß die Heizung höhergestellt werden müßte.

«Ich will nur noch rasch einen Blick zu Tania hineinwerfen», sagte sie beiläufig.

Obgleich sie alles andere als eine Schauspielerin war, mußte sie es in diesem Augenblick sein. Sie stand vor dem Fenster des Werkzeugschuppens, während sie die passenden Gesichtszüge aufsetzte. Dann rannte sie ins Haus zurück.

«Charles», rief sie aufgeregt, «eine gräßliche Sache ist passiert.»

Sie überlegte, ob sie mit der Hand nach ihrer Kehle greifen sollte, aber sie entschied sich, es nicht zu tun. «Tootoo ist bei Tania im Schuppen.»

«Was?» schrie Charles. «Wie ist er hineingekommen?»

«Er hat sich mit Gewalt unter dem Fliegengitter durchgezwängt – mit Gewalt – das Biest!»

«Wo ist er jetzt? Ich meine...»

«Oben auf dem Regal, so daß sie nicht zu ihm kann.»

«Dann glaubst du also...»

«Für mich gibt es keinen Zweifel. Überhaupt keinen. Du brauchst ihn nur anzusehen.»

«Und was ist mit ihr?»

«Ach, sie sieht sehr glücklich aus. O Liebster, es ist die scheuß-
lichste Sache, die passieren konnte. Nach all der Mühe, die du dir
gemacht hast, Miss Firth-Albany anzurufen! Wirklich, ich könnte
nicht wütender sein.» Sie gab ihrem Gesicht einen zornigen Ausdruck, obgleich es ihr schwerfiel. Sie kam sich wie eine Laienschau-
spielerin in der Rolle der Lady Macbeth vor.

Charles' Gedanken griffen nach einem Strohhalm: «Vielleicht ist
er erst in diesem Augenblick hineingekommen?»

«Nein ... nein, bestimmt nicht. Er muß drinnen sein, seit wir
weggefahren sind, und das war zwanzig vor eins. Jetzt ist es Viertel
neun. Weißt du, er hat sie sicher rufen hören, und als wir ins Auto
stiegen, hat sie tatsächlich gerufen. Ich habe es gehört.»

«Was soll ich dann mit Miss Firth-Albany anfangen?»

«Ich würde sie anrufen und ihr sagen, daß etwas passiert ist.»

«Das kann ich nicht. Ich kenne sie nicht genug.»

«Aber wir haben doch keine Veranlassung, zwei Guineen hinaus-
zuwerfen. Oder etwa doch?»

«Gehen wir erst einmal hinaus und sehen wir nach ihnen!»

Sie fanden Tania schnurrend und zusammengerollt auf ihrer
Decke. Tootoo saß noch immer oben auf dem Regal, flankiert von
zwei Blumentöpfen auf beiden Seiten. Mary hatte den Eindruck, er
lächelte ihr zu.

«Es ist zum Tollwerden, nach all der Mühe», polterte Charles.
«Einfach zum Verrücktwerden.»

«Ich verstehe dich nur zu gut», sagte Mary, die sich wie eine
Anfängerin auf der Bühne aufführte. «Böser Tootoo – ganz böser!»

«Aber wie kam er durchs Fenster?» Charles untersuchte die
Lücke im Drahtgeflecht.

«Sicher war das Ding locker – diese Krampe, die das Drahtgeflecht gehalten hat», sagte Mary. «Schau doch: Da liegt sie auf dem
Boden.»

«Ja, so ist das also», seufzte Charles.

Mary war sehr erleichtert, daß Charles sich in solch erstaunlich
guter Haltung mit dem Schicksal abfand. Als sie die Schuppentür
zumachte, glaubte sie, Tootoo reden zu hören. Sie war nicht ganz
sicher, aber sie dachte doch, daß er «Danke, Mami, bist eine Mords-
frau» gesagt hätte.

Hilaire Belloc

Gespräch mit einer Katze

Ich kam neulich in den Speisesaal, setzte mich mit meinem Glas Bier
an einen kleinen Tisch und meditierte über die notwendige, aber
tragische Einsamkeit der menschlichen Seele. Ich begann meine
Betrachtung, mich mit der Wahrheit tröstend, daß etwas Gemeinsames durch die ganze Natur gehe, stellte aber dann fest, daß
dadurch das Eis immer noch nicht gebrochen werde und daß dem
Herzen ein wenig mehr not tue. Ich hätte in weiterer Nachforschung noch ein drittes, weniger abgenutztes Glied der Gleichung
finden können – als auf einmal das Fatum, oder ein günstiger
Einfluß und Zufall, oder der Ozean und mein guter Stern mir eine
lohfarbige, seidene, langhaarige Katze sandte.

Wenn es wahr ist, daß jedes Volk die Katzen hat, die es verdient,
dann verdienen die Engländer allerhand in Katzen, denn nirgends
gibt es so wohlgediehene und freundliche in der ganzen Welt. Aber
selbst für eine englische Katze war diese Katze außergewöhnlich
freundlich und fein – insbesondere freundlich. Sie sprang mit einem
graziösen Satz auf meinen Schoß, nistete sich dort ein, streckte
gewinnend die rechte Vorderpfote aus, um meinen Arm sozusagen
«sich vorstellend» zu berühren, öffnete auf mich ein Auge von
strahlender, aber unschuldiger Zuneigung und lächelte dann ein
geheimnisvolles Lächeln der Billigung.

Kein Mann ist so scheu, um nach solch einer Annäherung nicht
irgendeine Erwiderung zu wagen. So auch ich. Ich nahm mir sogar
die Freiheit, Amathea (denn mit diesem Namen quittierte ich die
Vision) zu streicheln, und wenn ich's auch in respektvollster Weise
tat, nach den besten Mustern vom Umgang mit Fremden, so lieh ich
der Sache doch bald eine gewisse Wärme, denn ich war gerührt, zu
finden, daß ich einen Freund besaß; jawohl, selbst hier am Ende der

Untergrund, in London SW 99. Ich ging nun (wie es allein richtig ist) von der Liebkosung zur Sprache über und sagte: «Amathea, du schönste aller Katzen, warum hast du geruht, gerade mich für soviel Gnade auszuerwählen? Hast du erkannt in mir einen Freund von allem, was atmet, oder selber unter Einsamkeit gelitten (wiewohl ich annehme, daß du deinem eignen teuern Heim nah bist), oder ist das Mitleid in den Herzen der Tiere, wie es in den Herzen einiger Menschen sich findet? Oder bin ich töricht zu fragen, statt lieber zu nehmen, was da Gutes zu mir, in welcher Weise immer, von den Göttern kommt?»

Auf diese Frage antwortete Amathea mit einem lauten Schnurren, wobei sie mit geschlossenen Augen der Ekstase ihr Entzücken über die Begegnung ausdrückte.

«Ich fühle mich mehr als geschmeichelt, Amathea», gab ich zur Antwort, «ich fühle mich getröstet. Ich wußte nicht, daß es in der Welt irgendein Atmendes, Bewegliches gebe (nicht zu reden von so lohfarbiger Vollkommenheit), das Kameradschaft um ihrer selbst willen schenkt und mit tiefer Einfühlung sich einen Freund erwählt aus aller lebenden Kreatur. Wenn du nicht mit Worten dich an mich wendest, so weiß ich den Grund und preise ihn; denn in den Worten liegt die Saat aller Zwietracht, und Liebe am tiefsten ist stumm. Wenigstens habe ich das in einem Buch gelesen, Amathea; wirklich, erst vorgestern. Doch ich gestehe, daß das Buch mir nichts von jenen Gebärden sprach, die besser sind als Worte, noch von jener Liebkosung, die ich fortfahre an dich zu wenden mit all der Dankbarkeit meines armen Herzens.»

Auf dieses gab Amathea eine leise Geste der Bestätigung – ohne Hochmut –, indem sie ihr Haupt ein wenig hin und her bewegte und es dann in tiefer Zufriedenheit auf die Pfoten sinken ließ.

«O schönbehaarte Amathea, viele haben dich gepriesen, bevor du mich hier dich preisen fandest, und noch viele werden dich preisen, manche in deiner eignen Zunge, wenn ich nicht mehr im Banne deiner Gegenwart weilen werde. Aber niemand wird dich aufrichtiger preisen. Denn es gibt keinen lebenden Menschen, der besser als ich wüßte, daß die vier Reize einer Katze in ihren geschlossenen Augen liegen, in ihrem langbehaarten Fell, ihrem Schweigen und sogar in ihrer geheuchelten Liebe.»

Doch bei dem Wort «geheuchelten» erhob Amathea ihr Haupt, sah mich sanft an, streckte ihre Pfote nochmals aus, meinen Arm zu berühren, und ließ sich dann wieder zu einer schnurrenden Glückseligkeit nieder.

«*Du* bist sicher», sprach ich schwermütig. «Sterblichkeit liegt nicht vor dir. In deinem Wohlbehagen gibt es kein Vorauswissen, weder von Tod noch Trennung. Und aus diesem Grund, Katze, begrüße ich dich um so mehr. Denn wenn euresgleichen diese Ruhe im gewöhnlichen Leben gegeben ward, nun, dann mögen wir Menschen sie auch finden in Befolgung deines Beispiels, indem wir nicht zuviel hinschauen auf das, was kommen mag, und nicht zuviel denken an das, was gewesen ist und nie wiederkehrt. Und auch dafür danke ich dir, Amathea, meine süße Euplokamos (denn ich begann ein wenig familiär zu werden dank einer Bekanntschaft von vollen fünf Minuten und der Abwesenheit alles Sträubens), daß du mich erinnert hast an meine Jugend und sie mir in einer schattenhaften, einer flüchtigen Art wiedergegeben hast. Denn es gibt ein Lebensalter, ein gesegnetes, jugendvolles Alter (o meine Katze) sogar bei der jämmerlichen Rasse der Menschen, wenn alle Dinge zusammenklingen mit dem Leben des Leibes, wo der Schlaf regelmäßig, lang und tief ist, wo Feindschaften entweder unbekannt sind oder lustvoll und das ganze Sein eingehüllt im Schoß der Hoffnung ruht, so wie du jetzt auf meinem Schoß ruhst, Amathea. Ja, auch wir, vom gerichteten Geschlecht, wissen von Frieden. Doch während du ihn besitzest von blindem Kätzchentum an bis zu jenem letzten dunklen Tag, der euch so barmherzig schnell vergeht, haben wir ihn nur für eine sehr kleine Weile. Doch ich will dich nicht betrüben mit sterblicher Klage. Wirklich, das wäre Verrat und schlimmer Lohn für deine Güte. Wie! Wenn du mich erwählt hast aus sieben Londoner Millionen als den, dem du sanfte Tröstung des Herzens erweisest, wenn du dich so plötzlich erklärt hast, mein Liebling zu sein – sollte ich nun dafür dich einführen in die Leiden der Wesen, von denen du nichts weißt, außer daß sie dich füttern, dich beherbergen und an dir vorübergehen? Du wenigstens hältst uns nicht für Götter, wie die Hunde tun, und um so mehr bin ich dir demütig verpflichtet für diese Anerkennung – und für ein wenig mehr.»

Amathea erhob sich langsam auf ihre vier Pfoten, wölbte den Rücken, gähnte, schaute zu mir auf mit einem Lächeln süßer als je und schlich dann rund und rund, sich ein neues Lager auf meinem Schoß bereitend, wo sie sich endlich niederließ und weiter zu schnurren begann in geborgenem Entzücken.

Schon war ich gewiß, daß eine tiefgehende, verankerte Zuneigung bei mir gelandet sei aus der Leere und Nichtigkeit der Welt und hinfort meine Seele nähren würde; schon hatte sich mir die Schwermut langer Jahre verwandelt, so daß ich eine Bekehrung zu dem Leben der Dinge fühlte, eine Wertschätzung, eine Bruderschaft mit dem erschaffenden Licht – und all das durch ein einziges Bindeglied liebender Freundlichkeit –, als jetzt, «was es auch sein mag, das den Freudenkelch von sterblichen Lippen stößt» (stammt von Tupper) sich regte und ihn gut und kräftig fortriß. Es war der alte Feind, der den verhängnisvollen Spruch in mein Herz legte, denn wir sind Spielzeug höherer Mächte, und sicherlich sind einige von ihnen böse.

«Du wirst mich nie verlassen, Amathea», sagte ich, «ich will deinen Schlaf achten, und wir wollen hier zusammensitzen durch alle ungemessene Zeit – ich, dich in meinen Armen, und du, träumend von den Feldern des Paradieses. Auch soll uns nie irgend etwas trennen, Amathea: du bist meine Katze und ich bin dein Mensch. Jetzt und weiter bis in die Fülle des Friedens.»

Da geschah es, daß Amathea sich noch einmal erhob und mit weicher, diskreter, gewichtsloser Bewegung der vollkommenen Glieder leicht auf den Boden sprang, so lieblich wie eine Welle. Sie schritt langsam von mir fort, ohne auch nur zurück über die Schulter zu blicken; sie hatte was andres im Sinne; und als sie nun so graziös und majestätisch sich der Tür näherte, da rief ein kurzer, unangenehmer Mann, der an der Theke stand: «Puß, Puß, Puß!» und bückte sich, sie sanft hinterm Ohr zu krauen. Mit welcher Fülle einzigartiger Zuneigung, rein und tief, blickte sie doch jetzt auf ihn und rieb sich dann gegen sein Bein als Pfand und äußeres Zeichen einer geweihten Freundschaft, die nie vergehen konnte!

Doris Lessing

Eine alte Frau und ihre Katze

Sie hieß Hetty, und geboren wurde sie mit dem zwanzigsten Jahrhundert. Sie war siebzig, als sie an Kälte und Unterernährung starb.
Sie war lange Zeit allein gewesen, da ihr Mann in einem schlimmen
Winter bald nach dem Zweiten Weltkrieg an Lungenentzündung
gestorben war. Er war erst mittleren Alters gewesen. Jetzt waren
ihre vier Kinder mittleren Alters, mit erwachsenen Kindern. Von
diesen Nachkommen schickte ihr einzig eine Tochter Weihnachts-
karten, ansonsten aber existierte sie nicht für sie. Denn sie waren alle
anständige Leute, mit Häusern, guten Jobs und Autos. Und Hetty
war nicht anständig. Sie ist immer ein bißchen seltsam gewesen,
sagten ihre Angehörigen, wenn sie sie überhaupt erwähnten.

Als Fred Pennefather, ihr Mann, noch lebte und die Kinder gerade
heranwuchsen, wohnten sie alle viel zu beengt und unbe-
quem in einer stadteigenen Mietwohnung in der Gegend von London, die wie eine Meeresbucht ist, mit einer Flut von Menschen, die
ankommen und fortgehen: Sie wohnten keine halbe Meile von den
großen Bahnhöfen Euston, St. Pancras und King's Cross entfernt.
Die Wohnblöcke waren die ersten in diesem Stadtteil; grimmig,
grau, gräßlich ragten sie zwischen den vielen Morgen mit Häuschen
und Gärten empor, die alle bald zerstört werden sollten, damit
weitere große Blöcke sie ersetzen könnten. Die Pennefathers waren
ordentliche Leute, die ihre Miete bezahlten, sich frei von Schulden
hielten; er war Bauarbeiter, «solide» und stolz darauf. Nichts deutete damals auf Hettys künftiges Abweichen vom Normalen hin,
außer daß sie sehr oft für ein Stündchen zu den Bahnsteigen hinun-
terhuschte, wo die Lokomotiven einfuhren und wieder hinaus-
dampften. Sie möge halt den Geruch von alledem, sagte sie. Sie hatte
es gern, die Menschen herumlaufen zu sehen, «ihr Kommen und

Gehen aus all den fremden Orten». Sie meinte damit Schottland, Irland und Nordengland. Diese Ausflüge mitten hinein in den Lärm, in den Rauch, in die Massen herumschwirrender Menschen, waren eine Droge für sie wie für andere das Trinken oder das Glücksspiel. Ihr Mann zog sie damit auf, nannte sie eine Zigeunerin. Sie war tatsächlich zum Teil Zigeunerin, denn ihre Mutter war eine gewesen, allerdings hatte sie es vorgezogen, ihr Volk zu verlassen und einen Mann zu heiraten, der ein Haus bewohnte. Fred Pennefather hatte seine Frau gern, weil sie anders war als die Durchschnittsfrauen, die er kannte, und er hatte sie deswegen geheiratet; ihre Kinder aber fürchteten, ihr Zigeunerblut könne sich auf schlimmere Art und Weise zeigen als darin, ständig Bahnhöfe aufzusuchen. Sie war eine große Frau mit einer Fülle von glänzendem schwarzem Haar, einer Haut, die leicht bräunte, und dunklen, zwingenden Augen. Sie trug leuchtende Farben, genoß hitzige Temperamentsausbrüche und plötzliche Versöhnungen. In ihrer Blütezeit zog sie die Aufmerksamkeit auf sich, war stolz und schön. Das alles machte es unausweichlich, daß die Leute aus der Gegend dort von ihr als «dieser Zigeunerin» sprachen. Wenn sie sie so reden hörte, schrie sie zurück, daß sie deshalb doch um nichts schlechter sei.

Nachdem ihr Mann gestorben war, die Kinder sich verheiratet hatten und fortgezogen waren, quartierte die Stadtbehörde sie in eine kleinere Wohnung in demselben Gebäude um. Sie bekam eine Stelle als Lebensmittelverkäuferin in einem Laden in ihrer Gegend, aber langweilte sich dabei. Es scheint traditionelle Beschäftigungen für Frauen mittleren Alters zu geben, die allein leben, nachdem der geschäftige, mit Verantwortung verbundene Teil des Lebens vorüber ist. Trinken. Glücksspiele. Die Suche nach einem neuen Ehemann. Ein oder zwei wehmütige Affären. Das wär's in etwa. Hetty machte eine Zeit durch, in der sie alle diese Beschäftigungen ausprobierte, als wären es Hobbys, wurde ihrer jedoch überdrüssig. Während sie noch ihren geringen Verdienst als Verkäuferin hatte, begann sie einen Handel mit dem An- und Verkauf von getragenen Kleidern. Sie hatte kein eigenes Geschäft, sondern kaufte oder erbettelte sich die Kleider in den Haushalten und verkaufte sie an Trödelstände und Gebrauchtwarenläden. Sie tat das mit Begeisterung. Es war eine Leidenschaft. Sie gab ihren anständigen Beruf auf und vergaß völlig ihre Vorliebe für Züge und Reisende. Ihr Zimmer war immer voll mit leuchtenden Stoffresten, einem Kleid, dessen Muster sie mochte und das sie nicht verkaufen wollte, Bändern mit Perlenstickereien, alten Pelzen, Stickereien, Spitzen. Unter den Bewohnern der Mietwohnungen gab es Straßenhändler, aber etwas in der Art, wie Hetty den Handel betrieb, ließ sie ihre Freunde verlieren. Nachbarn, die sie zwanzig oder dreißig Jahre lang gekannt hatten, sagten, sie sei sonderbar geworden, und wollten sie nicht mehr kennen. Aber das machte ihr nichts aus. Sie hatte selbst zuviel Vergnügen dabei, besonders wenn sie mit ihrem alten Kinderwagen durch die Straßen fuhr; in ihn stopfte sie hinein, was sie gerade kaufte oder verkaufte. Sie mochte es, mit den Wohnungsbesitzern zu plaudern, zu feilschen, ihnen etwas abzuschwatzen. Aber gerade das war es, wogegen – und sie wußte das natürlich genau – die Nachbarn etwas hatten. Mit so was fing es an. Das war Bettelei. Anständige Menschen bettelten nicht. Sie war nicht mehr anständig.

Da sie sich in ihrer winzigen Wohnung einsam fühlte, war sie dort so wenig wie möglich, immer zog sie die lebhaften Straßen vor. Aber sie mußte schließlich auch eine Zeit in ihrem Zimmer verbringen, und eines Tages entdeckte sie in einem dreckigen Winkel ein Kätzchen, verloren und zitternd, und nahm es mit nach Hause zu den Wohnblöcken. Sie wohnte im fünften Stock. Das Kätzchen wurde zu einem großen starken Kater, der durch das Labyrinth von Treppen, Aufzügen und vielen Dutzenden von Wohnungen herumstreunte, als wäre das Gebäude eine Stadt. Das Halten von Haustieren wurde nicht nachdrücklich von den Behörden verfolgt, sondern bloß verboten und schließlich toleriert. Hettys Leben wurde mit der Ankunft des Katers geselliger, denn das Tier schloß ständig Freundschaft mit irgend jemandem von der «Klippe», dem Wohnblock auf der gegenüberliegenden Seite des Hofes, oder er kam nächtelang nicht nach Hause, so daß sie ihn suchen und an den Türen klopfen und Nachforschungen anstellen mußte, oder er kam, von Fußtritten verletzt und hinkend nach Hause, oder blutend, nach einem Kampf mit seinesgleichen. Sie machte denen, die die Katze traten, oder den Besitzern der feindlichen Katzen Szenen, sie tauschte das Katzeneinmaleins mit Katzennarren aus und mußte ständig ihren armen Tibby verbinden und pflegen. Der Kater war bald ein Krieger mit Narben, Flöhen, einem eingerissenen Ohr und struppigem Aussehen. Sein Fell war mehrfarbig, und seine Augen waren klein und gelb. Er rangierte weit unten auf der Skala, weit entfernt von den edelfarbenen, elegant gewachsenen Katzen mit

Stammbaum. Aber er war unabhängig und fing sich häufig Tauben, wenn er die Büchsennahrung für Katzen oder das Brot mit etwas Bratensaft nicht mehr ertragen konnte, womit Hetty ihn fütterte, und er schnurrte und schmiegte sich an sie, wenn sie gelegentlich unter Einsamkeit litt und ihn an ihre Brust riß. Dies geschah immer seltener. Als sie sich einmal klargemacht hatte, daß ihre Kinder hofften, sie werde sie in Ruhe lassen, weil die alte Lumpenhändlerin ihnen peinlich war, nahm sie es hin, und Bitterkeit, in der immer grimmiger Humor mitklang, wallte nur zu Zeiten wie Weihnachten auf. Sie sang oder rezitierte dem Kater vor: «Du ungehorsames altes Tier, dreckiger alter Kater, niemand mag dich, nicht wahr, Tibby? Nein, du bist bloß ein Straßenkater, bloß eine alte Raubkatze, hey, Tibs, Tibs, Tibs.»

Das Gebäude wimmelte von Katzen. Es gab sogar einige Hunde. Sie alle kämpften miteinander auf den grauen Zementkorridoren. Dort lag manchmal Hunde- und Katzendreck, den zwar irgendeiner aufkehren mußte, der aber tage- und wochenlang liegenbleiben konnte, da dies zu den nachbarlichen Kriegen und Fehden gehörte. Es gab viele Beschwerden. Schließlich kam ein Beamter vom Gemeinderat, um mitzuteilen, daß die Richtlinien über das Halten von Tieren verschärft werden sollten. Hetty, wie die anderen, müsse ihren Kater töten lassen. Diese kritische Wende traf mit einer für sie schweren Zeit zusammen. Sie hatte Grippe gehabt und war nicht in der Lage gewesen, Geld zu verdienen; es war sie hart angekommen, auszugehen, um ihre Rente zu holen; sie hatte Schulden gemacht. Auch hatte sie größere Mietrückstände. Ein gemietetes Fernsehgerät, für das sie nicht gezahlt hatte, zog die Besuche eines Vertreters der Vermietungsgesellschaft nach sich. Die Nachbarn tuschelten, daß Hetty «verwildert» sei. Der Grund war der, daß der Kater eine gefangene Taube die Treppen rauf- und die Korridore entlanggetragen hatte, die auf dem ganzen Weg Federn und Blut verloren hatte; eine Frau, die sich darüber beschweren wollte, traf Hetty dabei an, wie sie die Taube rupfte, um sie zu kochen – wie sie es mit den anderen getan hatte – und das Mahl mit Tibby zu teilen.

«Du bist dreckig», sagte sie zu ihm und nahm das Schmorgericht vom Herd, um es in einer Schüssel abkühlen zu lassen. «Dreckiges altes Ding. Diese dreckige alte Taube zu essen. Was denkst du denn, was du bist? Eine wilde Katze? Anständige Katzen fressen keine dreckigen Vögel. Nur die alten Zigeuner essen wilde Vögel.»

Eines Abends bat sie einen Nachbarn, der ein Auto hatte, um Hilfe; sie setzte sich selbst hinein, das Fernsehgerät, die Katze, Kleiderbündel und Kinderwagen. Sie ließ sich quer durch London zu einem Zimmer in der Straße eines Elendsviertels fahren, das verkam, weil es demnächst saniert werden sollte. Der Nachbar machte eine zweite Fahrt, um ihr Bett und ihre Matratze zu bringen, die auf dem Dach des Autos festgebunden wurden, eine Kommode, einen alten Koffer, Kochtöpfe. So verließ sie die Straße, in der sie dreißig Jahre lang gelebt hatte, fast die Hälfte ihres Lebens.

Sie richtete sich in ihrem Zimmer häuslich ein. Infolge ihrer zurückgelassenen Mietrückstände und wegen des gestohlenen Fernsehgerätes hatte sie Angst, sich «denen da» zu nähern, um ihre Rentenansprüche wieder geltend zu machen und dabei sich ausweisen zu müssen. Sie nahm ihren Handel wieder auf, und das kleine Zimmer war bald wie ihr letztes übersät mit einem Regenbogen von Farben, Geweben, Spitzen und Pailletten. Sie kochte auf einem einflammigen Gasbrenner und wusch sich im Ausguß. Es gab kein heißes Wasser, es sei denn, sie erhitzte es im Topf. In dem Haus, das für unbewohnbar erklärt worden war, lebten einige ältere Damen und eine Familie mit fünf Kindern.

Sie wohnte im Erdgeschoß, auf der Rückseite, ein Fenster ging auf einen heruntergekommenen Garten; ihr Kater war glücklich in dem Jagdgelände, das sich eine Meile um dieses Haus herum erstreckte, in welchem seine Herrin so prächtig lebte. Ganz in der Nähe lief ein Kanal vorbei, und in dem dreckigen Gewässer gab es Inseln, die eine Katze erreichen konnte, indem sie von einem vertäut liegenden Boot zum nächsten sprang. Auf den Inseln lebten Ratten und Vögel. Die Bürgersteige waren voll von fetten Londoner Tauben. Der Kater war ein geschickter Jäger. Er fand seinen Platz in der Rangordnung der dortigen Katzenbevölkerung, und er brauchte nicht viel zu kämpfen, um ihn zu behaupten. Er war ein kräftiger Kater und zeugte eine ganze Schar von jungen Katzen.

Hier lebten Hetty und er fünf glückliche Jahre. Ihr Handel ging gut, denn es lebten reiche Leute in der Nachbarschaft, die abstießen, was die Armen brauchten und billig kauften. Sie fühlte sich nicht einsam, denn sie schloß eine zänkische, doch befriedigende Freundschaft mit einer Frau auf der obersten Etage, einer Witwe wie sie selber, die ebenfalls ihre Kinder nicht zu Gesicht bekam. Hetty war ungeduldig gegenüber den fünf Kindern, sie beklagte sich über ihren Lärm und ihre Unordnung, aber sie steckte ihnen Geldstücke und Süßigkeiten zu, nachdem sie ihrer Mutter gesagt hatte, daß sie «dumm sei, sich so für sie anzustrengen, denn sie würden das doch nicht anerkennen». Sie lebte gut, auch ohne Pension. Sie verkaufte das Fernsehgerät und spendierte sich und ihrer Freundin von oben einige Tagesausflüge an die Küste und kaufte ein kleines Radio. Sie las nie Bücher oder Zeitschriften. Die Wahrheit war, daß sie weder schreiben noch lesen konnte, oder allenfalls so schlecht, daß es ihr kein Vergnügen bereitete. Ihr Kater war ihr ganzer Trost, und er verursachte ihr keine Kosten, denn er ernährte sich selbst und brachte ihr weiterhin Tauben zum Kochen und Essen nach Hause, für die er als Gegenleistung Milch forderte.

«Tibby, du Vielfraß, du gefräßiges *Ding*, denk bloß nicht, ich wüßte es nicht, doch, doch, ich weiß es, du wirst noch krank werden, wenn du diese alten Tauben frißt, das predige ich dir doch schon immer, nicht?»

Schließlich wurde der Straßenzug nach und nach saniert. Da es nun kein eintöniges, langgezogenes, schäbiges Elendsviertel mehr war, wurden die Häuser von Leuten aus dem Mittelstand aufge-kauft. Das bedeutete einerseits einen Zuwachs an guten warmen Kleidungsstücken zum Handeln – oder zum Erbetteln, denn sie konnte noch immer nicht der Faszination widerstehen, etwas mit Hilfe ihrer klagenden, erfindungsreichen Zunge, ihrer noch immer funkelnden, hübschen Augen umsonst zu bekommen –, anderer-seits wußte Hetty genausogut wie die Nachbarn, daß dieses Haus mit seiner Fracht von armen Leuten bald zur Sanierung aufgekauft werden würde.

In der Woche, in der Hetty siebzig Jahre alt wurde, kam die Räumungsaufforderung, die das Ende dieser kleinen Gemeinde bedeutete. Sie hatten vier Wochen Zeit, um eine andere Bleibe zu finden.

Normalerweise hätten diese Leute bei der Wohnungsnot, wie sie nun mal in London – und natürlich auch überall sonst in der Welt – herrscht, sich zerstreuen, sich ganz allein durchs Leben schlagen müssen. Aber das Schicksal ebendieser Straße erregte die öffentliche Aufmerksamkeit, weil gerade eine Gemeindewahl kurz bevorstand. Die Obdachlosigkeit unter den Armen geriet mit dieser Straße in den Brennpunkt, sie war ein prägnantes Symbol für diese ganze Gegend und eigentlich für die ganze Stadt, denn ihre eine Hälfte bestand aus schönen, umgebauten, geschmackvollen Häusern voller Menschen, die eine Menge Geld ausgaben, die andere Hälfte aus absterbenden Häusern, die von Leuten wie Hetty bewohnt wurden.

Infolge der Wahlreden von Gemeinderäten und Geistlichen sahen sich die örtlichen Behörden außerstande, die Opfer dieses Sanierungsprogramms zu ignorieren. Die Bewohner des Hauses, in dem Hetty lebte, wurden von einer Gruppe besucht, die aus einem für Arbeitslosigkeit zuständigen Beamten, einem Sozialarbeiter und einem Beamten für Wohnungsbeschaffung bestand. Hetty, eine kräftige, hagere alte Frau, trug ein scharlachrotes Wollkostüm, das sie diese Woche unter ihren ausrangierten Sachen gefunden hatte, eine schwarze gestickte Teehaube auf dem Kopf und schwarze Knopfstiefel aus der Zeit Edwards, viel zu groß für sie, so daß sie darin schlurfen mußte. Sie lud die Besucher ein, in ihr Zimmer einzutreten. Aber obwohl alle recht gut an extreme Armut gewöhnt waren, wollte niemand hineingehen; sie blieben an der Tür stehen und machten ihr folgendes Angebot: Man wolle ihr dabei helfen, ihre Pension zu bekommen – warum habe sie die nicht schon früher beansprucht? –, und sie solle, zusammen mit den vier anderen alten Damen im Haus, in ein Heim umziehen, das draußen im nördlichen Randbezirk vom Gemeinderat geführt wurde. Alle diese Frauen waren an das aufregende London gewöhnt und genossen es, und wenn sie auch keine andere Wahl hatten als zuzustimmen, verfielen sie doch in Trübsinn. Auch Hetty stimmte der Umquartierung zu. Die beiden letzten Winter hatten sie ihren Körper schmerzhaft spüren lassen, und der Husten lauerte ständig. Und obgleich sie vielleicht noch stärker ein Stadtmensch war als die anderen – sie hatte ja so viele Straßen auf und ab mit ihrem lumpen- und spitzenbeladenen Kinderwagen befahren und kannte London in- und auswendig –, hatte sie von allen am wenigstens etwas gegen die Vorstellung eines neuen Zuhauses «inmitten grüner Felder». In Wirklichkeit gab es keine Felder in der Nähe des in Aussicht gestellten Heims, aber aus irgendeinem Grund hatte es den alten Damen gefallen, die Poesie dieser alten Redewendung ans Licht zu bringen, als träfe sie auf ihre Lage zu, die Lage alter Frauen, welche nicht fern vom Tode sind. «Das wird schön sein, wieder nahe bei grünen Feldern zu wohnen», sagten sie zueinander beim Teetrinken.

Der Beamte für Wohnungsbeschaffung erschien, um die letzten Anordnungen zu treffen. Hetty Pennefather sollte mit den anderen in zwei Wochen umziehen. Der junge Mann saß auf der äußersten Kante des einzigen Stuhls in dem vollgestopften Zimmer, denn der Stuhl war schmierig, und der Beamte vermutete Flöhe oder Schlimmeres, und er atmete wegen des entsetzlichen Gestanks so wenig wie möglich: es gab eine Toilette in dem Haus, aber sie war seit drei Tagen außer Betrieb und war auf der anderen Seite einer dünnen Wand. Das ganze Haus stank.

Der junge Mann, der nur zu gut das Ausmaß an Elend kannte, das auf Wohnungsmangel zurückzuführen ist, der wußte, wie viele alte Menschen, die von ihren Kindern aufgegeben waren, nicht das Angebot erhielten, ihr Leben unter der Obhut der Behörden zu verbringen, mußte zwangsläufig glauben, daß dieses menschliche Wrack sich glücklich preisen konnte, einen Platz in einem Heim zu bekommen, sogar wenn es – und er kannte und beklagte den Tatbestand – eine Institution war, in der die Alten wie ungezogene und begriffsstutzige Kinder behandelt wurden, bis sie das Glück hatten zu sterben.

Aber als er Hetty mitteilte, daß ein Möbelwagen komme, um ihre Habseligkeiten und die der anderen vier alten Damen abzuholen, und daß sie nichts weiter als ihre Kleider «und vielleicht ein paar Fotos» mitnehmen solle, sah er, wie das, was er als einen Haufen vielfarbener Lumpen angesehen hatte, sich erhob und seine struppigen ingwerschwarzen Pfoten auf den Rock der alten Frau legte. Heute war es ein Vorhang aus Kretonne, besetzt mit rosa und roten Rosen, den Hetty sich umgehängt hatte, weil sie sein Muster mochte.

«Sie können die Katze da nicht mitnehmen», sagte er automatisch. Es war etwas, das er oft sagen mußte, und da er wußte, wieviel Jammer diese Äußerung verursachte, milderte er sie gewöhnlich ab. Aber diesmal war er überrumpelt worden.

Tibby sah mittlerweile wie ein Knäuel alter Wolle aus, das durch Staub und Regen verfilzt war. Ein Auge war ständig geschlossen, weil ein Muskel in einem Kampf gerissen war. Ein Ohr war rudimentär, und an einer Flanke entlang zog sich ein haarloser Hügel mit einer dicken Narbe obendrauf. Ein Katzenhasser hatte Tibby, wie alle anderen Katzen, deren er habhaft werden konnte, mit einer Ladung Schrot aus seinem Luftgewehr bedacht. Die Wunde hatte zwei Jahre gebraucht, um zu verheilen. Außerdem roch Tibby.

Nicht schlimmer jedoch als seine Herrin, die steif und still dasaß und mit mißtrauisch-hellen Augen feindselig den geschniegelten, sauberen jungen Mann vom Gemeinderat beobachtete.

«Wie alt ist dieses Tier da?»

«Zehn Jahre, nein, nur acht, er ist ein junger Kater von ungefähr fünf Jahren», sagte Hetty verzweifelt.

«Mir scheint, Sie würden ihm einen Gefallen erweisen, wenn Sie ihn aus seinem Elend erlösten», sagte der junge Mann.

Als der Beamte wegging, war Hetty mit allem einverstanden. Sie besaß als einzige von den alten Frauen eine Katze. Die anderen hatten Wellensittiche oder gar kein Tier. Wellensittiche waren im Heim erlaubt.

Sie schmiedete Pläne, vertraute sich den anderen an, und als der Möbelwagen für sie, ihre Kleidungsstücke, Fotos und Wellensittiche kam, war sie nicht da, und die anderen hatten Ausreden für sie parat. «O nein, wir wissen nicht, wohin sie gegangen sein kann, junger Mann», sagten die alten Frauen ein ums andere Mal zu dem gleichgültigen Möbelwagenfahrer. «Gestern abend war sie noch da, aber sie sprach davon, zu ihrer Tochter nach Manchester zu ziehen.» Und ab ging's, um im Heim zu sterben.

Hetty wußte, daß Häuser, nachdem sie zu Sanierungszwecken geräumt worden waren, noch monatelang, ja sogar jahrelang leer stehen konnten. Sie hatte die Absicht, in diesem Haus hier weiter zu wohnen, bis die Handwerker sie vertrieben.

Es war ein warmer Herbst. Zum erstenmal in ihrem Leben hauste sie wie ihre Zigeunervorfahren; sie schlief nicht in einem Zimmer in einem Haus wie anständige Leute. Sie kauerte mit Tibby einige Nächte im Eingang eines leeren Hauses, das zwei Häuser weiter lag. Sie wußte genau, wann die Polizei die Runde machte und wo sie sich in dem mit Sträuchern zugewachsenen Garten verstecken konnte.

Wie sie erwartet hatte, passierte nichts mit dem Haus, und sie zog wieder ein. Sie zertrümmerte eine Fensterscheibe auf der Rückseite, so daß Tibby ein und aus gehen konnte, ohne daß sie die Vordertüre für ihn aufschließen und ein Fenster verdächtig offenstehen lassen mußte. Sie zog in das oberste hintere Zimmer ein und verließ es jeden Morgen in der Frühe, um den Tag mit ihrem Kinderwagen und ihren Lumpen in den Straßen zu verbringen. Abends hatte sie immer auf dem Boden eine Kerze glimmen. Die Toilette war noch immer kaputt, statt dessen benutzte sie einen Eimer auf der ersten

Etage und leerte ihn heimlich nachts in den Kanal aus, der tagsüber voller Freizeitboote und Angler war.

Tibby brachte ihr in dieser Zeit hin und wieder Tauben.

«Oh, du bist eine kluge Mieze, Tibby! Oh, du bist richtig klug. Du weißt, wie die Dinge stehen, nicht, du weißt, wie man sich durchschlägt.»

Es wurde auf einmal sehr kalt; Weihnachten kam und ging vorbei. Hettys Husten kehrte zurück, und sie verbrachte die meiste Zeit dösend unter einem Stapel von Decken und alten Kleidern. Abends beobachtete sie die Schatten des Kerzenlichts auf dem Boden und an der Decke – die Fensterrahmen waren nicht dicht, und es zog. Zweimal verbrachten Landstreicher die Nacht im untersten Teil des Hauses, und sie hörte, wie sie von der Polizei vertrieben wurden. Sie mußte nach unten steigen, um sich zu vergewissern, daß die Polizei nicht das zerbrochene Fenster für die Katze versperrt hatte, aber das war nicht der Fall. Eine Amsel war hereingeflogen und hatte sich beim Versuch hinauszukommen zu Tode gestoßen. Sie rupfte die Amsel und briet sie in einer Bratpfanne über einem Feuerchen, das sie mit einigen Spänen des Holzbodens gemacht hatte: das Gas war natürlich abgestellt worden. Sie hatte nie sehr viel gegessen und war nicht erschreckt darüber, daß etwas trockenes Brot und ein Stückchen Käse alles war, was sie während ihres Aufenthalts unter dem Kleiderhaufen gegessen hatte. Sie fror, aber dachte nicht viel darüber nach. Draußen lag überall matschiger, brauner Schnee. Sie kehrte zu ihrem Nest zurück und glaubte, daß das kalte Wetter bald vorbei sein würde und sie wieder Handel treiben könnte. Manchmal kroch Tibby zu ihr unter den Stapel, und sie griff gierig nach seiner Wärme. «Oh, du kluger Kater, kluger alter Kerl, kümmerst dich um dich selbst, nicht wahr? Du hast ja recht, mein Herzchen, hast ja recht, mein Hübscher.»

Und dann auf einmal, gerade als sie wieder umherzog – der Schnee war zwar auf dem Boden verschwunden, aber der Winter hatte erst richtig begonnen –, sah sie im Januar den Wagen der Bauarbeiter draußen vorfahren und einige Männer ihr Gerät abladen. Sie kamen nicht in das Haus herein; sie würden erst am nächsten Tag mit der Arbeit anfangen. Bis dahin waren Hetty, ihr Kater, ihr Kinderwagen, vollgestopft mit Kleidern und ihren zwei Decken, verschwunden. Sie nahm auch eine Streichholzschachtel mit, eine Kerze, einen alten Kochtopf, eine Gabel, einen Löffel, einen Büchsenöffner und eine Mausefalle. Sie hatte entsetzliche Angst vor Ratten.

Ungefähr zwei Meilen entfernt, zwischen den Häusern und den Gärten des reizenden Hampstead wo so viele Reiche, Intellektuelle und Berühmtheiten wohnten, standen drei riesige leere Häuser. Sie hatte sie gesehen, als sie vor einigen Jahren einmal mit dem Bus gefahren war. Das war etwas Ungewöhnliches für sie, da sie wegen ihrer verrückten Kleider Bemerkungen und neugierige Blicke provozierte und weil sie es verstand, gleichzeitig wie ein zähes, kämpferisches altes Fossil und wie ein ungezogenes Kind zu erscheinen. Denn je älter sie wurde, diese anrüchige Zigeunerin, desto mehr wuchs in ihr so etwas wie wilde, herausfordernde Kindlichkeit. Es war eine zu außergewöhnliche Mischung; es war beunruhigend, in ihrer Nähe zu sein.

Sie hatte Angst, daß «die da» die Häuser eingerissen und wieder aufgebaut haben könnten, aber sie standen noch da, zu baufällig und zu gefährlich, als daß sie den Landstreichern viel nutzen konnten, geschweige denn dem Heer der Londoner Obdachlosen. Es gab keine einzige Fensterscheibe mehr. Der Bodenbelag im Parterre war zum größten Teil verschwunden, übrig blieben kleine Stege und hervorspringende Planken über Kellergeschossen voll mit Wasser. Die Decken bröckelten ab. Die Dächer zerfielen. Die Häuser glichen zerbombten Gebäuden.

Doch in der kalten Dunkelheit eines Spätnachmittags zog sie den Kinderwagen die zerborstenen Treppenstufen hinauf und tastete sich vorsichtig über die morschen Dielen eines Zimmers im zweiten Stock, das ein großes Loch bis runter ins Parterre hatte. Blickte man hinunter, war es, als schaute man in einen Brunnen. Sie hielt eine Kerze, um den Zustand der Wände zu prüfen. Sie waren hier mehr oder weniger heil, und sie sah, daß Regen und Wind, die durch das Fenster hereindrangen, eine Ecke trocken ließen. Hier machte sie es sich bequem. Eine Platane schirmte das offenstehende Fenster gegen die achtzehn Meter entfernte Hauptstraße ab. Tibby, der sich nach der Reise unter den im Kinderwagen aufgestapelten Kleidungsstücken verkrochen hatte, sprang herunter und hinaus und verschwand im vernachlässigten Gestrüpp, um sich sein Abendessen zu erjagen. Er kam gesättigt und zufrieden zurück und schien sich glücklich zu fühlen, als ihre knochigen, dünnen alten Arme ihn umklammerten. Sie hatte es sich angewöhnt, auf seine Rückkehr von den Jagdausflügen zu warten, denn das warme, schnurrende Bündel aus Knochen und Pelz schien eine Zeitlang die ständige, schmerzende Kälte in ihrem Körper zu mildern.

Am nächsten Tag verkaufte sie für ein paar Schillinge ihre Stiefel aus Edwards Zeiten – sie waren wieder Mode geworden – und kaufte sich einen Brotlaib und Speckstückchen. In einer Ecke des Trümmergebäudes zog sie, in angemessener Entfernung von der Ecke, in der sie sich niedergelassen hatte, einige Dielen aus dem Boden heraus, machte ein Feuer und röstete das Brot und den Speck. Tibby hatte eine Taube angeschleppt, und sie briet sie, aber nicht sehr gründlich. Sie fürchtete, das Feuer könne um sich greifen und das Ganze in Flammen aufgehen; und sie hatte auch Angst, daß der Rauch sichtbar würde und die Polizei anzöge. Sie mußte das Feuer klein halten, deshalb war der Vogel blutig und unappetitlich, und schließlich bekam Tibby das meiste davon ab. Sie fühlte sich verwirrt und entmutigt, dachte aber, das komme von der langen Winterzeit, die noch vor ihr lag, bis es endlich Frühling würde. In Wirklichkeit war sie krank. Sie machte einige Versuche, Handel zu treiben und Geld zu verdienen, um sich zu ernähren, bevor sie sich eingestand, daß sie krank war. Sie wußte, daß sie noch nicht gefährlich krank war, denn das war sie schon gewesen, und sie hätte die kalte, matte Gleichgültigkeit einer wirklich tödlichen Krankheit erkannt. Aber ihr ganzer Körper tat ihr weh, ihr Kopf schmerzte, und sie hustete mehr denn je. Dennoch dachte sie nicht, daß sie in besonderem Maße an der Kälte litt, nicht einmal in diesem graupeligen Januarwetter. Sie hatte nie in ihrem ganzen Leben in einem richtig geheizten Zimmer gewohnt, hatte niemals ein wirklich warmes Zuhause gekannt, nicht einmal als sie in der stadteigenen Mietwohnung gelebt hatten. In den Wohnungen waren elektrische Heizöfen, aber die Familie hatte sie aus Sparsamkeitsgründen nie angestellt, außer bei ganz schlimmen Kälteeinbrüchen. Sie hatten sich mehrere Kleidungsstücke übergezogen oder waren früh ins Bett gegangen. Doch sie wußte, daß sie diesmal, wollte sie sich vorm Sterben bewahren, die Kälte nicht mit ihrem üblichen Gleichmut angehen durfte. Sie wußte, sie mußte essen. In der verhältnismäßig trockenen Ecke des windigen Zimmers, etwas entfernt vom Fensterloch, durch das Schnee und Graupel hereinwehten, baute sie sich noch mal ein Nest – ihr letztes. Sie hatte im Schutt ein Stück Bettuch aus Kunststoff gefunden und legte das zuunterst, so daß die

Feuchtigkeit nicht heraufkriechen konnte. Dann breitete sie ihre beiden Wolldecken darüber aus. Darauf häufte sie die Masse der alten Kleider. Sie wünschte sich, sie hätte ein weiteres Stück dieses Kunststoffs, um es obenauf zu legen, statt dessen nahm sie Zeitungen. Sie hievte sich in die Mitte des Stapels; ein Brotlaib lag in Reichweite. Sie döste, wartete, knabberte Brot und beobachtete, wie der Schnee sanft hereinwehte. Tibby saß nahe bei dem alten bläulichen Gesicht, das aus dem Stapel herausragte, und streckte seine Pfote aus, um es zu berühren. Er miaute und war unruhig, dann ging er hinaus in den frostigen Morgen und brachte eine Taube mit. Die Katze legte die Taube, die noch zappelte und ein wenig flatterte, dicht an die alte Frau heran. Aber die hatte Angst, aus dem Kleiderstapel zu steigen, in den die Wärme nur so schwer zu bekommen und zu halten war. Sie konnte einfach nicht lange genug herumgehen, um weitere Späne aus dem Bodenbelag zu ziehen, sich ein Feuer zu machen, die Taube zu rupfen und zu braten. Sie streckte eine kalte Hand aus, um den Kater zu streicheln.

«Tibby, alter Kerl, du hast sie also für mich gebracht, nicht? Das hat du doch, oder! Komm her, komm hier herein ...» Aber er wollte nicht zu ihr hineinschlüpfen. Er miaute wieder, schob den Vogel noch näher an sie heran. Der war jetzt schlaff und tot.

»Dann nimm du ihn. Iß du ihn. Ich bin nicht hungrig, danke, Tibby.»

Aber das Aas interessierte den Kater nicht. Er hatte schon eine Taube gefressen, bevor er diese zu Hetty hinaufbrachte. Er ernährte sich gut. Trotz seines verfilzten Fells, seiner Narben und seines halbgeschlossenen gelben Auges war er ein kräftiger, gesunder Kater.

Ungefähr um vier Uhr am nächsten Morgen ertönten unten Schritte und Stimmen. Hetty schoß aus dem Stapel heraus und duckte sich am Zimmerende nahe beim Fenster hinter einen Haufen von Gips und Gebälk, der nun schneebedeckt war. Sie konnte durch das Loch im Boden bis runter in die erste Etage blicken, die völlig zusammengebrochen war, und weiter bis ins Erdgeschoß. Sie sah, wie ein Mann in einem dicken Überzieher, mit Schal und Lederhandschuhen, eine starke Taschenlampe hielt, um ein schmales Kleiderbündel zu beleuchten, das auf dem Boden lag. Sie sah, daß dieses Bündel ein schlafender Mann oder eine schlafende Frau war. Sie war entrüstet – jemand hatte *ihr* Zuhause widerrechtlich betreten. Und sie hatte Angst, weil sie diesen anderen Bewohner des Trümmergebäudes nicht bemerkt hatte. Hatte er (oder sie) sie mit der Katze reden hören? Und wo war der Kater? Wenn er nicht aufpaßte, würde man ihn einfangen, und das wäre sein Ende! Der Mann mit der Taschenlampe verschwand, und kehrte mit einem zweiten Mann zurück. In der Finsternis weit unter Hetty gab es eine kleine, hell erleuchtete Höhle, die durch das starke Licht der Taschenlampe entstand. Zwei Männer beugten sich in diesen Lichtkegel, um das Bündel aufzuheben, den Leichnam eines Mannes oder einer Frau wie Hetty. Sie trugen ihn hinaus – ein gefahrvoller Gang über herunter-gefallene, verrottende Bretter hinweg, die wie Laufplanken über dem wassergefüllten Kellergeschoß lagen. Ein Mann hielt die Lampe in derselben Hand, mit der er die Füße des Toten trug, das Licht zuckte und schwankte über Bäume und Rasen: der Leichnam wurde durch das Gestrüpp hindurch zu einem Auto transportiert.

Es gibt Männer in London, die zwischen zwei und fünf Uhr in der Frühe, wenn die normalen Bürger, die nicht von solchen Unannehm-lichkeiten wie den Leichen der Armen belästigt werden wollen, fest schlafen, ihre Runde durch all die ihnen bekannten leeren, verrotte-ten Häuser machen. Sie sammeln die Toten ein und warnen die Lebenden, sich dort überhaupt aufzuhalten, und verweisen sie auf eins der offiziellen Heime oder eine der Unterkünfte für Obdach-lose.

Hetty war zu erschrocken, um in ihren warmen Stapel zurückzu-kehren. Sie saß in Decken eingehüllt da und spähte durch die Mauerrisse des Hauses und erkannte, als sich ihre Augen wie die ihrer Katze an die Dunkelheit gewöhnt hatten, Umrisse, Grenzen, Lö-cher, Pfützen, Schutthügel.

Sie hörte schlurfende Geräusche und wußte, daß es Ratten waren. Sie hatte zwar vorgehabt, die Falle aufzustellen, aber die Vorstellung, daß ihr Freund Tibby sich die Pfote darin einklemmen könnte, hatte sie davon abgehalten. Sie saß wach da, bis der Morgen, nach neun Uhr, grau und kalt anbrach. Sie wußte jetzt, daß sie sehr krank war und in Gefahr, denn sie hatte das bißchen Wärme verloren, das sie ihren Gliedern unter den Lumpen verschafft hatte. Sie zitterte heftig. Sie kam fast um vor lauter Zittern. Zwischen den Anfällen sank sie kraftlos und erschöpft zusammen. Durch die Decke über ihr – aber es war keine Decke, nur ein Spinngewebe aus Leisten und Brettern – konnte sie in eine dunkle Höhle hineinblicken, die einst eine Mansarde gewesen war, und durch das Dach darüber in den grauen Himmel, berstend vor Regen, der nun einsetzte. Die Katze kam aus ihrem Versteck hervor und kauerte sich auf ihren Schoß und wärmte ihren Bauch, während Hetty über ihre Lage nachdachte. Dies waren ihre letzten klaren Gedanken. Sie sagte sich, daß sie nicht bis zum Frühjahr durchhalten würde, wenn sie «denen da» nicht erlaubte, sie zu finden und in ein Hospital einzuliefern. Anschließend würde man sie in ein Heim schicken.

Aber was würde mit Tibby passieren, ihrem armen Kater? Sie rieb den struppigen Kopf des alten Tieres mit der Kuppe ihres Daumens und murmelte: «Tibby, Tibby, sie werden dich nicht kriegen, nein, dir wird's gutgehen, ja, ich kümmere mich um dich.»

Gegen Mittag, als die Sonne gelb durch dichte schmieriggraue Wolken sickerte, stolperte sie die verrottenden Treppenstufen hinab zu den Geschäften. Sogar in diesen Londoner Straßen, wo das Außergewöhnliche üblich geworden ist, drehten sich die Leute um und starrten die große hagere Frau mit dem bleichen Gesicht an, das leuchtendrote Flecken hatte, das Gesicht mit den blau zusammengepreßten Lippen und den unruhigen schwarzen Augen. Sie trug einen eng geknöpften Herrenüberzieher, zerrissene braune Fäustlinge und eine alte Pelzhaube. Sie schob einen Kinderwagen, vollgeladen mit alten Kleidern und Fetzen von Spitzenstickereien, zerrissenen Strickjacken und Schuhen, alles ineinandergeknäuelt, sie fuhr ständig mit diesem Kinderwagen gegen Leute, die Schlange standen, miteinander plauderten oder die Auslagen betrachteten, und murmelte: «Gebt mir eure alten Kleider, ihr Lieben, gebt mir eure alten hübschen Kleider, gebt Hetty was, die arme Hetty hat Hunger.» Eine Frau gab ihr eine Handvoll Kleingeld, und Hetty kaufte sich ein mit Tomate und Salat belegtes Brötchen. Sie wagte es nicht, in ein Café zu gehen, denn selbst in ihrem verwirrten Zustand wußte sie, daß sie Anstoß erregen mußte und wahrscheinlich aufgefordert würde zu gehen. Aber sie erbettelte sich an einem Straßenstand eine Tasse Tee, und als die heiße, süße Flüssigkeit sie durchströmte, fühlte sie, sie könnte den Winter überleben. Sie kaufte sich eine Tüte Milch und schob den Kinderwagen durch die matschigen Schneestraßen zurück zu den Trümmergebäuden.

Tibby war nicht da. Sie urinierte durch das Loch in den Dielen hinab und murmelte: «Dieser blöde Tee ist doch lästig», und wickelte sich in eine Decke ein und wartete auf die Dunkelheit.

Tibby kam später zurück. Er blutete an einer Vorderpfote. Sie hatte die Rauferei gehört und gewußt, daß er mit einer oder mehreren Ratten gekämpft hatte und gebissen worden war. Sie schüttete die Milch in den schräggestellten Kochtopf hinein, und Tibby trank alles aus.

Sie verbrachte die Nacht, indem sie das Tier an ihre eiskalte Brust gepreßt hielt. Sie schliefen nicht, sondern nickten nur hin und wieder ein. Normalerweise wäre Tibby auf Beute ausgezogen, die Nacht war seine Zeit, aber er war schon drei Nächte lang bei der alten Frau geblieben.

In der Frühe hörten sie wieder die Leichenräumer zwischen dem Schutt im Parterre und sahen, wie sich die Strahlen der Taschenlampe über die nassen Wände und das zusammengestürzte Gebälk bewegten. Einen Augenblick lang war der Lichtstrahl fast direkt auf Hetty gerichtet, aber niemand kam herauf: wer konnte denn annehmen, daß jemand derart verzweifelt-tollkühn sein könnte, diese gefährlichen Treppenstufen hinaufzuklettern, sich dem abbröckelnden, splitternden Fußboden anzuvertrauen, und das mitten im Winter?

Hetty hatte nun aufgehört, sich selbst für krank zu halten, hatte aufgehört, über die Schwere ihrer Krankheit nachzudenken, über die Gefahr, in der sie schwebte – über die Unmöglichkeit zu überleben. Sie hatte die Gegenwart des Winters und sein tödliches Wetter aus ihrem Bewußtsein getilgt, und es war so, als wäre der Frühling schon fast da. Sie wußte, wäre es Frühling gewesen, als sie das andere Haus verlassen mußte, dann hätten sie und die Katze hier monatelang recht sicher und angenehm leben können. Denn es schien ihr unmöglich, ja sogar lächerlich zu sein, daß ihr Leben oder vielmehr ihr Tod von etwas so Willkürlichem wie dem Beginn von Bauarbeiten im Januar statt im April abhängen könnte; sie konnte es nicht glauben: die Tatsache wollte einfach nicht in ihren Kopf. Den Tag zuvor war sie bei klarem Bewußtsein gewesen. Aber heute war ihr Verstand getrübt, sie redete und lachte laut. Einmal rappelte sie sich auf und durchstöberte ihre Lumpen nach einer alten Weihnachtskarte, die sie vor vier Jahren von ihrer guten Tochter bekommen hatte! In einer harten, barschen, ärgerlichen, nörgelnden Stimme sagte sie zu ihren vier Kindern, daß sie ein Zimmer für sich brauche, jetzt, da sie älter werde. «Ich bin euch eine gute Mutter gewesen», schrie sie ihnen vor unsichtbaren Zeugen zu – früheren

Nachbarn, Fürsorgern, einem Arzt. «Ich hab's euch nie an irgend etwas fehlen lassen, niemals! Als ihr klein wart, habt ihr immer das Beste von allem gekriegt! Da könnt ihr jeden fragen, versucht's doch, fragt mal!» Sie war unruhig und machte einen solchen Lärm, daß Tibby sie verließ und auf den Kinderwagen sprang, sich hinduckte und sie beobachtete. Er humpelte, und seine Vorderpfote war rostfarben von Blut. Die Ratte hatte tief gebissen. Als der Morgen graute, ließ er Hetty in einem schlafähnlichen Zustand zurück und stieg in den Garten hinunter, wo er eine Taube am Rand des Bürgersteigs picken sah. Der Kater stürzte sich mit einem Satz auf den Vogel, zerrte ihn in das Gebüsch und fraß ihn ganz auf, ohne ihn hinauf zu seiner Herrin zu bringen. Nachdem er die Taube aufgefressen hatte, hielt er sich versteckt und beobachtete die Vorbeigehenden. Er starrte sie aufmerksam mit seinen glühenden gelben Augen an, als ob er nachdächte oder etwas vorhätte. Er ging nicht in das alte Trümmergebäude und die zerfallenen, feuchten Treppenstufen hinauf, bis es spät war – es war fast so, als wüßte er, daß es sich überhaupt nicht lohnte.

Er fand Hetty, offenbar eingeschlafen, locker eingehüllt in eine Decke, aufrecht sitzend in einer Ecke. Ihr Kopf war auf die Brust gesunken, die Fülle ihres weißen Haares war aus einer scharlachroten Wollmütze hervorgequollen und verbarg ihr Gesicht, das in einem trügerischen Rosa glühte – der Röte des Komas beim Erfrieren. Sie war noch nicht tot, aber sie starb in dieser Nacht. Die Ratten kletterten die Wände herauf, die Balken entlang, und die Katze flüchtete vor ihnen, noch humpelnd, nach unten ins Gebüsch.

Man fand Hetty erst einige Wochen später. Das Wetter änderte sich und wurde warm, und der Mann, dessen Job es war, Leichen aufzuspüren, wurde durch den Gestank veranlaßt, die gefährlichen Treppenstufen hinaufzugehen. Etwas war noch übrig, allerdings nicht viel.

Was den Kater anging, der hielt sich zwei oder drei Tage in dem dichten Gestrüpp auf und beobachtete die Vorbeigehenden und hinter ihnen den vorbeidonnernden Verkehr auf der Hauptstraße. Einmal blieb ein Paar auf dem Bürgersteig stehen, um miteinander zu reden, und als der Kater zwei Paar Beine sah, kroch er hinaus und rieb sich an einem der Beine. Eine Hand kam herunter, streichelte und tätschelte ihn ein wenig. Dann gingen die Leute weiter.

Der Kater sah, daß er kein neues Zuhause finden würde, und lief fort, vorsichtig ging er von einem Garten zum anderen, schnupperte in leeren Häusern herum und landete schließlich in einem alten Friedhof. Dieser Friedhof beherbergte schon einige herumstreunende Katzen, und er gesellte sich zu ihnen. Es war der Anfang einer Gemeinde von streunenden, verwilderten Katzen. Sie töteten Vögel und Feldmäuse, die unter den Gräsern lebten, und tranken aus Pfützen. Bevor der Winter zu Ende ging, mußten die Katzen eine harte Durststrecke durchstehen, in den zwei langen Phasen, als der Boden gefror, Schnee dalag und es keine Pfützen gab und die Vögel schwer zu fangen waren, weil die Katzen so leicht im sauberen Weiß zu sehen waren. Aber im ganzen kamen sie doch gut zurecht. Eine der Katzen war ein Weibchen, und bald gab es einen Schwarm von wilden Katzen, so wild, als lebten sie nicht mitten in einer Großstadt, umgeben von Straßen und Häusern. Dies war nur eine von einem halben Dutzend wilder Katzenbanden, die in jener Quadratmeile von London lebten.

Dann erschien ein Beamter, um die Katzen einzufangen und sie mitzunehmen. Einige von ihnen entkamen, indem sie sich versteckten, bis es nicht mehr gefährlich war zurückzukommen. Aber Tibby wurde gefangen. Nicht nur, weil er alt und steif wurde – er humpelte noch immer wegen des Rattenbisses –, er war auch zutraulich und rannte nicht vor dem Mann davon, der ihn nur auf den Arm nehmen mußte.

«Du bist ein alter Krieger, nicht wahr?» sagte der Mann. «Ein richtig zäher Bursche, so ein richtiger alter Landstreicher.»

Möglicherweise dachte der Kater sogar, daß er einen neuen menschlichen Freund und ein Zuhause finden könnte.

Aber so war es nicht. Die Zahl der erbeuteten wilden Katzen ging diese Woche in die Hunderte, und wäre Tibby jünger gewesen, dann hätte man für ihn, da er freundlich war und der menschlichen Rasse gefallen wollte, ein Zuhause finden können, aber er war wirklich zu alt, übelriechend und böse zugerichtet. So gab man ihm eine Spritze und «schläferte ihn ein».

Konstantin Paustowskij

Diebsgesicht, Milizionär

Wir gerieten in Verzweiflung. Wir wußten nicht, wie wir diesen fuchsroten Kater erwischen sollten. Er bestahl uns jede Nacht. Er wußte sich so geschickt zu verstecken, daß keiner von uns ihn recht zu Gesicht bekommen hatte. Erst nach einer Woche gelang es endlich festzustellen, daß der Kater ein zerrissenes Ohr habe und daß ihm ein Stück seines schmutzigen Schwanzes abgehauen worden sei.

Es war ein Kater, der jedes Gewissen verloren hatte, ein Kater, der ein Landstreicher und Bandit war. Wir tauften ihn Diebsgesicht.

Er stahl alles: Fisch, Fleisch, Rahm und Brot. Einmal hatte er in der Vorratskammer sogar eine Blechbüchse mit Würmern ausgegraben. Die Würmer fraß er zwar nicht, die Hühner aber liefen zur ausgegrabenen Büchse und pickten unseren ganzen Vorrat an Würmern auf.

Die überfressenen Hühner lagen in der Sonne und dösten. Wir gingen um sie herum und schimpften sie aus, indes, der Fischfang war auf jeden Fall damit geplatzt.

Fast einen Monat benötigten wir, um dem Kater auf die Spur zu kommen.

Die Dorfbuben halfen uns dabei. Eines Tages kamen sie angesaust und erzählten uns, nach Luft schnappend, der Kater wäre in der Morgendämmerung sich duckend durch die Gemüsegärten gesprungen und hätte in den Zähnen eine Schnur mit Barschen gezogen.

Wir liefen in den Keller und stellten den Verlust der Schnur fest; an ihr waren zehn fette Barsche aufgereiht gewesen, die wir in der Prorwa gefangen hatten.

Dies war schon nicht mehr Diebstahl, das war Raub am hellichten

Tage, wir schworen uns, den Kater zu fangen und ihn für seine Banditenstreiche zu züchtigen.

Noch am gleichen Abend erwischten wir den Kater. Er hatte vom Eßtisch ein Stück Leberwurst gestohlen und war mit diesem auf eine Birke geklettert.

Wir begannen die Birke zu schütteln. Der Kater ließ die Wurst fallen, sie fiel Ruwim auf den Kopf. Der Kater sah uns von oben mit wilden Augen an und fauchte drohend.

Doch es gab keine Rettung für ihn, so entschloß er sich zu einem verzweifelten Schritt. Mit fürchterlichem Fauchen schwang er sich von der Birke, fiel auf die Erde, schnellte hoch wie ein Fußball und fegte unters Haus.

Das Haus war klein. Es stand in einem verwilderten dichten Garten. Jede Nacht weckte uns das Pochen der wilden Äpfel, die von den Zweigen auf das Bretterdach fielen.

Das Haus war ganz voll von Angelhaken, Schrot, Äpfeln und trockenem Laub. Wir übernachteten darin nur. Die ganzen Tage von der Morgendämmerung bis zur Dunkelheit verbrachten wir an den Ufern der Bäche und Seen. Dort fingen wir Fische und zündeten Reisigfeuer an.

Um an das Seeufer zu gelangen, mußte man durch die wohlriechenden hohen Gräser schmale Fußsteige trampeln. Die Spitzen der Gräser schaukelten über unseren Köpfen und streuten uns gelben Blütenstaub auf die Schultern.

Wir kehrten, vom Dornbusch zerkratzt, abends müde und sonnenverbrannt mit Bündeln silberner Fische heim und wurden jedesmal mit neuen Erzählungen über die Lumpenstreiche des roten Katers empfangen.

Schließlich hatten wir ihn doch erwischt. Er war unters Haus ins einzige schmale Schlupfloch gekrochen. Von dort gab es kein Entrinnen.

Wir verbarrikadierten das Schlupfloch mit einem alten Fischernetz und begannen zu warten. Aber der Kater kam nicht heraus. Er fauchte widerlich wie ein unterirdischer Geist, er miaute unablässig und ohne die geringste Erschöpfung.

Eine Stunde verging, zwei, drei ... Es war Zeit, schlafen zu gehen, jedoch der Kater maunzte unter dem Haus und schimpfte, und dies ging uns auf die Nerven.

So wurde nach Lenjka, dem Sohn des Dorfschusters, geschickt.

Lenjka zeichnete sich durch Furchtlosigkeit und Gewandtheit aus. Ihm wurde aufgetragen, den Kater unterm Hause hervorzuholen.

Lenjka nahm eine seidene Angelschnur, band diese an den Schwanz einer am gleichen Tage gefangenen Plötze und warf sie durchs Schlupfloch in die Unterwelt.

Das Heulen hörte auf. Wir vernahmen Knirschen und raubtierhaftes Schmatzen – der Kater hatte den Fischkopf mit den Zähnen gepackt. Er verbiß sich darin krampfhaft. Lenjka zog an der Angelschnur. Der Kater stemmte sich verzweifelt dagegen, jedoch Lenjka war stärker, und außerdem wollte der Kater den schmackhaften Fisch um keinen Preis aus den Zähnen lassen.

Kurz darauf erschien in der Öffnung des Schlupfloches der Katerkopf, die Plötze fest in den Zähnen haltend.

Lenjka packte den Kater am Nacken und hob ihn hoch. Nun konnten wir ihn zum erstenmal nach Herzenslust betrachten.

Der Kater preßte die Augen zu und legte die Ohren zurück. Den Schwanz hatte er vorsorglich unter sich gerollt. Er stellte sich als ein trotz seiner ständigen Diebstähle dürrer, feuerroter, verwahrloster Kater mit weißen Flecken auf dem Bauch heraus.

Den Kater musternd, fragte Ruwim nachdenklich: «Was sollen wir mit ihm anstellen?»

«Verprügeln!» sagte ich.

«Wird nicht helfen», sagte Lenjka. «Der hat schon von Kindheit an so einen Charakter. Versuchen Sie ihn auszufüttern, wie es sich gehört.» Der Kater wartete ab, die Augen zusammenkneifend.

Wir folgten diesem Rat, zerrten den Kater in die Vorratskammer und richteten ihm ein bemerkenswertes Abendessen her: gebratenes Schweinefleisch, Stücke von Barschen und flache Pfannkuchen mit Rahm.

Der Kater fraß über eine Stunde. Taumelnd verließ er die Vorratskammer, setzte sich auf die Schwelle und putzte sich, wobei er uns und die tiefstehenden Sterne mit frechen grünen Augen musterte.

Nach dem Säubern schnurrte er lange und rieb den Kopf am Fußboden. Dies sollte offensichtlich freudige Zufriedenheit bekunden. Wir fürchteten, er würde sich das Fell am Nacken durchschaben.

Hierauf legte sich der Kater auf den Rücken, angelte nach seinem Schwanz, saugte an diesem, ließ ihn los, streckte sich am Ofen aus und begann friedlich zu schnarchen.

Seit jenem Tage lebte er bei uns und hörte auf zu stehlen.

Am folgenden Morgen vollbrachte er sogar eine noble und ganz unerwartete Tat.

Die Hühner waren im Garten auf den Tisch geklettert und begannen dort, einander stoßend und schmähend, die Buchweizengrütze von den Tellern zu picken.

Vor Unwillen zitternd, schlich der Kater an die Hühner heran und sprang mit einem kurzen sieghaften Miauen auf den Tisch.

Die Hühner flogen mit verzweifeltem Gackern auf. Sie schmissen einen Eimer mit Milch um und jagten, Federn lassend, Hals über Kopf in den Garten.

Allen voran rannte schluckend ein langbeiniger Dummkopf von Hahn, den wir «Schreihals» getauft hatten.

Auf drei Beinen fegte ihm der Kater nach, mit dem vierten aber, der Vorderpfote, trommelte er dem Hahn auf dem Rücken herum. Vom Hahn flog Staub und Flaum. Bei jedem Schlag kam ein Laut aus seinem Innern, es klang, als schlüge der Kater auf einen Gummiball.

Hierauf lag der Hahn einige Minuten wie in einem Anfall da, verdrehte die Augen und stöhnte leise. Man begoß ihn mit kaltem Wasser, und er wurde wieder lebendig.

Seit jener Zeit scheuten sich die Hühner, etwas zu stehlen. Wenn sie den Kater sahen, versteckten sie sich mit Piepsen und Drängeln unter dem Haus.

Der Kater ging durch Haus und Garten, gleich einem Hausherrn und Wächter. Er rieb seinen Kopf an unseren Füßen. Er forderte Dankbarkeit, wobei er auf unseren Hosen Haarbüschel aus seinem roten Fell zurückließ.

Wir tauften ihn aus «Diebsgesicht» in «Milizionär» um. Wenn auch Ruwim behauptete, das sei nicht gängig, so waren wir doch davon überzeugt, daß die Milizionäre sich deswegen über uns nicht ärgern würden.

Herbert Rosendorfer

Bilanz

So einen Entschluß faßt man nicht spontan. Das heißt: es mag sein, daß hie und da ein Entschluß so spontan gefaßt und auch ausgeführt wird. Bei einem Mann wie Raimund Späth reift so ein Entschluß langsam heran, schleicht sich zunächst ungenannt in das Bewußtsein ein und wächst dann unheilbar wie der Krebs. Eines Tages ist dann der Entschluß da, ohne daß er eigentlich gefaßt ist. Es ist fast falsch, *Entschluß* zu sagen. Es war keine Aktivität der Gedanken mehr dabei, es war ein Zustand. Es war eben einfach so. Was man allenfalls hätte Entschluß nennen können, also einen datierbaren Einschnitt in Herrn Späths Bewußtsein, war die endgültige Bereitschaft, die bisherige Entwicklung anzuerkennen und den Lauf der Dinge nicht mehr aufzuhalten. Das war an einem Dienstag gewesen. An einem Dienstag – vormittags gegen zehn Uhr – nannte Späth die Dinge, oder vielmehr: das Ding, für sich beim Namen, nannte in Gedanken das Wort.

An sich hatte der Dienstag keine Bedeutung für Raimund Späth. Er saß an Dienstagen genauso an seinem alten Schreibtisch wie an allen anderen Wochentagen und oft auch an Sonntagen. Aber an den Dienstagen, genauer gesagt an Dienstagvormittagen schrien immer die Schweine. Späth vermied deshalb nach Möglichkeit, am Dienstag vormittag zu Hause zu sein, aber manchmal war es unumgänglich, wenn er dringende Arbeiten erledigen mußte. Raimund Späth war Buchhalter. Er lebte seit dem Krieg in dieser merkwürdigen kleinen Stadt in den Bergen, in die er, damals noch ein junger Mann, in den Nachkriegswirren verschlagen worden war. Es war eine dunkle, graue und braune Stadt mit hohen Türmen und finsteren Toren. Alles in jener Gegend hatte etwas Gewaltsames: der Wechsel der Jahreszeiten war jedesmal ein Ringen und Toben der Elemente, eine blutige Revolution der Natur. Auch die Jahreszeiten selber, die niederschmetternde Hitze des kurzen Sommers und die unmäßige Kälte des langen Winters, die wie Keulenschläge aufeinanderfolgten, waren wie von einer düsteren, blinden Wut. Einen Frühling gab es fast nicht, der Herbst war kurz, dafür aber allerdings in manchen Jahren in den finsteren Wäldern um den Ort überirdisch schön, auch wieder fast gewaltsam schön, wenn einsame Bussarde über die flammenfarbenen Hochmoore kreisten.

Der Ort war zu den üblichen Ferienzeiten im Winter und im Sommer einige Wochen lang von Fremden überschwemmt, die ein unpassendes, aufgesetztes, hektisches Leben in die Stadt brachten. Außerhalb der Saison war der Ort tot. Die feindseligen Alteingesessenen zogen sich dann in ihre großen steinernen Häuser mit den alten eisernen Schwellen zurück wie Wespen in ihren Bau.

In diesen Ort war Raimund Späth gekommen, als er Ende der Zwanzig war. Heute war er einundfünfzig. Es war nicht zu leugnen, daß er es zu nichts gebracht hatte. Man brachte es hier in den seltensten Fällen zu etwas, wenn man nicht Alteingesessener war oder wenigstens eingeheiratet hatte. Späth hatte sich als Buchhalter etabliert, und zwar als quasi Wanderbuchhalter. Er machte für ein paar mittlere und kleinere Läden und Handwerker, bei denen es sich nicht rentierte, einen festen Buchhalter einzustellen, die Bilanzen und für manche auch die Korrespondenz, was eben so anfiel. Bei manchen seiner Kunden arbeitete er dort, meistens nahm er aber die Sachen mit nach Hause, wo er dann vor seinem alten dunkelbraunen Schreibtisch saß, den er einmal beim Konkurs eines seiner Kunden für seinen ausstehenden Lohn bekommen hatte.

Bald nachdem er in den Ort gekommen war, hatte Späth geheiratet. Auch seine Frau war keine Alteingesessene. Sie war ein paar Jahre älter als er, heute war sie eine Greisin. Sie ist eine Greisin, sagte Späth oft zu sich selber, eine Greisin. Kinder hatten sie nicht. Seit langer Zeit – genau gesagt: seit vier Jahren nach ihrer Hochzeit – wohnten sie in dieser Wohnung in einem kleinen Haus, das dicht am Fuß des Hügels stand, der die eigentliche Altstadt trug. Sie hatten zwei Zimmer. Die Fenster beider Zimmer gingen auf die alte, fahlgelbe Quadermauer hinaus, die einen alten, fast burgartigen Bau stützte, der sich gewaltig über dem kleinen Haus erhob. Zwischen dem Haus und der Quadermauer zog sich ein schmaler Weg nach rechts entlang der Mauer hinauf, der bald zur Stiege wurde und in eines der finsteren Tore mündete. Der Weg und die Quadermauer waren die einzigen Ausblicke der Wohnung. Wenn man sich aus dem Fenster beugte und steil nach oben sah, konnte man den Turm der Burg, die Erker und auch den Himmel sehen.

Aber die Wohnung war eben billig. An den engen Ausblick hatte sich Späth gewöhnt, nicht daran gewöhnt hatte er sich, daß am Dienstag immer die Schweine schrien. In der alten Burg nämlich war ein Metzger, der nicht im Schlachthof, sondern im eigenen Haus schlachtete. Die Schlachträume gingen hinten hinaus und hatten ihre Fenster ziemlich genau über dem kleinen Haus mit Späths Wohnung. Dieser Metzger schlachtete jeden Dienstag. Späth hatte es nie gesehen, aber die Geräusche waren so deutlich, so plastisch, daß er sich alles genau vorstellen konnte. Die Schweine, die wohl ihr Schicksal ahnten, wurden in den heißen, dampfenden, gekachelten Raum getrieben. Die Metzgergesellen sangen und schrien dabei, trieben vermutlich rohe Späße mit den Tieren, die, sobald das erste abgeschlachtet wurde, gräßlich zu schreien anfingen. Kälber und Rinder blökten offenbar nur ganz kurz, und dann war es vorbei. Schweine aber schrien. Es war ein hohes, quiekendes, irgendwie würdeloses Schreien, das leider manchmal sehr menschlich klang. Dann kamen die dumpfen, satten, schmatzenden Schläge. Manchmal entkam, schien's, den Metzgern ein Schwein. Es raste dann wohl verzweifelt im Schlachtraum herum. Es war jedesmal eine große Gaudi für die Metzger, die johlend das Schwein wieder fingen. Immer weniger Schweine schrien, zum Schluß nur noch eins, dann noch ein satter, saftiger Schlag, und es war vorbei bis zum nächsten Dienstag.

Anfangs war dieser Dienstagvormittag Raimund Späth auf die Nerven gegangen. Er konnte dann nicht arbeiten, ging außer Haus. Mit der Zeit aber überwand er es, daran gewöhnen konnte er sich nie, und den Schinken kaufte er immer bei einem anderen Metzger, obwohl der Schinken des Metzgers in der Burg als der beste galt.

Raimund Späth hatte es zu nichts gebracht. Nicht, daß er nicht fleißig gewesen wäre, es waren eben die Möglichkeiten beschränkt. Es gab außer ihm noch zwei oder drei freie Buchhalter in dem Ort. Die Kunden wurden aber nicht mehr. Es war nicht zu übersehen, daß Späth vor einigen Jahren das volle Maß seiner Möglichkeiten ausgeschöpft hatte. Mehr würde er nicht erreichen. Es zeichnete sich eher ein Abwärtstrend ab, denn die mittleren Unternehmen wuchsen, stellten feste Buchhalter ein, und Späth war ja auch nicht mehr der Jüngste. Er versuchte, seinen Tätigkeitsbereich geographisch zu erweitern. Er mußte sich deswegen ein Motorrad, später wegen seines Nierenleidens statt dessen ein kleines Auto anschaffen, und das schluckte fast mehr, als die Arbeit in den Nachbargemeinden brachte. Als es einmal ganz schlecht aussah – das war vor zwei Jahren gewesen, als Späth binnen eines Monats vier Kunden verloren hatte –, ließ er sich von einem kleinen Winkeladvokaten, einem seiner ältesten Kunden, der nebenbei auch ein wenig Grundstücke makelte und – meist halbseriöse – Geschäfte vermittelte, dazu verleiten, «Steuermanipulationen» mitzumachen. Der Winkeladvokat war auf ein gewisses System gekommen, wie man Steuerrückvergütungen erschwindeln konnte, das konnte er aber nicht ohne seinen Buchhalter verwirklichen. Er bot also dem Buchhalter die Beteiligung an dem angeblich harmlosen und völlig ungefährlichen Schwindel an. Raimund Späth stand vor der Wahl, entweder das illegale Geschäft mitzumachen oder in dem Monat den fünften Kunden zu verlieren. Er hätte dann wohl auch das Auto hergeben müssen, hätte die Arbeit bei den Kunden außen nicht mehr machen können, das Fernsehgerät und eine etwas voreilig angeschaffte Sitzgarnitur in gestreiftem Kunstleder waren noch abzuzahlen ... Späth konnte nicht anders, als die Beteiligung an des Winkeladvokaten Manipulationen zu akzeptieren. Er konnte nicht anders, aber kriminell war es, streng genommen, doch.

Vielleicht war das damals der heimliche Anfang des Entschlusses, denn Späth gewöhnte sich an den Gedanken, daß er Mitwisser und sogar Gehilfe eines gar nicht so arg kleinen Betruges war, fast noch weniger als an das Geschrei der Schweine am Dienstagvormittag, zumal die Ausbeute aus dem Schwindel für Späth eher kärglich war. Der Winkeladvokat hielt ihn kurz, denn leider konnte Späth nicht verbergen, daß er mehr Angst hatte als sein schäbiger Kunde.

Zwei Jahre ging der Schwindel gut. Er ging auch noch dieses Jahr gut, aber Späth, der ja in mehrere Betriebe Einblick hatte und dadurch auch einen besseren Überblick über das Gebaren des Finanzamtes, bemerkte so um März herum – vorsichtige Anfragen bestätigten seine Beobachtungen –, daß die Revisoren nur Firmen, die mit G anfingen, überprüften. Sie machten also heuer nicht Stichproben wie sonst, sondern hatten sich eine zwar zufällige, aber fest umrissene Gruppe herausgegriffen. Späths Winkeladvokat hieß

Grillhuber (*Dr.* Grillhuber ließ er sich nicht ungern nennen, obwohl er keinen Dr. hatte). Es wäre vielleicht noch Zeit gewesen, wenn schon nicht den ganzen Schwindel, so doch seinen Umfang durch neuerliche Manipulationen zu vertuschen. Aber Raimund Späth wollte nicht mehr.

Irmgard war Verkäuferin in einem kleinen Papier- und Zeitungsladen (nebst «Leihbücherei»), den Späth «buchhalterisch» – merkwürdigerweise wird das Wort unter Buchhaltern in jenem Landstrich auf der dritten Silbe betont – betreute. Späth kannte – als Bearbeiter ihrer Lohnunterlagen – selbstverständlich ihre Daten. Sie war genau in dem Monat geboren, in dem er in die Stadt kam. Ein Vierteljahr, nachdem Späth sie zum erstenmal gesehen hatte, sagte er ihr das. Irmgard schien nicht beeindruckt. Späth bereute es sofort, so etwas offensichtlich Plumpes gesagt zu haben.

«Ich meine nur», sagte er, und machte wohl alles nur schlimmer, weil er bis über die Glatze rot dabei wurde, «ich meine nur: was für ein Zufall.»

Späth glaubte sich nicht zu täuschen, als er das nächste Mal, da er in den Laden kam, Irmgard und die anderen Verkäuferin hinter seinem Rücken kichern hörte.

Ein Mann von einundfünfzig Jahren, auch wenn er nur Buchhalter, klein, glatzköpfig und kurzsichtig ist, kann verliebt sein wie ein Zwanzigjähriger. Aber wehe, wenn er es zeigt. Die Zwanzigjährigen balzen auf der Straße herum, und alles lächelt: «San halt a so, die jungen Leut.» Bei einem Einundfünfzigjährigen heißt es nur: «Der verliebte alte Trottel.» Jahrhunderte der Commedia dell'arte haben davon gelebt, sich über einen alten Mann lustig zu machen, dessen einziges Vergehen darin bestand, auch verliebt zu sein. Warum? Es scheint, als sei Jungsein ein Verdienst. Die Menschheit ist ein primitives Volk, dachte sich Raimund Späth. Es war einer seiner Lieblingssprüche: «Die Menschheit ist ein primitives Volk. Vielleicht werde ich mir das auf den Grabstein meißeln lassen.»

So kam alles zu allem, und eines Dienstagvormittags, als aus dem düster-fahlgrauen Turm die Schweine schrien, faßte Raimund Späth den Entschluß. Das heißt: er stellte fest, daß er den Entschluß gefaßt hatte. Es war ein finsterer Märztag, der Schnee war schon aufgeweicht, aber der Himmel war mit jenen schwefelfarbenen Wolken verhangen, die einen Schneesturm ankündigen, der dann auch bald kam und die Welt in die kalte Enge des tiefen Winters zurücktrieb.

Es gibt Momente, in denen auch ein Wanderbuchhalter von einundfünfzig Jahren «außer sich» ist. Raimund Späth sah zwei Gestalten draußen im beginnenden Schneegestöber: ein junges, schlankes Mädchen in hohen, engen Stiefeln, wie sie jetzt Mode waren, und einen alten Mann in einem abgetragenen Fischgrätenmuster-Mantel, mit einer abgewetzten Aktentasche und auf dem Kopf einen viel zu breitrandigen braunen Hut. Es half nichts, daß der alte Mann den unkleidsamen Hut abnahm, denn die Glatze darunter war noch weniger kleidsam. Irmgard und der Buchhalter Späth. Es war außer jeder Frage, daß er – Späth – keine *Attraktion* für Irmgard war und auch nie werden konnte. Vielleicht war der Moment dieser Erkenntnis der Moment, in dem es sich in Raimund Späth entschied, «freiwillig aus dem Leben zu scheiden», wie es verschämt in bürgerlichem Sprachgebrauch heißt. Da war aber noch eine dritte Gestalt im Schnee: ein kleiner schwarzer Schatten. Der sollte Bedeutung erlangen.

Raimund Späth entschied sich fürs Erhängen. Als Ort wählte er den Dachboden. Dort war ein geeigneter freier Balken in genügender Höhe. Späth kaufte eine Wäscheleine und nahm einen Hocker mit auf den Dachboden. Er würde auf den Hocker steigen und, nachdem er die zuvor am Balken befestigte Schnur um den Hals geschlungen, den Hocker mit dem Fuß wegstoßen. Die Wäscheleine war, in saubere Schlingen gelegt, in eine Klarsichtfolie verpackt. Späth beließ sie vorerst in der Folie, die Leine sollte nicht staubig werden. Späth wollte sich nicht mit einer staubigen Leine aufhängen, und es war noch einiges zu tun. Er verwahrte die Leine und den Hocker in einer Ecke des Dachbodens und stieg wieder hinunter. –

Ein Testament brauchte Späth nicht zu machen, denn erstens hatte er nichts, und zweitens war ja nur seine Frau da, und die war Erbin von Gesetzes wegen. Die Lebensversicherung war in Ordnung. Margarethe Späth würde nicht viel bekommen, aber sie würde nicht verhungern. Sie konnte außerdem nach seinem Tod das eine Zimmer untervermieten. Die Lebensversicherung wurde auch fällig – Späth las nochmals genau den Versicherungsvertrag durch (auch das Kleingedruckte) –, «wenn der Tod des Versicherungsnehmers durch dessen eigene Hand eintritt». Mit den monatlichen Versicherungsbeiträgen war Späth immer, auch in schlechteren Zeiten, auf dem laufenden geblieben. Das Finanzielle war soweit klar, nur: der neue Herd und das Farbfernsehgerät waren noch nicht abbezahlt. Der Herd war dringend notwendig gewesen, das Farbfernsehgerät hatte Margarethe – kaum daß jenes Gerät, von dem oben die Rede war, bezahlt war – ertrotzt. Margarethe liebte Quiz-Sendungen, und es war ihr unerträglich, daß sie einen bestimmten Quiz-Meister, jetzt, wo das möglich war, nicht in Farbe sehen konnte. Die Begründung Margarethes, das Gerät amortisiere sich dadurch, daß sie bei sämtlichen Fernsehlotterien und ähnlichem mitmache, bestach Raimund nicht, denn Margarethe hatte bislang nicht mehr als einmal einen Kugelschreiber und zweimal eine Groß-packung Waschpulver gewonnen. Nichts konnte Raimund Späth aber gegen das Argument Margarethes einwenden: sie habe ja sonst nichts vom Leben. Also wurde das Fernsehgerät gekauft. Für den Herd waren nicht mehr viel Raten zu bezahlen, wohl aber für den Farbfernseher. Auch das, beschloß Raimund, wird er vorher noch bereinigen. Er rechnete nach, zählte die Raten zusammen und kalkulierte den Nachlaß für vorzeitige Ratenzahlung ein: wenn er sein Auto günstig verkaufen konnte, würde er die noch ausstehenden Raten bezahlen können.

Er befestigte einen Anschlag mit Kaufpreis usw. innen am Fenster seines Wagens, rückte auch eine kleine Annonce in das Bezirksblatt ein. Das Wichtigste aber: er wickelte seine Geschäftsbeziehungen zu den Kunden außerhalb der Stadt – die er ohne Auto nicht mehr bedienen konnte – ab. Es war ihm schmerzlich, aber irgendwie befriedigte ihn dieser ordentliche, saubere Abschied, von dem niemand ahnte. Bei allen auswärtigen Kunden ging die Abwicklung schnell vor sich, nur bei einem war die Jahresbilanz zu erstellen, bei der gewisse Schwierigkeiten auftauchten. Ein anderer Buchhalter hätte unverhältnismäßig lang gebraucht, sich einzuarbeiten. Späth hätte es als unkorrekt betrachtet, diese Bilanz nicht zu erledigen. Am 30. April mußte die Bilanz erstellt sein. Späth setzte also den Termin seines Selbstmordes auf den 1. Mai fest. Dummerweise war gerade dieser Kunde (es war ein allumfassender Lebens- und Landwirtschaftsbedarfladen) in einem kleinen Nest, das durch öffentliche Verkehrsmittel außerordentlich ungünstig zu erreichen war. Späth mußte also sein Auto bis Ende April behalten, wodurch sich wiederum die vorzeitige Ratenzahlung für Herd und Farbfernseher verzögerte.

Ausgerechnet beim letzten Mal, als Späth zu dem Laden in das

Nest fuhr (so um den 27. April herum), beobachtete ein unvorsichtiger Bauer, der mit seinem Traktor von einem Feldweg in die Straße einbog, den Verkehr nicht sorgsam genug und fuhr Späth an den Wagen. Es war nicht viel passiert, aber immerhin war der rechte vordere Kotflügel von Späths Wagen beschädigt. Der Bauer gab nach einigem Hin und Her (mit leidvollen Ausführungen über die darbende Landwirtschaft) zu, daß er schuld sei, außerdem hatte ein Straßenarbeiter den Unfallhergang gesehen und stellte sich zur Verfügung, Späths Unschuld an dem Unfall zu bezeugen. Da der Schaden nicht sehr hoch war, zahlte die Versicherung des Bauern zwar anstandslos, aber Späth mußte den Wagen, bevor er ihn verkaufte, herrichten lassen. Ein wenn auch unverschuldet eingebeulter Kotflügel drückt den Preis.

Die Reparatur nahm vier Tage in Anspruch, die Versicherung zahlte nach weiteren acht Tagen. Der erste Mai war längst verstrichen.

Raimund Späth ging – am ersten Dienstagvormittag im Mai – auf den Dachboden und kontrollierte den Hocker und die immer noch in saubere Folie verpackte Leine.

– 1. Juni, sagte sich Späth. Die Sache mit dem Auto war nämlich gar nicht das eigentlich Aufhaltsame. Späth, der seine auswärtigen Kunden «abgestoßen» hatte, mußte sich für die «Übergangszeit», wie er es nannte – ein tiefer Gedanke, diese Spanne Übergangszeit zu nennen – einen finanziellen Ausgleich herbeiführen. Er nahm deshalb eine befristete Arbeit in einer größeren Firma an, die gerade verkauft werden sollte und bei der irgendwelche unvorhergesehenen buchhalterischen (auf der dritten Silbe betont) Bereinigungen vorgenommen werden mußten, für die das fest angestellte Personal nicht ausreichte.

Als der erste Juni herannahte, das Auto verkauft und die noch ausstehenden Raten für Herd und Farbfernseher getilgt waren, stellte sich erstens heraus, daß die befristete «Übergangs»-Arbeit schwieriger und langwieriger war, als man und insbesondere Späth ursprünglich gemeint hatte. Da Späth sich nicht auf eine gewisse Zeit, sondern bis zur Fertigstellung dieser Arbeit der betreffenden Firma verpflichtet hatte, wurde es schon deswegen auch mit dem 1. Juni nichts. Zweitens verschwand Mitte Juni Herr Winkeladvokat «Dr.» Grillhuber spurlos aus der Stadt. Er hatte wohl von anderer Seite von der drohenden Revision durch das Finanzamt

Wind bekommen. Selbstverständlich geriet Späth sofort in den Sog des Ermittlungsverfahrens. Nun war es Raimund Späth nicht um die Reinheit seines Namens und Andenkens zu tun. Es war ihm völlig klar, daß, wenn es ihm gelungen wäre, vor der Grillhuber-schen Revision «freiwillig aus dem Leben zu scheiden», Grillhuber sich auf Kosten des toten Späth herausgeredet hätte. Jetzt aber, da ein Ermittlungsverfahren gegen den flüchtigen Grillhuber und auch gegen ihn, Späth, lief, wäre es Späth unerträglich gewesen, vor Bereinigung der Sache sich umzubringen. Das wäre für das Gefühl Späths etwa so gewesen, als hätte er sich mit einem staubigen Strick aufgehängt.

Die Sache ging übrigens ziemlich glimpflich ab. Die Finanzrevisoren, bei denen der bescheidene und harmlose Späth eher beliebt war, gingen von vornherein davon aus, daß – das war ja im Grunde auch richtig – Grillhuber der eigentliche Gauner war. Späth brauchte sich fast nicht auf Kosten des verschwundenen Winkeladvokaten herauszureden, dann wurde die Sache, soweit sie Späth betraf, niedergeschlagen. Das war gegen Ende Juli. Mitte Juli aber war – drittens – der ganz große Triumph in Margarethe Späths Leben eingetreten: sie gewann einen Preis.

Margarethe Späth verfolgte nicht nur mit Passion die Quiz-Sendungen im Fernsehen, sie beteiligte sich ebenso gewissenhaft wie leidenschaftlich an allen Wettbewerben, mochten sie geartet sein, wie sie wollten.

«Warte!» hatte Späth gesagt, früher, als er noch mehr mit ihr redete, «warte! du gewinnst womöglich ein Akkordeon. Und was dann?»

Margarethe Späth ließ sich nicht abhalten. Auch auf die Gefahr, ein Akkordeon zu gewinnen, füllte sie die vorgedruckten, beim Gemischtwarenhändler verteilten oder Zeitschriften beigelegten oder sonstwie ins Haus gekommenen Reklamewettbewerbskarten aus und brachte sie unermüdlich zur Post. Abgesehen von dem schon erwähnten Kugelschreiber und den beiden Großpackungen Waschpulver – die auf Fernsehlotterien zurückzuführen waren – verfügte Margarethe Späth über eine bereits recht reichhaltige Sammlung von Trostpreisen in Form von Schlüsselanhängern, nichtrostenden Aschenbechern, Plastikeinkaufstaschen und Patentdosenöffnern, als der Triumph, das ganz große Glück, eintraf. Das heißt: das ganz große Glück, also der erste Preis, wäre eine

Reise nach Hongkong (inklusive Rundfahrt mit Dschunke im Hafen) gewesen. Margarethe gewann den zweiten Preis: einen Flug für zwei Personen nach Holland zur Tulpenblüte.

Ein Vertreter der Firma, die das Preisausschreiben veranstaltet hatte, kam ins Haus, brachte Blumen und Glückwünsche, auch eine Fahrkarte in die Hauptstadt, wo Margarethe den eigentlichen Preis im Rahmen einer Feierstunde entgegennehmen durfte. Raimund Späth wollte gleich – er argumentierte: im August blühen auch in Holland keine Tulpen – den Preis in Geld umwandeln lassen, aber erstens ging das nach den Wettbewerbsvorschriften nicht, und dann hätte sich Margarethe nie dazu bereit gefunden. «Wenn du nicht mitfahren willst, fahre ich eben alleine, und die anderen Gutscheine verfallen eben.» Die Gutscheine und das Flugbillett verfallen zu lassen, wäre Raimunds Natur hart gegen den Strich gegangen. Sie fuhren also, zunächst mit dem Zug in die nächste Stadt mit Flughafen, von dort mit dem Flugzeug nach Amsterdam. Die Tulpen blühten tatsächlich nicht mehr, aber es war dennoch eine große Aufregung. Für die Reise ließ sich Margarethe einen Hut aus weißem Netz, das mit Veilchen und Maiglöckchen bestickt war, machen. Während sie unten den Hut vor der Abreise auf den Kopf drapierte, betrachtete Raimund auf dem Dachboden den Hocker und die Leine.

«1. September», sagte er leise und blies den Staub von der Klarsichtpackung. –

Der September war anfangs heiß, ein später, aber vollgültiger Ausläufer des Sommers. Der wolkenlose Himmel war, wie nicht selten im Herbst, tiefblau, von einem düsteren, drückenden Blau: ein transparentes blaues Tuch, das die schwarze Tiefe des Abgrunds durchschimmern ließ. «Oben» und «Abgrund» sind ja keine Widersprüche, wenn man in Kategorien des Alls rechnet. Erst um die Septembermitte schlug das Wetter um. Es wurde regnerisch und bald kalt. Es war diesmal ein Mittwochvormittag, und die Schweine schrien, denn der Metzger hatte am Dienstag ein Firmenjubiläum gefeiert und schlachtete ausnahmsweise am Mittwoch. Raimund Späth saß an seinem Schreibtisch und schaute in den Regen hinaus. Der Wind schlug den Regen gegen die Quadern der Burgmauer, deren Verputz bald eine nicht zu beschreibende Nichtfarbe aus Fahlgelb und Grautönen annahm. Raimund Späth schaute – zwangsläufig, denn er konnte durch sein Fenster kaum woanders hinschauen –

auf die Stelle, wo damals die drei Gestalten erschienen waren. Irmgards und Späths Schemen waren längst verschwunden. Nur der kleine schwarze Schatten war wieder da. Es war eine kleine Katze, die in einer Mauerecke saß, in die der Regen nicht so heftig fiel.

Späth stand auf und ging unmittelbar ans Fenster. Nun bemerkte die Katze ihn, legte den Kopf schief und schaute zum Fenster herauf. Wahrscheinlich war die Katze gar nicht so klein, sie war nur abgemagert, völlig durchnäßt und wirkte nur klein. Raimund Späth nahm seinen Regenschirm, ging hinunter, ums Haus herum und dorthin, wo die Katze saß. Sie kam ihm bereits entgegen und folgte ihm ins Haus. Am Fuß der Treppe hob Späth die Katze auf und trug sie hinauf.

«Sie heißt Sophia», sagte er zu seiner Frau.

«Du wirst wohl nicht dieses Vieh in der Wohnung halten wollen?» sagte die Frau.

«Doch», sagte Späth.

«Das Vieh kommt mir nicht in die Wohnung. Oder ich ziehe aus.»

Späth sagte gar nichts und nahm die Katze mit ins andere Zimmer. Sie legte sich unter den Schreibtisch und begann sich trocken zu lecken. Es wäre zuviel gesagt, daß «Sophia» gehorcht hätte, aber immerhin hörte sie auf den Namen. Wie sie früher geheißen und ob sie überhaupt einen Namen gehabt hatte, erfuhr Späth natürlich nie. Übrigens zog Frau Späth nicht aus, wenngleich sie nie aufhörte, wegen der Katze zu giften.

«Vielleicht gewinne ich einen Hund», sagte sie,« der deine Katze vertreibt», und füllte verbissen die bunten Reklamewettbewerbskarten aus. Sie gewann Tauchsieder, Aluminiumbestecke und Nähnadelfutterale, einmal sogar ein tiefgefrorenes Huhn; einen Hund gewann sie nicht. –

Ende November kaufte Raimund Späth wieder ein Auto, denn eine neue «Übergangsarbeit» fand sich auswärts. Mit einer gewissen Beklemmung bemerkte Späth, daß es mit seiner Buchhalterei bergauf ging, denn einer der anderen freien Buchhalter des Bezirks hatte eine feste Tätigkeit angenommen, und die meisten von dessen Kunden kamen zu Raimund Späth. Späth hatte auch diese Übergangsbeschäftigungen angenommen, denn es mußte ja jemand für Sophia sorgen.

Sophia saß – wenn sie nicht einen ihrer Spaziergänge machte – an der rechten hinteren Ecke des alten Schreibtisches. Ihr Schwanz hing über die Tischplatte hinab und verriet durch gelegentliches Zucken die Anteilnahme Sophias an Späths Arbeit. Späth hatte keinen Zweifel daran, daß Sophia die Buchhaltungskunst nach wenigen Wochen bereits erlernt hatte. Sie verfolgte aufmerksam mit den Augen jede Bewegung von Späths Stift. Setzte Späth einen Schlußstrich unter eine besonders saftige Zahlenkolonne, so schnellte der Schwanz, wie von einem unsichtbaren Faden angerissen, in einem Kringel in die Höhe. Mit besonderem Interesse registrierte Sophia Späths Tätigkeit an seiner Rechenmaschine. Die alte Rechenmaschine (sie war zwar ein elektrisches Modell, aber sicher eines der ersten) stand an der linken hinteren Ecke des Schreibtisches. Zuweilen, wenn die Maschine surrte und rasselte, stand Sophia auf und schritt über den Tisch, drehte ihren Kopf fast um hundertachtzig Grad und beobachtete die glänzenden Tasten.

Zu Kunden in die nähere Umgebung begleitete Sophia Späth. Ging Späth weiter fort, so wartete die Katze bei schönem Wetter auf einem bestimmten Zaunpfosten, bei schlechtem unter einer Bank. Nicht lange nachdem Späth seinen neuen Wagen gekauft hatte, begann er die Katze mitzunehmen, wenn er fortfuhr. Sie schlief dann – das Fenster blieb einen Spalt offen – auf dem Fahrersitz oder spielte mit einer Glocke, die eigens zu diesem Zweck am Rückspiegel hing. Wenn Späth außer Haus war, blieb die Katze erst in der Wohnung, als Margarethe Späth (etwa ein Jahr nach der Tulpenfahrt) ins Krankenhaus eingeliefert wurde. Die Nachricht, daß sie Krebs hatte, erschütterte Späth wenig. Noch einmal kam Frau Späth für einige Monate aus dem Krankenhaus heraus, dann mußte sie wieder hinein, gewann ihr letztes Spezialküchentuch und verschied.

Manchmal überlegte Raimund Späth, ob er die Katze nicht «mitnehmen» solle. Aber er entschied immer: nein. Er habe, sagte er zu sich, kein Recht, das Leben des Tieres abzukürzen. In Wirklichkeit war es natürlich so, daß aus dem Leben zu scheiden, nachdem er Sophia etwas angetan hatte, Späth der schiere Gipfel an Welt-Unordnung erschienen wäre. Die Katze im ungewissen zurückzulassen, war für ihn ohne jede Frage ausgeschlossen.

So stieg Späth hie und da, allerdings zunehmend seltener, in den Dachboden hinauf und blies den Staub von der Klarsichtpackung. Die neugierige Sophia, die diese Prozedur aus nächster Nähe musterte, mußte meist ziemlich heftig dabei niesen.

Victor Auburtin

Blaue Katzen und Kater Cleveland

Seit drei Jahren und vier Monaten sprachen wir am Schriftstellertisch im Café Westminster vom Theater. Könige starben, Prin-
zessinnen ließen sich scheiden, Völker vergingen, wir am Schriftstellertisch im Café Westminster redeten vom Theater und von
nichts anderem.

Da machte der Dr. Kornhaisl, der älteste unter uns, den Vorschlag, es solle ein Tag in der Woche festgesetzt werden, an dem
nicht vom Theater gesprochen werden dürfe. Für diesen Tag solle
ein gemeinsames Thema bestimmt werden, und niemand dürfe über
etwas anderes reden als über diese Thema ganz allein. Und zwar, so
führte der Dr. Kornhaisl weiter aus, sei es vielleicht das beste, zum
gemeinsamen Diskutierthema einen Gegenstand aus der Naturge-
schichte zu wählen; also z. B. Pilzkunde oder so etwas. Der Vorschlag wurde angenommen und der nächste Mittwoch als der erste
theaterfreie Naturabend festgesetzt.

Am nächsten Mittwoch fehlte von uns fast die Hälfte. Für gewöhnlich waren wir am Schriftstellertisch im Café Westminster so
ungefähr fünfundzwanzig. Zwölf davon hatten es nicht für empfeh-
lenswert gefunden, zu einem Abend zu kommen, an dem nicht vom
Theater, sondern nur über die Natur gesprochen werden sollte, und
waren zu Hause geblieben. Die anderen setzten sich an die bekannten Marmortische neben der Wasserheizung und sahen sich erwartungsvoll an.

«Über was reden wir denn nun eigentlich?» fragte der Dr. Korn-
haisl. Ein langes gedankenvolles Schweigen folgte. Dann hob der
Dr. Swoboda einen Finger und sagte: «Reden wir einmal über
Katzen.» – «Ein ganz interessanter Gegenstand», meinte der Dr.
Kornhaisl.

Daraufhin wurde der Vorschlag, über Katzen zu sprechen, mit zehn gegen zwei Stimmen, die des Dr. Wurmsdorffer und des Dr. Haferl, angenommen. Diese zwei Gegenstimmen entfernten sich mit der Bemerkung, sie seien nicht gesonnen, eine solche Trottelei mitzumachen.

«Also», sagte der Dr. Kornhaisl, «wer etwas Merkwürdiges oder Neues oder Sonderbares über Katzen mitteilen kann, der fange an.» Wir alle dachten sieben Minuten lang scharf nach, dann sagte der Dr. Olivenbaum: «Ich weiß etwas über Katzen», und er begann:

«Sie kennen doch gewiß alle die Mathilde Lejo, die sentimentale Liebhaberin vom Karl-Theater in Wien?»

Der Dr. Swoboda warf dazwischen: «Es sollte doch wohl heute über Katzen geredet werden und ausnahmsweise einmal nicht über sentimentale Liebhaberinnen.»

«Ich rede über Katzen», antwortete der Dr. Olivenbaum gereizt. «Lassen Sie mich meine Idee nur entfalten. Also, als ich damals in Wien war, kannte ich die Mathilde Lejo vom Karl-Theater sehr gut. Sie war eine ernste stille Person, die ein zurückgezogenes Leben führte und in Sachen der Sittlichkeit sehr streng dachte, und diese Mathilde Lejo nun, und das ist der Punkt, auf den ich kommen wollte, besaß eine blaue Katze.

Daß es blaue Katzen gibt, muß jedem bekannt sein, der sich mit der Naturkunde auch nur oberflächlich beschäftigt hat. Blaue Katzen werden besonders in England gezüchtet, wo sie den wissenschaftlichen Namen ‹the blue Cat of Thorpe› führen, und auf den Auktionen werden ganz enorme Preise dafür bezahlt. Mathilde also besaß eine solche Katze, und sie liebte dieses Tier äußerst. Die himmelblaue Katze schlief in ihrem Bett, wurde jeden Morgen massiert und mit Bayrum eingerieben und bekam zu ihrem Mittagessen stets einen Zander mit Kräuterbutter. Aber da geschah es eines Tages, daß der Fischhändler eine Verwechslung beging und statt des Zanders einen Hecht brachte; und weil die blaue Katze an diese Fischsorte nicht gewöhnt war, verschluckte sie eine Gräte und starb nach kurzem, aber qualvollem Leiden.

Mathilde war untröstlich. Als ich ihr meinen Kondolenzbesuch machte, warf sie sich mir schluchzend in die Arme und sagte: ‹Olivenbaum, nachdem die Katze tot ist, bist du mein einziges Glück auf dieser Welt. Ich liebe dich heiß; und deshalb bitte ich dich, schenke mir zu meinem nächsten Geburtstag eine neue blaue

Katze, weil ich ohne blaue Katze nicht leben kann. Und wenn du das tust, werde ich dir mit Leib und Seele angehören und dir keinen Wunsch versagen.›

Bis zu Mathildens Geburtstag hatte ich noch acht Wochen, und in dieser Zeit habe ich nun in ganz Wien nach einer blauen Katze gesucht. Aber ich muß sagen, daß dieses keine leichte Aufgabe gewesen ist. In den Katzengeschäften waren alle, selbst die kostbarsten Arten zu haben, Zibetkatzen, Riesenangoras, persische Raubkatzen, auch die ungeheuer seltenen schwanzlosen Katzen von der Insel Man; nur eben keine blauen Katzen. Die Händler hatten entweder niemals blaue Katzen gehabt, oder sie hatten ihr letztes Exemplar gerade eben verkauft. Ich telegrafierte an Hagenbeck in Hamburg, und der schickte mir seine Preisliste ein; aber in diesem Katalog waren Nasenbären, Giraffen und Nilpferde verzeichnet, nur keine blauen Katzen.

Dann ging ich in die Expedition des Neuen Wiener Tagesblattes und wollte eine Annonce aufgeben: Gesucht blaue Katze zu höchsten Preisen. Aber der Herr am Schalter gab mein Inserat zurück und sagte: ‹Wir sind ein seriöses Blatt und nehmen Annoncen perversen Inhalts grundsätzlich nicht an; was Sie unter blauer Katze verstehen, das wissen wir schon.›

So wollte ich eben verzweifeln, als es mir durch die Vermittlung des Detektivbüros Falke gelang, mit der Witwe eines Obersten in Verbindung zu treten, die eine Katze von kornblumenartiger Bläue besaß. Die Katze war der Dame ans Herz gewachsen und kostete 7500 Kronen. Aber für meine schöne, stille Mathilde war mir nichts zu teuer, und ich kaufte das Exemplar glatt.

Am Geburtstag steckte ich die Katze in eine Tüte und eilte hochbeglückt in Mathildes Wohnung. Aber als ich ihren Salon betrat, saß Mathilde sanft lächelnd in einem Lehnstuhl, umgeben von einundzwanzig blauen Katzen, die im Zimmer herumspazierten und sich gegenseitig berochen.

Ich begriff die Lage sofort. Ernst holte ich meine Katze aus der Tüte und sagte: ‹Madame, sofern ich richtig zähle, befinden sich in diesem Zimmer einundzwanzig blaue Katzen. Wenn Sie für jede dieser blauen Katzen dasselbe Versprechen gegeben haben wie mir, werden Sie heute einundzwanzigmal Ihren Leib und Ihre Seele hingeben und einundzwanzigmal keinen Wunsch versagen. Für das zweiundzwanzigstemal, das auf mich fallen würde, danke ich bestens.› Damit warf ich ihr meine Katze vor die Füße und entfernte mich kalt.»

Als der Dr. Olivenbaum seine Erzählung beendet hatte, riefen zwei von uns, der Dr. Böhm und der Dr. Frobenius, dem Oberkellner, bezahlten ihr Pilsener Bier und entfernten sich mit Eile.

Wir anderen führten das Thema weiter aus, doch nahm die Unterhaltung jetzt mehr einen allgemeinen Charakter an. Die ewige Frage, ob die Katze oder der Hund vorzuziehen sei, wurde durchgesprochen und gab Anlaß zu sehr stürmischen Debatten. Die Mehrzahl sprach sich für den Hund aus, ich selbst ergriff lebhaft die Partei der Katze. Es sei nicht wahr, daß die Katze falsch sei, wie die alte Fabel behaupte. Kein Tier, auch die Schlange nicht, sei mit Berechnung falsch; jedes Wesen tue einfach und geradeaus nur eben das, was ihm der Schöpfer vorschrieb und was sein handfester Vorteil sei. Falschheit hingegen, Winkelzug und Diplomatie seien Eigenschaften jenes widerlichen Lebewesens Mensch, das sich in unbegreiflicher Verblendung das Ebenbild Gottes nenne und das doch nichts anderes sei als ein entarteter Affe. Die Katze sei schon deshalb achtbar, weil sie sich nicht vom Menschen dressieren lasse und zu Kunststücken hergebe, während hingegen der Hund die Peitsche im Maul trage und damit den Rekord der Schande im Bereich der ganzen Schöpfung halte. Auch sei es durchaus falsch, so fügte ich abschließend hinzu, daß die Katze mehr am Ort als am Menschen hänge, wie vom oberflächlichen Beobachter leider so oft erzählt worden war.

Als ich meine Rede beendet hatte, wandte sich ein älterer Herr, der am Nebentisch saß, an uns und sagte: «Entschuldigen Sie, meine Herren, daß ich mich in Ihre Unterhaltung mische. Ich könnte zu Ihrem Thema eine sehr interessante Tatsache mitteilen, wenn Sie mir erlauben würden.»

Keiner von uns kannte den Herrn. Es war ein großer, stattlicher Mann, der einen ungewöhnlich englischen Anzug trug und weitgereist aussah, etwa wie ein Kautschukpflanzer oder so etwas ähnliches. Auf jeden Fall sah der Herr nicht aus wie ein deutscher Schriftsteller, und deshalb gefiel er uns allen sehr. Er setzte sich an unseren Tisch und begann:

«Ich werde Ihnen eine merkwürdige Geschichte erzählen, aus der mit Klarheit hervorgeht, daß die Katzen mehr Anhänglichkeit an den Ort als an den Menschen haben. Vor ungefähr zwanzig Jahren betrieb ich eine Farm im Innern der nordamerikanischen Union im Staate Kansas. Das ist eine einsame Gegend, in der hauptsächlich Viehzucht, auch etwas Obstbau betrieben wird. Mein nächster Nachbar war ein junger Farmer mit Namen Buller, der zusammen mit seiner Frau und seiner dreiundsiebzigjährigen Mutter lebte, sehr ruhige und anständige Leute.

Die Bullers nun besaßen einen alten schwarzen Kater, der den Namen Cleveland führte und der nur drei Beine hatte; sein viertes Bein, und zwar das rechte Hinterbein, war ihm nämlich in seiner Jugendzeit von einem Liebesrivalen abgebissen worden. Trotz dieses Gebrechens konnte der Kater Cleveland sich noch ganz gut bewegen, wobei er allerdings sichtlich humpelte. Doch war er seiner ganzen Gemütsverfassung nach mehr eine phlegmatische Natur und liebte es, den ganzen Tag auf einem braunen Samtsessel neben dem Kamin zu sitzen.

Mit dieser Familie Buller ereignete sich nun in einem Hochsommer etwas Neues. Am Tage vor Johannis wollte die Frau Buller Kirschkuchen backen. Da sie aber nicht genug Kirschen zu Hause hatte, nahm sie einen Korb und ging in den zwei Meilen entfernten Obstgarten des Pfarrers, um dort Kirschen zu stehlen, denn sie war trotz ihrer dreiundsiebzig Jahre noch eine sehr taugliche Person; auch nahm sie an, daß der Pfarrer um diese Zeit in der Kirche beim Konfirmandenunterricht sei. Als sie in dem Garten des Pfarrers angekommen war, kletterte sie in einen Baum und begann, Kirschen zu pflücken und in ihrem Korb zu sammeln. Aber das Unglück wollte, daß der Pfarrer nicht in der Kirche war, sondern in seinem Studierzimmer am offenen Fenster saß und die Predigt ausarbeitete. Und wie er nun die alte Frau Buller in dem Kirschbaum sitzen sah, nahm er seine Büchse her und schoß sie herunter wie einen Spatz. Wie man so einen Spatzen oder eine alte Krähe herunterschießt.

Schön. Bis hierher ist an meiner Erzählung nichts besonders Auffälliges, nicht wahr, meine Herren. Nun müssen Sie aber wissen, daß die alte Frau Buller von Geburt eine Deutsche gewesen war und daß sie in Deutschland, und zwar im Brombergischen, ein Gut besaß. Dieses Gut erbten nach ihrem plötzlichen Tod die jungen Bullers, und weil sie von Deutschland und besonders vom Brombergischen eine vielleicht übertrieben günstige Meinung hatten, beschlossen sie, die amerikanische Landwirtschaft aufzugeben und nach Europa zu übersiedeln. Sie verkauften mir ihre Farm mit Haus und Mobiliar und packten ihre notwendigsten Sachen zusammen. Den dreibeinigen Kater Cleveland steckten sie in eine Biskuitkiste, und so sind sie eines Morgens nach Osten abgezogen.

Ich hatte auf meiner neuen Farm viel zu tun, legte Spalierobst an und entwässerte die große Wiese; und darüber dachte ich nicht mehr viel an die Bullers und ihren Kater.

Über ein Jahr verging. An einem stürmischen Januarmorgen saß ich im früheren Hause der Bullers am Kamin, rauchte meine Pfeife und sah in das Schneetreiben hinaus. Da bemerkte ich plötzlich, daß den Weg vom Mühlhügel herunter was Dreibeiniges gehumpelt kam. Ich bin ein ziemlich aufgeweckter Bursche, und deshalb war mein erster Gedanke: oho, was ist denn das? Aber noch bevor ich diesen Gedanken weiter ausspinnen konnte, wurde die Tür, die nur angelehnt war, aufgestoßen, der Kater Cleveland trat ein, ging stracks auf seinen Samtsessel, sprang hinauf und machte es sich bequem, als sei nichts passiert. Er war seinem Herrn entlaufen und von Bromberg nach Kansas USA zurückgekehrt, und das, meine Herren, scheint mir doch ein einwandfreier Beweis für die Behauptung, daß die Katzen mehr am Orte hängen als an den Menschen.»

Wir hatten die Erzählung mit eisigem Schweigen angehört. Nach einer Weile fragte der Dr. Kornhaisl: «Glauben Sie, daß er durch den Atlantischen Ozean geschwommen ist?»

Der fremde Herr zuckte nicht mit der Wimper und antwortete: «Das war auch mein erster und der allerdings nächstliegende Gedanke. Aber ich habe ihn aufgegeben, denn es ist doch äußerst unwahrscheinlich, daß ein Kater durch den ganzen Atlantischen Ozean geschwommen sein sollte. Außerdem hätten sich in diesem Fall Tang und Seepocken an ihn setzen müssen, er war aber ganz sauber. So bleibt nur die eine Erklärung übrig. Er hat den anderen Weg um die Erde genommen. Von Bromberg ist er ostwärts aufgebrochen, hat die russische Grenze passiert, Rußland, Sibirien durchquert, die Beringstraße überschwommen, dann durch Alaska, Kanada, die gelben Berge, Nebraska bis auf seinen braunen Sessel, an den er nun einmal gewöhnt war.»

Jetzt brachen wir alle auf, und zwar in sehr tumultuarischer Weise, bezahlten unser Bier und verließen stürmisch das Lokal.

Elisabeth Castonier

Ein Gentleman stirbt

Kater Rum hatte sein vierzehntes Lebensjahr erreicht. Er war, was man einen rüstigen älteren Herrn nennt, auch wenn er nicht mehr mit demselben mühelosen Schwung in das alte Backofenloch sprang, sondern es vorzog, eine Zwischenlandung auf dem Stuhl vorzunehmen. Sein täglicher Rundgang wurde noch immer absolviert, wenn auch stark gekürzt. Hin und wieder fing er eine unerfahrene Jungmaus, die sich verirrt hatte, oder brachte einen aus dem Nest gefallenen Vogel ins Haus. Am liebsten ruhte er jedoch im kleinen Vorgarten, um dort stundenlang in tiefsinniger, von Mezzoforte-Schnurren begleiteter Betrachtung zu verbleiben – über die Qualität von Nachkriegsmäusen, über die neue, freche Katergeneration –, vielleicht aber träumte er auch bloß vor sich hin.

Die Jungkater störten ihn. Zwar hatten sie Respekt vor seiner vollendeten Sezierkunst, aber hin und wieder vergaß doch so ein Bursche, daß er ein Patriarch war, den man achten und in Ruhe lassen mußte – und tastete vorlaut nach seinem buschigen, goldenen Schwanz oder zischte dem Ruhenden vorlaut aus nächster Nähe ins Gesicht, um dann rasch zu fliehen wie ein Schuljunge, der an fremden Haustüren klingelt.

Rum war jetzt heikler als je, was seine Essensgewohnheiten betraf. Er nahm nur noch Auserlesenes in ständiger Abwechslung zu sich: fein gehacktes, ganz mageres Fleisch und, falls Fisch auf dem Menü stand, niemals Hering. Dafür hin und wieder, ganz selten, etwas geräucherte Flunder. Die neuen Konserven, auf denen ein Kater abgebildet war, verachtete er naserümpfend.

Wie die Herzogin beklagte er sich unwillig, wenn ihm etwas vorgesetzt wurde, das ihm nicht paßte oder auf das er gerade an dem Tag keinen Appetit hatte. Sogar Jane nahm mit den Jahren Rücksicht auf seine Alterswünsche und sagte zuweilen:

«Der alte Mann hat heute wieder keinen Appetit auf Fisch, ich habe ihm etwas von unserem Roastbeef gegeben.»

Oder: «Ich glaube, er möchte heute etwas Leber zum Tee haben.» Daß er allerlei Vitamine bekam, ist selbstverständlich. Nur mußte man sie sorgfältig verbergen, in Fisch mischen oder in Sahne auflösen, und auch dann lehnte er sie zuweilen ab.

Es schien, als ginge er nur noch aus Prestigegründen auf Moorhennen- oder Mäusejagd. Rattenfang hatte er seit einiger Zeit aufgegeben. Er tat dies wohl nur, um den Jungen zu zeigen, daß er sich noch nicht völlig zurückgezogen habe und noch immer Spezialist im Sezieren und Alleinherrscher im Mill-Farm-Bezirk war.

Aber die Grenzen seines Jagdreviers waren jetzt enger gesteckt. Am liebsten beschränkte er sich auf Naheliegendes, leicht Erreichbares – auf eben jene aus dem Nest gefallenen Jungvögel, mit denen er verträumt spielte und sie dann gelangweilt liegenließ, als wäre es nicht der Mühe wert, sie zu zerlegen, weil sie ja nur aus Haut und Knochen wären.

Bald beschränkte er sich auf verunglückte Spinnen oder sommermüde Fliegen und auf Katzengras, das er sorgfältig zu sich nahm, weil es wichtig für eine gute Verdauung ist.

Am liebsten hielt er jedoch seine Liegekur und nahm ein Sonnenbad, wenn es warm genug war.

Seine veränderte Lebensweise fiel sogar Jane auf, die stets mehr zu tun hatte, als sie zu bewältigen vermochte.

«Eines Tages werden wir wohl auch soweit sein wie der alte Mann und uns nur noch ausruhen wollen – aber jetzt noch nicht.»

Für Rum schien es sich ausschließlich darum zu handeln, der Jugend zu zeigen, was ein begabter Kater aus der guten alten Zeit war. Er tat dies mit unerbittlicher Strenge, mit schallenden Ohrfeigen, mit dumpfen Grollauten, besonders wenn Jung-James, ein silbergrauer Getigerter, ihm zu nahe kam. Er verscheuchte auch den einzigen Sohn der Herzogin, den blauen Perser, Bapu, den wir mit Gandhis zärtlichem Namen bedacht hatten, weil er von jung auf nur zu meditieren schien und niemals ein Geschöpf tötete. Er knurrte erbost, wenn sich nicht zuständige, nicht ansässige Katzen der Farm näherten. Und wenn eine fremde Katzendame erschien, blinzelte er bloß schläfrig, ohne sich zu rühren, wie eben ein alter Herr zu tun pflegt, der zwar gern etwas Hübsches sieht, sich aber nicht mehr in seiner beschaulichen Ruhe stören lassen will.

Und wieder einmal wurde es Frühling, sommerlich warm, mit graublauen duftigen Opalschleiern über dem goldenen Antlitz der Sonne und der ganzen Landschaft, mit kühl-feuchten Nächten und windstillen Mittagsstunden.

An einem jener warmen Frühsommertage war es, daß Rum, sehr müde und die leicht gelähmte Hinterhand nachschleppend, in den Vorgarten gekommen war, um dort seine Jagdbeute, eine kleine Jungmaus, sorgfältig zu zerlegen, obwohl er erst vor kurzem ausgiebig gespeist hatte.

Die anderen Katzen beobachteten seine Sezierkünste aus respektvoller Entfernung, teils vom Vordach der Haustür, teils von Fensterbrettern – und Bapu lag im leuchtendroten Geranienbeet.

Rum hatte gerade sein Opfer nach allen Regeln der Kunst zerlegt, um auf kürzestem Wege die wichtigen Vitamine zu erreichen, und war gerade dabei, das winzige Mäuschen zu verspeisen, als ein Geräusch ihn störte – er blickte auf: es war die schneeweiße, blauäugige Perserin, Bianca, die dem Nachbarn entschlüpft war, der sie stets wie eine gefangene Prinzessin hielt, damit sie keine Mesalliance eingehen könne.

Aber – es war Mai. Und der Mai lockte, die schöne Bianca war ihrem Gefängnis irgendwie entflohen und wanderte mit kleinen, gezierten Schritten und zärtlich-affektierten Lauten dem Farmhaus und dem Vorgarten zu, als beklage sie sich über Staub und Kuhfladen, die ihr schimmerndes Gewand, den unruhig peitschenden Schwanz beschmutzen könnten.

Die Kater wandten sich von der Betrachtung der Mäuse-Autopsie ab und ihr zu, und Rum blinzelte, leicht interessiert.

Jung-James begann leise zu singen, und Bianca tat, was schöne Frauen aller Gattungen tun: sie tat, als bemerke sie dies Interesse nicht, sondern sprang elastisch über den moosbetupften, schiefen Zaun und ließ sich nur wenige Schritte entfernt vor Rum im Gras nieder. Dann begann sie, sich zu rollen und kläglich zu wimmern, was man hier «The Queen is calling», die Königin ruft, auf dem sachlichen Kontinent hingegen «katzeln» zu nennen pflegt.

Jung-James erlebte seinen ersten Lebensfrühling und antwortete ein wenig schüchtern, während Bapu, der im Geranienbeet meditiert hatte, seine orangefarbenen Augen öffnete.

Bianca begann sich mit einemmal ausführlich zu putzen wie ein Filmstar, der sich zur Aufnahme vorbereitet.

Rum, die goldfarbene Tatzenhand auf seiner Miniaturbeute, blinzelte zu ihr hinüber.

Aber Bianca tat, als bemerke sie all dies Interesse nicht, nicht einmal, daß die Herzogin auf ihrem Stuhl mit dem rotseidenen Kissen sie verächtlich mit schief gezogenem rosa Mund anstarrte, wie eben ältere, ein wenig verblühte Frauen junge Frauen mustern.

Bianca putzte sich, unbekümmert, mit kleinen ekstatischen Bewunderungsrufen über die eigene Vollkommenheit.

James war nur noch zwei Fuß von ihr entfernt, und seine Serenade wurde lauter.

In diesem Augenblick erhob sich Rum ein wenig steifbeinig und schrie ihn an, so daß James fassungslos zurückwich.

Die schöne Bianca wimmerte, machte einen Satz und verschwand, ein weißes, duftiges Katzengespenst, im Fliederbusch.

Von dort aus rief, flehte, drohte und lockte sie schrill.

Und zur Antwort ertönte eine laute, männlich-leidenschaftliche Stimme.

Es war Bapu, der zu singen begann, und langsam, singend verschwand er mit kühnem Sprung hinter Blüten und Blättern.

Der Fliederbusch zischte, schrie und erzitterte.

Rum wurde mit einemmal zum Miniaturlöwen.

Auch er verschwand im Fliederbusch, und was man jetzt vernahm, war Schlachtenlärm.

Ein schmerzlicher Aufschrei ertönte, und Bapu erschien wieder. Seine Nase und ein Ohr waren gespalten und bluteten, aus seinem Fell war ein großes Dreieck gerissen, und mit einem Wehlaut verschwand er in der Mühle.

Es wurde still, die Katzen blinzelten interessiert.

Dann erschien die schöne Bianca, sprang mit einem affektierten Miau über den Zaun und setzte sich auf der Straße nieder, um ihr schimmernd weißes Fell zu ordnen, wusch sich ausführlich die hellrosa Nase und das Gesicht, jedoch nur ein Ohr, und wanderte langsam mit kleinen Schritten, jedem Kuhfladen in weitem Bogen ausweichend, der Brücke und ihrem Gefängnis zu. Ihr buschiger Schwanz schwebte noch einmal wie ein weißes Periskop zwischen den Hecken, dann war sie entschwunden.

Herzogin Nina hatte die Vorgänge interessiert, teils mit halb geschlossenen Augen, teils mit erregten Schwanzschlägen beobachtet. Jetzt gähnte sie ausführlich und gelangweilt, als wolle sie sagen, daß sich nichts seit ihrer Jugendzeit geändert habe.

Daß ihr Sohn von Rum im Duell besiegt worden war, berührte sie nicht.

Und dann erschien Rum.

Langsam hinkte er zum Sonnenfleck zurück und streckte sich müde neben dem kleinen Mäuseherz aus, das er in der Eile und aus Prestigegründen zu speisen vergessen hatte.

Wir fanden ihn später leblos neben den Überresten seiner Jagdbeute. Er starb, wie er gelebt hatte, als Gentleman.

Nicht einmal Casanova war es vergönnt, nach erfolgreicher Jagd, nach einem guten Diner, im siegreichen Zweikampf mit einem jungen Gegner und nach jenem Augenblick die Erde zu verlassen, der von den Franzosen so diskret «une heure d'amour» genannt wird.

Theodor Storm

Bulemanns Haus

In einer norddeutschen Seestadt, in der sogenannten Düsternstraße, steht ein altes verfallenes Haus. Es ist nur schmal, aber drei Stockwerke hoch; in der Mitte desselben, vom Boden bis fast in die Spitze des Giebels, springt die Mauer in einem erkerartigen Ausbau vor, welcher für jedes Stockwerk nach vorne und an den Seiten mit Fenstern versehen ist, so daß in hellen Nächten der Mond hineinscheinen kann.

Seit Menschengedenken ist niemand in dieses Haus hinein- und niemand herausgegangen; der schwere Messingklopfer an der Haustür ist fast schwarz von Grünspan, zwischen den Ritzen der Treppensteine wächst jahraus, jahrein das Gras. – Wenn ein Fremder fragt: «Was ist denn das für ein Haus?», so erhält er gewiß zur Antwort: «Es ist Bulemanns Haus»; wenn er aber weiter fragt: «Wer wohnt denn darin?», so antworten sie ebenso gewiß: «Es wohnt so niemand darin.» – Die Kinder auf den Straßen und die Ammen an der Wiege singen:

«In Bulemanns Haus,
In Bulemanns Haus,
Da gucken die Mäuse
Zum Fenster hinaus.»

Und wirklich wollen lustige Brüder, die von nächtlichen Schmäusen dort vorbeikommen, ein Gequieke wie von unzähligen Mäusen hinter den dunklen Fenstern gehört haben. Einer, der in Übermut den Türklopfer anschlug, um den Widerhall durch die öden Räume schollern zu hören, behauptet sogar, er habe drinnen auf den Treppen ganz deutlich das Springen großer Tiere gehört. «Fast», pflegt er, dies erzählend, hinzuzusetzen, «hört es sich an wie die Sprünge der großen Raubtiere, welche in der Menageriebude auf dem Rathausmarkte gezeigt wurden.»

Das gegenüberstehende Haus ist um ein Stockwerk niedriger, so daß nachts das Mondlicht ungehindert in die oberen Fenster des alten Hauses fallen kann. Aus einer solchen Nacht hat auch der Wächter etwas zu erzählen; aber es ist nur ein kleines altes Menschenantlitz mit einer bunten Zipfelmütze, das er droben hinter den runden Erkerfenstern gesehen haben will. Die Nachbarn dagegen meinen, der Wächter sei wieder einmal betrunken gewesen; sie hätten drüben an den Fenstern niemals etwas gesehen, das einer Menschenseele gleich gewesen.

Am meisten Auskunft scheint noch ein alter, in einem entfernten Stadtviertel lebender Mann geben zu können, der vor Jahren Organist an der St.-Magdalenen-Kirche gewesen ist. «Ich entsinne mich», äußerte er, als er einmal darüber befragt wurde, «noch sehr wohl des hagern Mannes, der während meiner Knabenzeit allein mit einer alten Weibsperson in jenem Hause wohnte. Mit meinem Vater, der ein Trödler gewesen ist, stand er ein paar Jahre lang in lebhaftem Verkehr, und ich bin derzeit manches Mal mit Bestellungen an ihn geschickt worden. Ich weiß auch noch, daß ich nicht gern diese Wege ging und oft allerlei Ausflucht suchte; denn selbst bei Tage fürchtete ich mich, dort die schmalen dunklen Treppen zu Herrn Bulemanns Stube im dritten Stockwerk hinaufzusteigen. Man nannte ihn unter den Leuten den ‹Seelenverkäufer›; und schon dieser Name erregte mir Angst, zumal daneben allerlei unheimlich Gerede über ihn im Schwange war. Er war, ehe er nach seines Vaters Tode das alte Haus bezogen, viele Jahre als Superkargo auf Westindien gefahren. Dort sollte er sich mit einer Schwarzen verheiratet haben; als er aber heimgekommen, hatte man vergebens darauf gewartet, eines Tages auch jene Frau mit einigen dunklen Kindern anlangen zu sehen. Und bald hieß es, er habe auf der Rückfahrt ein Sklavenschiff getroffen und an den Kapitän desselben sein eigen Fleisch und Blut nebst ihrer Mutter um schnödes Gold verkauft. – Was Wahres an solchen Reden gewesen, vermag ich nicht zu sagen», pflegte der Greis hinzuzusetzen; «denn ich will auch einem Toten nicht zu nahe treten; aber soviel ist gewiß, ein geiziger und menschenscheuer Kauz war es; und seine Augen blickten auch, als hätten sie bösen Taten zugesehen. Kein Unglücklicher und Hilfesuchender durfte seine Schwelle betreten; und wann immer ich damals dort gewesen, stets war von innen die eiserne Kette vor die Tür gelegt. – Wenn ich dann den schweren Klopfer wiederholt hatte anschlagen müssen, so hörte ich wohl von der obersten Treppe herab die scheltende Stimme des Hausherrn: ‹Frau Anken! Frau Anken! Ist Sie taub? Hört Sie nicht, es hat geklopft!› Alsbald ließen sich aus dem Hinterhause über Pesel und Korridor die schlurfenden Schritte des alten Weibes vernehmen. Bevor sie aber öffnete, fragte sie hüstelnd: ‹Wer ist es denn?›, und erst, wenn ich geantwortet hatte: ‹Es ist der Leberecht!›, wurde die Kette drinnen abgehakt. Wenn ich dann hastig die siebenundsiebzig Treppenstufen – denn ich habe sie einmal gezählt – hinaufgestiegen war, pflegte Herr Bulemann auf dem kleinen dämmerigen Flur vor seinem Zimmer schon auf mich zu warten; in dieses selbst hat er mich nie hineingelassen. Ich sehe ihn noch, wie er in seinem gelbgeblümten Schlafrock mit der spitzen Zipfelmütze vor mir stand, mit der einen Hand rücklings die Klinke seiner Zimmertür haltend. Während ich mein Gewerbe bestellte, pflegte er mich mit seinen grellen runden Augen ungeduldig anzusehen und mich darauf hart und kurz abzufertigen. Am meisten erregten damals meine Aufmerksamkeit ein Paar ungeheure Katzen, eine gelbe und eine schwarze, die sich mitunter hinter ihm aus seiner Stube drängten und ihre dicken Köpfe an seinen Knien rieben. – Nach einigen Jahren hörte indessen der Verkehr mit meinem Vater auf, und ich bin nicht mehr dort gewesen. – Dies alles ist nun über siebzig Jahre her, und Herr Bulemann muß längst dahin getragen sein, von wannen niemand wiederkehrt.» – Der Mann irrte sich, als er sprach. Herr Bulemann ist nicht aus seinem Hause getragen worden; er lebt darin noch jetzt.

Das aber ist so zugegangen.

Vor ihm, dem letzten Besitzer, noch um die Zopf- und Haarbeutelzeit, wohnte in jenem Hause ein Pfandverleiher, ein altes verkrümmtes Männchen. Da er sein Gewerbe mit Umsicht seit über fünf Jahrzehnten betrieben hatte und mit einem Weibe, das ihm seit dem Tode seiner Frau die Wirtschaft führte, aufs spärlichste lebte, so war er endlich ein reicher Mann geworden. Dieser Reichtum bestand aber zumeist in einer fast unübersehbaren Menge von Pretiosen, Geräten und seltsamstem Trödelkram, was er alles von Verschwendern oder Notleidenden im Laufe der Jahre als Pfand erhalten hatte und das dann, da die Rückzahlung des darauf gegebenen Darlehens nicht erfolgte, in seinem Besitz zurückgeblieben war. – Da er bei einem Verkauf dieser Pfänder, welcher gesetzlich durch die Gerichte geschehen mußte, den Überschuß des Erlöses an die Eigentümer hätte herausgeben müssen, so häufte er sie lieber in den großen Nußbaumschränken auf, mit denen zu diesem Zwecke nach und nach die Stuben des ersten und endlich auch des zweiten Stockwerks besetzt wurden. Nachts aber, wenn Frau Anken im Hinterhause in ihrem einsamen Kämmerchen schnarchte und die schwere Kette vor der Haustür lag, stieg er oft mit leisem Tritt die Treppen auf und ab. In seinen hechtgrauen Rockelor eingeknöpft, in der einen Hand die Lampe, in der andern den Schlüsselbund, öffnete er bald im ersten, bald im zweiten Stockwerk die Stuben- und die Schranktüren, nahm hier eine goldene Repetieruhr, dort eine emaillierte Schnupftabaksdose aus dem Versteck hervor und berechnete bei sich die Jahre ihres Besitzes und ob die ursprünglichen Eigentümer dieser Dinge wohl verkommen und verschollen seien oder ob sie noch einmal mit dem Gelde in der Hand wiederkehren und ihre Pfänder zurückfordern könnten.

Der Pfandverleiher war endlich im äußersten Greisenalter von seinen Schätzen weggestorben und hatte das Haus nebst den vollen Schränken seinem einzigen Sohne hinterlassen, den er während seines Lebens auf jede Weise daraus fernzuhalten gewußt hatte.

Dieser Sohn war der von dem kleinen Leberecht so gefürchtete Superkargo, welcher eben von einer überseeischen Fahrt in seine Vaterstadt zurückgekehrt war. Nach dem Begräbnis des Vaters gab er seine früheren Geschäfte auf und bezog dessen Zimmer im dritten Stock des alten Erkerhauses, wo nun statt des verkrümmten Männchens im hechtgrauen Rockelor eine lange hagere Gestalt im gelbgeblümten Schlafrock und bunter Zipfelmütze auf und ab wandelte oder rechnend an dem kleinen Pult des Verstorbenen stand. – Auf Herrn Bulemann hatte sich indessen das Behagen des alten Pfandverleihers an den aufgehäuften Kostbarkeiten nicht vererbt. Nachdem er bei verriegelten Türen den Inhalt der großen Nußbaumschränke untersucht hatte, ging er mit sich zu Rate, ob er den heimlichen Verkauf dieser Dinge wagen solle, die immer noch das Eigentum anderer waren und an deren Wert er nur auf Höhe der ererbten und, wie die Bücher ergaben, meist sehr geringen Darlehensforderungen einen Anspruch hatte. Aber Herr Bulemann war keiner von den Unentschlossenen. Schon in wenigen Tagen war die

Verbindung mit einem in der äußersten Vorstadt wohnenden Trödler angeknüpft, und nachdem man einige Pfänder aus den letzten Jahren zurückgesetzt hatte, wurde heimlich und vorsichtig der bunte Inhalt der großen Nußbaumschränke in gediegene Silbermünzen umgewandelt. – Das war die Zeit, wo der Knabe Leberecht ins Haus gekommen war. – Das gelöste Geld tat Herr Bulemann in große eisenbeschlagene Kasten, welche er nebeneinander in seine Schlafkammer setzen ließ; denn bei der Rechtlosigkeit seines Besitzes wagte er nicht, es auf Hypotheken auszutun oder sonst öffentlich anzulegen.

Als alles verkauft war, machte er sich daran, sämtliche für die mögliche Zeit seines Lebens denkbare Ausgaben zu berechnen. Er nahm dabei ein Alter von neunzig Jahren in Ansatz und teilte dann das Geld in einzelne Päckchen je für eine Woche, indem er auf jedes Quartal noch ein Röllchen für unvorhergesehene Ausgaben dazulegte. Dieses Geld wurde für sich in einen Kasten gelegt, welcher nebenan in dem Wohnzimmer stand; und alle Sonnabendmorgen erschien Frau Anken, die alte Wirtschafterin, die er aus der Verlassenschaft seines Vaters mit übernommen hatte, um ein neues Päckchen in Empfang zu nehmen und über die Verausgabung des vorigen Rechenschaft zu geben.

Wie schon erzählt, hatte Herr Bulemann Frau und Kinder nicht mitgebracht; dagegen waren zwei Katzen von besonderer Größe, eine gelbe und eine schwarze, am Tage nach der Beerdigung des alten Pfandverleihers durch einen Matrosen in einem fest zugebundenen Sack vom Bord des Schiffes ins Haus getragen worden. Diese Tiere waren bald die einzige Gesellschaft ihres Herrn. Sie erhielten mittags ihre eigene Schüssel, die Frau Anken unter verbissenem Ingrimm tagaus und -ein für sie bereiten mußte; nach dem Essen, während Herr Bulemann sein kurzes Mittagschläfchen abtat, saßen sie gesättigt neben ihm auf dem Kanapee, ließen ein Läppchen Zunge hervorhängen und blinzelten ihn schläfrig aus ihren grünen Augen an. Waren sie in den unteren Räumen des Hauses auf der Mausjagd gewesen, was ihnen indessen immer einen heimlichen Fußtritt von dem alten Weibe eintrug, so brachten sie gewiß die gefangenen Mäuse zuerst ihrem Herrn im Maule hergeschleppt und zeigten sie ihm, ehe sie unter das Kanapee krochen und sie verzehrten. War dann die Nacht gekommen und hatte Herr Bulemann die bunte Zipfelmütze mit einer weißen vertauscht, so begab er sich mit seinen beiden Katzen in das große Gardinenbett im Nebenkämmerchen, wo er sich durch das gleichmäßige Spinnen der zu seinen Füßen eingewühlten Tiere in den Schlaf bringen ließ.

Dieses friedliche Leben war indes nicht ohne Störung geblieben. Im Laufe der ersten Jahre waren dennoch einzelne Eigentümer der verkauften Pfänder gekommen und hatten gegen Rückzahlung des darauf erhaltenen Sümmchens die Auslieferung ihrer Pretiosen verlangt. Und Herr Bulemann, aus Furcht vor Prozessen, wodurch sein Verfahren in die Öffentlichkeit hätte kommen können, griff in seine großen Kasten und erkaufte sich durch größere oder kleinere Abfindungssummen das Schweigen der Beteiligten. Das machte ihn noch menschenfeindlicher und verbissener. Der Verkehr mit dem alten Trödler hatte längst aufgehört; einsam saß er auf seinem Erkerstübchen mit der Lösung eines schon oft gesuchten Problems, der Berechnung eines sichern Lotteriegewinnes, beschäftigt, wodurch er dermaleinst seine Schätze ins Unermeßliche zu vermehren dachte. Auch Graps und Schnores, die beiden großen Kater, hatten jetzt unter seiner Laune zu leiden. Hatte er sie in dem einen Augenblick mit seinen langen Fingern getätschelt, so konnten sie sich im andern, wenn etwa die Berechnung auf den Zahlentafeln nicht stimmen wollte, eines Wurfs mit dem Sandfaß oder der Papierschere versehen, so daß sie heulend in die Ecke hinkten.

Herr Bulemann hatte eine Verwandte, eine Tochter seiner Mutter aus erster Ehe, welche indessen schon bei dem Tode dieser wegen ihrer Erbansprüche abgefunden war und daher an die von ihm ererbten Schätze keine Ansprüche hatte. Er kümmerte sich jedoch nicht um diese Halbschwester, obgleich sie in einem Vorstadtviertel in den dürftigsten Verhältnissen lebte; denn noch weniger als mit andern Menschen liebte Herr Bulemann den Verkehr mit dürftigen Verwandten. Nur einmal, als sie kurz nach dem Tode ihres Mannes in schon vorgerücktem Alter ein kränkliches Kind geboren hatte, war sie hilfesuchend zu ihm gekommen. Frau Anken, die sie eingelassen, war horchend unten auf der Treppe sitzen geblieben, und bald hatte sie von oben die scharfe Stimme ihres Herrn gehört, bis endlich die Tür aufgerissen worden und die Frau weinend die Treppe herabgekommen war. Noch an demselben Abend hatte Frau Anken die strenge Weisung erhalten, die Kette fürderhin nicht von der Haustür zu ziehen, falls etwa die Christine noch einmal wiederkommen sollte.

Die Alte begann sich immer mehr vor der Hakennase und den grellen Eulenaugen ihres Herrn zu fürchten. Wenn er oben am Treppengeländer ihren Namen rief oder auch, wie er es vom Schiffe her gewohnt war, nur einen schrillen Pfiff auf seinen Fingern tat, so kam sie eiligst hervorgekrochen und stieg stöhnend, Schimpf- und Klageworte vor sich her plappernd, die schmalen Treppen hinauf.

Wie aber in dem dritten Stockwerk Herr Bulemann, so hatte in den unteren Zimmern Frau Anken ihre ebenfalls nicht ganz rechtlich erworbenen Schätze aufgespeichert. – Schon in dem ersten Jahre ihres Zusammenlebens war sie von einer Art kindischer Angst befallen worden, ihr Herr könne einmal die Verausgabung des Wirtschaftsgeldes selbst übernehmen, und sie würde dann bei dem Geiz desselben noch auf ihre alten Tage Not zu leiden haben. Um dieses abzuwenden, hatte sie ihm vorgelogen, der Weizen sei aufgeschlagen, und demnächst die entsprechende Mehrsumme für den Brotbedarf gefordert. Der Superkargo, der eben seine Lebensrechnung begonnen hatte, hatte scheltend seine Papiere zerrissen und darauf seine Rechnung von vorn wieder aufgestellt und den Wochenrationen die verlangte Summe zugesetzt. – Frau Anken aber, nachdem sie ihren Zweck erreicht, hatte zur Schonung ihres Gewissens und des Sprichwortes gedenkend: «Geschleckt ist nicht gestohlen», nun nicht die überschüssig empfangenen Schillinge, sondern regelmäßig nur die dafür gekauften Weizenbrötchen unterschlagen, mit denen sie, da Herr Bulemann niemals die unteren Zimmer betrat, nach und nach die ihres kostbaren Inhaltes beraubten großen Nußbaumschränke anfüllte.

So mochten etwa zehn Jahre verflossen sein. Herr Bulemann wurde immer hagerer und grauer, sein gelbgeblümter Schlafrock immer fadenscheiniger. Dabei vergingen oft Tage, ohne daß er den Mund zum Sprechen geöffnet hätte; denn er sah keine lebenden Wesen als die beiden Katzen und seine alte, halb kindische Haushälterin. Nur mitunter, wenn er hörte, daß unten die Nachbarskinder auf den Prellsteinen vor seinem Hause ritten, streckte er den Kopf ein wenig aus dem Fenster und schalt mit seiner scharfen Stimme in die Gasse hinab. – «Der Seelenverkäufer, der Seelenverkäufer!» schrien dann die Kinder und stoben auseinander. Herr Bulemann aber fluchte und schimpfte noch ingrimmiger, bis er endlich schmetternd das Fenster zuschlug und drinnen Graps und Schnores seinen Zorn entgelten ließ.

Um jede Verbindung mit der Nachbarschaft auszuschließen, mußte Frau Anken schon seit geraumer Zeit ihre Wirtschaftseinkäufe in entlegenen Straßen machen. Sie durfte jedoch erst mit dem Eintritt der Dunkelheit ausgehen und mußte dann die Haustür hinter sich verschließen.

Es mochte acht Tage vor Weihnachten sein, als die Alte wiederum eines Abends zu solchem Zwecke das Haus verlassen hatte. Trotz ihrer sonstigen Sorgfalt mußte sie sich indessen diesmal einer Vergessenheit schuldig gemacht haben. Denn als Herr Bulemann eben mit dem Schwefelholz sein Talglicht angezündet hatte, hörte er zu seiner Verwunderung es draußen auf den Stiegen poltern, und als er mit vorgehaltenem Licht auf den Flur hinaustrat, sah er seine Halbschwester mit einem bleichen Knaben vor sich stehen.

«Wie seid ihr ins Haus gekommen?» herrschte er sie an, nachdem er sie einen Augenblick erstaunt und ingrimmig angestarrt hatte.

«Die Tür war offen unten», sagte die Frau schüchtern.

Er murmelte einen Fluch auf seine Wirtschafterin zwischen den Zähnen. «Was willst du?» fragte er dann.

«Sei doch nicht so hart, Bruder», bat die Frau, «ich habe sonst nicht den Mut, zu dir zu sprechen.»

«Ich wüßte nicht, was du mit mir zu sprechen hättest; du hast dein Teil bekommen; wir sind fertig miteinander.»

Die Schwester stand schweigend vor ihm und suchte vergebens nach dem rechten Worte. – Drinnen wurde wiederholt ein Kratzen an der Stubentür vernehmbar. Als Herr Bulemann zurückgelangt und die Tür geöffnet hatte, sprangen die beiden großen Katzen auf den Flur hinaus und strichen spinnend an dem blassen Knaben herum, der sich furchtsam vor ihnen an die Wand zurückzog. Ihr Herr betrachtete ungeduldig die noch immer schweigend vor ihm stehende Frau. «Nun, wird's bald?» fragte er.

«Ich wollte dich um etwas bitten, Daniel», hub sie endlich an. «Dein Vater hat ein paar Jahre vor seinem Tode, da ich in bitterster Not war, ein silbern Becherlein von mir in Pfand genommen.»

«Mein Vater von dir?» fragte Herr Bulemann.

«Ja, Daniel, dein Vater; der Mann von unserer beider Mutter. Hier ist der Pfandschein; er hat mir nicht zuviel darauf gegeben.»

«Weiter!» sagte Herr Bulemann, der mit raschem Blick die leeren Hände seiner Schwester gemustert hatte.

«Vor einiger Zeit», fuhr sie zaghaft fort, «träumte mir, ich gehe mit meinem kranken Kinde auf dem Kirchhof. Als wir an das Grab unserer Mutter kamen, saß sie auf ihrem Grabstein unter einem Busch voll blühender weißer Rosen. Sie hatte jenen kleinen Becher in der Hand, den ich einst als Kind von ihr geschenkt erhalten; als wir aber näher gekommen waren, setzte sie ihn an die Lippen; und indem sie dem Knaben lächelnd zunickte, hörte ich sie deutlich sagen: ‹Zur Gesundheit!› – Es war ihre sanfte Stimme, Daniel, wie im Leben; und diesen Traum habe ich drei Nächte nacheinander geträumt.»

«Was soll das?» fragte Herr Bulemann.

«Gib mir den Becher zurück, Bruder! Das Christfest ist nahe; leg ihn dem kranken Kinde auf seinen leeren Weihnachtsteller!»

Der hagere Mann in seinem gelbgeblümten Schlafrock stand regungslos vor ihr und betrachtete sie mit seinen grellen runden Augen. «Hast du das Geld bei dir?» fragte er. «Mit Tränen löst man keine Pfänder ein.»

«Oh, Daniel», rief sie, «glaub unserer Mutter! Er wird gesund, wenn er aus dem kleinen Becher trinkt. Sei barmherzig; er ist ja doch von deinem Blute!»

Sie hatte die Hände nach ihm ausgestreckt; aber er trat einen Schritt zurück. «Bleib mir vom Leibe», sagte er. Dann rief er nach seinen Katzen. «Graps, alte Bestie! Schnores, mein Söhnchen!» Und der große gelbe Kater sprang mit einem Satz auf den Arm seines Herrn und klauete mit seinen Krallen in der bunten Zipfelmütze, während das schwarze Tier maunzend an seinen Knien hinaufstrebte.

Der kranke Knabe war näher geschlichen. «Mutter», sagte er, indem er sie heftig an dem Kleide zupfte, «ist das der böse Ohm, der seine schwarzen Kinder verkauft hat?»

Aber in demselben Augenblick hatte auch Herr Bulemann die Katze herabgeworfen und den Arm des aufschreienden Knaben ergriffen. «Verfluchte Bettelbrut», rief er, «pfeifst du auch das tolle Lied!»

«Bruder, Bruder!» jammerte die Frau. – Doch schon lag der Knabe wimmernd drunten auf dem Treppenabsatz. Die Mutter sprang ihm nach und nahm ihn sanft auf ihren Arm; dann aber richtete sie sich hoch auf, und den blutenden Kopf des Kindes an ihrer Brust, erhob sie die geballte Faust gegen ihren Bruder, der zwischen seinen spinnenden Katzen droben am Treppengeländer stand: «Verruchter, böser Mann!» rief sie. «Mögest du verkommen bei deinen Bestien!»

«Fluche, soviel du Lust hast!» erwiderte der Bruder; «aber mach, daß du aus dem Hause kommst.»

Dann, während das Weib mit dem weinenden Knaben die dunklen Treppen hinabstieg, lockte er seine Katzen und klappte die Stubentür hinter sich zu. – Er bedachte nicht, daß die Flüche der Armen gefährlich sind, wenn die Hartherzigkeit der Reichen sie hervorgerufen hat.

Einige Tage später trat Frau Anken, wie gewöhnlich, mit dem Mittagessen in die Stube ihres Herrn. Aber sie kniff heute noch mehr als sonst mit den dünnen Lippen, und ihre kleinen blöden Augen leuchteten vor Vergnügen. Denn sie hatte die harten Worte nicht vergessen, die sie wegen ihrer Nachlässigkeit an jenem Abend hatte hinnehmen müssen, und sie dachte sie ihm jetzt mit Zinsen wieder heimzuzahlen.

«Habt Ihr's denn auf St. Magdalenen läuten hören?» fragte sie.

«Nein», erwiderte Herr Bulemann kurz, der über seinen Zahlentafeln saß.

«Wißt Ihr denn wohl, wofür es geläutet hat?» fragte die Alte weiter.

«Dummes Geschwätz! Ich höre nicht nach dem Gebimmel.»

«Es war aber doch für Euren Schwestersohn!»

Herr Bulemann legte die Feder hin. «Was schwatzest du, Alte?»

«Ich sagte», erwiderte sie, «daß sie soeben den kleinen Christoph begraben haben.»

Herr Bulemann schrieb schon wieder weiter. «Warum erzählst du mir das? Was geht mich der Junge an?»

«Nun, ich dachte nur; man erzählt ja wohl, was Neues in der Stadt passiert.»

Als sie gegangen war, legte aber doch Herr Bulemann die Feder wieder fort und schritt, die Hände auf dem Rücken, eine lange Zeit in seinem Zimmer auf und ab. Wenn unten auf der Gasse ein Geräusch entstand, trat er hastig ans Fenster, als erwarte er schon den Stadtdiener eintreten zu sehen, der ihn wegen der Mißhandlung des Knaben vor den Rat zitieren solle. Der schwarze Graps, der maunzend seinen Anteil an der aufgetragenen Speise verlangte, erhielt einen Fußtritt, daß er schreiend in die Ecke flog. Aber, war es

nun der Hunger, oder hatte sich unversehens die sonst so unter-
würfige Natur des Tieres verändert, er wandte sich gegen seinen
Herrn und fuhr fauchend auf ihn los. Herr Bulemann gab ihm
einen zweiten Fußtritt. «Freßt», sagte er. «Ihr braucht nicht auf
mich zu warten.»

Mit einem Satz waren die beiden Katzen an der vollen Schüssel,
die er ihnen auf den Fußboden gesetzt hatte.

Dann aber geschah etwas Seltsames.

Als der gelbe Schnores, der zuerst seine Mahlzeit beendet hatte,
nun in der Mitte des Zimmers stand, sich reckte und buckelte,
blieb Herr Bulemann plötzlich vor ihm stehen; dann ging er um
das Tier herum und betrachtete es von allen Seiten. «Schnores,
alter Halunke, was ist denn das?» sagte er, den Kopf des Katers
krauend. «Du bist ja noch gewachsen in deinen alten Tagen!» – In
diesem Augenblick war auch die andere Katze hinzugesprungen.
Sie sträubte ihren glänzenden Pelz und stand dann hoch auf ihren
schwarzen Beinen. Herr Bulemann schob sich die bunte Zipfelmütze aus der Stirn. «Auch der!» murmelte er. «Seltsam, es muß in
der Sorte liegen.»

Es war indes dämmerig geworden, und da niemand kam und ihn
beunruhigte, so setzte er sich zu den Schüsseln, die auf dem Tische
standen. Endlich begann er sogar seine großen Katzen, die neben
ihm auf dem Kanapee saßen, mit einem gewissen Behagen zu be-
schauen. «Ein Paar stattliche Burschen seid ihr!» sagte er, ihnen
zunickend. «Nun soll euch das alte Weib unten auch die Ratten
nicht mehr vergiften!» – Als er aber abends nebenan in seine
Schlafkammer ging, ließ er sie nicht, wie sonst, zu sich herein; und
als er sie nachts mit den Pfoten gegen die Kammertür fallen und
maunzend daran herunterrutschen hörte, zog er das Deckbett über
beide Ohren und dachte: «Mauzt nur zu, ich habe eure Krallen
gesehen.»

Dann kam der andere Tag, und als es Mittag geworden, geschah dasselbe, was tags zuvor geschehen war. Von der geleerten
Schüssel sprangen die Katzen mit einem schweren Satz mitten ins
Zimmer hinein, reckten und streckten sich; und als Herr Bulemann, der schon wieder über seinen Zahlentafeln saß, einen Blick
zu ihnen hinüberwarf, stieß er entsetzt seinen Drehstuhl zurück
und blieb mit ausgerecktem Halse stehen. Dort, mit leisem Win-
seln, als wenn ihnen ein Widriges angetan würde, standen Graps

und Schnores zitternd mit geringelten Schwänzen, das Haar gesträubt; er sah es deutlich, sie dehnten sich, sie wurden größer und größer.

Noch einen Augenblick stand er, die Hände an den Tisch geklammert; dann plötzlich schritt er an den Tieren vorbei und riß die Stubentür auf. «Frau Anken, Frau Anken!» rief er, und da sie nicht gleich zu hören schien, tat er einen Pfiff auf seinen Fingern, und bald schlurrte auch die Alte unten aus dem Hinterhause hervor und keuchte eine Treppe nach der anderen herauf.

«Sehen Sie sich einmal die Katzen an!» rief er, als sie ins Zimmer getreten war.

«Die hab' ich schon oft gesehen, Herr Bulemann.»

«Sieht Sie daran denn nichts?»

«Daß ich nicht wüßte, Herr Bulemann!» erwiderte sie, mit ihren blöden Augen um sich blinzelnd.

«Was sind denn das für Tiere? Das sind ja gar keine Katzen mehr!» – Er packte die Alte an den Armen und rannte sie gegen die Wand. «Rotaugige Hexe!» schrie er. «Bekenne, was hast du meinen Katzen eingebraut?»

Das Weib klammerte ihre knöchernen Hände ineinander und begann unverständliche Gebete herzuplappern. Aber die furchtbaren Katzen sprangen von rechts und links auf die Schultern ihres Herrn und leckten ihn mit ihren scharfen Zungen ins Gesicht. Da mußte er die Alte loslassen.

Fortwährend plappernd und hüstelnd schlich sie aus dem Zimmer und kroch die Treppen hinab. Sie war wie verwirrt; sie fürchtete sich, ob mehr vor ihrem Herrn oder vor den großen Katzen, das wußte sie selber nicht. So kam sie hinten in ihre Kammer. Mit zitternden Händen holte sie einen mit Geld gefüllten wollenen Strumpf aus ihrem Bett hervor; dann nahm sie aus einer Lade eine Anzahl alter Röcke und Lumpen und wickelte sie um ihren Schatz herum, so daß es endlich ein großes Bündel gab. Denn sie wollte fort, um jeden Preis fort; sie dachte an die arme Halbschwester ihres Herrn draußen in der Vorstadt; die war immer freundlich gegen sie gewesen, zu der wollte sie. Freilich, es war ein weiter Weg, durch viele Gassen, über viele schmale und lange Brücken, welche über dunkle Gräben und Fleten hinwegführten, und draußen dämmerte schon der Winterabend. Es trieb sie dennoch fort. Ohne an ihre Tausende von Weizenbrötchen zu denken, die sie in kindischer

Fürsorge in den großen Nußbaumschränken aufgehäuft hatte, trat sie mit ihrem schweren Bündel auf dem Nacken aus dem Hause. Sorgfältig mit dem großen, krausen Schlüssel verschloß sie die schwere eichene Tür, steckte ihn in ihre Ledertasche und ging dann keuchend in die finstere Stadt hinaus.

Frau Anken ist niemals wiedergekommen, und die Tür von Bulemanns Haus ist niemals wieder aufgeschlossen worden.

Noch an demselben Tage aber, da sie fortgegangen, hat ein junger Taugenichts, der, den Knecht Ruprecht spielend, in den Häusern umherlief, mit Lachen seinen Kameraden erzählt, da er in seinem rauhen Pelze über die Kreszentiusbrücke gegangen sei, habe er ein altes Weib dermaßen erschreckt, daß sie mit ihrem Bündel wie toll in das schwarze Wasser hinabgesprungen sei. – Auch ist in der Frühe des andern Tages in der äußersten Vorstadt die Leiche eines alten Weibes, welche an einem großen Bündel festgebunden war, von den Wächtern aufgefischt und bald darauf, da niemand sie gekannt hat, auf dem Armenviertel des dortigen Kirchhofs in einem platten Sarge eingegraben worden.

Dieser andere Morgen war der Morgen des Weihnachtsabends. – Herr Bulemann hatte eine schlechte Nacht gehabt; das Kratzen und Arbeiten der Tiere gegen seine Kammertür hatte ihm diesmal keine Ruhe gelassen; erst gegen die Morgendämmerung war er in einen langen, bleiernen Schlaf gefallen. Als er endlich seinen Kopf mit der Zipfelmütze in das Wohnzimmer hineinstreckte, sah er die beiden Katzen laut schnurrend mit unruhigen Schritten umeinander hergehen. Es war schon nach Mittag; die Wanduhr zeigte auf eins. «Sie werden Hunger haben, die Bestien», murmelte er. Dann öffnete er die Tür nach dem Flur und pfiff nach der Alten. Zugleich aber drängten die Katzen sich hinaus und rannten die Treppe hinab, und bald hörte er von unten aus der Küche herauf Springen und Tellergeklapper. Sie mußten auf den Schrank gesprungen sein, auf den Frau Anken die Speisen für den andern Tag zurückzusetzen pflegte. Herr Bulemann stand oben an der Treppe und rief laut und scheltend nach der Alten; aber nur das Schweigen antwortete ihm oder von unten herauf aus den Winkeln des alten Hauses ein schwacher Widerhall. Schon schlug er die Schöße seines geblümten Schlafrocks übereinander und wollte selbst hinabsteigen, da polterte es drunten auf den Stiegen, und die beiden Katzen kamen wieder heraufgerannt. Aber das waren keine Katzen mehr; das waren zwei furchtbare, namenlose Raubtiere. Die stellten sich gegen ihn, sahen ihn mit ihren glimmenden Augen an und stießen ein heiseres Geheul aus. Er wollte an ihnen vorbei, aber ein Schlag mit der Tatze, der ihm einen Fetzen aus dem Schlafrock riß, trieb ihn zurück. Er lief ins Zimmer; er wollte ein Fenster aufreißen, um die Menschen auf der Gasse anzurufen; aber die Katzen sprangen hinterdrein und kamen ihm zuvor. Grimmig schnurrend, mit erhobenem Schweif, wanderten sie vor den Fenstern auf und ab. Herr Bulemann rannte auf den Flur hinaus und warf die Zimmertür hinter sich zu; aber die Katzen schlugen mit der Tatze auf die Klinke und standen schon vor ihm an der Treppe. – Wieder floh er ins Zimmer zurück, und wieder waren die Katzen da.

Schon verschwand der Tag, und die Dunkelheit kroch in alle Ecken. Tief unten von der Gasse herauf hörte er Gesang; Knaben und Mädchen zogen von Haus zu Haus und sangen Weihnachtslieder. Sie gingen in alle Türen; er stand und horchte. Kam denn niemand an seine Tür? – Aber er wußte es ja, er hatte sie selber alle fortgetrieben; es klopfte niemand, es rüttelte niemand an der verschlossenen Haustür. Sie zogen vorüber; und allmählich ward es still, totenstill auf der Gasse. Und wieder suchte er zu entrinnen; er wollte Gewalt anwenden; er rang mit den Tieren, er ließ sich Gesicht und Hände blutig reißen. Dann wieder wandte er sich zur List; er rief sie mit den alten Schmeichelnamen, er strich ihnen die Funken aus dem Pelz und wagte es sogar, ihren flachen Kopf mit den großen weißen Zähnen zu kraulen. Sie warfen sich auch vor ihm hin und wälzten sich schnurrend zu seinen Füßen; aber wenn er den rechten Augenblick gekommen glaubte und aus der Tür schlüpfte, so sprangen sie auf und standen, ihr heiseres Geheul ausstoßend, vor ihm. – So verging die Nacht, so kam der Tag, und noch immer rannte er zwischen der Treppe und den Fenstern seines Zimmers hin und wider, die Hände ringend, keuchend, das graue Haar zerzaust.

Und noch zweimal wechselten Tag und Nacht; da endlich warf er sich gänzlich erschöpft, an allen Gliedern zuckend, auf das Kanapee. Die Katzen setzten sich ihm gegenüber und blinzelten ihn schläfrig aus halbgeschlossenen Augen an. Allmählich wurde das Arbeiten seines Leibes weniger, und endlich hörte es ganz auf. Eine fahle Blässe überzog unter den Stoppeln des grauen Bartes sein

Gesicht; noch einmal aufseufzend, streckte er die Arme und spreizte die langen Finger über die Knie; dann regte er sich nicht mehr.

Unten in den öden Räumen war es indessen nicht ruhig gewesen. Draußen an der Tür des Hinterhauses, die auf den engen Hof hinausführt, geschah ein emsiges Nagen und Fressen. Endlich entstand über der Schwelle eine Öffnung, die größer und größer wurde; ein grauer Mauskopf drängte sich hindurch, dann noch einer, und bald huschte eine ganze Schar von Mäusen über den Flur und die Treppe hinauf in den ersten Stock. Hier begann das Arbeiten aufs neue an der Zimmertür, und als diese durchnagt war, kamen die großen Schränke daran, in denen Frau Ankens hinterlassene Schätze aufgespeichert lagen. Da war ein Leben wie im Schlaraffenland; wer durch wollte, mußte sich durchfressen. Und das Geziefer füllte sich den Wanst; und wenn es mit dem Fressen nicht mehr fort wollte, rollte es die Schwänze auf und hielt sein Schläfchen in den hohlgefressenen Weizenbrötchen. Nachts kamen sie hervor, huschten über die Dielen oder saßen, ihre Pfötchen leckend, vor dem Fenster und schauten, wenn der Mond schien, mit ihren kleinen blanken Augen in die Gasse hinab.

Aber diese behagliche Wirtschaft sollte bald ihr Ende erreichen. In der dritten Nacht, als eben droben Herr Bulemann seine Augen zugetan hatte, polterte es draußen auf den Stiegen. Die großen Katzen kamen herabgesprungen, öffneten mit einem Schlage ihrer Tatze die Tür des Zimmers und begannen ihre Jagd. Da hatte alle Herrlichkeit ein Ende. Quieksend und pfeifend rannten die fetten Mäuse umher und strebten ratlos an den Wänden hinauf. Es war vergebens; sie verstummten eine nach der anderen zwischen den zermalmenden Zähnen der beiden Raubtiere.

Dann wurde es still, und bald war in dem ganzen Haus nichts vernehmbar als das leise Spinnen der großen Katzen, die mit ausgestreckten Tatzen droben vor dem Zimmer ihres Herrn lagen und sich das Blut aus den Bärten leckten.

Unten in der Haustür verrostete das Schloß, den Messingklopfer überzog der Grünspan, und zwischen den Treppensteinen begann das Gras zu wachsen.

Draußen aber ging die Welt unbekümmert ihren Gang. – Als der Sommer gekommen war, stand auf dem St.-Magdalenen-Kirchhof auf dem Grabe des kleinen Christoph ein blühender weißer Rosenbusch; und bald lag auch ein kleiner Denkstein unter demselben. Den Rosenbusch hatte seine Mutter ihm gepflanzt; den Stein freilich hatte sie nicht beschaffen können. Aber Christoph hatte einen Freund gehabt; es war ein junger Musikus, der Sohn eines Trödlers, der in dem Hause ihnen gegenüber wohnte. Zuerst hatte er sich unter sein Fenster geschlichen, wenn der Musiker drinnen am Klavier saß; später hatte dieser ihn zuweilen in die Magdalenenkirche mitgenommen, wo er sich nachmittags im Orgelspielen zu üben pflegte. – Da saß denn der blasse Knabe auf einem Schemelchen zu seinen Füßen, lehnte lauschend den Kopf an die Orgelbank und sah, wie die Sonnenlichter durch die Kirchenfenster spielten. Wenn der junge Musikus dann, von der Verarbeitung seines Themas fortgerissen, die tiefen mächtigen Register durch die Gewölbe brausen ließ oder wenn er mitunter den Tremulanten zog und die Töne wie zitternd vor der Majestät Gottes dahinfluteten, so konnte es wohl geschehen, daß der Knabe in stilles Schluchzen ausbrach und sein Freund ihn nur schwer zu beruhigen vermochte. Einmal auch sagte er bittend: «Es tut mir weh, Leberecht; spiele nicht so laut!»

Der Orgelspieler schob auch sogleich die großen Register wieder ein und nahm die Flöten- und andere sanfte Stimmen; und süß und ergreifend schwoll das Lieblingslied des Knaben durch die stille Kirche: «Befiehl du deine Wege». – Leise mit seiner kränklichen Stimme hub er an mitzusingen. «Ich will auch spielen lernen», sagte er, als die Orgel schwieg; «willst du mich es lehren, Leberecht?»

Der junge Musikus ließ seine Hand auf den Kopf des Knaben fallen, und ihm das gelbe Haar streichelnd, erwiderte er: «Werde nur erst recht gesund, Christoph; dann will ich dich es gern lehren.»

Aber Christoph war nicht gesund geworden. – Seinem kleinen Sarge folgte neben der Mutter auch der junge Orgelspieler. Sie sprachen hier zum erstenmal zusammen; und die Mutter erzählte ihm jenen dreimal geträumten Traum von dem kleinen silbernen Erbbecher.

«Den Becher», sagte Leberecht, «hätte ich Euch geben können; mein Vater, der ihn vor Jahren mit vielen anderen Dingen von Eurem Bruder erhandelte, hat mir das zierliche Stück einmal als Weihnachtsgeschenk gegeben.»

Die Frau brach in die bittersten Klagen aus. «Ach», rief sie immer wieder, «er wäre ja gewiß gesund geworden!»

Der junge Mann ging eine Weile schweigend neben ihr her. «Den Becher soll unser Christoph dennoch haben», sagte er endlich. Und so geschah es. Nach einigen Tagen hatte er den Becher an einen Sammler solcher Pretiosen um einen guten Preis verhandelt; von dem Gelde aber ließ er den Denkstein für das Grab des kleinen Christoph machen. Er ließ eine Marmortafel darin einlegen, auf welcher das Bild des Bechers ausgemeißelt wurde. Darunter standen die Worte eingegraben: «Zur Gesundheit!» –

Noch viele Jahre hindurch, mochte der Schnee auf dem Grabe liegen oder mochte in der Junisonne der Busch mit Rosen überschüttet sein, kam oft eine blasse Frau und las andächtig und sinnend die beiden Worte auf dem Grabstein. – Dann eines Sommers ist sie nicht mehr gekommen; aber die Welt ging unbekümmert ihren Gang.

Nur noch einmal, nach vielen Jahren, hat ein sehr alter Mann das Grab besucht, er hat sich den kleinen Denkstein angesehen und eine weiße Rose von dem alten Rosenbusch gebrochen. Das ist der emeritierte Organist von St. Magdalenen gewesen.

Aber wir müssen das friedliche Kindergrab verlassen und, wenn der Bericht zu Ende geführt werden soll, drüben in der Stadt noch einen Blick in das alte Erkerhaus der Düsternstraße werfen. Noch immer stand es schweigend und verschlossen. Während draußen das Leben unablässig daran vorüberflutete, wucherte drinnen in den eingeschlossenen Räumen der Schwamm aus den Dielenritzen, löste sich der Gips an den Decken und stürzte herab, in einsamen Nächten ein unheimliches Echo über Flur und Stiege jagend. Die Kinder, welche an jenem Christabend auf der Straße gesungen hatten, wohnten jetzt als alte Leute in den Häusern, oder sie hatten ihr Leben schon abgetan und waren gestorben; die Menschen, die jetzt auf der Gasse gingen, trugen andere Gewänder, und draußen auf dem Vorstadtkirchhof war der schwarze Nummernpfahl auf Frau Ankens namenlosem Grabe schon längst verfault. Da schien eines Nachts wieder einmal, wie schon so oft, über das Nachbarhaus hinweg der Vollmond in das Erkerfenster des dritten Stockwerks und malte mit seinem bläulichen Lichte die kleinen runden Scheiben auf den Fußboden. Das Zimmer war leer; nur auf dem Kanapee zusammengekauert saß eine kleine Gestalt von der Größe eines jährigen Kindes, aber das Gesicht war alt und bärtig und die magere Nase unverhältnismäßig groß; auch trug sie eine weit über die Ohren fallende Zipfelmütze und einen langen, augenscheinlich für einen ausgewachsenen Mann bestimmten Schlafrock, auf dessen Schoß sie die Füße heraufgezogen hatte.

Diese Gestalt war Herr Bulemann. – Der Hunger hatte ihn nicht getötet, aber durch den Mangel an Nahrung war sein Leib verdorrt und eingeschwunden, und so war er im Lauf der Jahre kleiner und kleiner geworden. Mitunter in Vollmondnächten, wie diese, war er erwacht und hatte, wenn auch mit immer schwächerer Kraft, seinen Wächtern zu entrinnen gesucht. War er von den vergeblichen Anstrengungen erschöpft aufs Kanapee gesunken oder zuletzt hinaufgekrochen, und hatte dann der bleierne Schlaf ihn wieder befallen, so streckten Graps und Schnores sich draußen vor der Treppe hin, peitschten mit ihrem Schweif den Boden und horchten, ob Frau Ankens Schätze neue Wanderzüge von Mäusen in das Haus gelockt hätten.

Heute war es anders; die Katzen waren weder im Zimmer noch draußen auf dem Flur. Als das durch das Fenster fallende Mondlicht über den Fußboden weg und allmählich an der kleinen Gestalt hinaufrückte, begann sie sich zu regen; die großen runden Augen öffneten sich, und Herr Bulemann starrte in das leere Zimmer hinaus. Nach einer Weile rutschte er, die langen Ärmel mühsam zurückschlagend, von dem Kanapee herab und schritt langsam der Tür zu, während die breite Schleppe des Schlafrocks hinter ihm herfegte. Auf den Fußspitzen nach der Klinke greifend, gelang es ihm, die Stubentür zu öffnen und draußen bis an das Geländer der Treppe vorzuschreiten. Eine Weile blieb er keuchend stehen; dann streckte er den Kopf vor und mühte sich zu rufen: «Frau Anken, Frau Anken!» Aber seine Stimme war nur wie das Wispern eines kranken Kindes. «Frau Anken, mich hungert; so hören Sie doch!»

Alles blieb still; nur die Mäuse quieksten jetzt heftig in den unteren Zimmern. Da wurde er zornig. «Hexe, verfluchte, was pfeift Sie denn?» Und ein Schwall unverständlich geflüsterter Schimpfworte sprudelte aus seinem Munde, bis ein Stickhusten ihn befiel und seine Zunge lähmte.

Draußen, unten an der Haustür, wurde der schwere Messingklopfer angeschlagen, daß der Hall bis in die Spitze des Hauses hinaufdrang. Es mochte jener nächtliche Geselle sein, von dem im Anfang dieser Geschichte die Rede gewesen ist.

Herr Bulemann hatte sich wieder erholt. «So öffne Sie doch!» wisperte er; «es ist der Knabe, der Christoph; er will den Becher holen.»

Plötzlich wurden von unten herauf zwischen dem Pfeifen der Mäuse die Sprünge und das Knurren der beiden großen Katzen vernehmbar. Er schien sich zu besinnen; zum erstenmal bei seinem Erwachen hatten sie das oberste Stockwerk verlassen und ließen ihn gewähren. – Hastig, den langen Schlafrock nach sich schleppend, stapfte er in das Zimmer zurück.

Draußen aus der Tiefe der Gasse hörte er den Wächter rufen. «Ein Mensch, ein Mensch!» murmelte er; «die Nacht ist so lang, so vielmal bin ich aufgewacht, und noch immer scheint der Mond.»

Er kletterte auf den Polsterstuhl, der in dem Erkerfenster stand. Emsig arbeitete er mit den kleinen dürren Händen an dem Fensterhaken; denn drunten auf der mondhellen Gasse hatte er den Wächter stehen sehen. Aber die Haspen waren festgerostet; er mühte sich vergebens, sie zu öffnen. Da sah er den Mann, der eine Weile hinaufgestarrt hatte, in den Schatten der Häuser zurücktreten.

Ein schwacher Schrei brach aus seinem Munde; zitternd mit geballten Fäusten schlug er gegen die Fensterscheiben; aber seine Kraft reichte nicht aus, sie zu zertrümmern. Nun begann er Bitten und Versprechungen durcheinander zu wispern; allmählich, während die Gestalt des unten gehenden Mannes sich immer mehr entfernte, wurde sein Flüstern zu einem erstickten heisern Gekrächze; er wollte seine Schätze mit ihm teilen, wenn er nur hören wollte; er sollte alles haben, er selber wollte nichts, gar nichts für sich behalten; nur den Becher, der sei das Eigentum des kleinen Christoph.

Aber der Mann ging unten unbekümmert seinen Gang, und bald war er in einer Nebengasse verschwunden. – Von allen Worten, die Herr Bulemann in jener Nacht gesprochen, ist keines von einer Menschenseele gehört worden.

Endlich, nach aller vergeblichen Anstrengung, kauerte sich die kleine Gestalt auf dem Polsterstuhl zusammen, rückte die Zipfelmütze zurecht und schaute, unverständliche Worte murmelnd, in den leeren Nachthimmel hinauf.

So sitzt er noch jetzt und erwartet die Barmherzigkeit Gottes.

Saki

Tobermory

Es war der kühle, regenverwaschene Nachmittag eines der letzten
Augusttage – in jener nichtssagenden Jahreszeit also, in der die
Rebhühner sich noch in Sicherheit oder in den Kühlhäusern befinden
und es nichts zu jagen gibt. Ohne Ausnahme hatten sich die Gäste
von Lady Blemleys Hausparty um den Tisch versammelt. Trotz der
Öde der Jahreszeit und der Alltäglichkeit dieses Ereignisses deutete
nichts auf jene schwelende Unruhe hin, die gleichbedeutend ist mit
der Furcht vor einem Klavierkonzert oder einer beherrschten Sehnsucht nach einer Partie Bridge. Die unverhüllte, durch nichts verbor-
gene Aufmerksamkeit der Anwesenden konzentrierte sich vielmehr
auf die anspruchslose, unscheinbare Persönlichkeit des Mr. Cornelius Appin. Von allen Gästen Lady Blemleys war er der einzige, der in
keinem festumrissenen Ruf stand. Irgend jemand hatte einmal erwähnt, daß Appin «klug» sei, und so schickte man ihm eine Einladung in der unausgesprochenen Erwartung – zumindest von seiten
der Gastgeberin –, daß er wenigstens einen Teil seiner Klugheit zu der
allgemeinen Unterhaltung beisteuern würde. Bisher hatte Lady
Blemley jedoch nicht feststellen können, in welcher Richtung sich
seine Klugheit – wenn überhaupt – bewegte. Weder war er witzig,
noch spielte er auffallend gut Krocket; weder verfügte er über
hypnotische Fähigkeiten noch hatte er jemals eine Amateurauffüh-
rung inszeniert. Auch sein Äußeres deutete nicht auf einen jener
Männer hin, denen die Frauen ein erhebliches Maß an mangelndem
Geist nachsehen. Er war zu einem bloßen «Mr. Appin» herabgesunken, und «Cornelius» schien nichts als eine durchsichtige Täuschung
zu sein, die man bei seiner Taufe begangen hatte.

Jetzt aber behauptete er plötzlich, der Welt eine Entdeckung
geschenkt zu haben, neben der die Erfindung des Schießpulvers, der

Druckerpresse oder der Dampfmaschine belanglose Lappalien seien. Die Wissenschaft habe zwar im Verlauf der letzten Jahrzehnte atemberaubende Fortschritte auf allen Gebieten gemacht – seine Entdeckung schien jedoch eher auf dem Gebiet der Wunder als auf dem der Wissenschaft zu liegen.

«Und wir sollen Ihnen also glauben», sagte Sir Wilfrid gerade, «daß Sie eine Möglichkeit gefunden haben, den Tieren die Kunst der menschlichen Sprache beizubringen, und daß sich der liebe Tobermory als Ihr erster erfolgreicher Schüler entpuppt hat?»

«Während der letzten siebzehn Jahre habe ich an diesem Problem gearbeitet», sagte Mr. Appin. «Aber erst während der letzten acht oder neun Monate bin ich mit den Andeutungen eines Erfolges belohnt worden. Bis dahin hatte ich natürlich schon mit Tausenden von Tieren experimentiert – zuletzt jedoch ausschließlich mit Katzen, diesen wundervollen Geschöpfen, die sich in phantastischer Weise unserer Zivilisation angepaßt haben, ohne dabei ihren hochentwickelten Raubtierinstinkt aufzugeben. Hin und wieder stößt man bei Katzen auf einen überragenden Intellekt – genauso wie bei der Masse der menschlichen Geschöpfe; und als ich vor einer Woche die Bekanntschaft Tobermorys machte, merkte ich sofort, daß ich einer ‹Über-Katze› von ungewöhnlicher Intelligenz gegenüberstand. Bei meinen letzten Versuchen war ich dem Erfolg ein großes Stück näher gekommen; bei Tobermory – wie Sie ihn nennen – habe ich jedoch mein Ziel erreicht.»

Mr. Appin beschloß seine bemerkenswerten Ausführungen in dem spürbaren Bemühen, seinen Triumph nicht laut werden zu lassen. Keiner der Anwesenden murmelte «Unsinn», obgleich Clovis' Lippen ein zweisilbiges Wort formten, das diesem nagenden Unglauben vermutlich entsprach.

«Damit wollen Sie also sagen, daß Tobermory jetzt in der Lage ist, zu sprechen und einfache Sätze aus einsilbigen Wörtern zu verstehen?» meinte Miss Resker nach einer kurzen Stille.

«Meine liebe Miss Resker», erwiderte der Wundermann ungeduldig, «in der von Ihnen erwähnten Form unterrichtet man kleine Kinder, Wilde und geistig zurückgebliebene Erwachsene. Wenn man jedoch erst einmal das Problem gelöst hat, bei einem Tier mit sehr hoch entwickelter Intelligenz den Anfang zu finden, braucht man diese ermüdende Methode nicht mehr. Tobermory ist in der Lage, unsere Sprache völlig korrekt zu sprechen.»

In diesem Augenblick sagte Clovis deutlich vernehmbar: «Wahnsinn!» Sir Wilfrid war zwar höflicher, jedoch nicht weniger skeptisch.

«Vielleicht ist es am besten, wir lassen Tobermory hereinholen und bilden uns dann selbst ein Urteil?» schlug Lady Blemley vor.

Sir Wilfrid begab sich auf die Suche nach dem Tier, und die übrigen lehnten sich bequem und in der anspruchslosen Erwartung zurück, Zeugen eines mehr oder weniger geschickten Bauchrednertricks zu werden.

Nur Sekunden später stand Sir Wilfrid wieder in der Tür: trotz der Bräune war sein Gesicht blaß, und in den Augen spiegelte sich seine Aufregung wider. «Bei Gott – es ist wahr!»

Seine Erschütterung war echt, und seine Zuhörer waren auf einmal hellwach und blickten ihn gespannt an.

Sir Wilfrid ließ sich in einen Sessel fallen; das Erlebnis hatte ihm fast den Atem verschlagen. «Er war im Rauchzimmer und schlief. Ich rief ihm zu, er solle zum Tee kommen. Wie üblich blinzelte er mich an, und ich sagte: ‹Los, Toby – wir haben keine Lust zu warten!› Und bei Gott – mit einer entsetzlich natürlichen Stimme erwiderte er daraufhin, daß er käme, wenn es ihm paßte! Mich hat es fast umgeworfen!»

Appin hatte vor völlig ungläubigen Zuhörern gepredigt; Sir Wilfrids Feststellung überzeugte jedoch sofort. Ein Durcheinander verwirrter, aufgeregter Stimmen erhob sich, in dem der Wissenschaftler schweigend in seinem Sessel saß und die ersten Früchte seiner erstaunlichen Entdeckung genoß.

Dann betrat Tobermory den Raum; auf seinen Sammetpfoten schritt er mit betonter Gleichgültigkeit zu der Gruppe, die um den Teetisch saß. Alle Anwesenden waren plötzlich verlegen und befangen; niemand wagte es, eine Hauskatze anzusprechen, deren geistige Fähigkeiten denen der Anwesenden ebenbürtig waren.

«Möchtest du etwas Milch haben?» fragte Lady Blemley schließlich mit ziemlich aufgeregter Stimme.

«Meinetwegen», lautete die Antwort, die in einem völlig gleichgültigen Ton gesprochen wurde. Ein Schauer unterdrückter Aufregung überlief die Zuhörer, und Lady Blemley goß die Milch mit bebender Hand in die kleine Schüssel. Aber das war verständlich.

«Ich glaube, ich habe etwas danebengegossen», sagte sie entschuldigend.

«Schließlich gehört der Teppich nicht mir», erwiderte Tobermory nur.

Wieder senkte sich ein Schweigen über die Anwesenden. Schließlich fragte Miss Resker mit ihrem hochmütigsten Gesicht, ob die menschliche Sprache schwer zu erlernen sei. Tobermory sah sie einen Augenblick aufmerksam an und senkte dann vorwurfsvoll den Blick, damit zeigte er deutlich, daß er nicht geneigt war, auf derartig einfältige Fragen einzugehen.

«Was hältst du von der menschlichen Intelligenz?» fragte Mavis Pellington schüchtern.

«Wessen Intelligenz meinen Sie im besonderen?» fragte Tobermory kühl.

«Zum Beispiel – zum Beispiel meine», sagte Mavis und lachte dabei verlegen.

«Damit bringen Sie mich in eine peinliche Situation», sagte Tobermory, dessen Ton und Benehmen jedoch keinerlei Peinlichkeit verrieten. «Als Ihr Name im Zusammenhang mit den Einladungen zu dieser Party genannt wurde, erhob Sir Wilfrid Einspruch, weil Sie die dümmste Frau seines ganzen Bekanntenkreises seien und weil zwischen Gastfreundschaft und der Wohltätigkeit für geistig Minderbemittelte ein erheblicher Unterschied bestehe. Lady Blemley erwiderte darauf, daß Ihr mangelnder Verstand doch gerade der Grund zu der Einladung sei, da Sie – Lady Blemleys Ansicht nach – der einzig in Frage kommende Mensch wären, der ihren alten Wagen kaufen würde. Sie kennen den Wagen doch, nicht wahr? Man nennt ihn hier den ‹Neid des Sisyphos›, weil er jede Steigung sehr flott nimmt, wenn man ihn schiebt.»

Lady Blemleys Protest wäre erheblich wirkungsvoller gewesen, wenn sie nicht am gleichen Morgen – ganz nebenbei – zu Mavis gesagt hätte, daß der fragliche Wagen genau das richtige für sie sei, da sie schließlich in dem hügeligen Gebiet von Devonshire wohne.

Um von diesem Gespräch abzulenken, stürzte Major Barfield sich in das Gespräch. «Was ist eigentlich mit der gefleckten Stallkatze, mit der du dich dauernd herumtreibst? Antwort!»

Jeder der Anwesenden merkte im gleichen Augenblick, daß diese Frage ein großer Fehler war.

«Normalerweise redet man vor anderen nicht über derartige Dinge», erwiderte Tobermory kalt. «Nach allem, was Sie sich seit Ihrer Ankunft in diesem Haus geleistet haben, würde es Ihnen aller

Wahrscheinlichkeit nach auch nicht passen, wenn ich die Unterhaltung auf Ihre eigenen Affären brächte.»

Die Unruhe, die diese Worte auslösten, beschränkte sich nicht nur auf den Major.

«Könntest du vielleicht in der Küche nachfragen, ob dein Essen schon fertig ist?» schlug Lady Blemley sofort vor und versuchte damit die Tatsache zu übersehen, daß es bis zu Tobermorys Abendbrot mindestens noch zwei Stunden dauern würde.

«Nein, danke», sagte Tobermory, «das hat noch Zeit. Ich möchte nicht an einer Magenverstimmung sterben.»

«Du weißt doch, daß Katzen neun Leben haben», meinte Sir Wilfrid nachdrücklich.

«Möglich ist es», erwiderte Tobermory. «Aber sie haben nur eine Leber.»

«Adelaide!» warf Mrs. Cornett ein. «Willst du diese Katze etwa noch dazu ermuntern, draußen mit dem Personal über uns zu lästern?»

Das Entsetzen hatte inzwischen alle Anwesenden ergriffen. Vor den meisten Schlafzimmerfenstern lief nämlich eine schmale, mit Ornamenten verzierte Balustrade entlang, und man erinnerte sich auf einmal, daß sie zu jeder Zeit Tobermorys Lieblingsaufenthalt war, von dem aus er die Tauben beobachtete – und der Himmel allein wußte, wen noch! Mrs. Cornett, die einen erheblichen Teil ihrer Zeit vor dem Toilettenspiegel verbrachte und der man ein nomadenhaftes, wenn auch pünktliches Wesen nachsagte, machte einen genauso unruhigen Eindruck wie der Major. Sollte Tobermory in seiner offenen Art sich einiger Dinge erinnern, würde die Wirkung mehr als nur verwirrend sein. Miss Scrawen, die ausgesprochen sinnliche Gedichte verfaßte und ein makelloses Leben führte, zeigte nur Entsetzen; wenn man in persönlichen Dingen systematisch und tugendsam vorgeht, hat man nicht unbedingt das Verlangen, daß alle Welt es erfährt. Bertie van Than, der schon mit siebzehn Jahren so verdorben war, daß er bereits vor einiger Zeit den Wunsch, noch schlimmer zu werden, fallengelassen hatte, verfärbte sich und wurde kalkweiß; immerhin beging er nicht den Fehler, den Raum überstürzt zu verlassen – wie Odo Finsberry, ein junger Mann, der Theologie studierte und den der Gedanke, in die Skandale anderer Menschen eingeweiht zu werden, völlig verwirrte. Clovis besaß die Geistesgegenwart, äußerlich völlig unbeteiligt zu wirken. Er überschlug in Gedanken, wie lange es dauern würde, sich irgendwoher eine Kiste mit besonders zarten Mäusen schicken zu lassen – als eine Art Schweigegeld.

Selbst in dieser heiklen Situation konnte Agnes Resker es nicht ertragen, längere Zeit im Hintergrund stehen zu müssen.

«Warum bin ich nur hierhergekommen?» rief sie dramatisch aus.

Tobermory ergriff sofort die Gelegenheit.

«Nach allem, was Sie gestern Mrs. Cornett gegenüber während des Krocketspiels äußerten, sind Sie wegen des ausgezeichneten Essens gekommen. Von den Blemleys sagten Sie, sie seien die langweiligsten Menschen, die Sie kennten; dann meinten Sie jedoch, daß die Blemleys immerhin so klug gewesen seien, sich einen ausgezeichneten Koch zu halten – sonst wäre es Ihrer Ansicht nach auch kaum vorstellbar, daß irgendein Gast zum zweitenmal hierherkäme.»

«Nicht ein einziges Wort davon ist wahr! Mrs. Cornett ist mein Zeuge...»

«Mrs. Cornett wiederholte Ihre Worte gegenüber Bertie van Than», fuhr Tobermory fort, «und sagte noch: ‹Dieses Weib ist ein regelrechter Freßsack. Wenn sie weiß, daß sie ihre vier ausgiebigen Mahlzeiten pro Tag bekommt, geht sie überall hin!› Und Bertie van Than sagte...»

Glücklicherweise wurde der Bericht an dieser Stelle unterbrochen. Tobermory hatte Tom, den großen gelben Kater aus dem Pfarrhaus, entdeckt, der durch die Ziersträucher zum Stall schlich. Mit einem gewaltigen Satz war er durch die offenstehende Terrassentür verschwunden.

Nach der Flucht seines allzu gelehrigen Schülers fand sich Cornelius Appin plötzlich inmitten eines Orkans erbitterter Vorwürfe, ängstlicher Fragen und flehender Bitten. Allein bei ihm liege die Verantwortung für die entsetzliche Situation, und an ihm sei es jetzt, dafür zu sorgen, daß alles nicht noch schlimmer würde. Ob Tobermory seine gefährliche Begabung auch anderen Katzen mitteilen könne, war das erste, was man ihn fragte. Möglich sei es, erwiderte er, daß er seine intime Freundin, die Stallkatze, in seine neuen Fähigkeiten einweihe; es sei jedoch unwahrscheinlich, daß er damit Erfolg hätte.

«Meinetwegen mag Tobermory eine wertvolle Katze und ein besonders liebes Tier sein», meinte Mrs. Cornett. «Du wirst jedoch zugeben müssen, Adelaide, daß man ihn möglichst schnell beseitigen muß – und die Stallkatze auch!»

«Glaubst du etwa, daß ich die letzte Viertelstunde besonders genossen habe?» sagte Lady Blemley verbittert. «Mein Mann und ich mögen Tobermory wirklich gern – wenigstens mochten wir ihn, solange er diese schrecklichen Fähigkeiten noch nicht besaß. Aber jetzt gibt es natürlich keine andere Lösung, als ihn so schnell wie möglich zu beseitigen.»

«Vielleicht könnten wir etwas Strychnin in sein Fressen tun», meinte Sir Wilfrid. «Die Stallkatze werde ich persönlich ersäufen. Der Kutscher wird seinem Liebling zwar nachtrauern, aber ich werde einfach sagen, daß bei beiden Katzen eine ansteckende Räude ausgebrochen sei und daß wir fürchteten, sie könnten auch die Hunde infizieren.»

«Und meine einzigartige Entdeckung!» unterbrach Mr. Appin ihn. «Nach so vielen Jahren des Forschens und Experimentierens...»

«Meinetwegen experimentieren Sie mit Rindviechern weiter, die man eingesperrt halten kann», sagte Mrs. Cornett. «Oder auch mit den Elefanten in den zoologischen Gärten. Elefanten sollen doch so intelligent sein, und außerdem sagt man von ihnen, daß sie sich weder in Schlafzimmern herumtreiben noch unter Sesseln verstecken!»

Ein Erzengel, der verzückt das tausendjährige Reich verkündet hat und dann feststellen muß, daß es aus irgendeinem Grund auf unbestimmte Zeit hinausgeschoben wird, könnte kaum enttäuschter sein als Cornelius Appin über das Echo, das sein wunderbarer Erfolg ausgelöst hatte. Die öffentliche Meinung stand jedoch gegen ihn, und hätte man auf die Stimme der Allgemeinheit gehört, wäre eine bedeutende Minderheit vermutlich dafür gewesen, ihm ebenfalls eine strychningewürzte Speise vorzusetzen.

Schlechte Zugverbindungen und der nervöse Wunsch, das hoffentlich gute Ende noch mitzuerleben, verhinderten die sofortige Abreise der Beteiligten; aber trotzdem war das Abendessen kein gesellschaftlicher Erfolg. Besonders Sir Wilfrid hatte aufregende Stunden hinter sich – zuerst wegen der Katze, dann wegen des Kutschers. Agnes Resker begnügte sich – für alle sichtbar – mit einem trockenen Toast, in den sie jedoch hineinbiß, als sei er ihr persönlicher Feind. Mavis Pellington befleißigte sich eines störrischen Schweigens; Lady Blemley dagegen redete ununterbrochen und hoffte, daß man es als Unterhaltung ansehen würde, während ihre Augen immer wieder zur Tür wanderten. Auf dem Büfett stand eine Schüssel mit sorgfältig präpariertem Fisch – aber nachdem Nachspeise, Käse und Mokka abserviert waren, hatte man Tobermory weder im Speisezimmer noch in der Küche gesehen.

Der Leichenschmaus fand seine würdige Fortsetzung in der Nachtwache, die im Rauchzimmer abgehalten wurde. Essen und Trinken hatten zumindest zur Folge, daß die herrschende Verlegenheit bemäntelt und man von ihr abgelenkt wurde. Eine Partie Bridge stand jedoch bei der vorhandenen Nervenanspannung und auf Grund der allgemeinen Stimmung gar nicht zur Debatte. Um elf Uhr ging das Personal zu Bett, nachdem noch Bescheid gesagt worden war, daß das kleine Fenster in der Anrichte – Tobermorys Privateingang – wie üblich offenstehe. Die Gäste hingegen lasen sich standhaft durch die vorhandenen Magazine und griffen sogar auf literarische Zeitschriften sowie auf die verschiedenen Sammelbände des *Punch* zurück. In regelmäßigen Abständen suchte Lady Blemley die Anrichte auf, kehrte jedoch immer mit einem Ausdruck dumpfer Niedergeschlagenheit zurück, der jede Frage überflüssig machte.

Um zwei Uhr brach Clovis das lastende Schweigen.

«Heute nacht kommt er doch nicht mehr. Vermutlich sitzt er in der Redaktion der hiesigen Zeitung und diktiert das erste Kapitel seiner Memoiren. Sie werden alles übrige aus dem Felde schlagen und die Sensation des Tages werden.»

Nachdem Clovis seinen Beitrag zur allgemeinen Unterhaltung beigesteuert hatte, begab er sich zu Bett. In längeren Abständen folgten die anderen Gäste seinem Beispiel.

Die Diener, die am folgenden Morgen den Frühstückstee auf den Zimmern servierten, gaben auf die stets gleiche Frage eine ständig wiederkehrende Antwort: Tobermory sei noch nicht nach Hause gekommen.

Das gemeinsame Frühstück verlief – wenn überhaupt möglich – noch unerfreulicher als das gestrige Abendessen; bevor man sich jedoch wieder erhob, wurde die Situation geklärt: Tobermorys Leichnam wurde ins Haus gebracht. Einer der Gärtner hatte ihn zwischen den Ziersträuchern gefunden. Aus der Bißwunde an seiner Kehle und den gelben Haarbüscheln an seinen Krallen wurde deutlich, daß er in dem ungleichen Kampf mit dem Tom aus dem Pfarrhaus unterlegen war.

Gegen Mittag hatten die meisten Gäste das Haus verlassen, und nach dem Essen hatte sich Lady Blemley wieder so weit erholt, daß sie an das Pfarrhaus einen äußerst unangenehmen Brief wegen des Verlustes ihres Lieblings schreiben konnte.

Tobermory war Mr. Appins erster erfolgreicher Schüler gewesen, und das Schicksal wollte es, daß er keinen Nachfolger bekam. Wenige Wochen später riß sich im Dresdener Zoo – ohne vorher die geringste Erregung zu zeigen – ein Elefant los und tötete einen Engländer, der ihn offenbar geärgert hatte. Der Name des Unglücklichen wurde von den Zeitungen verschieden angegeben: einmal als Oppin, dann wieder als Eppelin. Als Vorname wurde jedoch überall gleichlautend «Cornelius» genannt.

«Wenn er versucht haben sollte, dem armen Tier die deutschen unregelmäßigen Verben beizubringen, hat er es auch nicht anders verdient», sagte Clovis.

D. L. Stewart

Eigentlich kann ich Katzen nicht ausstehen

Als wir beschlossen zu heiraten, galt es als ausgemacht, daß in unserem von wildem Wein umrankten Häuschen niemals eine Katze herumschleichen sollte.

«Ich kann Katzen nicht ausstehen», erklärte ich der Frau, die eingewilligt hatte, mich zu lieben, zu achten und überall Mausefallen aufzustellen. «Katzen sind falsch.»

Und sie murmelte: «Ja, Liebster.»

«Und obendrein hinterhältig.»

«Ja, Liebster.»

«Und hochmütig.»

«Ja, Liebster.»

Endlich nahte der große Tag, und wir schritten zum Altar. Wir tauschten die Ringe, sprachen das Ehegelübde, und dann erklärte uns der Pfarrer zu Mann und Frau. Und nun wandte ich mich zu ihr, hob ihren Schleier, blickte in das liebreizende Antlitz meiner hold errötenden frisch Angetrauten.

Und sie murmelte: «Nicht mal so eine niedliche kleine Siamkatze?»

Doch ich blieb eisern, und wir befanden uns bereits in der zweiten Woche unseres Eheglücks, bevor wir eine Katze bekamen. Er hieß Charlie und war ein Streuner, der eines Abends hereinspazierte, um unsere Wohnung, unsere spärliche Habe und den Rest unserer Makkaroni mit Käse mit uns zu teilen. Nach zwei Wochen mit Resten von Makkaroni und Käse suchte Charlie das Weite. Katzen mögen falsch, hinterhältig und hochmütig sein, aber dumm sind sie nicht.

Ich glaube, sie hat aus diesem Intermezzo etwas gelernt. Danach war jedenfalls von Katzen nicht mehr die Rede.

Natürlich kann das zum Teil auch daran gelegen haben, daß bald danach die Bevölkerungsexplosion bei uns voll einsetzte. Mit vier Kindern und einem Hund konnten wir einen weiteren Mitbewohner, der vor dem Kühlschrank lauert und einen Wärmestau verursacht, am allerwenigsten gebrauchen.

Daher staunte ich nicht schlecht, als ich eines Tages mitten in der Woche nach Hause komme und auf dem Fußboden unseres Wohnzimmers einen kleinen weißen Kater sehe.

Er ist acht Wochen alt, auf dem Kopf dunkel gefleckt und hat einen gestreiften Schwanz wie ein Waschbär. Und das rechte Bein wirkt irgendwie unnatürlich abgewinkelt, wie er so daliegt und fest schläft.

Sie war auf der Heimfahrt vom Einkaufen, berichtet sie, als sie das Schreien hinter einem Strauch am Straßenrand hörte. Da ist sie ausgestiegen, im Regen, hat das feuchte, lehmige, leerstehende Gelände abgesucht und ihn dort zusammengekauert gefunden, triefend, mager, offenbar von Schmerzen geplagt.

Sie ist mit ihm zum Tierarzt gefahren, dessen Diagnose lautet: wahrscheinlich ein Bein gebrochen, möglicherweise auch noch ein Beckenbruch. Der Tierarzt kann ihn entweder für ein stattliches Honorar behandeln oder für die Hälfte davon einschläfern. Statt dessen hat sie das Tierchen mit nach Hause genommen, gründlich gesäubert, mit viel Überredungskunst dazu bewogen, wenigstens von dem bei Nachbarn entliehenen Futter zu kosten. Und jetzt schläft er auf dem Fußboden mitten in meinem Wohnzimmer, und ich mag Katzen keine Spur mehr als zuvor. Schon gar nicht einen Kater, der mich viel Geld kosten würde.

«Er muß überfahren worden sein», sagt sie, «und dann haben sie ihn einfach liegengelassen und sind abgehauen. Ist das nicht schrecklich?»

«Und ob», bestätige ich. Immerhin gebricht es mir nicht ganz an der Milch der frommen Denkungsart. «Wann werden wir ihn wieder los?»

«Na ja, das Tierheim ist jetzt geschlossen. Aber ich rufe gleich morgen früh dort an.»

«Vergiß es ja nicht», ermahne ich sie und strecke die Hand aus, um die kleine, hilflose Kreatur zu berühren, die diese eine Nacht bei uns verbringen wird. Die Narben auf der Innenseite meines rechten Handgelenks sind noch heute zu sehen.

«Auch wenn er nur hier übernachtet, sollten wir ihm einen Namen geben», meint sie.

«Wie wär's mit Blacky?» schlage ich vor.

«Ein ziemlich häufiger Name.»

«Aber nicht für weiße Katzen.»

«Mir gefällt's nicht», erklärt sie. «Ich denke, wir sollten ihn Springfield nennen. So hieß die Straße, in der ich ihn gefunden habe.»

«Ein scheußlicher Name. Was hältst du von Kolumbus?»

Wie meistens bei uns, endet auch diese Diskussion ohne klare Entscheidung.

An jenem Abend beginnt das namenlose Kätzchen sich zu regen, macht vergebliche Anstrengungen, auf die Füße zu kommen, schleppt sich dann auf dem Bauch über den Teppich, um seine neue Umgebung zu erkunden. Sie füttert ihn, füllt eine Puzzleschachtel mit geliehener Katzenstreu, hebt ihn hinein . . . und wieder heraus, sobald er fertig ist.

Im Laufe des Abends scheint der Kater zu Kräften zu kommen. Er steht auf drei Beinen, beginnt zu laufen, fällt hin, rappelt sich wieder hoch. Er gelangt zum Sofa, will hinaufklettern, krallt sich mit den ausgestreckten Vorderpfoten fest, kann sich aber mit dem Hinterbein nicht halten.

Er purzelt auf die Seite, erhebt sich, probiert es aufs neue – ein entschlossener, rührender Versuch, zum Scheitern verurteilt. Ein couragiertes Tierchen. Es ist schwer, sich nicht von seinem Mut beeindrucken zu lassen.

Als es Zeit zum Schlafengehen ist, sucht sie einen blauen Korb, breitet ein Handtuch darin aus und legt ihn hinein. Der Korb wird neben unser Bett gestellt, so daß sie notfalls mitten in der Nacht hinunterlangen kann.

Beim Aufwachen fällt mein erster Blick auf den Kater, der über den Fußboden lahmt, um mit meinem Pantoffel zu spielen.

Vor der Abfahrt ins Büro ermahne ich sie, den Anruf im Tierheim ja nicht zu vergessen.

«Du weißt doch, ich kann Katzen nicht ausstehen», betone ich, während ich zum Wagen hinausgehe.

Aus mir ziemlich unerfindlichen Gründen kommt der Anruf im Tierheim nicht zustande, und als ich zum Abendessen erscheine, ist der Kater immer noch da. In meinem Lehnsessel.

«Sie rufen gleich morgen früh zurück», berichtet sie.

«Das möchte ich ihnen auch geraten haben. Du weißt doch, ich kann Katzen nicht ausstehen», sage ich streng und lasse mich neben meinem Lehnsessel auf dem Fußboden nieder.

Morgens klingelt das Telefon. Sie meldet sich.

«Das ist die Frau vom … von dem Haus», erklärt sie und legt die Hand über die Sprechmuschel. «Was soll ich ihr sagen?»

Ich blicke auf das Kätzchen, das zusammengerollt in dem blauen Korb neben unserem Bett liegt, die weißen Pfoten über der kleinen Schnauze gekreuzt, das rechte Hinterbein unnatürlich abgewinkelt.

«Sag ihr … sag ihr, es hat sich erledigt.»

In den ersten paar Monaten, die er bei uns verlebt, begnügt sich Springfield damit, im Haus herumzuhocken, niedlich auszusehen, seinen kleinen Körper mit dem weißen Fell an meinem dunkelgrünen Anzug zu reiben und eine Kellerecke sehr, sehr übel riechen zu lassen.

Dann wird es warm, und er erledigt sein Geschäft im Freien. Er fängt an, im Vorgarten zu sitzen, niedlich auszusehen, seinen kleinen Körper mit dem weißen Fell am Hosenbein des Briefträgers zu reiben und den Sandkasten im Nachbargarten sehr, sehr übel riechen zu lassen.

Und dann beginnt er, auf die Jagd zu gehen, und mit jeder Expedition wird das verletzte Bein kräftiger.

Zuerst fängt er kleines Getier. Heuschrecken, Maikäfer, Federbälle. Doch als ich eines Abends vorn auf der Veranda stehe, spaziert er von hinten um die Hausecke und quietscht dabei hoch und schrill.

Ich gehe näher heran, um die Ursache herauszufinden. Wie sich zeigt, stammt das hohe, schrille Quietschen nicht von dem Kater, es kommt von dem Karnickel, das er in der Schnauze trägt. Entweder das, oder der Kater hat sich im Selbststudium zum Bauchredner ausgebildet.

Ich bin verblüfft. Daß Kaninchen auch Lärm veranstalten können, wußte ich nicht. Ich dachte immer, sie hocken nur da, permanent naserümpfend, Mohrrüben mümmelnd und unglaublich fruchtbar.

«Laß das Kaninchen los!» rufe ich dem Kater zu. Der Kater ignoriert mich. Ich laufe hin. Er läuft weg, immer noch das Karnickel in der Schnauze. Ich jage ihn. Durch den Garten, über die Zufahrt, in die Garage und brülle dabei aus Leibeskräften: «Laß das

Karnickel los!» Auf der gegenüberliegenden Straßenseite erscheint mein Nachbar auf der Veranda, um festzustellen, was ich da treibe. Er sieht mich in meiner Garage herumlaufen und hört mich schreien: «Laß das Karnickel los!» Er zieht sich in sein Haus zurück. Er schließt seine Tür.

Endlich hat der Kater das Spiel satt und läßt das Kaninchen fallen. Es hoppelt davon. Offenbar nicht ernstlich verletzt, aber eindeutig äußerst irritiert.

Später erörtere ich den Zwischenfall mit der Frau, die gelobt hat, mich zu lieben, zu achten und die Bestie in mir zu zähmen.

«Ich glaube nicht, daß er das Kaninchen wirklich fressen wollte», meint sie. «Meiner Ansicht nach hat er nur seinen Jagdtrieb ausgelebt und seine Beute nach Hause gebracht, um sie uns zu zeigen.»

«Vielleicht wollte er uns aber auch auf seine Art zeigen, daß er von Makkaroni mit Käse genug hat.»

«Na ja, wir sollten am besten doch etwas dagegen unternehmen», überlegt sie.

«Was schlägst du vor?»

«Wir lassen ihm die Krallen stutzen. Und wenn wir schon dabei sind, könnten wir ihn eigentlich auch gleich kastrieren lassen.»

Ich willige ein, obwohl das Strafmaß recht drakonisch anmutet für eine Lappalie wie das Fangen eines kleinen Kaninchens.

Es kostet uns einen Hunderter, den Kater nach unseren Wünschen umgemodelt zu bekommen. Drei Tage später werde ich im Büro angerufen.

«Was glaubst du wohl, was in der Garage auf dem Boden ist?» will sie wissen.

«Eine Ölpfütze?»

«Falsch. Eine Maus. Mausetot. Und was meinst du, wie sie gestorben ist?»

«Vielleicht am Herzschlag. Trug sie einen Jogginganzug?»

«Sehr komisch. Der Kater hat sie getötet.»

«Und weshalb rufst du mich im Büro an?»

«Ich dachte nur, du solltest Bescheid wissen.»

Ich danke ihr für die Störung während der Arbeitszeit, nur um mir mitzuteilen, daß auf dem Garagenboden eine tote Maus liegt, und hänge ein.

Wir müssen erkennen, daß unser Kater selbst mit gestutzten Krallen als Killermaschine vermutlich einsame Spitze ist. Ich weiß zwar nicht genau, wer sein Vater war, würde mich aber gar nicht wundern, wenn er bei einem Mördersyndikat als Maskottchen gedient hätte. In den folgenden Monaten gibt es keine einzige Vogel-, Mäuse- oder Kaninchenfamilie in der Nachbarschaft, die nicht den Verlust eines Angehörigen zu beklagen hat.

Das Tollste erleben wir, als wir abends von einer Verabredung zurückkehren und auf dem Wohnzimmerteppich etwas Graues, Regloses liegen sehen.

«Meine Güte», schreit sie und läßt ihre Handtasche fallen, «eine große Maus!»

«Oder ein kleines Känguruh.»

«Tot?» erkundigt sie sich.

«Woher soll ich das wissen?»

«Dann geh hin und sieh nach.»

Die Maus ist in der Tat außergewöhnlich tot. Ein weiteres Opfer unseres Killerkaters.

«Nun reicht's», erklärt sie und greift zum Telefon.

«Zeig ihn nicht an», flehe ich. «Gib ihm noch eine Chance. Er stammt aus einer zerrütteten Familie. Das war nur eine vorübergehende geistige Umnachtung. Laß es ihn mit Schocktherapie und Bewährungsfrist versuchen. Ich weiß, er wird es nie wieder tun, wenn nur...»

«Mach dich doch nicht lächerlich», erwidert sie. «Ich rufe ja gar nicht die Polizei an. Ich telefoniere mit der Tierhandlung, um ein Halsband mit Glöckchen für ihn zu bestellen.»

Danach trägt unser Kater ein mit kleinen Glöckchen besetztes Halsband, und sobald er seine Beute anzuschleichen versucht, hebt das warnende Bimmeln an, noch ehe er nahe genug zum Sprung ist. Für sämtliche Kleintiere in der Nachbarschaft eine wahre Wohltat, für unseren Killerkater dagegen eher frustrierend. Er verbringt immer mehr Zeit damit, apathisch im Haus herumzuhocken.

Was ich ihm nicht verübeln kann.

Mit Glöckchen behängt, die Krallen gestutzt und kastriert – was hat es nach solchen Schicksalsschlägen noch für einen Sinn, ins Freie zu gehen?

Mit Springfields Karriere als Al-Capone-Verschnitt ist es zwar zu Ende, aber als echte Nervensäge kann er sich trotzdem noch ein Wirkungsfeld bewahren. Auch drei Zimmer weit weg lernt er zu unterscheiden, ob die Dose am elektrischen Büchsenöffner Thunfisch oder Gemüsesuppe enthält. Für ihn steht keine Schachtel zu hoch, um den Inhalt auszukippen. Er lernt, abends vor der Haustür zu stehen und so lange zu quäken, bis sie aufgemacht wird. Was bedeuten kann, daß er nach draußen möchte – oder auch nicht. Manchmal bedeutet es lediglich, daß er unbedingt sehen will, wie irgend jemand die Tür öffnet.

Ein lästiges kleines Geschöpf. Doch es gibt Zeiten, da haben wir es mit einem schizoiden Kater zu tun, einem echten Fall von Dr. Jekyll und Mr. Hyde.

Denn es ist derselbe Kater, der mich morgens liebevoll begrüßt, der auf den Küchentisch springt, einen Buckel macht, die Augen zu Schlitzen zusammenkneift und darauf beharrt, daß ich ihn hochhebe. Der sich an meine Schulter klammert, während ich mir Orangensaft eingieße und Tee aufbrühe. Der mit mir auf dem Stuhl sitzt, den weichen kleinen Körper an meine Brust schmiegt und wohlig tief schnurrt. Morgens.

Es ist derselbe Kater, der sich abends im Schaukelstuhl kuschelt, ein idyllisches Bild, das mir bewußt macht, daß es außer einem schlafenden Kind nur noch einen Inbegriff sinnlich wahrnehmbarer Unschuld gibt – eine schlafende Katze.

Und im Spätsommer, ein Jahr nach seiner Ankunft, entdeckt die Frau, die gelobt hat, mich zu lieben, zu achten und zärtlich am Kinn zu kraulen, daß sie allergisch ist. Gegen Katzenhaare.

«Was bedeutet das?» frage ich. «Müssen wir ihn weggeben?»

«Entweder das, oder du mußt ihn jeden Morgen rasieren.»

Eine Katze wegzugeben, ist gar nicht so einfach. Aber man lernt dabei die wahren Freunde kennen.

Schließlich erfahren wir doch von einem möglichen Interessenten. Und sie kommt zu uns, eine attraktive junge Frau, die in einem Apartment lebt und Katzen mag. Und sie nimmt ihn, dieses hilflose, rührende kleine Geschöpf, das über Nacht in unser Haus kam und ein Jahr blieb, das seine weißen Haare auf unseren Polstermöbeln hinterließ und seine Opfer auf unsere Türschwelle legte, das mich jeden Morgen mit seinem Buckel, den Schlitzaugen und dem herzlichen, leisen Schnurren begrüßte.

«Wird er dir nicht wenigstens ein kleines bißchen fehlen?» fragt sie, als die junge Frau mit unserem Kater davonfährt.

«Wem – mir? Sei nicht albern. Du weißt doch, daß ich Katzen nicht ausstehen kann.»

Rudyard Kipling

Die Katze, die für sich allein ging

Höre, lausche und vernimm, mein liebstes Kind; dies begab und ereignete sich, wurde und war, da die Haustiere noch wild waren. Der Hund war wild, das Pferd war wild, und die Kuh war wild, und das Schaf war wild, und das Schwein war wild – das war schon ganz und gar wild –, und die gingen da im nassen wilden Wald ihre einsamen wilden Wege. Aber das wildeste aller wilden Tiere war die Katze. Die ging ganz allein für sich, und ein Ort war für sie wie der andere.

Der Mensch war selbstverständlich auch wild. Furchtbar wild sogar. Er fing erst an, ein bißchen zahm zu werden, als er mit der Frau zusammengetroffen war und die ihm gesagt hatte, sie habe keine Lust, in so wilder Weise zu leben wie er. Sie suchte sich eine hübsche trockene Höhle, um darin zu schlafen, statt auf einem Haufen nassen Laubs; und dann streute sie sauberen Sand auf den Boden und zündete ganz hinten in der Höhle aus Holz ein hübsches Feuerchen an; darauf hängte sie noch die getrocknete Haut eines Wildpferdes mit dem Schwanz nach unten vor den Einlaß der Höhle und sagte: «Wisch deine Füße ab, mein Lieber, bevor du eintrittst; so, und nun wollen wir mit dem Haushalt anfangen.»

Am Abend gab es dann Wildschaffleisch, das auf heißen Steinen gebraten und mit wildem Knoblauch und wildem Pfeffer gewürzt war; darauf mit wildem Reis, wildem Fenchel und wildem Koriander gefüllte Wildente; danach Markknochen von wilden Ochsen und schließlich wilde Kirschen und wilde Granatäpfel. Und dann legte sich der Mann glücklich und zufrieden vor dem Feuer schlafen; aber die Frau blieb auf und kämmte ihr Haar. Und sie nahm das große, flache Schulterblatt von dem Hammel und betrachtete die wundersame Zeichnung darauf, und dann warf sie frisches Holz aufs Feuer und machte einen Zauber, den ersten Sangeszauber auf der Welt.

Draußen im nassen wilden Wald aber liefen all die wilden Tiere zusammen an einer Stelle, wo sie von ganz weit her den Schein des Feuers sehen konnten, und machten sich Gedanken darüber, was das bedeuten möge.

Schließlich stampfte das Wildpferd mit dem wilden Huf auf und sagte: «O meine Freunde und meine Feinde, warum haben der Mann und das Weib das große Licht in der großen Höhle dort angezündet, und welchen Schaden wird uns dies bringen?»

Und der Wildhund hob die wilde Nase und roch den Geruch des Hammelbratens und sagte: «Ich werde einmal hingehen und nachsehn und euch Bescheid sagen; denn mich dünkt, es ist schon recht. Katze, komm mit!»

«Nichts da!» sagte die Katze. «Ich bin die Katze, und ich gehe nur allein für mich, und jeder Ort ist für mich wie der andere. Ich gehe nicht mit.»

«Dann können wir nie wieder Freunde sein», sagte der Wildhund und setzte sich in Trab nach der Höhle.

Als er aber ein Stückchen weit fort war, sprach die Katze bei sich selbst: «Ein Ort ist für mich wie der andere. Warum soll ich eigentlich nicht auch hingehn, mir alles ansehn und wieder weggehn, grade wie es mir beliebt?» Sie schlich also hinter dem Wildhund drein, sachte, ganz sachte, und versteckte sich an einer Stelle, wo sie alles hören konnte.

Als der Wildhund beim Eingang zur Höhle angelangt war, schob er die getrocknete Pferdehaut mit der Nase hoch und schnupperte den herrlichen Duft vom Hammelbraten. Die Frau aber, die immer noch das Schulterblatt betrachtete, hatte ihn gehört und sagte: «Da kommt der erste. Wildes Wesen aus dem wilden Wald, was willst du?»

Und der Wildhund sagte: «O meine Feindin und Weib meines Feindes, was duftet so wunderschön in den wilden Wald hinaus?»

Da nahm die Frau einen angebratenen Hammelknochen, warf ihn dem Wildhund zu und sagte: «Wildes Wesen aus dem wilden Wald, da, koste einmal.»

Und der Wildhund nagte den Knochen ab, und er schmeckte köstlicher denn alles, was er je gekostet hatte; und er sagte: «O meine Feindin und Weib meines Feindes, gib mir noch einen.»

Und die Frau sagte: «Wildes Wesen aus dem wilden Wald, hilf meinem Mann tagsüber beim Jagen und bewache diese Höhle zur Nachtzeit, dann werde ich dir so viele gebratene Knochen geben, die du magst.»

Da das die Katze hörte, sagte sie: «Ei, ei, das ist eine gescheite Frau, aber so gescheit wie ich ist sie doch nicht.»

Der Wildhund aber kroch in die Höhle hinein zu der Frau hin, legte seinen Kopf in ihren Schoß und sagte: «O meine Freundin und Weib meines Freundes, ich werde deinem Mann tagsüber bei der Jagd helfen und zur Nachtzeit eure Höhle bewachen.»

«Ei, ei», sagte die horchende Katze, «das ist ja ein ganz dummer Hund.» Und sie ging zurück durch den nassen wilden Wald und wanderte, mit dem wilden Schwanz wedelnd, für sich allein ihres wilden Weges. Aber sie erzählte niemandem je etwas davon.

Als der Mann aufwachte, sagte er: «Was tut der Wildhund hier?»

Und die Frau sagte: «Er heißt nicht mehr Wildhund, sondern Erster Freund, denn er wird immer und ewig unser Freund sein. Nimm ihn mit, wenn du auf die Jagd gehst.»

Am nächsten Abend schnitt die Frau ganze Armvoll frischen grünen Grases auf den nassen Wiesen ab und trocknete es am Feuer, so daß es duftete wie frischgemähtes Heu, und dann setzte sie sich an den Eingang der Höhle und flocht einen Halfter aus Pferdeleder; dabei beschaute sie immer das Hammelschulterblatt und machte einen Zauber. Das war der zweite Sangeszauber auf der Welt.

Draußen im wilden Wald wunderten sich alle wilden Tiere darüber, was dem Wildhund zugestoßen sein möge, und schließlich stampfte das Wildpferd mit dem Huf und sagte: «Ich werde einmal hingehen und sehen und euch Bescheid sagen, warum der Wildhund nicht zurückgekehrt ist, Komm mit, Katze!»

«Nichts da!» sagte die Katze. «Ich bin die Katze, die für sich allein geht, und ein Ort ist für mich wie der andere, Ich gehe nicht mit.» Trotzdem aber lief sie sachte, ganz sachte dem Wildpferd nach und versteckte sich an einer Stelle, wo sie alles hören konnte.

Als die Frau das Wildpferd herantrappeln und über seine lange Mähne stolpern hörte, lachte sie und sagte: «Da kommt der zweite. Wildes Wesen aus dem wilden Wald, was willst du?»

Und das Wildpferd sagte: «O meine Feindin und Weib meines Feindes, wo ist der Wildhund?»

Da lachte die Frau, hob den Schulterknochen hoch, schaute

darauf und sprach: «Wildes Wesen aus dem wilden Wald, du bist nicht wegen des Wildhundes gekommen, sondern um des schönen Grases willen.»

Und da trappelte das Wildpferd und verhedderte sich in seiner langen Mähne und sagte: «Wahrlich, so ist es... Laß mich davon fressen.»

Und die Frau sagte: «Wildes Wesen aus dem wilden Wald, beuge deinen wilden Kopf und trage, was ich dir zu tragen gebe, und du sollst dreimal am Tag das wunderschöne Gras zu fressen bekommen.»

«Ei, ei», sagte die horchende Katze, «das ist eine gescheite Frau, aber sie ist nicht so gescheit wie ich.»

Das Wildpferd aber beugte den wilden Kopf, und die Frau streifte ihm den geflochtenen Lederhalfter über, und das Wildpferd schnaubte auf die Füße der Frau und sagte: «O meine Herrin und Weib meines Herrn, um des wunderschönen Grases willen will ich dein Knecht sein.»

«Ei, ei», sagte die horchende Katze, «das ist ja ein ganz dummes Pferd.» Und sie ging zurück durch den nassen wilden Wald und wanderte, mit dem wilden Schwanz wedelnd, für sich allein ihres wilden Weges. Aber sie erzählte niemanden je davon.

Als der Mann und der Hund von der Jagd heimkamen, sagte der Mann: «Was tut denn das Wildpferd hier?»

Und die Frau sagte: «Es heißt nicht mehr Wildpferd, sondern Erster Knecht, denn es wird uns nun immer und ewig vom einen Ort zum andern tragen. Reite auf ihm, wenn du jagen gehst.»

Am nächsten Tag kam, den wilden Kopf hochhaltend, damit sich ihre wilden Hörner nicht im wilden Baumgeäst verfingen, die Wildkuh zu der Höhle, und die Katze schlich ihr nach und versteckte sich wieder, wie sie vorher getan; und es begab sich auch alles genau wie vorher, und die Katze sagte die gleichen Worte wie vorher; und als die Wildkuh versprochen hatte, der Frau gegen das wunderschöne Gras alle Tage ihre Milch zu geben, ging die Katze wiederum davon durch den nassen wilden Wald und wanderte, mit dem wilden Schwanz wedelnd, für sich allein ihres wilden Weges, und erzählte niemandem je ein Wort davon.

Und als der Mann mit dem Pferd und dem Hund von der Jagd heimkam, stellte er wieder die gleiche Frage, und da sagte die Frau: «Sie heißt nicht mehr Wildkuh, sondern Spenderin trefflicher Nahrung. Immer und ewig wird sie uns ihre warme weiße Milch spenden, und ich werde für sie sorgen, während du mit dem Ersten Freund und dem Ersten Knecht auf der Jagd bist.»

Am nächsten Tag paßte die Katze auf, ob noch irgendein wildes Wesen zur Höhle ginge; aber es regte sich nichts im nassen wilden Wald, und so ging die Katze für sich allein hin; und sie sah die Frau die Kuh melken und den Feuerschein in der Höhle und roch den Geruch der warmen weißen Milch.

Und die Katze sagte: «O meine Feindin und Weib meines Feindes, wo ist die Wildkuh hingekommen?»

Da lachte die Frau und sagte: «Wildes Wesen aus dem wilden Wald, geh nur wieder in den Wald zurück, denn ich habe mein Haar geflochten und aufgesteckt und habe den Zauberknochen von mir getan, und wir brauchen in unserer Höhle keine weiteren Freunde noch Knechte.»

Da sagte die Katze: «Ich bin weder ein Freund noch ein Knecht. Ich bin die Katze, die für sich allein geht, und ich möchte in eure Höhle.»

Und die Frau sagte: «Warum bist du dann nicht mit dem Ersten Freund am ersten Abend gekommen?»

Da wurde die Katze erbost und fragte: «Hat der Wildhund mich verklatscht?»

Da lachte die Frau und sagte: «Du bist doch die Katze, die für sich allein geht und für die ein Ort ist wie der andere. Du bist weder ein Freund noch ein Knecht. Das hast du selbst gesagt. So geh denn auch für dich allein an alle Orte, die dir einer wie der andere sind.»

Da tat die Katze, als sei sie traurig, und sagte: «Darf ich denn nicht in die Höhle? Darf ich denn nicht am warmen Feuer sitzen? Darf ich denn nicht die warme weiße Milch trinken? Du bist sehr klug und sehr schön. Du solltest selbst gegen eine Katze nicht grausam sein.»

Und die Frau sagte: «Ich wußte, daß ich klug bin; aber ich wußte nicht, daß ich schön bin. Drum will ich ein Abkommen mit dir machen. Wenn ich jemals ein Wort zu deinem Lobe sage, dann magst du in die Höhle kommen.»

«Und wenn du zwei Worte zu meinem Lobe sagst?» fragte die Katze.

«Das wird nicht geschehen», sagte die Frau. «Aber wenn ich

zwei Worte zu deinem Lobe sage, dann darfst du in der Höhle am Feuer sitzen.»

«Und wenn du drei Worte sagst?» fragte die Katze.

«Das wird nicht geschehen», sagte die Frau. «Aber wenn ich drei Worte zu deinem Lobe sage, dann darfst du für immer und ewig dreimal am Tage warme weiße Milch trinken.»

Da machte die Katze einen Buckel und sagte: «So mögen der Vorhang am Einlaß der Höhle und das Feuer hinten in der Höhle und die Milchtöpfe neben dem Feuer sich dessen entsinnen, was meine Feindin und das Weib meines Feindes gesagt hat.» Und sie ging davon durch den nassen wilden Wald und wanderte, mit dem wilden Schwanz wedelnd, ihres einsamen wilden Weges.

Als nun am Abend der Mann mit dem Pferd und dem Hund von der Jagd heimkam, erzählte ihnen die Frau nichts von dem Abkommen, das sie mit der Katze getroffen hatte; denn sie fürchtete, das werde ihnen nicht recht sein.

Die Katze aber ging weit, weit fort und versteckte sich in der wilden Einöde des nassen wilden Waldes, bis die Frau gar nicht mehr an sie dachte. Nur die Fledermaus, die kleine Fledermaus, die, mit dem Kopf nach unten, in der Höhle hing, wußte, wo die Katze sich versteckt hielt; und jeden Abend flog die Fledermaus zur Katze hin und berichtete, was es Neues gab.

Eines Abends nun sagte die Fledermaus: «In der Höhle ist ein Kleines. Ganz neu ist es und rosig und dick und winzig, und die Frau hat es sehr gern.»

«Ei, ei», sagte die Katze aufhorchend, «aber was hat das Kleine gern?»

«Das hat die Sachen gern, die weich sind und kitzeln», sagte die Fledermaus. «Warme Sachen hat es gern, die es in den Armen halten kann, wenn es einschläft. Es hat gern, wenn man mit ihm spielt. All das hat es gern.»

«Ei, ei», sagte die Katze, «dann ist meine Zeit gekommen.»

In der nächsten Nacht wanderte die Katze durch den nassen wilden Wald und versteckte sich in der Nähe der Höhle, bis der Morgen anbrach und der Mann mit dem Hund und dem Pferd auf die Jagd ging. Die Frau hatte an dem Morgen viel Arbeit mit Kochen; das Kind aber schrie immerzu und störte sie. Darum trug sie es vor die Höhle und gab ihm eine Handvoll Steinchen zum Spielen. Allein das Kind schrie immer weiter.

Da streckte die Katze ihre Sammetpfote aus und streichelte damit dem Kind über die Wange, und das Kind gurrte vor Vergnügen; und da rieb sich die Katze an seinen dicken Knien und kitzelte es mit ihrem Schwanz unter seinem dicklichen Kinn. Da lachte das Kind, und die Frau hörte das und lächelte auch.

Da sagte die Fledermaus, die kleine Fledermaus, die mit dem Kopf nach unten am Eingang der Höhle hing: «O meine Hauswirtin und Weib meines Hauswirts und Mutter von meines Hauswirts Sohn, ein wildes Wesen aus dem wilden Wald spielt ganz wunderschön mit deinem Kind.»

«So sei das wilde Wesen gesegnet dafür, wer es auch sein mag», sagte die Frau, sich von der Arbeit aufrichtend, «denn ich hatte heute früh viel zu tun, und es hat mir einen Dienst erwiesen.»

Aber im gleichen Augenblick, auf die Sekunde genau, fiel – bums! – die trockene Pferdehaut, die mit dem Kopf nach unten als Vorhang am Einlaß der Höhle hing, herunter, denn sie entsann sich des Abkommens, das die Frau mit der Katze geschlossen hatte; und als die Frau hinging, um den Vorhang aufzuheben – siehe da! –, da saß die Katze ganz gemütlich am Eingang der Höhle.

«O meine Feindin und Weib meines Feindes und Mutter meines Feindes», sagte die Katze, «ich bin es: hast du doch ein Wort zu meinem Lobe gesagt, und so darf ich nun für immer und ewig in der Höhle sitzen. Doch ich bin und bleibe die Katze, die für sich allein geht, und ein Ort ist für mich wie der andere.»

Die Frau ärgerte sich sehr; sie biß die Lippen zusammen, nahm ihr Spinnrad und machte sich ans Spinnen.

Doch das Kind schrie wieder, weil die Katze von ihm fortgegangen war, und die Frau konnte es nicht zum Schweigen bringen; es fuchtelte und strampelte, daß es blau im Gesicht wurde.

Da sagte die Katze: «O meine Feindin und Weib meines Feindes und Mutter meines Feindes, nimm einen Faden von dem Garn, das du da spinnst, binde die Wirtel daran und ziehe sie über den Boden, dann werde ich dir einen Zauber zeigen, der bewirkt, daß dein Kind so laut lacht, wie es jetzt weint.»

«Das will ich tun», sagte die Frau, «weil ich mir keinen anderen Rat mehr weiß, aber danken werde ich dir dafür nicht.»

Sie knüpfte also die kleine tönerne Wirtel an den Faden und zog sie über den Boden, und die Katze lief ihr nach und schlug mit der Pfote danach, überkugelte sich und schleuderte sie über die Schulter weg und zwischen den Hinterbeinen herum und stellte sich, als ob sie sie nicht mehr fände, dann sprang sie wieder draufzu, bis das Kind so laut lachte, wie es vorher geweint hatte, und krabbelte und jauchzte hinter der Katze her, bis es müde wurde und sich, die Katze im Arm, zum Schlafen hinlegte.

«Nun», sagte die Katze, «werde ich dem Kind ein Liedchen singen, damit es eine Stunde lang schläft.» Und sie schnurrte, erst laut, dann leise, laut, leise, bis das Kind fest eingeschlafen war..

Und da sie auf die beiden heruntersah, mußte die Frau lächeln und sagte: «Das hast du wunderschön gemacht. Keine Frage, du bist sehr gescheit, Katze.»

Aber im gleichen Augenblick, auf die Sekunde genau, schlug – pfff! – der Rauch des Feuers hinten in der Höhle in Qualmwolken von der Decke herunter, denn das Feuer entsann sich des Abkommens, das die Frau mit der Katze gemacht hatte; und als sich der Rauch verzogen hatte – siehe da! –, da saß die Katze gemütlich dicht am Feuer.

«O meine Feindin und Weib meines Feindes und Mutter meines Feindes», sagte sie, «ich bin es: hast du doch jetzt zum zweitenmal ein Wort zu meinem Lobe gesagt, und nun darf ich für immer und ewig hinten in der Höhle am warmen Feuer sitzen. Aber ich bin und bleibe die Katze, die für sich allein geht, und ein Ort ist für mich wie der andere.»

Da wurde die Frau sehr, sehr ärgerlich, ließ ihre Haare über die Schulter fallen, legte frisches Holz aufs Feuer, holte das breite Hammelschulterblatt und machte einen Zauber, der sie davor bewahren sollte, zum drittenmal ein gutes Wort über die Katze zu sagen. Es war kein Sangeszauber, sondern ein stummer Zauber, und nach und nach wurde es in der Höhle so still, daß ein winzig kleines Mäuslein aus einer Ecke hervorkroch und über den Fußboden huschte.

«O meine Feindin und Weib meines Feindes und Mutter meines Feindes», sagte die Katze, «gehört das Mäuslein zu deinem Zauber?»

«Huhu! Huhu! Wahrlich nicht!» rief die Frau aus, ließ den Hammelknochen fallen, sprang auf den Schemel vor dem Feuer und knotete rasch, rasch ihr Haar zusammen, vor Angst, das Mäuslein könne daran hinauflaufen.

«Soso», sagte die Katze und schaute scharf aus, «dann kann es mir nicht schaden, wenn ich die Maus fresse?»

«Nein», sagte die Frau, ihr Haar hochsteckend, «friß sie rasch; ich werde dir das ewig danken.»

Die Katze machte einen Satz und hatte schon das Mäuslein gepackt.

Die Frau aber sagte: «Tausend Dank, selbst unser Erster Freund vermag nicht so schnell kleine Mäuse zu fangen, wie du das eben getan hast. Du mußt sehr klug sein.»

Da, im gleichen Augenblick, genau auf die Sekunde, zersprang – kkrr! – der Milchtopf, der am Feuer stand, in zwei Stücke, denn er entsann sich des Abkommens, das die Frau mit der Katze gemacht hatte; und als die Frau vom Schemel herabsprang – siehe da! –, da leckte die Katze die warme weiße Milch aus einer der beiden Scherben.

«O meine Feindin und Weib meines Feindes und Mutter meines Feindes», sagte die Katze «jetzt hast du zum drittenmal ein Wort zu meinem Lobe gesagt, und nun darf ich für immer und ewig dreimal am Tage die warme weiße Milch trinken. Aber deshalb bin und bleibe ich doch die Katze, die für sich allein geht, und ein Ort ist für mich wie der andere.»

Da lachte die Frau und setzte der Katze einen Napf voll warmer weißer Milch vor und sagte: «O Katze, du bist so gescheit wie ein Mensch, du mußt jedoch bedenken, daß du das Abkommen nicht mit dem Mann und dem Hund gemacht hast, und wie die sich verhalten werden, wenn sie heimkommen, das weiß ich nicht.»

«Was kümmert das mich?» sagte die Katze. «Wenn ich meinen Platz am Feuer in der Höhle und dreimal täglich meine warme weiße Milch habe, dann ist es mir gleich, wie der Mann und der Hund sich verhalten.»

Als dann am Abend der Mann und der Hund in die Höhle kamen, erzählte ihnen die Frau die ganze Geschichte von dem Abkommen, derweil die Katze am Feuer saß und lächelte.

Darauf sagte der Mann: «Jaja, aber mit mir hat sie kein Abkommen geschlossen, noch mit allen richtigen Männern, die nach mir kommen.» Dann zog er seine zwei Lederstiefel aus und nahm sein kleines Steinbeil – das macht drei – und holte ein Scheit Holz und eine Axt – das macht zusammen fünf –, stellte alles nebeneinander in eine Reihe und sagte: «So, jetzt werden wir zwei unser Abkommen machen. Wenn du nicht, solange du immer und ewig in der Höhle bist, Mäuse fängst, dann schmeiße ich diese fünf Sachen nach dir, wann immer ich dich zu Gesicht kriege, und so sollen alle richtigen Männer tun, die nach mir kommen.»

«Ei, ei», sagte die Frau, die zuhörte, «die Katze da ist sehr klug, aber so klug wie mein Mann ist sie doch nicht.»

Die Katze besah sich die fünf Sachen eine nach der andern – und sie sahen alle recht grobkantig aus – und sagte: «Ich werde in der Höhle immer und ewig Mäuse fangen; aber trotz alledem bin und bleibe ich die Katze, die für sich allein geht, und ein Ort ist für mich wie der andere.»

«Nicht, wenn ich um die Wege bin», sagte der Mann. «Hättest du das, was du zuletzt gesagt hast, nicht gesagt, dann würde ich all die Sachen da für immer und ewig beiseite getan haben; nun aber werde ich meine beiden Stiefel und mein kleines Steinbeil – das macht drei – nach dir werfen, wenn immer ich dich sehe. Und so werden alle richtigen Männer tun, die nach mir kommen.»

Und da sagte der Hund: «Einen Augenblick! Die Katze hat auch kein Abkommen mit mir geschlossen, noch eines mit allen richtigen Hunden, die nach mir kommen.» Und dann fletschte er die Zähne und fuhr fort: «Wenn du nicht lieb zu dem Kind bist, solange ich für immer und ewig in der Höhle wohne, dann werde ich auf dich Jagd machen, bis ich dich packe, und wenn ich dich gepackt habe, dann werde ich dich beißen. Und so sollen alle richtigen Hunde tun, die nach mir kommen.»

«Ei, ei», sagte die Frau, die zuhörte, «die Katze ist sehr gescheit, aber sie ist doch nicht so gescheit wie der Hund.»

Die Katze beschaute die Zähne des Hundes einen nach dem andern – und sie schienen alle sehr scharf – und sagte: «Ich werde lieb sein zu dem Kind, solange ich in der Höhle wohne, wenn es mich nicht zu fest am Schwanz zieht, für immer und ewig. Aber deshalb bin und bleibe ich doch die Katze, die für sich allein geht, und für mich ist ein Ort wie der andere.»

«Nicht, wenn ich um die Wege bin», sagte der Hund. «Hättest du das letzte, was du gesagt hast, nicht gesagt, dann hätte ich meine Kiefer für immer und ewig geschlossen gehalten; nun aber werde ich dich auf den nächsten Baum jagen, wo immer ich dich treffe. Und so sollen alle richtigen Hunde nach mir tun.»

Und da warf der Mann seine beiden Stiefel und das kleine Steinbeil – das macht drei – nach der Katze, und die Katze rannte aus der Höhle hinaus, und der Hund lief ihr nach und jagte sie auf einen

Baum hinauf; und von jenem Tag an bis zum heutigen werfen von fünf richtigen Männern drei immer Sachen nach einer Katze, sobald sie eine zu Gesicht kriegen, und alle richtigen Hunde jagen die Katze einen Baum hinauf.

Doch auch die Katze hält das Abkommen ein. Sie vertilgt Mäuse und ist lieb zu Kindern, wenn sie im Hause ist, solange die sie nicht zu fest am Schwanz ziehen. Aber danach und auch zwischenhinein und wenn der Mond aufgeht und die Nacht anbricht, dann geht die Katze ganz allein für sich spazieren, und ein Ort ist für sie wie der andere. Dann wandert sie hinaus in den nassen wilden Wald oder hinauf in die nassen wilden Bäume oder über die nassen wilden Dächer, wedelt mit dem wilden Schwanz und geht ihres einsamen wilden Weges.

Mazo de la Roche

Cat kreuzt die Meere

Cat war rabenschwarz. Diesem Umstand verdankte sie ihre ungewöhnliche Beliebtheit bei den Seeleuten. Sie schworen, sie wäre eine glückbringende Katze und hätte das viele Male bewiesen. Eigentlich war sie nicht einmal hübsch, doch sie hatte Charme und wußte ihn anzuwenden, so daß sie immer durchsetzte, was sie wollte. Sie war jetzt acht Jahre alt und hatte mehr Reisen und Abenteuer mitgemacht, als die meisten Menschen in achtzig hinter sich bringen. Außerdem hatte sie fünfundvierzig Kätzchen in die Welt gesetzt.

Geboren war sie an Bord eines Kohlendampfers, der *Sultana*, mitten in einem fürchterlichen Sturm, bei dem die Mannschaft jeden Augenblick geglaubt hatte, es wäre ihr letzter. Ihre Mutter war ingwerfarben, und sie hatte, während sich das Schiff in tausend Nöten befand, drei ingwerfarbene Kätzchen geworfen, außer diesem letzten, das schwarz war wie die Ladung des Schiffes, die Kohlen. Der Heizer hatte gebrummt, während er düster auf die wurstförmigen kleinen Körper hinabsah: «Wenigstens brauchen wir sie nicht zu ersäufen – sie werden mit uns untergehen.» Er nahm das schwarze auf und hielt es in der Hand. Sogleich wurde er von Mitleid ergriffen: Es kam aus der Dunkelheit und sollte nun so schnell dahin zurückkehren! Noch lag es da auf seiner flachen Hand, kugelköpfig; sein komplizierter Mechanismus von kleinen Organen und zarten Knochen war mit Fleisch ausgepolstert, das Fleisch von seidigem Fell umgeben, das Ganze belebt von einem Lebenswillen, der sich schon so nachdrücklich regte, daß die zehn kleinen Krallen auf seiner Hand fühlbar wurden. «Wenn ich eine Flasche fände, die groß genug wäre», sagte er, «würde ich dich hineintun und ins Meer werfen. Ich wette, du kleines Glückstier kämst an Land!»

Aber es war gar nicht nötig, dieses Experiment zu machen. Wunderbarerweise schien es, als legte sich der Sturm. Die Wogen beruhigten sich. Das Schiff gehorchte dem Steuer wieder. Ohne Ausnahme erklärten alle, daß sie ihre Rettung einzig und allein der im richtigen Augenblick erfolgten Geburt des schwarzen Kätzchens zu verdanken hätten. Lange konnten sie sich nicht einigen wegen des Namens, den es bekommen sollte. Manche wünschten einen recht einfachen, der bequem zu rufen wäre, und er sollte auf die schwarze Farbe Bezug nehmen. Andere legten Gewicht auf einen Namen, der auf die Rettung ihres Lebens durch die gerade zur rechten Minute erfolgte Geburt des Kätzchens hinwies. Sie konnten sich nicht einigen. Schließlich rief irgendeiner die Kleine einfach «Cat», und die andern beließen es dabei, trotz ihren eigenen Vorschlägen, wie es so oft mit Namen geht.

Cat hatte einen ausgesprochen runden Kopf mit kleinen Ohren und nahe beieinanderstehenden, klaren grünen Augen. Ihre Schnurrhaare waren ungewöhnlich lang und glänzend. Sie umgaben ihr verhältnismäßig großes Schnäuzchen, das mit nadelscharfen Zähnen prunken konnte, wenn sie für ihr charakteristisches, sozusagen dreieckiges Grinsen Anlaß fand oder zu einem wütenden Zähnefletschen, sobald ihre Gefühle in Wallung gerieten. Ihren weichen, geschmeidigen Schwanz hielt sie nie still. Es gab keinen Matrosen, der sich nicht gefreut hätte, wenn sie ihm den Schwanz um den Hals wand; denn es war bekannt, daß jeder Glück hatte, dem sie diese Zärtlichkeit zuteil werden ließ.

Auf dem Schiff, auf dem sie aufwuchs, regierte sie souverän. Nichts war zu gut für sie. Wenn ihr nicht sofort gegeben wurde, was sie wünschte, kletterte sie an dem Mann hoch, der es ihr vorenthielt, und schlang beide Arme (man konnte sie nicht Vorderbeine nennen, weil sie sie genau wie Arme gebrauchte) um seinen Hals und starrte ihn aus ihren grünen Schlitzaugen an. Wenn er jetzt nicht sofort nachgab, preßte sie ihre Stupsnase erst an die eine Seite seines Gesichts, dann an die andere, derweil sie mit ihren Krallen seinen Nacken traktierte. Falls er dann immer noch halsstarrig blieb oder vielleicht boshaft genug war, so zu tun, als ob er sie nicht bemerke, drehte sie sich um und schlug ihre Krallen in seine Schenkel. Freiwillig gab er ihr dann, was sie wünschte.

Sie konnte laut vibrierend schnurren, und wenn sie, anmutig ihren langen Schwanz schwingend, auf dem Deck eines fremden

Schiffes spazieren ging, dem sie gerade die Ehre ihrer Gegenwart zuteil werden ließ, überkam alle an Bord ein Gefühl der Sicherheit und Beruhigung. Es war eine böse Sache für die Mannschaft des Kohlenschiffs, auf dem sie geboren war, als sie zur Zeit ihres ersten Wurfes von ihnen weg auf einen norwegischen Schoner desertierte. Da man nicht wußte, wohin sie gegangen war, durchsuchte die Mannschaft die ganzen Docks von Liverpool nach ihr, natürlich ohne Erfolg. Mit knapper Not konnte der Kapitän seine Leute überreden, wieder in See zu stechen. Und richtig, die Fahrt brachte böses Wetter und allgemeine Unzufriedenheit.

Die Norweger, denen sie zulief, hatten damals noch nichts von ihr gehört. Sie hatten ihre eigene Katze und wollten gar keine andere haben. Aber bald genug gewann Cat die Mannschaft für sich. Tatsächlich war ihnen die erfolgreichste Fahrt beschieden, die sie je gemacht hatten. Als sie bald darauf zu kurzem Besuch in Liverpool vor Anker gingen, prahlte der Steuermann mit Cat; er rühmte ihre Klugheit, ihre Schwärze und das Glück, das sie ihnen gebracht hatte. Zufällig hörte es ein Mitglied der Mannschaft der *Sultana*. An Bord herrschte große Freude, als man erfuhr, daß Cat in Sicherheit war; aber die Freude schlug in Zorn um, als die Leute hörten, daß sie auf dem fremden Schiff lebte. Sie besuchten die Norweger und überzeugten sich mit eigenen Augen, daß es sich tatsächlich um Cat handelte. Sie sahen auch ihren Wurf ingwerfarbener Kätzchen. Aber die Norweger wollten Cat nicht mehr hergeben. Sie waren bereit, ein Tierchen aus dem Wurf herzugeben, sogar alle, wenn's sein mußte; aber Cat wollten sie behalten! Die Mannschaft der *Sultana* lungerte überall in den Docks herum mit Bücklingshappen in den Taschen, weil nämlich Cat eine Schwäche für Bücklinge hatte. Aber die Norweger bewachten ihre Glückskatze mit Argusaugen. Da sie jedoch von sich aus die Entscheidung traf, konnten sie sie nicht zurückhalten. Ein Stück Bückling wurde ihr zur richtigen Zeit angeboten. Sie kletterte auf die Schulter des Spenders und wurde im Triumph zu ihrem alten Schiff zurückgetragen. Dort gab sie Beweise größter Freude beim Wiedersehen mit der Mannschaft, die laut jubelte, weil Cat wieder da war.

Cat blieb während zweier Reisen bei ihnen. Dann verschwand sie erneut, diesmal zugunsten eines Öltankers, der an seine Ostasienroute gebunden war. Und so führte sie fortan ein Leben voller Abwechslung und Abenteuer! Sie wählte sich ihre Schiffe aus und blieb auf ihnen, bis ihr Hang zur Abwechslung sie bestimmte, sich wieder ein anderes Quartier zu suchen. Alle Seeleute kannten sie, und jeder wußte: das Schiff, auf dem sie mitreiste, hatte Glück! In gleichmäßigen Intervallen kehrte sie auf die *Sultana* zurück. Auf allen sieben Ozeanen produzierte sie Würfe von ingwerfarbenen Kätzchen, aber niemals eines von ihrem eigenen glänzenden Schwarz. Sie bewahrte sich ihre Einmaligkeit, sie war und blieb «Cat».

Jetzt, an einem Morgen im späten Februar, glitt sie das Fallreep der *Greyhound* entlang, die gerade nach einer Hilfsexpedition zur Antarktis in den Hafen eingelaufen war. Die Reise hatte sechs Monate gedauert und war im Hinblick auf ihr eigenes Vergnügen ein Mißgriff in Cats Leben gewesen. Der Kapitän und die Schiffsbesatzung hatten gejubelt, als sie vor der Ausfahrt an Bord geschlendert kam. Das Siegel des Erfolgs, fühlten sie, war der Expedition damit aufgedrückt. Und sie hatten recht. Die vermißten Forscher wurden entdeckt, noch lebend, obschon in verzweifeltem Zustand. Cats guter Ruf wurde dadurch noch gefestigter. Doch sie selbst war außerordentlich mißvergnügt. Niemals in all ihren Jahren auf See hatte sie eine solche Reise mitgemacht. Sie fühlte sich enttäuscht, sie fühlte sich förmlich krank. Sie fühlte sich wie gekratzt von jeder Hand, die ausgestreckt wurde, sie zu streicheln.

«Hallo, Cat!» rief ein kräftiger Hafenarbeiter, «bist du zurück vom Pol? Und welchen Kapitän wirst du nun bei deiner nächsten Fahrt auszeichnen?»

Er bückte sich, um ihren Nacken zu streicheln; aber sie entwischte ihm und glitt mit wippendem Schwanz davon.

«Cat sieht nicht gerade erfreut aus», stellte ein anderer Hafenarbeiter fest.

«Ich nehme an, sie hat genug von der langen Dauer ihrer letzten Reise», sagte der erste Sprecher ihr nachblickend. «Sie geht doch im allgemeinen nicht auf so ausgedehnte Fahrten! Obendrein die Kälte! Und das schlechte Essen! Sie hätte besser für sich sorgen können, und das weiß sie!» Er wandte sich an einen von einer Mannschaft, die im Begriff stand, nach Norwegen zu fahren. «He, Bob, hier kommt Cat! Gerade vom Südpol zurückgekehrt! Vielleicht kannst du sie anheuern?»

Bob näherte sich grinsend. Er pflanzte sich Cat in den Weg und streckte ihr zwei dicke, teerbeschmierte Hände entgegen. «Miez, Miez!» lockte er. «Komm mit uns, du kannst alles haben, was du nur willst. Du kennst mich doch, Cat!»

Sie kannte Bob gut, sie liebte ihn sogar. Sie duldete es, daß er sie an seine Brust nahm, und schenkte ihm einen langen Blick aus ihren grünen Augen. Er befühlte ihre Rippen mit seinen plumpen Fingern. «Sie ist nur noch Haut und Knochen», erklärte er.

«Sie hat sich nach Hause gesehnt», sagte der erste.

«Die See ist ihr Zuhause», sagte Bob, «aber sie ist ein verwöhnter Esser! Wie steht's, willst du, daß ich dich mitnehme, Cat?»

Sie begann leise zu schnurren und lockerte entgegenkommend jeden Muskel. Ihre Zungenspitze zeigte sich zwischen ihren Lippen. Sie schloß wohlig die Augen.

«Sie will tatsächlich bei dir bleiben», sagte der Hafenarbeiter, und Bob setzte seinen Weg zwischen den Kisten und Ballen fort, Cat hoffnungsfreudig in den Armen tragend.

Sie hörte die verschiedenen Laute der Docks, die Rufe, die heiseren Pfiffe der Schiffe, das Rasseln der Winden, roch die vertrauten Gerüche. Es war Musik und Süßigkeit für sie nach so langer Abwesenheit. Sie gab sich ganz den rhythmischen Bewegungen von Bobs breiter Brust hin.

Im Triumph setzte er sie auf dem Deck seines Schiffes ab. Die hier arbeitenden Leute hielten inne, um sie zu bewillkommnen. Der Koch brachte ihr eine Büchse Sardinen. Aus purer Höflichkeit aß sie eine Sardine, die andern ließ sie liegen. Sie rieb sich an den Beinen des Steuermanns und schenkte ihm ihr dreieckiges Lächeln. Ein dünner Sonnenstrahl brach sich durch den winterlichen Nebel Bahn und streichelte sie. Da begann sie zu überlegen, ob sie mit dieser Mannschaft fahren sollte.

«Paß gut auf, was sie tut», sagte der Steuermann zum Schiffsjungen, «laß sie nicht unbeobachtet, wenn wir weg sind!»

Alles ringsherum war in Eile und laut. Cat saß an Deck und wusch sich das Sardinenöl aus ihren Schnurrhaaren. Ein blasser Sonnenstrahl beschien sie; aber tief in ihr keimte Unzufriedenheit auf. Das war nicht, was sie sich wünschte. Bald würde es zu spät für sie sein, zu den Docks zurückzukehren. Sie würde gefangen sein für eine weitere lange, kalte Reise.

Ihr runder kleiner Kopf sah sehr unschuldig aus, ihre Augen waren fest geschlossen. Methodisch bewegte sie die gekrümmte

Pfote über ihr Gesicht, als hätte sie nichts im Sinn wie sich zu putzen.

Jemand rief den Schiffsjungen. Er vergaß seinen dringenden Auftrag und rannte davon. Cat wurde urplötzlich lebhaft und beweglich. Sie huschte das Deck entlang, im nächsten Augenblick würde sie in den Docks sein. Aber Bob sah sie und fing sie mit seinen riesigen Händen ab. Sie liebte ihn; trotzdem ließ sie sich nicht erweichen, schlug die Krallen in seine Hand und entfloh mit gesträubtem Haar und einem Triumphschrei.

Danach dauerte es eine Weile, bis sie ihre Ruhe wiederfand. Sie schlüpfte zwischen Beinen hindurch, zwischen Karren, verstreutem Stroh und breitgetretenem Schmutz. Der Nebel verdichtete sich wieder und setzte sich klamm auf ihrem Fell fest. Es war bitterkalt. Was sie sich wünschte, war Einsamkeit und Wärme. Sie war krank vom Anblick der Menschen und ihrem lärmenden Tun.

Sie schlich sich in einen Warenspeicher und wand sich zwischen langen Reihen von Holzkisten und Ballen hindurch, hielt an, um hin und wieder zu schnuppern, und dann wieder, weil sie etwas gerochen hatte, das sie anzog. Aber der zugige Raum war gräßlich kalt. Sollte sie denn nirgends mehr ein wenig Wärme und Behaglichkeit finden?

In einem dunklen Schuppen entdeckte sie Ställe. Alle waren leer außer einem Verschlag, in dem ein preisgekrönter Widder seine Einschiffung nach Amerika erwartete, wo er zur Zucht verwendet werden sollte. Cat kletterte an der Wand des Verschlags hoch und verharrte dort, zu ihm hinunterblickend. Sie konnte sich nicht erinnern, jemals etwas Ähnliches gesehen zu haben. Sein gelber Blick war genau so unergründlich wie der ihre. Die Pfoten unter der Brust gefaltet, saß sie da und erfreute sich an seinem Anblick. Sie betrachtete seine kräftigen, von dichter Wolle bedeckten Schultern, seine gewundenen Hörner, seine ruhelos scharrenden Hufe. Er senkte den Kopf und stieß mit seinem harten Schädel gegen die Krippe vor ihm. Cat hätte ihn ewig so betrachten mögen. Die rauhen Pfiffe von den Schiffen drüben schrillten durch die eisige Luft. Das schwache Tageslicht, das sich zu dem spinnwebverhangenen Fenster hereinstahl, wurde ausgelöscht von einem Vorhang grauer Dämmerung. Cat und den Widder überkam eine seltsame Vertrautheit. Die Kälte nahm zu. Die Docks wurden allmählich still. Der Widder stieß ein trauriges «Baa!» aus und ließ sich nieder.

Jetzt war er nur noch ein blasser Umriß in der Finsternis; aber Cat starrte noch immer zu ihm hin. Er war ihrer Gegenwart ebenfalls wohl bewußt und hob seine gelben Augen wie ein erdgebundener Geist zu ihren leuchtenden Augensternen auf.

Gegen Mitternacht wurde ihr die Kälte unerträglich. Auf der Südpolar-Expedition hatte sie in der Koje bei einem wohlbeleibten Seemann geschlafen. Jetzt bedeckte Reif jedes Haar ihres Fells. Sie erhob sich steif und dehnte sich. Ihr Schwanz hing müde hinab. Eine stumme Verständigung ergab sich zwischen dem Widder und ihr. Sie sprang von der Scheidewand hinunter und landete zwischen seinen Schultern. Dort verharrte sie ebenso bewegungslos wie der Wolleberg, auf dem sie sich niedergelassen hatte. Dann streckte sie sich mit dem Schnurren des Entzückens darauf aus. Sie glaubte, mit den feinen Spitzen ihrer Krallen durch die dicke Wolle hindurch sein Fleisch zu fühlen. Der für sie neue Geruch seines Körpers stieg ihr in die Nase. Er ließ ein leises und zufriedenes Blöken hören. Ihre beiden Körper verbanden sich in dem tiefen, ruhigen Atmen des Schlafes. Cats Schlaf war nur leicht, immer gerade an der Grenze des Aufwachens. Aber der Widder schlief so tief und schwer, als ruhte er in seiner Heimat zwischen Ginster und Heidekraut.

Dichter Nebel stieg in der Dämmerung von der See auf und sickerte in dicken Schwaden in den Stall. Gleichzeitig mit ihm schlich ein grauer Kater mit weißer Blässe an der Stirn und von Kämpfen zerfetzten Ohren herein. Er kletterte die Scheidewand zu dem Verschlag hinauf und schaute hinunter auf die zwei dort unten. Er ließ sich auf die Krippe fallen und von dort ins Stroh. Im Vorübergehen berührte er Cat flüchtig, gleichsam versuchsweise. Cat hatte die Annäherung wohl bemerkt. Sie hatte gerade von einem lohfarbenen, gestreiften Kater geträumt, dem sie auf ihrer letzten Reise in Rio de Janeiro begegnet war, wo das Rettungsschiff angelegt hatte. Die Berührung der fremden Pfote elektrisierte sie. Sie schrie wütend auf, und indem sie ihre Hinterbeine gegen den Rükken des Widders stemmte, richtete sie sich auf und schlug dem Eindringling ins Gesicht, als wollte sie dort für immer einen Denkzettel hinterlassen. Jedoch der Fremde war nicht einmal besonders erschrocken. Er sprang ebenfalls dem Widder auf den Buckel, und Cat sah durch den Nebel das weiße Gesicht auf sich losfletschen. Sie hieb die Zähne hinein. Beide kreischten. Der Widder wurde aus seinem tiefen, festen, warmen Schlummer aufgestört. Mit laut polternden Hufen sprang er hoch, die Katzen unsanft hinunterwerfend. Seine weißen Augenlider flatterten. Er glotzte in primitiver Wut und senkte den Kopf zum Angriff.

Die Katzen kletterten mit großer Behendigkeit über die Trennwand und ließen sich draußen auf den Steinfußboden fallen. Sie beeilten sich, in entgegengesetzte dunkle Winkel des Schuppens zu kommen. Das Schlagen der Widderhörner gegen die Tür des Verschlags widerhallte laut durch den Nebel.

Als Cat ihren Winkel erreichte, huschte eine Maus aus dem Dunkel, in Todesangst aufquiekend. Mit einem graziösen Schwung ihres geschmeidigen Körpers drehte sich Cat einmal rund um sich selbst und fing die Maus mit souveräner Sicherheit. Sie nahm sie so vorsichtig wie möglich zwischen die Zähne und kauerte sich in ihren Winkel.

Nach einiger Zeit öffnete sich die Stalltür, und zwei Männer kamen herein. Sie machten Licht; der Raum wurde nur blaß und schemenhaft erhellt. Die Männer betraten den Verschlag, in dem sich der Widder befand. Von dort kamen die befremdlich polternden Geräusche. Die Männer fluchten. Dann erschienen sie und führten den Widder an einem an den Hörnern befestigten Seil. Er wurde hinausgezerrt; seine kleinen Hufe klapperten auf dem Steinfußboden. Er stieß ein klagendes «Baaah!» aus wie ein Lamm. Die Männer ließen die Tür hinter ihm offen.

Cat betrachtete den Körper der Maus. Aber sie hatte jetzt kein Interesse mehr daran. Sie schlich hinaus auf die Docks und überlegte, mit welchem Schiff sie diesmal fahren sollte. Sie ging an den vielen Schiffen vorüber; in dieser Beleuchtung sah man nur ihre Umrisse. Frachtgut wurde ein- und ausgeladen, Männer arbeiteten wie Ameisen. Cat fühlte eine dunkle Verwunderung über ihre Geschäftigkeit, fast etwas wie Geringschätzung für die schwerfälligen Körper.

Gegen neun, als eine schäbige, undeutliche Scheibe anzeigte, wo die Sonne stand, geriet Cat in die Nähe eines Passagierdampfers, der in kurzer Zeit zu großer Fahrt nach Westindien auslaufen sollte. Sie war bisher immer nur auf Frachtern gefahren; Passagierschiffe bedeuteten für sie eine mißtrauenerweckende fremde Welt, zumal sie den Anblick von Frauen verabscheute. Sie war mehr als pessimistisch, als sie da stand und das Schiff begutachtete. Da warf ihr ein Küchenjunge durch ein Bullauge ein Stück Hühnerbrust zu. Sie kauerte sich auf den Pier, um es zu verschlingen. Vor Entzücken sträubten sich ihre Haare; denn sie hatte bis jetzt nicht gewußt, daß es so herrliches Futter überhaupt gab! Nachdem sie das Fleisch verzehrt hatte, setzte sie sich erwartungsvoll in der Nähe des Bullauges nieder, jedoch es wurde nichts mehr herausgeworfen.

Gepäck wurde eingeladen, und eine Menge Leute von einer Sorte, die sie noch nie gesehen hatte, eilten über die Landebrücke. Einer von ihnen, ein Mann, beugte sich nieder und streichelte Cat, bevor er weiterging. Entzückt sah sie ihm nach; denn auch das war ihr neu, daß es solche Hände gab, so weich, so behutsam. Das war ganz ähnlich wie die zarte Hühnerbrust, die sie gerade eben verspeist hatte... Sie stand auf, erschauerte von der klammen Kälte und glitt über die Landebrücke auf das Schiff.

Sie wußte, daß sie hier eine Fremde war, und ihr Instinkt sagte ihr, daß man sie möglicherweise nicht willkommen heißen würde. So schlich sie die ungezählten weißen Gänge entlang, bestrebt, sich so unsichtbar wie möglich zu machen. Sie warf im Vorübergehen einen Blick in die Gesellschaftsräume. Größtenteils hielten sich Frauen darin auf, und manchmal war der ihr unangenehme Geruch von Blumen in der Luft.

Cat vernahm den Ton einer sehr lauten Pfeife. Sie fühlte, wie ein Zittern durch das Schiff lief. Es fuhr ihr durch den Sinn, daß es besser wäre, zu verschwinden, denn es war gerade noch Zeit; aber sie war nicht imstande, die herrliche Wärme zu verlassen, die aus jedem Winkel des Schiffes strahlte. Das machte sie willensschwach und sanft. Ihr einziger Wunsch war jetzt noch etwas Weiches, auf dem sie liegen könnte.

Sie verweilte an der Tür einer Kabine, die leer war, jedoch das Versprechen gab, einen Mann als Bewohner zu haben – ein Rock und ein Herrenhut waren achtlos über einen Stuhl geworfen. Cat glitt hinein und wanderte schnurrend umher. Sie hielt den Schwanz steif in die Höhe gereckt, nur die Spitze bewegte sich unaufhörlich, als säße darin der feine Spürsinn, mit dem sie die Atmosphäre dieser Kabine abtastete.

Gregg, der Schwimmlehrer, fand sie hier auf seinem Rock zusammengerollt. Das Schiff hatte den Hafen schon verlassen; hinausgesetzt werden konnte sie nicht mehr. Er erkannte in ihr die Katze wieder, die er beim Betreten des Schiffes gestreichelt hatte, und schloß daraus, daß sie auf das Schiff gehörte. So nahm er sie unter den Arm und trug sie in die Küchenregion. Der Küchenjunge, der ihr das Stück Hühnerfleisch zugeworfen hatte, identifizierte sie; er war nämlich einmal Schiffsjunge auf einem Öltanker gewesen, den sie zur selben Zeit mit ihrer Gegenwart beehrt hatte. «Das ist ja Cat!» rief er. «Haben Sie noch nie von Cat gehört? Ha, nun werden wir eine glückliche Fahrt haben, Sir! Sie können stolz sein, Ihre Kabine mit ihr zu teilen!»

Aber Gregg hatte dazu nicht die geringste Lust, selbst nachdem er Cats Tugenden rühmen gehört hatte. Er setzte sie auf den Boden und zog sich mißgestimmt zurück. Ihm graute vor der langen Überfahrt, die vor ihm lag. Er mußte sich gesellig zeigen, das war ein Teil seines Berufes; dabei haßte er schon den Gedanken an Geselligkeit.

Er hatte tatsächlich schon gar zu viele Leute kennengelernt und sich in Geselligkeit mehr üben müssen, als ihm bekömmlich war. Er war noch nicht dreißig; aber er hatte ein beträchtliches Vermögen verloren, die Frau, die er liebte, und, das schlimmste von allem, Hoffnung und Widerstandskraft. Er war am Ende gewesen mit all seinen Bemühungen, einen passenden Beruf zu finden, als ihm ein Freund diesen Posten als Schwimmlehrer auf dem Schiff verschafft hatte. Er befand sich in einem Zustand, der an Verzweiflung grenzte; aber hier war er nun verpflichtet, heiter und fröhlich zu scheinen und leidenschaftliches Interesse an der Strampelei wohlbeleibter Passagiere im Schwimmbecken zu heucheln.

Keinem Menschen auf dem ganzen Schiff war die Überfahrt so zuwider wie ihm. Gregg und Cat waren in der Tat die einzigen, die eine Seereise nicht für ein Vergnügen hielten.

Cat wartete bereits in der Koje auf ihn, als er an diesem Abend in seine Kabine kam. Sie hatte den Weg dorthin gefunden durch all die verwirrenden, vornehm ausgestatteten, langen Gänge. Er war ein wenig beschwipst; denn er war ein hübscher Kerl, und die Leute rissen sich um ihn. Der Anblick der Katze auf seinem Bett ärgerte ihn. Er war im Begriff, sie energisch hinauszubefördern, da kugelte sie sich auf den Rücken und drehte ihm ihr schwarzsamtenes Bäuchlein zu, während ihr rundes Gesichtchen mit den glänzenden, nahe beieinanderstehenden Augen das bewußte dreieckige Lächeln und die rote Zunge zeigte. Er beugte sich über sie, gegen seinen Willen entzückt. «Du bist ein Schelm», sagte er, «aber du darfst dich doch nicht wie eine Klette an mich hängen!»

Zur Antwort legte sie ihm die Vorderpfoten um den Hals, hielt sich mit den Hinterpfoten vorsichtig an seinem Hemd fest, preßte ihr Gesicht an das seine und schnurrte laut in sein Ohr.

«Wange an Wange, wie?» sagte Gregg und gab sich ihren geradezu hypnotisierenden Zärtlichkeitsbeweisen hin.

Der Morgen fand beide eng aneinander geschmiegt. Er bestellte beim Steward eine Schüssel Milch für sie und erschien dann im Schwimmbad mit Cat auf der Schulter. Die himmlische Wärme dieser Örtlichkeit tat es ihr an. Von Stund an verbrachte sie dort ihre Tage.

Nachsichtig und freundlich beobachtete sie Geschicklichkeit oder auch Ungeschicklichkeit der Schwimmer. Wenn das Bad leer war, kauerte sie am Rand des Beckens, in ihre Gedanken vertieft. Meist träumte sie von schönen Fischen, die in dem Becken schwimmen könnten. Nachts schlief sie bei Gregg. Sie fühlte sich herrlich wohl.

Als sie in südlichen Gewässern fuhren, verschwand Cat eines Abends besonders früh. Als Gregg viel später seine Kabine aufsuchte, stand sie vor der Tür, zitternd und erregt. Geschwind huschte sie vor ihm hinein, schnurrte laut, machte einen Buckel und ließ ihren geringelten Schwanz wie eine Standarte wehen; dann blickte sie über die Schulter zu ihm zurück. Ihr Kopf und Schwanz begegneten sich. Sie nahm die Schwanzspitze in ihr Schnäuzchen, legte sich auf den Rücken und rollte sich von einer Seite zur andern. Sie sah auffallend schlank aus.

«Aha», sagte Gregg, «jetzt ist es also passiert! Hoffentlich nicht auf meinem Bett!»

Nein, nicht auf dem Bett. Im Kleiderschrank, wo sein weicher Schlafrock auf irgendeine Weise vom Haken gefallen war. Drei waren es, jedes kugelrund und jedes lohfarben wie jener Kavalier in Rio de Janeiro. Am nächsten Tag beschaffte Gregg eine kleine Kiste mit einem Kissen und setzte Cats Kätzchen hinein. Dann brachte er sie ins Schwimmbad, wo sie die wohlige Wärme genießen konnten und wo alle Schwimmer herantraten, sie betrachteten und streichelten. Sie waren die Lieblinge des Schiffes. Aber Cat hatte nur Augen für Gregg. Sie gab mit ihm weit mehr an als mit ihren Jungen. Sie weigerte sich, nachts bei ihnen im Schwimmbad zu bleiben. So mußte die Kiste jeden Abend in seine Kabine gebracht werden. Dort saß sie und wartete auf sein Kommen, die glänzenden Augen auf die Tür gerichtet, jeder Nerv begierig auf seine Gegenwart.

Aber eines Nachts kam er nicht. Sie wartete und wartete; es war vergeblich. Zuletzt sprang sie mitten im Säugen ihrer Jungen auf; sie fielen zurück wie drei Tennisbälle. Die Tür war halb offen. Sie glitt hinaus und begann ihn zu suchen. Das Rauchzimmer war geschlossen, der Salon leer, die Decks waren verlassen. Außer dem wachhabenden Offizier war niemand zu sehen. Schließlich entdeckte Cat ihren Freund doch. Er stand reglos wie eine Statue in einem abgelegenen Winkel, wo ein Rettungsboot hing. Lautlos wie die Schatten, die das Mondlicht warf, schlich sie an ihn heran, rieb sich jedoch nicht wie sonst an seinen Beinen, sondern kletterte in das Rettungsboot und beobachtete über den Rand hinweg sein Gesicht.

In dieser Nacht fühlte sich Gregg völlig allein und verlassen. Er sah den Mond nicht und nicht die glitzernden Wogen – für ihn war die Welt finster. Das Leben auf diesem luxuriösen Passagierdampfer, unter diesen verwöhnten, oberflächlichen Menschen verursachte ihm ein Gefühl, als ob er ersticken müßte, als ob er keine Luft mehr bekäme. Er blickte zurück auf sein eigenes Leben, es schien ihm eine Wüste – seine Zukunft völlig hoffnungslos. Daher war er entschlossen, jetzt ein Ende zu machen.

Cat beobachtete ihn gespannt, wie er da am Geländer lehnte. Wenn er eine Beute gewesen wäre, hätte sie ihn nicht mit schärferer Aufmerksamkeit betrachten können. Gerade bevor er über Bord springen wollte, sprang sie ihm auf die Schulter mit einem Schrei, der den Passagieren, deren Kabinen auf diesem Deck lagen, das Blut gerinnen machte. Sie schrie nicht nur, sie schlug alle Krallen in Gregg. Sie verwandelte sich in eine schwarze Furie, deren Haare alle einzeln aufgerichtet waren, deren Augen mit Haß und Furcht auf den Abgrund dort unten starrten.

«Ich weiß gar nicht, was in sie gefahren ist», sagte Gregg zu dem wachhabenden Offizier, der herbeigeeilt kam. «Sie ist launisch wie eine Primadonna.» Seine Hand zitterte, als er sie streichelte. Allein, sie hatte ihn seiner schwarzen Stimmung entrissen und vor der Verzweiflung gerettet. Beim Entkleiden betrachtete er erstaunt die kleinen blutigen Male auf seinen Schultern. Cat schlief auf seiner Brust. Er beschloß bei sich selbst, sich nicht mehr von ihr zu trennen. Er fühlte sich in ihrer Schuld und glaubte sie nur bezahlen zu können, indem er ihr Zuneigung schenkte und dafür sorgte, daß sie für den Rest ihrer Tage ein gutes Leben hatte. Er wollte ein Unterkommen suchen, wo sie freundlich aufgenommen würde.

Aber Gregg machte seine Rechnung ohne Cat. Als das Schiff seinen Bestimmungshafen erreichte, war sie vor Abneigung gegen den luxuriösen Passagierdampfer todkrank. Es gab keinen einzigen Geruch an Bord, der ihr zusagte. Sie liebte Gregg, aber sie konnte ohne ihn auskommen. Sie liebte ihre drei rundlichen Kätzchen, aber echte Mutterliebe gab es bei ihr nicht. Sie liebte das Meer und die Männer, die ihre Tage mit anstrengendem Tun auf See verbrachten. Sie haßte Frauen und gewisse Gerüche und vor allem das Zimperliche. Sie war eben Cat und konnte sich nicht ändern.

In dem Wirrwarr der Ankunft sah niemand, wie sie von Bord ging. Sie verschwand wie ein Hauch von schwarzem Rauch. Es war ein so schöner Morgen wie jeder, den sie auf der Überfahrt erlebt hatte. Die Luft war balsamisch, der Himmel über dem Hafen blau wie Vergißmeinnicht. Als Cat die ihr altgewohnten Stätten wiederfand, schnurrte sie laut, strich beglückt an teergetränkten Hosenbeinen entlang, wölbte den Hals unter schwieligen Händen. Aber sie war scheu. Sie wollte sich nicht bloßstellen. Vierzehn Tage lebte sie auf den Docks und genoß die wunderbaren Düfte von frischem Holz, Stroh, Teer, Salzfisch, Hanf, Bier, Öl und Schweiß. Dann erneuerte sie ihre Bekanntschaft mit dem graufelligen Kavalier aus dem Schafstall, diesmal auf freundliche Art, obwohl es wieder nicht ohne lautes Kreischen abging. Zu guter Letzt wählte sie für die nächste Reise einen Viehtransporter, und alles, was sie in der Vergangenheit erlebt hatte, galt ihr nichts mehr!

Jean Cocteau

Über eine Katzengeschichte

Die von Keats erzählte Katzengeschichte ist, soviel ich weiß, nie niedergeschrieben worden. Sie geht von Mund zu Mund und wird unterwegs umgebildet. Es gibt mehrere Fassungen, aber die Stimmung bleibt dieselbe. Eine so subtile Stimmung, daß ich mir überlege, ob sie nicht der Grund dafür ist, daß die Geschichte sich besser für das Wort und seine Pausen eignet als für die gehetzte Feder.

Hier sind die Tatsachen. Keats sollte sich in das Dorf F. begeben, um dort bei seinem Freund, dem Pfarrer, zu essen. Er mußte einen Wald durchqueren. Keats, der zu Pferde war, verirrte sich in diesem Wald, den der Abend in ein unentwirrbares Labyrinth verwandelte. Keats entschloß sich, den Morgen abzuwarten, sein Pferd an einen Ast anzubinden und nachzusehen, ob nicht irgendein Holzfäller eine Hütte besäße, wo er bis zum nächsten Tag Obdach finden könnte.

Als er, ohne sein Pferd allzusehr aus den Augen verlieren zu wollen, umherstreifte, wobei er sorgfältig die Rinde der Bäume einkerbte, um wieder zurückzufinden, erblickte er ein Licht.

Er ging auf das Licht zu. Es kam aus einer Art Ruine, die kein Reiseführer erwähnt. Der Ruine eines alten Zirkus, eines Kolosseums, eines Wirrwarrs von Bögen, Stufen, herabgestürzten Steinen, Mauerresten, Trümmern und Gestrüpp.

Das ungewöhnliche Licht bewegte sich und belebte den toten Zirkus. Keats näherte sich, glitt hinter eine Säule und schaute durch eine Mauerlücke.

Was er sah, ließ ihn vor Bestürzung und Angst erstarren. Hunderte von Katzen füllten den Halbkreis und nahmen nebeneinander Platz wie die Menschenmenge in den Arenen Spaniens. Sie schnurrten und miauten. Plötzlich ertönten kleine Trompeten. Die Katzen verstummten und drehten ihre phosphorisierenden Pupillen nach rechts, wo Licht und Schatten ihr Spiel trieben. Das Licht wurde von Fackeln hervorgerufen, die fünfzig gestiefelte Kater trugen. Diese gingen einem Zug von Katzen in herrlichen Kostümen voran: Pagen, trompeteblasenden Herolden, Embleme- und Standartenträgern.

Der Zug durchquerte die Arena und hielt sich dann an ihrem Rande. Nun erschienen vier weiße und vier schwarze Katzen mit Degen und Filzhut, die wie alle anderen auf den Hinterpfoten schritten und auf ihren Schultern einen kleinen, von einem Krönchen geschmückten Sarg trugen. Es folgten, je zwei und zwei, Katzen mit Samtkissen, auf denen diamantenbesetzte Orden steckten, die im Scheine der Fackeln und des Mondes glitzerten. Trommler beendeten den Zug.

Keats dachte: «Ich träume. Ich bin auf dem Pferd eingeschlafen und träume.» Aber der Traum ist ein Ding, die Wirklichkeit ein anderes. Er träumte nicht. Er wußte es. Er hatte sich im nächtlichen Wald verirrt und wohnte einem jener Riten bei, die nicht für Menschenaugen bestimmt sind. Er hatte Angst. Würde seine Anwesenheit entdeckt, so verließe die Katzenmenge den Zirkus und zerrisse ihn mit ihren Krallen. Er wich in den Schatten zurück. Die Herolde bliesen, die Standarten flatterten, der Sarg zog vorbei – alles in einer Stille, die von den hochmütigen kleinen Trompeten noch betont wurde.

Nachdem er die Runde gemacht hatte, entfernte sich der Zug. Die Trompeten verstummten. Die Lichter erloschen. Die Katzenmenge verließ die Stufen. Mehrere Katzen sprangen durch die Lücke, an der Keats sich unsichtbar zu machen bemühte. Die Ruine wurde wieder eine vom Mondschein bewohnte Ruine.

Da stieg in Keats ein Gedanke auf, viel bedrohlicher als das Schauspiel, dessen Zeuge er eben gewesen war: *Keiner würde ihm glauben*. Niemals könnte er diese Geschichte erzählen. Sie würde für eine Dichterlüge gehalten werden. Aber Keats wußte, daß Dichter nicht lügen. Sie bezeugen. Und Keats wußte, daß man sich nur einbildet, sie lögen. Und er geriet außer sich bei dem Gedanken, daß ein solches Geheimnis sein Eigentum bleiben, daß es ihm unmöglich sein sollte, sich von ihm zu befreien, es mit seinesgleichen zu teilen. Es war ein Katafalk der Einsamkeit.

Er schauderte, kehrte zu seinem Pferd zurück und entschloß sich, den Wald um jeden Preis zu verlassen. Es gelang ihm, und er erreichte den Pfarrhof, wo der Pfarrer ihn schon nicht mehr erwartete.

Der Pfarrer war ein hochgebildeter Mann, den Keats achtete und für fähig hielt, seine Geschichte zu verstehen. Er erzählte seine Geschichte, ohne den Katzenzirkus zu erwähnen. Der Pfarrer war schon zu Bett gegangen und dann wieder aufgestanden. Der Diener schlief. Er selbst deckte den Tisch, Keats aß schweigend. Der Pfarrer wunderte sich über seine Zerstreutheit. Er fragte, ob er krank sei. Keats verneinte, fügte jedoch hinzu, daß er sich eines Gefühls von Unbehagen nicht erwehren könne, dessen Ursache er verschweigen müsse. Der Pfarrer klopfte ihm freundlich auf die Schulter und forderte ihn auf, sich auszusprechen. Keats wandte sich ab und verharrte in Schweigen. Schließlich gelang es dem Pfarrer, ihn zum Reden zu bewegen, und sein Gast erklärte, daß sein Fieber von der Angst herrühre, man könnte ihm nicht glauben. Der Pfarrer versprach, ihm bestimmt zu glauben. Keats verlangte mehr. Er flehte den Pfarrer an, es bei der Bibel zu schwören. Das konnte der Pfarrer nicht. Er versicherte, daß sein Versprechen als Freund und sein Schwur als Priester gleichwertig seien. «Ich höre zu», sagte er und lehnte sich pfeiferauchend in seinen Lehnstuhl zurück.

Keats war im Begriff zu reden, als er sich anders besann. Wieder packte ihn die Angst. Der neugierig gewordene Pfarrer mußte erst erklären, daß es ganz ihm überlassen bleibe, zu schweigen oder zu reden, ehe sich seine Zunge löste.

Keats schloß die Augen und erzählte. Im Dunkel hörte ihm der Pfarrer zu. Das Fenster stand zu den Gestirnen hin offen. Das Fenster verglühte. Der Kater vor dem Kamin schien zu schlafen. Keats beschrieb die Ruine und die seltsamen Zuschauer des seltsamen Schauspiels. Von Zeit zu Zeit schlug er die Augen auf und warf einen Blick auf den Pfarrer, der mit geschlossenen Augen an seiner Pfeife zog.

Es geschah schnell wie der Blitz, ohne daß einer der beiden Männer es sich versah, ohne daß sie genau wußten, was geschah.

Keats war beim Zug, den Fackeln, den Trompeten, den Standarten, den Trommeln angelangt. Er beschrieb die Einzelheiten der Kostüme, Filzhüte und Stiefel. «Vier weiße und vier schwarze Katzen», sagte er, «trugen einen Sarg auf ihren Schultern. Den Sarg schmückte ein goldenes Krönchen.»

Kaum hatte er die Worte ausgesprochen, als der Kater, der vor dem Feuer schlief, einen Buckel machte, sein Fell sträubte, mit Menschenstimme ausrief: «Aber der Katzenkönig bin doch ich!» und aus dem Fenster sprang.

Jill Steinberg

Miss Lucie ist verschwunden

Wir haben alles besprochen, die Kinder und ich, was morgens
zwischen sieben und acht besprochen werden muß: ob ich zu Hause
sein werde, wenn sie aus der Schule kommen; was es zum Mittagessen gibt; wer in Deutschland die allgemeine Schulpflicht eingeführt hat und warum mein Sohn Simon denjenigen nicht zur Verantwortung ziehen kann für diese, wie er glaubt, eklatante Fehllei-
stung. Schließlich ist, wie konnte es anders sein, die Standardfrage
erörtert worden, die seit anderthalb Jahren unsere Unterhaltungen
entweder einleitet oder abschließt, die Friederike in allen Lebensla-
gen immer wieder neu aufwirft, wofür man sie entweder bewun-
dern oder auf den Blocksberg wünschen möchte, je nach Stimmung.
   An diesem Morgen ist mir nicht nach Bewunderung zumute.
Draußen auf dem Gehsteig türmt sich der Schnee. Wer ihn weg-
schippen muß, wenn alle andern ausgeflogen sind, steht außer
Frage. Ich drücke Friederike ihren Turnbeutel in die Hand, bestehe
darauf, daß sie Handschuhe anzieht, gehe nicht auf Simons großzü-
giges Angebot ein, mir Schnee schippen zu helfen und dafür das
langweilig-fruchtlose Unternehmen Schule für heute fallenzulas-
sen, und will gerade die Haustür schließen, als meine Tochter ihren
Winterstiefel ein letztes Mal dazwischenstellt.
   «Wann», fragt Friederike zum sechshundertdreißigsten Male,
«kriege ich einen Hund, Mama?»
   In jedem pädagogischen Lehrbuch steht, daß man sein Kind
morgens vor Schulbeginn nicht verprellen soll. Daß man dafür
sorgen müsse, es nicht etwa mit hängendem Kopf und eingezogenen
Schultern, sondern vielmehr munter hüpfend und vor Erwartung
zappelnd hinauszuschicken in die Welt des Lernens.
   «Ich weiß es nicht», entgegne ich wahrheitsgemäß und sehe

Friederike bitter enttäuscht davontappen, mit hängendem Kopf und eingezogenen Schultern.

Ihr Zimmer, das ich danach betrete, ist mit Bildern, Postern und Kalenderausschnitten bepflastert. Sie alle zeigen Hunde der verschiedensten Rassen, Größen, Farben und Altersstufen, vom Colliewelpen bis zum pensionierten Windhund. Ihr Bücherregal zeigt eine beachtliche Sammlung von Hundebüchern, und wenn man sie ließe, könnte Friederike leicht an einem Quiz teilnehmen, das sich um Aufzucht, Haltung, Herkunft und Lebensweise von Hunden dreht. Natürlich lassen wir sie nicht, denn Friederike ist erst neun.

In ihrem Bett ist eine tiefe, weiche Kuhle, aus der ich vorsichtig Miss Lucie heraushebe, die sofort laut zu jammern beginnt. Miss Lucie, neben deren exakt in der Mitte gescheiteltem rabenschwarzem Köpfchen, der makellos weißen Stirn und den runden grünen Augen selbst prämierte menschliche Schönheiten wie Sophia Loren verblassen –

Miss Lucie, die all ihre Krallen einzieht, wenn sie mir ihre Pfoten um den Hals legt

Miss Lucie, die ihr dreijähriges Leben mit uns geteilt hat und der ich versprochen habe, daß kein Hund jemals ins Haus kommt.

Miss Lucie – ihre bebenden Schnurrhaare und ihre zitternde schwarz-weiß geringelte Schwanzspitze signalisieren es noch durch schützende Fensterscheiben hindurch – verabscheut, haßt und fürchtet Hunde. Sie würde, davon bin ich überzeugt, unser Haus mit all seinen weichen, warmen Annehmlichkeiten verlassen und nie mehr zurückkehren, falls ein Hund hier Einlaß fände. Sie ist, dafür gab es in drei Jahren reichlich Beweise, ein Wesen mit starkem Charakter.

Ihr einen Hund vorzusetzen, wie es die Kinder in ihrem simplen Denkschema verlangen, und sie an seine Anwesenheit zu gewöhnen, würde bei Miss Lucie so wenig verfangen wie der liebevoll ausgestattete Katzenkorb, den sie noch nie eines Blickes, geschweige denn eines Schläfchens gewürdigt hat.

Miss Lucie ruht entweder auf einem Bett oder, wenn sie Lust nach Gesellschaft verspürt, auf einem Polsterstuhl. Ist weder das eine noch das andere zu haben, klopft sie an die Terrassentür, um hinausgelassen zu werden. Niemand hat ihr je etwas aufschwätzen können, das sie nicht selbst ausgesucht hat.

Ich hebe sie aus Friederikes Bett, weil es geschüttelt, von Stoffhunden befreit und gemacht werden muß.

Miss Lucie, obwohl sie dieses Ritual genau kennt, ist gekränkt, beklagt sich laut und verlangt sofort, hinausgelassen zu werden.

Ich, untertänige Dienerin, öffne ihr die Terrassentür.

Dann räume ich in der Küche das Geschirr zusammen und sehe, daß Friederike ihre Pausenbrote liegengelassen hat. Ein Kind, das morgens außer einer Tasse Milch nichts zu frühstücken imstande ist, muß, das sagt nicht nur das pädagogische Lehrbuch, sondern auch mein Menschenverstand, spätestens um halb zehn etwas zu sich nehmen.

Die Schule ist nicht allzu weit.

Bevor ich mich aufmache, meiner Jüngsten ein doppeltes Salamibrot, zwei Kekse und eine Mandarine nachzuschleppen, beeile ich mich, Miss Lucie wieder die Tür zu öffnen, an die sie mit erregter schwarzer Pfote bereits pocht.

Sie schlüpft herein und erzählt mir empört eine lange Geschichte über ein weißes, kaltes Element, unter dessen Kruste die gesamte bekannte Welt mit Erde, Gräsern, Maulwurfshügeln und Mauselöchern verschwunden ist.

«Wie», fragt Miss Lucie klagend und hebt die runden grünen Augen zu mir auf, «kann das geschehen?» Ihr Blick besagt, daß sie mich für diese Katastrophe voll verantwortlich macht.

Während sie zur Beruhigung ein wenig warme Milch schlürft, greife ich mir den Pausenbeutel meiner Tochter und schlittere zur Schule.

Die Pause ist in vollem Gange. Zwar dämpft der Schnee die Geräusche ein wenig, aber es ist immer noch ohrenbetäubend.

Friederike entreißt mir das Eßpaket und stürmt in Richtung einer zwei Meter langen Eisbahn davon, auf der etliche Kinder balgend übereinander kugeln. Auf dem vorderen Teil des Schulhofs umspringt ein schwarzes Wollknäuel begeistert eine Gruppe Jungs, die Stücke von ihren Schulbroten abbrechen und in hohem Bogen in den Schnee werfen. Das Knäuel rennt, schlägt Haken, umkreist die Jungens wie ein fliegender schwarzer Schatten und bleibt verdutzt stehen, als sie alle beim Klang der Glocke einträchtig im geöffneten Schultor verschwinden. Innerhalb weniger Minuten liegt der Hof verlassen, still und ein wenig öde da. Der Hund schüttelt seine schwarzen Zotteln und sieht mich erwartungsvoll an.

«Morgen», sagt der Hausmeister, den ich kenne. «Ist doch noch Winter geworden, was?»

Ich bestätige das aus vollem Herzen, meine Zehen sind bereits gefühllos vor Kälte.

«Einen lustigen Hund haben Sie da!» sage ich abschließend.

«Ich?» Er legt die Hand auf die Brust und macht einen Schritt zurück. «Meiner ist das nicht, Gott bewahre! Ich dachte, Sie hätten ihn mitgebracht.»

Ich muß lächeln. «Wir haben eine Katze», sage ich, als ob das alles erkläre, hebe winkend die Hand und mache mich auf den Heimweg. Der Hund umkreist mich eine Weile, scheint sich aber dann zu besinnen und läuft zum Schultor zurück. Kinder scheinen ihm lieber zu sein als Erwachsene. Ich bin sicher, er gehört einem der Jungens, dem er morgens nachgelaufen sein muß.

Nachmittags schippen wir Schnee um die Wette, Simon und ich. Es hat ungefähr drei Stunden lang wirbelnd geschneit. Uns wird warm bei der Arbeit, wir lockern die Schals. Aber schon gegen vier Uhr wird's dämmrig und knirschend kalt.

Drinnen hat sich Friederike nützlich gemacht und heiße Zitrone mit den letzten Weihnachtsplätzchen auf den Tisch gestellt. Wir sitzen drum herum und billigen dreistimmig Vaters Entschluß, heute in der Stadt zu übernachten, weil die Straße nur schlecht passierbar ist.

«Heut morgen», sagt Friederike und kaut mit offenem Mund, «war ein ganz süßer Hund auf dem Schulhof.»

«Süß», verbessere ich sie, «war der nicht. Lebhaft war er. Lustig. Ein Bündel Energie.»

Die Kinder tauschen einen langen Blick miteinander.

«Das stimmt», sekundiert mir Simon betont sachlich, «so kam er mir auch vor. Irgendwie robust. Der frißt bestimmt alles und braucht nie einen Tierarzt.»

Friederike öffnet den Mund, schließt ihn jedoch wieder, weil ihr Bruder sie unterm Tisch vielsagend tritt. «Meine Taktik», heißt das, «ist die bessere. Misch dich nicht ein, wenn die Sache ins Rollen kommen soll.» Zehn Jahre mit den Kindern haben mich hellhörig gemacht. Die meisten Funksprüche fange ich unschwer ab, so auch diesen.

«Trinkt eure Zitrone aus», befehle ich kurz und höre sie miteinander tuscheln, während ich das Badewasser einlasse.

Es ist halb sieben Uhr abends. Miss Lucie klopft energisch von innen gegen die Terrassentür.

«Es hat keinen Zweck», versuche ich ihr klarzumachen und öffne die Tür spaltweit, damit sie sich überzeugen kann, «du hast nichts davon. Bleib hier.» Miss Lucie schlängelt sich in den Spalt, schüttelt entsetzt ein Pfötchen, das ihr als Thermometer dient und bleibt erst einmal regungslos sitzen.

Eine Weile lasse ich sie gewähren. Dann wird es empfindlich kalt im Zimmer, und ich schließe die Tür. Miss Lucie ist verschwunden.

Die Kinder baden, kriechen ins Bett, machen sich's mit ihren Büchern gemütlich und lesen sich in den Schlaf. Ich höre die Nachrichten. Es ist die Rede von zwanzig Grad unter Null. Miss Lucie bleibt verschwunden.

Gegen zehn Uhr halte ich es nicht mehr aus, ziehe Skihosen, Pelzjacke und gefütterte Stiefel über den Schlafanzug und verlasse das Haus. Am Himmel steht ein zunehmender Mond, unter meinen Füßen knirscht gefrorener Schnee. Es ist klirrend kalt.

Ich komme bis zum Gartentor. Dort, im überdachten Mauervorsprung, steht der Mülleimer. Obendrauf hockt Miss Lucie. Gott sei Dank!

Ich will sie auf den Arm nehmen, aber sie weigert sich mit allen vier Pfoten auf einmal. Es bleibt mir nichts anderes übrig, als zu warten.

Mit sichtlichem Widerstreben hangelt sie sich in den tiefen Schnee hinunter, nimmt neben dem Mülleimer Aufstellung und jammert mir eine schreckliche Geschichte vor.

Miss Lucie ist mir, was Verständigung angeht, immer überlegen gewesen. Während sie jedes Wort aus meinem Munde versteht, streift mich nur gelegentlich eine ferne Ahnung dessen, was sie mir mitzuteilen versucht. An diesem eisigen Winterabend bin ich wieder einmal völlig taub.

«Nun komm schon», sage ich laut und trete ungeduldig von einem Fuß auf den anderen, «deinetwegen kann ich heute nacht kein Fenster und keine Tür offenlassen!»

Sie rührt sich nicht. Aber hinter dem Mülleimer bewegt sich ein schwarzer Fleck. Mir ist nicht ganz geheuer.

«Los», sage ich zu Miss Lucie und mache einen auffordernden Schritt zurück.

Statt ihrer bewegt sich der schwarze Fleck. Zögernd kommt er hinterm Mülleimer hervor. Der Hund vom Schulhof. An seinen Zotteln hängen kleine Eiszapfen. Er sieht nicht mehr lustig aus, im Gegenteil. Mit sichtlicher Mühe hebt er den Kopf.

Miss Lucie schnuppert interessiert an seinem Fell. Er scheint es gar nicht zu bemerken. Ich sinke in die Knie und streichle beide Köpfe, erst Miss Lucies glänzend schwarzen Scheitel, dann die vereisten Zotteln des Fremdlings. «So wahr mir Gott helfe», sage ich laut zu Miss Lucie, «bei zwanzig Grad unter Null kann ich nicht anders. Versteh das bitte!»

Als ich aus der Hocke hochkomme und «Auf geht's!» rufe, folgen sie mir beide ins Haus.

Drinnen sehen Miss Lucie und ich zu, wie der Hund taut. Ich reibe ihn mit einem alten Handtuch ab und fülle, obwohl Miß Lucie bereits ausgiebig zu Abend gespeist hat, zwei Schalen mit warmer Milch. Der Hund wartet, bis Miss Lucie zwei Schlückchen genommen hat und sich gelangweilt abwendet. Dann erst trinkt er beide Schalen im Handumdrehen leer. Ich knete Kartoffeln mit einem Rest Bratensoße und Trockenfutter zu einer steifen Mischung, die Miss Lucie zutiefst verabscheut. Höflichkeitshalber biete ich sie ihr trotzdem zuerst an. Sie schüttelt, wie erwartet, den Kopf, rümpft die schwarze Nase und setzt sich abwartend unter den Küchentisch. Der Hund frißt dankbar und gierig alles auf. Dann folgt er Miss Lucie.

Lässig streift sie am Katzenkorb vorbei, der immer nur als Reliquie gedient hatte. Der Hund betastet mit kalter Pfote die warme, doppelt gefaltete Wolldecke im Korb und läßt sich mit einem fragenden Blick auf Miss Lucie erschöpft nieder. Sie scheint es ihm gütigst zu gestatten, springt ihrerseits auf den grünen Polsterstuhl, wäscht sich zierlich und gründlich das schöne, kleine Gesicht und rollt sich zusammen. Zwei Minuten später ist sie fest eingeschlafen. Draußen fällt tonnenweise Schnee. In ihrem geblümten Schlafanzug wankt um Mitternacht meine Tochter Friederike ins Zimmer. Der Hund zuckt erschrocken zusammen.

«O Mama», flüstert Friederike, sinkt neben dem Korb zu Boden und streckt vorsichtshalber die Hände aus, «es ist ein Traum, Mama, oder bin ich wach?»

«Du bist wach», antworte ich, «weiß der Himmel wieso. Und fall ihm bitte nicht gleich um den Hals, er ist noch immer nicht ganz aufgetaut.»

«Ja, Mama – vielen, vielen Dank, Mama!» – Der Hund ist bereits in ihre Arme gekrochen, als gehöre er dahin. Friederikes geblümter Schlafanzug weist nasse, dunkle Flecken auf. Sie wird ihn gleich wechseln müssen.

«Bedank dich bei ihr», sage ich und zeige auf Miss Lucie, die unwillig ein Auge öffnet und gleich wieder schließt. Friederike interessiert sie nicht. Der einzige Mensch, der ihre Aufmerksamkeit und Zuneigung besitzt, bin ich.

«Wird es ganz allein mein Hund sein?» erkundigt sich Friederike mit gepreßter Stimme und krault die schwarzen Zotteln.

«Verlaß dich drauf. Er wird dir genug zu schaffen machen, wenn er erst wieder ganz in Form ist.»

«Du wirst ihn nicht für dich haben wollen, Mama?» fragt Friederike, die immer schon ein gründliches Kind war. Miss Lucie öffnet beide Augen. Wir tauschen einen verständnisinnigen Blick.

«Ich habe eine Katze», sage ich ruhig. Miss Lucie wechselt den Stuhl, rollt sich auf meinen Knien zusammen und schläft wieder ein. Niemand, wach oder schlafend, ist schöner als sie.

Kurt Tucholsky

Die Katz

Neulich saß ich vor dem kleinen Theaterchen Ambassadeurs in den Champs-Elysées, unter grünen Bäumen. Um meine Bank strich mehrere Male eine große, gut genährte Katze, grau mit schwarzen Flecken. Wir kamen so ins Gespräch – sie fragte mich, wieviel Uhr es sei –, und da stellte sich heraus, daß sie aus Insterburg stammte. Nun kenne ich Insterburg sehr genau – ich habe da seinerzeit gedient –, und wir waren gleich im richtigen Fahrwasser. Sie kannte erstaunlich viele Leute, und wir hatten auch gemeinsame Bekannte: eine Verwandte von ihr war bei meinem Feldwebel Lemke Katze gewesen, sie wußte gut Bescheid. Meine Stammkneipe kannte sie und das Theater und die Kaserne und alle möglichen Orte. Ja, es ist sogar möglich, daß wir uns einmal gesehen hatten, im Schützenhaus zu Palmnicken, aber da hatte ich natürlich nicht so darauf geachtet. Wie es ihr denn so in Paris gefiele, fragte ich sie.

«Näi, hier jefällts mir nich!» sagte sie. «Ich wäiß nich, die Leite sinn ja soweit janz natt – aber, wissen Se, mit die Verfläijung, das is doch nichts. Ja, 's jibbt ja Fläisch un so – aber Fischkeppe – wissen Se – son richtichen Kopp von nem Zanderchen oder Hachtchen – das hätt ich doch jar zu jern mal jajassen. Aber: Pustekuchen!» Das fand ich auch sehr bedauerlich.

«Gott, man erlebt ja allerhand hiä», sagte die Katze. «Da haben se mich näilich einem alten Madamche ins Bett jestochen, wissen Se, die konnt keine Katzen läiden. Erbarmung! hat se jebrillt. Ei, seht doch! seht doch! hat se immer jerufen – das heißt, ich denk mä das so – denn sie hat ja franzeesch jebrillt. Dabei hab ich se nuscht jetan! Und se hat all immer jemacht: ‹Pusch! Pusch! Willste da raus!› – Aber ich bin ruhig liegen jeblieben, wissen Se – und da hat se mit all ihre Koddern aufn Pianino jeschlafen – ja. Und am friehen Morjen

249

hat se mer denn ein Tellerche Schmant hinjehalten, das hab ich auch jenomm, und denn bin ich los. Es war ne janz nette Frau soweit. Se war all janz bedammelt von den Unjlik.» Aha. Und diese große Schramme da über dem Auge? was wäre denn dies?

«I», sagte die Katze, «da hat mir neulich son Kater anjesprochen – aber ich wollt nich – wissen Se, ich wer mer doch mit die franzeeschen Kater nich abjehm! De Frau in Insterburch hat auch immer jesacht, mehr als dräimal im Jahr soll ne ordentliche Katz nich – na, und meine Portion war all voll. Ja – ich wollt eben nich. Da hat mir doch das Biest anjesprungen! Was sagen Se –! Ich hab 'n aber ordentlich äine jelangt – so bald jeht der an käine ostpräißsche Katz mer ran, der Lorbas!»

«Kinder haben Sie also auch?» fragte ich. «Ja», sagte sie. «Es sinn alles orntliche Katzen jeworn – bis auf äine. Die streicht da aufn Monmartá rum bei die Franzosen –, und wenn mal 'n Tanzvergniejen is, denn macht se sich an die Fremden ran. Näilich dacht ich: I, dacht ich, wirst mal hinjehn, sehn, was se da macht. Wissen Se – ich hab mir rein die Augen ausn Kopp jeschämt – lauter halbnackte Marjellen – und meine Tochter immer dabäi! Sone Krät –! Ich sach: ‹Was machst du denn hier?› sach ich. Se sagt: ‹Ah – Mama!› und denn redt se doch franzeesch mit mir! mit die äijene Mutter –! Ich sach: ‹Schabber nich so dammlich!› sach ich und jeb ihr eins mit de Pfot. Da haben se uns rausjeschmissen ausm Lokal, alle bäide – und draußen auf de Straß wollt ich mer nich mit se hinstelln. Und – rietz! war se denn auch jläich wech. Ach, wissen Se, heutzutach, mit die Kindä…!» Ja, da konnte ich nur zustimmen. Na – und sonst? Paris und so?

«Manchmal», sagte die Katz, «krie ich doch mächtig Heimweh. Kenn Se Keenichsbarch? Das is ne Stadt – wissen Se – da kann Paris jahnich mit! Da war ich mal auf Besuch – man is ja in de Welt rumjekomm, Gott sei Dank – und da war ich bei de Frau Schulz. Kenn Se die? Die Mutter von Lottchen Schulz, die immer so brillt? De Tochter hat jetzt jehäirat.» Halt! Lottchen Schulz kannte ich. Diese etwas bejahrte, schielende und hinkende Dame hatte geheiratet? Ich äußerte Bedenken. «Och», sagte die Katze, «sehn Se mal: Nu hat se doch das lahme Bein, und ordentlich gucken kann se auch nicht mehr – was soll se –!» Dagegen war nichts einzuwenden – Heirat schien in solchem Fall das beste. «Ja, da war ich auf Besuch», fuhr die Katze fort, «ach, wenn ich daran noch denk! Inne Ofeneck saßen die bäiden Jungens Schulz und schlabberten ein Tulpchen Biä nachn andern, de Frau trank Kaffee, und ich kriecht ab un zu 'n Stickche Spack – aber, wissen Se, son richtchen, ostpräißschen Kernspack – nich wie hier! Ja. Nur äin Malhör is mich in Keenichsbarch passiert: ich bin da in den Hiehnerstall jejangen und hab da jefriehstickt, und nachher hab ich es all jemerkt: alle die kläinen Kaichel, die hatten dem Pips! Dräi Tach war mir janz iebel!»

Eine feine Dame ging vorüber und sagte zu ihrer Begleiterin: «Vous savez, il n'y a que des étrangers à Paris!» Die Katze sagte: «Wissen Se, hier mit die Katzen, da versteh ich mir janich! Se sind auch so janz anders als bäi uns – manchje sind direkt kindisch – wissen Se...! Na, denn wer ich man bißchen jehn, auf Mäise...!»

Und lief seitwärts, in die Büsche. Ich wollte noch etwas sagen, sie nach ihrer Adresse fragen –, aber sie war schon weg. Und ich stand noch lange vor dem Busch und, ohne daran zu denken, daß es ja eine Katze war, rief ich: «Landsmann! Landsmann!» – Aber es antwortete keiner. Wir haben uns nicht mehr wiedergesehen.

Roy Vickers

Miss Paisleys Katze

Einige Menschen hegen eine besondere Liebe zu Katzen, andere dagegen empfinden körperliche oder sogar sittliche Abscheu gegen sie. Zäh hält sich der Glaube, daß Katzen einen Menschen beeinflussen können – vor allem alte Jungfern und hauptsächlich zum Bösen. Es ist wahr, daß Miss Paisleys Katze die unmittelbare Ursache dafür war, daß diese seelisch verkümmerte alte Jungfer einen gewissen Grad irregeleiteter Größe – oder moralischer Verderbtheit erreichte, je nachdem, von welchem Standpunkt aus man es sieht. Aber dies läßt sich erklären, ohne Zuflucht zum Mystizismus nehmen zu müssen. Das Verhalten der Katze war jedenfalls durchaus katzenmäßig.

Die Katze sprang in Miss Paisleys Leben, als sie vierundfünfzig und die Katze vielleicht zwei Jahre alt war. Miss Paisley war körperlich gesund und rührig – eine harmlose, adrett gekleidete, in sich gekehrte alte Schraube. Als Tochter eines wohlhabenden Geschäftsmannes – die Mutter war gestorben, als das Kind laufen lernte – hatte sie ihre Jugendjahre in dem goldenen Zeitalter des Mittelstandes verbracht, als jede alleinstehende Vorstadtvilla die Attribute eines freiherrlichen Landsitzes aufwies: wenn auch keine Gutsbesitzer zu Besuch kamen, so gingen doch stets ein paar gewohnheitsmäßig servile Händler aus und ein – ganz zu schweigen von einer ständigen zahlreichen Dienerschaft.

Als sie mit achtzehn Jahren ein Mädchenpensionat in Paris besuchte, das ihrer Erziehung den letzten Schliff geben sollte, zog ihr Vater sich mitten in der Neugestaltung seines Geschäftsunternehmens eine Lungenentzündung zu und starb. Miss Paisley erbte die Möbel des Hauses, ein paar Hunderter in bar und eine jährliche Rente von hundertzwanzig Pfund.

Ihre Verwandten in den verschiedenen Teilen des Landes zeigten sich der veränderten Sachlage gewachsen. Ohne sachverständigen Rat erklärten sie eine weitere Erziehung oder Berufsausbildung des Mädchens für unnötig und kamen unter sich überein, daß sie es verheiraten müßten – was nicht zu schwierig sein sollte. Miss Paisley hatte es nie zur Schönheitskönigin eines Balles gebracht, aber sie war ein gutgewachsenes Mädchen, wohlerzogen und mit dem üblichen Liebreiz der Jugend.

In der ersten Runde des Herumgereichtwerdens nahm sie die warmen Willkommensbezeugungen unbesehen entgegen – obwohl sie kein übermäßig eingebildetes Mädchen war. Ihr Vater hatte in ihr den Glauben bestärkt, daß allein ihre Gesellschaft schon eine Gunst bedeutete. Und auch die Erziehungstechnik des Pensionats war auf der gleichen Grundlage aufgebaut gewesen.

Während der zweiten Besuchsrunde – jede dauerte ungefähr ein halbes Jahr – machte sie jedoch die Entdeckung, daß ihre Gesellschaft eher geduldet als erwünscht war – eine harte Wahrheit, der Miss Paisley auf der Stelle zu entfliehen suchte.

Es folgte eine Zeit als Gouvernante bei Kindern reicher Eltern und als Gesellschafterin alter Damen. Die Kinder machten ihr harte Arbeit, und die alten Damen waren sehr enttäuschend. Wenn man für seine Gesellschaft bezahlt wird, muß man nämlich selbst den Erzählungen vergangener Herrlichkeit lauschen.

An Geiz grenzende Sparsamkeit und alte Damen machten sie zu einem demütigen Geschöpf, dankbar für die Brosamen des Lebens. Sie war Anfang Zwanzig, als sie eine ständige Beschäftigung als «Büroangestellte» in einem Regierungsamt erhielt. Damals machte sie Rumbold Chambers in Marpleton zu ihrem Heim, ungefähr fünfzehn Meilen von London und etwa eine Meile von dem Haus entfernt, das einst ihrem Vater gehört hatte. «The Chambers» – ein elegantes Wort aus dem Zeitalter König Edwards VII., das in diesem Falle nichts anderes als Kleinwohnungen bezeichnete – hatten schon bessere Tage gesehen und sollten noch viel schlimmere erleben.

Die Miete würde zwar die Hälfte ihrer jährlichen Rente verzehren, aber ihrer Meinung nach hatten «The Chambers» Atmosphäre. Von dem freigewordenen Appartement aus konnte man über den alten Friedhof zu der Flußbrücke aus dem siebzehnten Jahrhundert blicken. Sie unterzeichnete einen Mietvertrag auf Lebenszeit. Also wohnte sie in jenem Appartement, als zweiunddreißig Jahre später die Katze kam.

Von ihren geerbten Möbeln hatte sie so viele aus dem Speicher geholt, wie sie nur in der kleinen Wohnung unterbringen konnte. Die Wände hatte sie mit sechs vergrößerten, etwas pompös gerahmten Fotografien von dem Haus und Garten ihres Vaters geschmückt.

Das Radio wurde zum allgemeinen Gebrauchsgegenstand, der Tonfilm kam auf, und die zivile Luftfahrt gewann immer mehr an Bedeutung – Ereignisse, die ihr Leben völlig unberührt ließen. Die Leichtindustrie hatte in Marpleton und dem umliegenden Bezirk ihren Einzug gehalten. Ungefähr alle drei Monate pflegte sie an ihrem früheren Heim vorüberzugehen, bis es abgerissen wurde, um einer Fabrik Platz zu machen.

Wenn sie sich keine Feinde schuf, so doch auch gewiß keine Freunde. Die Erziehung im Pensionat hatte mit Erfolg ihren von Natur aus vorhandenen Geselligkeitstrieb verkrüppelt. Am Ende eines jeden Arbeitstages pflegte sie sich um rund dreißig Jahre in ihre Vergangenheit zurückzuversetzen.

Als die Katze erschien, sprach Miss Paisley gerade angeregt mit sich selbst, wie es die Gewohnheit der Einsamen ist.

«Manchmal glaube ich, Vater hat einen Fehler gemacht, den Rasen als Croquetplatz zu belassen. Croquet ist so altmodisch... Oh! Wie, um alles in der Welt, bist du hier heraufgekommen!»

Eine Katze stand auf dem Fensterbrett – ein ganzes Stockwerk und einen guten Meter über dem Erdboden. «Tiere sind in den Chambers nicht erlaubt, also mußt du wieder gehen... Geh, bitte. *Husch!*»

Die Katze blinzelte und sprang mit einem etwas unbeholfenen Satz in das Zimmer.

«Was für eine häßliche Katze! Ich werde nie Tante Lisas Perserkatze vergessen. Sie sah wunderschön aus, und alle waren ganz vernarrt in sie. Ich glaube kaum, daß jemand *dich* streicheln möchte. Die Leute dulden dich und wünschen wahrscheinlich, du wärest lieber nicht geboren, armes Ding!» Die Katze hatte sich auf ihre Hinterbeine gesetzt und starrte Miss Paisley an. «Na schön, meinetwegen kannst du zum Tee dableiben. Ich habe keinen Fisch, aber da ist noch etwas Bücklingspaste, die ich vergessen habe wegzuwerfen – und auch noch etwas Milch von gestern.»

Miss Paisley machte sich daran, ihren Tee zu bereiten. Es war Sonnabend nachmittag. Sie hatte zwei Schokoladenbiskuits und zwei Sahneéclairs für heute sowie zwei Schokoladenbiskuits und zwei Baisers für Sonntag besorgt. Als das Wasser im Kessel gekocht und sie den Tee aufgegossen hatte, kratzte sie aus einer fast leeren Dose einen Rest Bücklingspaste, den sie auf eine dünne Scheibe Brot strich. Auf den Teppich – er war aus dem Teppich geschnitten worden, der vor vierunddreißig Jahren im großen Wohnzimmer gelegen hatte – breitete sie eine Zeitung. Die Katze, die diese Vorbereitungen beobachtete, schnurrte beifällig.

«Armes Ding! Wie dankbar es ist», sagte Miss Paisley, während sie das Brot mit der Bücklingspaste und eine Untertasse mit der Milch vom Vortag auf die Zeitung setzte.

Die Katze beugte ihren Kopf herunter und roch an der Bücklingspaste, berührte sie aber nicht. Sie probierte die Milch, schleckte einmal daran, setzte sich wieder auf die Hinterbeine und starrte Miss Paisley an.

Das Starren von Miss Paisleys Katze war für Menschen nicht gerade angenehm. Natürlich war es ein ganz normales Starren, wie Katzen es eben tun, und aus ebenfalls ganz normalen Augen, wenn sie auch fast nicht so aussahen; denn ein weißer Streifen lief von einem Augenlid zum gegenüberliegenden Ohr und von dort aus in feinen Spritzern über den Rücken. Eine Narbe von einem Luftbüchsengeschoß hatte die eine Wange etwas verkürzt und entblößte die Zähne an dieser Seite, wodurch ihr Ausdruck an ein höhnisches menschliches Grinsen erinnerte. Wenn man sich dazu noch ihr steifes Vorderbein denkt, das ihren Gang unbeholfen machte, kann man sich leicht eine äußerst garstige Katze vorstellen – eine ständige Herausforderung für jugendliche Zielübungen.

«Eine dumme Katze bist du auch noch» sagte Miss Paisley. «Eine gute Gelegenheit weißt du anscheinend nicht zu schätzen.»

Miss Paisley setzte sich zum Tee. Die Katze sprang auf den Tisch, packte eines der Éclairs, stieg vorsichtig herunter und fraß es auf dem Teppich, etliche Zentimeter von der Zeitung entfernt.

Jetzt starrte Miss Paisley die Katze an.

«Das ist ja ein unerhörtes Benehmen!» rief sie aus. «Du drängst dich mir auf, obwohl ich dich gar nicht haben will. Ich erweise dir jede Freundlichkeit, und du...»

Die Katze hatte das Éclair verspeist. Miss Paisley starrte sie weiter an. Dann wanderte ihr Blick zu ihrer Hand, die sich anscheinend unabhängig von ihrem Willen bewegte. Sie beobachtete sich selbst, wie sie das zweite Éclair ergriff und sich damit zu der Katze herabbeugte, die es behutsam aus ihren Fingern nahm.

Sie zog die Untertasse unter ihrer noch immer leeren Teetasse hervor, goß frische Milch hinein und stellte sie auf den Fußboden. Fasziniert hörte sie zu, wie die Katze sie ausschleckte. Ihr Herz klopfte in der Aufregung einer inhaltsschweren Entdeckung.

Und dann, zum erstenmal seit rund dreißig Jahren, brach Miss Paisley in Tränen aus.

«Geh weg!» schluchzte sie. «Ich will dich nicht. Es ist zu spät – ich bin vierundfünfzig!»

Als ihre Atemzüge wieder ruhiger wurden, hatte die Katze sich auf Miss Paisleys Schlafsofa zusammengerollt.

Es dauerte einen Monat oder länger, bis Miss Paisley mit Sicherheit wußte, daß sie hoffte, die Katze würde für immer bei ihr bleiben. Ihre Einstellung war frei von jener Art Sentimentalität, die man von einer alten Jungfer mit einer Katze erwartet. Sie respektierte die Eigenart der Katze, ohne ihr menschliche Qualitäten beimessen zu wollen. Ihre Beziehungen zu diesem Tier waren zu subtil, um einen derartigen Vorwand zu benötigen. Zugegeben, sie sprach viel zu ihr. Aber sie sprach wie zu einer Zimmergenossin, von der man nicht erwartet, daß sie gerade zuhört. In dieser Beziehung konnte man die Rolle der Katze mit der einer bezahlten Gesellschafterin vergleichen.

«Entschuldigen Sie bitte, Madame!» Jenkins, der Wachhund und Mieteneinzieher zugleich darstellte und den Portier glücklicherer Tage ersetzte, hatte sie in der kleinen Halle angehalten. «Ist diese Katze mit der schwarzweißen Schnauze zufällig die Ihre?»

Noch vor einem Monat würde Miss Paisley zitternd Entschuldigungen wegen der Übertretung der Regeln gestammelt und sofortige Befolgung gelobt haben.

«Es ist meine Katze, Jenkins. Und ich würde Ihnen sehr gern eine halbe Krone pro Woche für die Umstände zahlen, die sie Ihnen vielleicht bereiten könnte.»

«Das ist sehr freundlich von Ihnen, Madame, vielen Dank. Ich wollte Ihnen nur sagen, daß ich sie aus Mr. Rinditchs Fenster springen sah, mit einem Stück Fisch im Maul, das Mr. Rinditch vom

Frühstück übriggelassen hatte.» Er blickte den Korridor hinunter, um sich zu vergewissern, daß Mr. Rinditchs Tür geschlossen war. «Sie wissen, wer Mr. Rinditch ist!»

Miss Paisley wußte, daß er ein Winkelbuchmacher war und eine Anzahl Hilfsleute beschäftigte, die umherliefen und Wetten für ihn annahmen, und daß Jenkins vor ihm als dem einzigen Mieter mit finanzieller Substanz in Ehrfurcht erstarrte. Mr. Rinditch war ein untersetzter, beleibter Mann mit einem breiten, mürrischen Gesicht und einem sehr breiten Nacken. Miss Paisley fand, daß er vulgär aussah, und zwar aus charakterlichen Gründen, während die übrigen Mieter eben nur gewöhnlich aussahen, wofür sie nichts konnten.

«Ich werde ihr in Zukunft ein anständiges Stück Fleisch geben, dann wird sie nicht mehr stehlen.»

«Ich danke Ihnen, Madame.»

Das «Madame» kostete Miss Paisley ungefähr vier Pfund im Jahr. Keine der anderen Frauen war «Madame», und keiner der Männer war «Sir» – nicht einmal Mr. Rinditch. Zwei Pfund an Weihnachten und hier und da eine halbe Krone für kleine, meist überflüssige Dienste. Für Miss Paisley war dieses Geld gut angelegt. In ihrem Traumleben sah sie sich als eine Emigrantin, die auf den Heimruf in einen Lebensstil wartete, der in Wirklichkeit – was sie jedoch nicht erkannte – in England aufgehört hatte zu existieren. Sie tat, als bedeuteten diese rund dreißig Jahre ungelernter Büroarbeit nur eine zeitliche Überbrückung. Durch ihre Katze eignete sie sich eine neue Philosophie an, aber der Traum blieb davon unberührt.

«Ich muß dein Fleisch schneiden», erklärte sie an jenem Abend, «und eigentlich habe ich Angst davor. Du mußt wissen, daß ich noch nie zuvor rohes Fleisch angefaßt habe. In meiner Erziehung wurde das nicht als eine notwendige Kenntnis angesehen. Ich erinnere mich allerdings – wir machten ein Picknick am Fluß – zwei Diener wurden mit dem Essenkorb herausgefahren ...»

Sie mußte Jenkins um Rat fragen. Er lieh ihr ein Messer – ein fürchterliches Ding mit einem schwarzen Griff und einer spitz zulaufenden Klinge. Ein Tranchiermesser, erzählte er ihr, und sie könnte ein solches in jeder Eisenwarenhandlung kaufen – was sie dann auch am folgenden Tage tat. Das schauerliche Geschäft des Fleischschneidens aber blieb ihr. Sie opferte ein Erinnerungsstück – ein Paar lederne Handschuhe, die sie während der Schulferien zum Reiten getragen hatte.

Am dritten Tag des vierten Monats erschien die Katze nicht zu ihrer Abendmahlzeit. Miss Paisley war beunruhigt. Sie ging eine Stunde später als gewöhnlich zu Bett und lag bis zur Morgendämmerung wach, gegen die jetzt unausweichliche Tatsache ankämpfend, daß die Katze ihr unentbehrlich geworden war – wenn sie sich auch nicht erklären konnte, weshalb das sich so verhielt. Sie versuchte sich zu beweisen, daß es nicht wahr sei. Miss Paisley wußte, wie vernarrt einige alte Jungfern in ihre Katzen waren, sie dauernd hätschelten und kindisches Zeug auf sie einredeten. Sie empfand für ihre Katze keine derartigen Regungen. Sie wußte, daß ihre Katze ziemlich schmutzig war, und berührte sie überhaupt nicht gern. Im Grunde mochte sie Katzen gar nicht. Aber an dieser Katze war etwas Besonderes...

Kurz nach der Morgendämmerung kletterte die Katze durch das offene Fenster. Miss Paisley stieg aus dem Bett und deckte das Fleisch auf. Die Katze gähnte, streckte sich und beachtete es nicht; dann sprang sie auf das Fußende des Bettes, ging einmal im Kreis herum, ließ sich nieder und war bereits eingeschlafen, bevor Miss Paisleys Kopf noch das Kissen wieder berührt hatte. Miss Paisley hatte sich inzwischen genügend Katzenverstand angeeignet, um zu wissen, daß sie irgendwo anders gefressen haben mußte; und daraus zog sie den beunruhigenden Schluß, daß eine Katze, die einmal herumgestreunt war, wieder herumstreunen würde.

Am nächsten Tag kaufte sie ein Halsband, in dessen Metallschild sie ihren Namen und ihre Adresse eingravieren ließ sowie, in Klammern, *Ein Pfund Belohnung für Rückgabe*. Sie konnte unbesorgt Ausgaben dieser Art entgegensehen, denn in diesen rund dreißig Jahren hatte sie über fünfhundert Pfund gespart.

Am gleichen Abend legte sie dem Tier das Halsband an. Die Katze streifte es ab. Miss Paisley machte den Sicherheitsverschluß auf und versuchte es wieder – versuchte es fünfmal, bevor sie weitere Anstrengungen auf später verschob.

«Du hast mir ja selbst gezeigt, wie man eine solche Situation meistert», sagte sie am nächsten Abend. «Du hast die Bücklingspaste und die nicht mehr ganz frische Milch abgelehnt. Du hattest recht! Nun wäre es zwar jammerschade, wenn wir uns wegen dieser Angelegenheit entzweien würden und auseinandergingen, aber – kein Halsband – kein Fleisch!»

Nach kleinen anfänglichen Mißverständnissen duldete die Katze das Halsband für die Dauer der Mahlzeit. Am dritten Abend vergaß sie, es nach dem Fressen abzustreifen. Nach einer Woche unverdrossener Bemühungen von Miss Paisley stellte sich heraus, daß die Katze das Halsband nicht mehr als Fremdkörper empfand. Selbst wenn sie beim Kratzen einmal hinter den Riemen hakte, machte sie keine Anstalten, es herunterzureißen. Sie trug das Halsband für den Rest ihres Lebens.

Nach dem Zwischenspiel mit dem Halsband fußten ihre Beziehungen auf einer festeren Grundlage. Miss Paisley kaufte sich neue Kleider – darunter einen Hut, der eigentlich viel zu jugendlich für sie war, und eine Jacke aus grünem Wildleder, so grün wie die Augen einer Katze.

Es folgte ein friedlicher Monat, nur durch eine Warnung von Jenkins überschattet, daß die Katze ihre gewohnheitsmäßigen Besuche von Mr. Rinditchs Zimmer nicht eingestellt hätte. Sie bemerkte etwas Hämisches in der Art, wie Jenkins es ihr erzählte, als ob er es sichtlich genoß. Zum erstenmal kam ihr der Verdacht, daß sein «Madame» ironisch gemeint und eine Quelle heimlichen Vergnügens für Jenkins sein könnte.

Am folgenden Sonnabend erhielt sie den Beweis, daß Jenkins wenigstens in dieser Sache die Wahrheit gesprochen hatte. Für gewöhnlich erreichte sie ihr Heim an Wochenenden kurz nach ein Uhr. Während sie nun durch die Halle zur Treppe ging, öffnete sich die Tür zu Mr. Rinditchs Zimmer. Miss Paisleys Katze wurde sichtbar, gefolgt von Mr. Rinditchs Fuß. Der Tritt schleuderte die Katze etwa eineinhalb Meter über den Korridor. Als sie gegen die Holzverkleidung der Treppe schlug, fühlte Miss Paisley einen heftigen Schmerz in ihren Rippen. Sie sprang hinzu und versuchte, das Tier aufzunehmen. Die Katze fauchte sie an und hinkte fort. Einen Moment lang starrte sie verletzt wegen dieses Benehmens hinter ihr her. Dann aber klärte sich plötzlich ihr Gesicht.

«Du willst kein Mitleid!» murmelte sie. Sie warf den Kopf in den Nacken, und ihre Augen funkelten in einem Glücksgefühl, das ihr völlig neu war. Sie klopfte an Mr. Rinditchs Tür. Als das breite, mürrische Gesicht erschien, begegnete sie ihm mit einem katzenartigen Starren.

«Sie haben meine Katze getreten!»

«Ihre Katze ist das also! Dann wäre ich Ihnen dankbar, wenn Sie das Tier von meinem Zimmer fernhalten würden.»

«Ich bedaure den Übertritt –»

«Ich ebenfalls. Wenn ich sie noch einmal erwische, muß sie baumeln, das lassen Sie sich von mir gesagt sein.» Mr. Rinditch warf die Tür zu.

Miss Paisley, in deren Traumwelt volkstümliche Redeweisen keinen Eingang gefunden hatten, fragte sich nach dem Sinn seiner Worte. Und da sie etwas anzudeuten schienen, was sie einfach nicht wahrhaben konnte, beruhigte sie sich damit, daß sie wohl nichts auf sich hätten. Sie begann sich über ihre Kühnheit zu wundern, mit der sie einem rohen, gemeinen Mann wie Mr. Rinditch getrotzt hatte, der gut einen Streit hätte anfangen können.

In der Zwischenzeit war die Katze die Treppe hinaufgekrochen und wartete vor ihrer Wohnungstür auf sie. Sie wollte sich immer noch nicht berühren lassen. Aber als Miss Paisley vor der Bereitung ihres Mittagessens noch ein wenig im Lehnstuhl ausruhte, sprang die Katze, zum erstenmal seit ihrem Einzug, zu ihr auf den Schoß. Sie knurrte, räkelte sich und stemmte sich mit ihren Krallen ab, die Miss Paisleys Kleid durchdrangen und sie kratzten. Dann ließ sie sich nieder, schnurrte ein wenig und schlief ein. Die Uhr, die früher im Speisezimmer ihres Vaters gestanden hatte, schlug zwei: Miss Paisley entdeckte, daß sie keinen Hunger verspürte.

Am Sonntag nahm die Katze ihren üblichen Lebenswandel wieder auf; der Fußtritt schien ihr nichts geschadet zu haben. Sie verzehrte ihre Fleischration mit Heißhunger und beschloß ihr Mahl mit Miss Paisleys zweitem Baiser. Aber das entschuldigte nicht die übertriebene Roheit von Mr. Rinditch.

Am Montag morgen hielt sie Jenkins auf dem Treppenabsatz im ersten Stock auf und fragte ihn nach Mr. Rinditchs vollem Namen, indem sie erklärte, sie wollte ihn wegen Tierquälerei anzeigen.

«Wenn ich dazu etwas sagen darf, Madame, *den* werden Sie nicht mit einer Strafe von zehn Schilling beeindrucken können. Der zahlt ja schon seinen Laufburschen an die fünfzig Pfund Provision im Monat und macht sich nicht mehr daraus als Sie aus Ihrem Zugfahrgeld!» Miss Paisley war etwas niedergeschlagen. Jenkins ließ sich weiter über Mr. Rinditch aus.

«Sie würden staunen, Madame, wenn Sie wüßten, wieviel Geld so bei ihm zusammenläuft. Am Abend vor einem großen Rennen kommt er um sechs Uhr mit mehreren hundert Pfund in seiner Aktentasche nach Hause, und um Viertel vor acht geht er noch einmal los, um die Kneipen abzuklappern; gegen zehn Uhr dreißig kommt er dann mit genausoviel Zaster wieder.»

Die Höhe der Geldstrafe, sagte sich Miss Paisley, war unwesentlich. Es ging ihr einfach um das Prinzip. Dem Rechtsanwalt, den sie während ihrer Mittagspause konsultierte, leuchtete das Prinzip nicht ein. Er sagte ihr, daß er ihre Behauptungen nicht beweisen könnte: da die Katze zugegebenerweise keine sichtbaren Zeichen des Angriffs trüge, würde der Fall wegen Geringfügigkeit «aus dem Gerichtssaal gelacht werden».

Sie hatte diesen Fachausdruck noch nie gehört und nahm ihn übel; ihr Verdruß darüber war jedoch von einer unbestimmten ängstlichen Vorahnung begleitet.

Als sie ihr Heim erreichte, fand sie die Katze an der Seite des Schreibsekretärs kauern. Das Tier nahm keine Notiz von ihr, aber sie konnte nicht länger warten, ihr Herz auszuschütten.

«Wir sollen aus dem Gerichtssaal gelacht werden», sagte sie. «Mit anderen Worten, Mr. Rinditch kann uns einen Fußtritt versetzen, und das Gericht lacht auch noch über uns. Wahrscheinlich müssen wir sehr lächerlich aussehen, wenn wir in Not sind!»

Miss Paisley konnte keinen unglücklicheren Augenblick für diese Bemerkung wählen. Wenn sie nicht so sehr mit sich selbst beschäftigt gewesen wäre, hätte sie das Verhalten der Katze deuten können, hätte sie erkennen müssen, daß sie auf der Lauer lag. Sie sprach noch über ihre Unterredung mit dem Rechtsanwalt, als die Katze zusprang und sich dann ihr zuwendete, eine lebendige, zappelnde Maus zwischen den Zähnen.

«Du meine Güte!» Sie akzeptierte die Situation mit einem Seufzer. Sie kannte die eingewurzelte Furcht der meisten Frauen vor Mäusen nicht – sie hielt sie für niedliche kleine Dinger und würde sie noch in ihrem Treiben bestärkt haben, wenn sie nicht so unhygienische Angewohnheiten besäßen.

Miss Paisley wußte nun wohl – wenn schon nicht aus Erfahrung, so doch vom Hörensagen –, wie eine Katze mit einer Maus umzugehen pflegt. Jedoch traf dies Ereignis sie unvorbereitet und stürzte sie in einen unüberwindbaren seelischen Konflikt.

«Nicht – oh, *bitte nicht!* Halt ein! Verstehst du denn nicht?... Wir sind nicht besser als Mr. Rinditch! O Gott, bitte, laß sie aufhören! Ich kann das nicht zulassen. Ich *darf* das nicht zulassen! Hilft denn kein Beten! Lachst du auch?»

Miss Paisley hatte ihren Körper in diesem Augenblick nicht in der Gewalt; sie konnte sich nicht bewegen. Die Kälte in ihrem Rückgrat wechselte zu Hitze und breitete sich prickelnd über ihren ganzen Körper aus. In ihren Ohren brauste es, als ob trockenes Unkraut prasselnd verbrannte.

Ihre Atemzüge wurden gelöster. Das seit undenklichen Zeiten geübte Ritual zog erst ihre Aufmerksamkeit, dann ihr Interesse auf sich.

Nach einigen Minuten lächelte Miss Paisley. Dann kicherte sie. Die Katze, der von den Menschen so viele menschliche Züge angedichtet werden, schien mit ihrer Maus vor einem Theaterpublikum zu spielen und hart um ein Lachen zu kämpfen. Miss Paisley lachte.

Es kam eine ruhige Zeit, ereignislose Monate, in denen ein Tag dem anderen zu gleichen schien, und Miss Paisley sah sich als eine ganz normale ältere Dame, die zufällig eine Katze hielt.

Sie schloß aus ihren Beobachtungen, daß die Katze ziemlich weit herumstreifte und manchmal Nahrung von unbekannten Personen erbettelte oder stahl. Sie hatte sich fast eingeredet, daß die Katze ihre gefährliche Gewohnheit, Mr. Rinditchs Zimmer zu besuchen, aufgegeben hatte. Eines Abends im Frühsommer, ungefähr vierzehn Tage vor dem Ende, wurde diese Hoffnung zunichte.

Um halb neun, kurz nach ihrer Abendmahlzeit, war die Katze nach draußen gegangen. Miss Paisley sah aus dem Fenster und wartete träge auf ihre Rückkehr. Nach kurzer Zeit sah sie das Tier auf der Mauer, die den Hof von dem alten Friedhof trennte. Sie winkte ihm zu; es starrte zu ihr herüber und fuhr dann fort, sich zu putzen. Zehn Minuten lang. Dann glitt es über einen Werkzeugschuppen hinunter; aber anstatt geradewegs auf das Regenrohr zuzulaufen, das an Miss Paisleys Fensterbrett vorbeiführte, wechselte es die Richtung. Indem Miss Paisley sich aus dem Fenster beugte, konnte sie schräg auf das Fenster von Mr. Rinditchs Zimmer hinabsehen.

Sie eilte die Treppe hinunter und den Korridor entlang, vorbei an Mr. Rinditchs Wohnung zu der Hoftür, bog um eine Gruppe von sechs Aschkübeln und gelangte unter Mr. Rinditchs Schiebefenster, das vom Sims aus gerechnet etwas vierzig Zentimeter offenstand. Sie konnte die Katze auf Mr. Rinditchs Bett liegen sehen. Sie wußte, daß das Tier so kurz nach seiner Mahlzeit nicht mit

Nahrung zu verführen war. Zuerst rief sie zärtlich lockend, dann verzweifelt.

«Wir befinden uns in großer Gefahr», flüsterte sie. «Fürchtest du dich denn gar nicht?»

Die Katze starrte sie an und schloß dann die Augen. Miss Paisley musterte das Zimmer. Es war spärlich, aber nicht billig möbliert. Die Wandtäfelung war mit Kalendern und metallenen Kleiderhaken verunziert.

Das Fensterbrett lag etwas über ein Meter zwanzig über der Erde. Sie drängte ihre Schultern durch die Öffnung und wand sich mit dem ganzen Körper hinein. Dann packte sie die Katze im Genick, mit einem Finger unter dem Halsband, und hielt sie fest, während sie in die Sicherheit des Hofes zurückkletterte. Dabei vergaß sie, das Fenster wieder in seine übliche Stellung herabzuziehen. Beide erreichten ihre Wohnung, ohne jemandem zu begegnen.

Während dieser letzten vierzehn Tage, die ihnen noch verblieben, erhielt Miss Paisley – wie sie sich ausgedrückt haben würde – eine letzte Lehre von der Katze. Es war an einem warmen Abend, und sie kam gerade von der Arbeit nach Hause. Fünfzig Schritte von den Chambers entfernt sah sie die Katze, die sich auf dem Bürgersteig sonnte. Aus der entgegengesetzten Richtung kam ein Mann mit einem Dobermann an der Leine. Plötzlich machte der Hund einen Satz und riß dem Mann die Leine aus der Hand.

«*Gefahr!* Lauf weg!» schrie Miss Paisley.

Die Katze sah ihren Feind eine Sekunde zu spät. Ihr steifes Bein machte außerdem eine Flucht unmöglich. Während Miss Paisley vorwärtsrannte, den heißen Atem des Hundes im Nacken spürend, hörte sie im Geist schon ihre Knochen knacken. Doch da geschah, wie es ihr schien, das Unglaubliche: der Hund prallte von der Katze zurück, rannte im Kreis umher und jaulte vor Schmerz, während die Katze auf den nächsten Zaunpfahl sprang.

Der Mann hatte die Leine aufgegriffen und besänftigte den Hund. Miss Paisley sprach in Gedanken ein schnelles Dankgebet. Doch dann gewann langjährige Gewohnheit die Oberhand über die Lehre, die sie von der Katze erhalten zu haben glaubte.

«Ich fürchte, Sir, meine Katze hat Ihren Hund verletzt. Es tut mir sehr leid. Wenn ich irgendwie helfen kann –»

«Schon gut, Miss», antwortete eine freundliche Stimme in der Cockney-Mundart des waschechten Londoners. «Was er haben wollte, hat er bekommen.» Der Hund blutete am Hals, und zwei lange Striemen liefen über seine Brust. «Das ist die Art, wie Katzen zu kämpfen pflegen – ran an den Feind und nach oben geschlagen!»

«Ich habe etwas Jod in meiner Wohnung –»

«Ach was, das braucht er nicht! Vielleicht hat Ihre Katze ihn davor bewahrt, bei der nächsten ein Auge zu verlieren. Denken Sie nicht mehr daran, Miss!»

Miss Paisley gab nach, traurig verwirrt in ihrer sozialen Rangeinstufung, nach der sich auch ihre moralische Bewertung der Umwelt richtete. Der Cockney-Akzent des Mannes und seine vorzüglichen Manieren waren bis vor kurzem unvereinbar für sie gewesen. Miss Paisleys Welt änderte sich zu rasch für sie.

Sie genoß noch sechs Tage und Nächte die Gesellschaft der Katze. Die viereinhalb Tage im Büro kann man dabei getrost mitrechnen, denn die Aufmerksamkeit, die sie ihrer Arbeit widmete, war automatisch geworden und störte nicht ihre spürbare innere Verbundenheit mit dem Tier. Sie hatte nie versucht, sich dieses Verhältnis zu erklären, und hatte es auch nicht einmal merkwürdig empfunden, daß sie der Katze keinen Namen gegeben hatte...

Es war ein Dienstag abend. Die Katze war nicht zu Hause, als sie aus der Stadt kam.

«Du fängst schon wieder an, zu spät zum Essen zu kommen», brummte sie. «Aber zufällig kann ich dir heute abend noch zehn Minuten genehmigen.» Ihr Abonnement für ein wöchentlich erscheinendes illustriertes Gesellschaftsblatt war abgelaufen. Sie füllte das Erneuerungsformular aus und ging los, um eine Zahlkarte zu kaufen.

In der Halle vernahm sie Mr. Rinditchs Stimme durch die geschlossene Tür seines Appartements – er schien vor sich hin zu fluchen. Ein gedämpfter, zischender Laut folgte, als würde eine Schnur stramm über Metall gezogen. Dann hörte sie ein seltsames knurrendes Keuchen und Kratzen – ein Geräusch, wie es wohl die Krallen einer Katze an einer Holztäfelung machen konnten, wenn ihr Körper frei in der Luft über dem Boden schwebte.

Sie blieb stehen und hielt den Atem an, gelähmt von dem Gefühl, etwas unternehmen zu müssen, das ihre Sinne zu erklären sich weigerten. Sie schien in sich selbst gefangen zu sein, unfähig, ein Entrinnen zu wünschen. Das Geräusch des Kratzens wurde schwächer und schwächer, bis sie schließlich daran zweifelte, überhaupt etwas gehört zu haben.

«Du siehst schon am hellen Tage Gespenster!» sagte sie sich.

Sie lächelte und setzte ihren Weg zum Postamt fort. Das Lächeln blieb wie eingefroren auf ihrem Gesicht stehen. Man muß in seinen Handlungen sehr vorsichtig sein, sagte sie sich. Wenn sie jedesmal mit ihren Nachbarn zu streiten anfinge, wenn sie sich einbildete – nun, dies oder das –, würden die Leute sie bald für eine überspannte alte Jungfer halten. Sie wünschte, sie könnte aufhören zu lächeln.

Sie kaufte die Zahlkarte, füllte sie aus, zahlte das Geld ein und kehrte zu ihrem Appartement zurück; dabei versicherte sie sich, daß überhaupt nichts passiert sei. Nach dieser Einsicht konnte alles seinen gewohnten Gang nehmen.

«Noch nicht zu Hause! Auch gut, ich werde nicht auf dich warten. Ich werde jetzt dein Fleisch aufschneiden, und wenn es trocken wird, hast du es dir selbst zuzuschreiben.» Sie zog die Handschuhe an, mit denen sie vor siebenunddreißig Jahren die Zügel gehalten hatte. «Etwas über ein Jahr ist es jetzt her! Über dreihundertmal muß ich sie nun benutzt haben, um das Fleisch für dich aufzuschneiden, und sie eignen sich immer noch zum Tragen. Heutzutage kann man solche Handschuhe nicht mehr kaufen. Ich mag keinen Lachs aus der Konservendose. Ich glaube, ich werde mir eine Omelette machen. Unsere Köchin hatte immer Schwierigkeiten mit ihren Omeletten.»

Sie bereitete ihre Omelette sorgfältig, aß sie aber hastig. Nachdem sie Kaffee getrunken hatte, trat sie an ihr Bücherregal über dem Schreibsekretär. Seit über zehn Jahren hatte sie die Glastüren nicht mehr geöffnet. Sie nahm *Ivanhoe* heraus, das ihr Vater ihrer Mutter vor der Hochzeit geschenkt hatte.

Um Viertel vor zehn schloß sie das Buch.

«Du weißt, ich bin niemals aufgeblieben, bis du kommst! Und ich werde auch jetzt nicht damit anfangen.»

Gewöhnlich ließ sie die Vorhänge ein wenig geöffnet – ungefähr so weit, daß eine Katze durchschlüpfen konnte. Heute abend schloß sie die Gardinen. Als sie im Bett lag, konnte sie das Mondlicht durch die Öffnungen neben den Ringen sehen... und schließlich das Tageslicht.

Am Morgen gab sie sich Mühe, nicht mit Jenkins zusammenzutreffen. Aber als ob er auf sie gewartet hätte, schoß er aus der Pförtnerloge heraus.

«Guten Morgen, Madame. Ich habe Ihre Pussykatze heute früh noch nicht gesehen.» Pussykatze! Was für eine ekelhafte Art, von ihrer Katze zu sprechen!

«Ich mache mir keine Sorgen, Jenkins! Sie verschwindet oft für ein paar Tage. Ich habe mich heute morgen etwas verspätet.»

Sie hatte sich nicht verspätet – sie erreichte ihren Zug nach London mit dem üblichen Spielraum bis zur Abfahrt. Ihre Kollegen im Büro schienen lebhafter als sonst zu sein. Bruchstücke ihrer Unterhaltung drangen bis zu ihr. «Wenn *Einsamer* morgen nicht gewinnt, werde ich meinen Sommerurlaub in London verbringen.» Natürlich ein Rennpferd. Eines der sogenannten klassischen Rennen morgen, aber sie wußte nicht, welches. Es erinnerte sie an Mr. Rinditch. Ein sehr gemeiner, brutaler Mann! Ihre Gedanken wechselten zu dem so netten Mann mit dem Hund über. Ein Gentleman von Natur aus! «Ran an den Feind und nach oben geschlagen!»

In der Mittagspause verließ sie nicht das Büro, kaufte also auch kein Fleisch für ihre Katze.

An jenem Abend, ein paar Minuten vor acht Uhr, hörte sie Jenkins' Schritte auf dem Treppenabsatz. Er klopfte an ihre Tür.

«Guten Abend, Madame. Hoffentlich störe ich Sie nicht. Wenn Sie ein paar Minuten Zeit hätten, würde ich Ihnen gerne etwas zeigen.»

Während sie mit ihm die Treppe hinunterstieg, ging Miss Paisley die Wahrheit über sich selbst und Jenkins auf. Madame! Sie erkannte jetzt den Hohn in seiner Stimme, konnte fast das wiehernde Gelächter seiner Bekannten über seine Anekdoten von der Büroangestellten hören, die sich den Anschein einer Lady in vorübergehend bedrängten Umständen gab. Aber ihre unnahbare Würde war mit der Zeit zu einem Teil ihrer selbst geworden.

Er führte sie den Korridor entlang, durch die Tür zum Hof und zu den sechs Aschkübeln. Er hob einen Deckel hoch. Oben auf dem Müll sah sie den Kadaver ihrer Katze. Um den Hals lag noch die Schlinge von einem Ende grüner Vorhangschnur.

«Nun, Jenkins?» Ihr starres Lächeln machte ihn unsicher.

«Sie war wieder in Mr. Rinditchs Zimmer, bald nachdem Sie gestern abend nach Hause kamen. Sie können sich eigentlich nicht beklagen. Sie wußten ja, was er gesagt hat. Und wenn man es richtig macht, wie er es getan hat, ist es keine Quälerei, ein Tier zu erhängen. Ich glaube nicht, daß Ihre arme kleine Pussykatze Schmerzen gehabt hat. Er hat einfach die Schnur über den Kleiderhaken gezogen, und alles war vorüber.»

«Das ist unwesentlich!» Sie wußte, daß ihre kalte Unbeteiligtheit diesem Schakal nicht die sadistische Befriedigung verschaffte, die er sich versprochen hatte. «Woher sollen wir wissen, daß Mr. Rinditch verantwortlich ist? Jeder hier im Haus kann es getan haben, Jenkins.»

«Ich versichere Ihnen, er war es! Gestern abend, als meine Frau wie immer mit seinem Abendbrot zu ihm hineinging, sah sie ein Stück von dieser Vorhangschnur unter seinem Bett hervorlugen. Und ein paar grüne Fusseln klebten an dem Kleiderhaken, wo die Schnur gescheuert hatte. Meine Frau spionierte noch etwas weiter herum, als sie das Geschirr abräumen ging, und da sah sie das Halsband der Katze im Papierkorb. Wegen des Metallteils daran kann man eine Katze mit so einem Halsband nicht richtig hängen. Sie sagte, der Lederriemen daran wäre glatt durchgeschnitten – wie mit einem Rasiermesser.»

Miss Paisley blickte ein zweites Mal in den Ascheimer. Das Halsband war tatsächlich entfernt worden. Jenkins, der sie beobachtete, dachte, sie wollte ihm immer noch nicht glauben. Und wie alle gewohnheitsmäßigen Lügner versuchte er stets übertrieben ängstlich seine Worte zu beweisen, wenn er zufällig einmal die Wahrheit sprach.

«Da fällt mir ein, das Halsband wird sicher noch in seinem Papierkorb liegen», sagte er, wie zu sich selbst. «Hören Sie! Er hat ihn dicht neben dem Fenster nach der Vorderseite stehen; kommen Sie mit ums Haus herum, dann können Sie es selbst sehen.»

Der Papierkorb war aus geflochtenem Rohr. Durch die Zwischenräume konnte Miss Paisley genug von dem Halsband sehen, um alle Zweifel zu bannen.

Sie konnte sich hören, wie sie zu Jenkins sprach, genau wie sie sich auch neben dem Ascheimer hatte stehen sehen, schon im voraus wissend, was unter dem Deckel lag, bevor Jenkins ihn lüftete. Wie einfach war das doch, ruhig zu bleiben, wenn man sich entschieden hatte!

Als sie in ihr Zimmer zurückkehrte, war es erst fünf Minuten nach acht. Das machte nichts. Ihre Ruhe würde so lange andauern, wie sie sie benötigte. In zwei Stunden und fünfundzwanzig Minuten würde Mr. Rinditch nach Hause kommen. Sie fröstelte. Sie zog sich die grüne Wildlederjacke an und setzte sich aufrecht in ihren Lehnsessel; die ausgestreckten Hände steckte sie in die Falten zwischen Sitz- und Lehnpolster.

«Bevor Mr. Rinditch zurückkehrt, möchte ich dir noch sagen, daß ich dich an seiner Wand habe kratzen hören. Da warst du noch am Leben. Wir haben bereits eingesehen, daß du noch jetzt leben würdest, wenn ich an die Tür gehämmert und – Lärm geschlagen hätte. Darüber wollen wir uns nicht streiten. Wir könnten beide eine Menge gegeneinander vorbringen – wollen wir also gar nicht erst anfangen, uns Vorwürfe zu machen.»

Miss Paisley saß schweigend bis fünfundzwanzig Minuten nach zehn. Dann stand sie auf und zog die Reithandschuhe an, als wollte sie Fleisch für ihre Katze schneiden. Das Messer lag an seinem üblichen Platz auf dem Regal. Ihre Hand schnappte nach dem Griff, als wollte jemand es ihr wegnehmen.

«Ran an den Feind und nach oben geschlagen!» flüsterte sie – und dann war Miss Paisley plötzlich zum wiederholten Mal nicht Herrin über ihren Körper. Sie umklammerte den Griff des Messers, aber sie konnte es nicht vom Regal wegziehen. Sie bildete sich ein, ihre Muskeln anzuspannen und mit aller Kraft an einem überaus schweren Gewicht zu ziehen. Verschwommen hörte sie, wie Mr. Rinditch nach Hause kam und die Tür zuschlug.

«Ich habe mich zu sehr aufregen lassen! Ich muß mich erst beruhigen.»

Noch immer in Handschuhen und Wildlederjacke ging sie zu ihrem Sessel zurück.

«In meinem Alter kann ich die Gewohnheiten eines Lebens nicht mehr ändern – und wenn ich es versuche, zieht es mich in zwei Richtungen zugleich. Ich habe dir schon zu Beginn unserer Bekanntschaft gesagt, daß du zu spät gekommen bist. Du hättest nicht in Mr. Rinditchs Zimmer gehen dürfen. Er hat dich heimtückisch getötet, und ich habe dich verraten – o ja, das habe ich! – und jetzt kann ich nicht einmal beten.»

Miss Paisleys Gedanken wälzten Rätsel und verursachten Alpträume, die nicht mit ihrer feinen Erziehung im Einklang standen. Als sie ihre Umgebung wieder mit vollem Bewußtsein wahrnahm, war es ein Viertel vor drei in der Frühe. Das elektrische Licht brannte, und sie trug weder die Handschuhe noch die grüne Wildlederjacke.

«Ich kann mich nicht erinnern, daß ich das Licht angedreht habe – ich bin auch zu müde, mich an irgend etwas zu erinnern.» Sie nahm sich vor, am Morgen auszuschlafen und einen Tag nicht ins Büro zu gehen. Sie zog sich aus und ging ins Bett. Zum erstenmal seit über einem Jahr schlief sie ein, ohne an die Katze zu denken.

Kurz nach sieben wurde sie durch eine Anzahl ungewöhnlicher Geräusche geweckt – Klappern in der Halle und laute Stimmen, Kommen und Gehen auf den Treppen. Sie setzte sich auf und lauschte. Im Erdgeschoß schrie und weinte Mrs. Jenkins zu gleicher Zeit – eine Angewohnheit des Arbeitervolkes, die Miss Paisley erbärmlich fand. Jemand, den sie an seiner Stimme als den Heizer erkannte, der im obersten Stockwerk wohnte, rief laut die Treppe hinauf zu seiner Frau.

«O Emma! Sie haben ihn mitgenommen. Mit Handschellen und so!»

«Oh!» sagte Miss Paisley. «Ich verstehe!»

Miss Paisley schloß die Tür. Sie zog sich an und machte sich mit mehr Sorgfalt als gewöhnlich zurecht. Sie erinnerte sich daran, wie sie versucht hatte, das Messer aufzunehmen – erinnerte sich, wie sie sich voller Selbstverachtung hingesetzt hatte und wie dann eine Bewußtseinstrübung sie umnebelte, in der Zeit und Raum versanken. Aber in diesem Nebel waren Lichtpunkte. *Ran an den Feind und nach oben geschlagen!»* war ein Lichtpunkt – der Wahlspruch, begleitet von einem Gefühl unbändigen Stolzes. Gab es noch mehr Lichtpunkte? Eine verschwommene Erinnerung, daß sie wie eine Katze durch nächtliche Schatten geschlichen war – zum Fluß?... Händewaschen in kaltem Wasser... Rückkehr zu ihrem Sessel. Rückkehr... Rückkehr. *Ein Pfund Belohnung für Rückgabe.* In ihrem Kopf drehte es sich. Gleichviel, «jemand hat ihm heute nacht die Kehle durchgeschnitten».

Weit davon entfernt, sich niedergeschmettert zu fühlen, fand Miss Paisley, daß sie die Kraft zum Beten wiedererlangt hatte.

«Ich habe gemordet und sehe daher ein, daß es absurd wäre, um etwas zu bitten. Aber für die nächsten Stunden muß ich unbedingt Ruhe bewahren. Wenn du mir dazu verhelfen willst, bitte, kann ich mit dem Rest allein fertig werden.»

Auf der örtlichen Polizeiwache gab Miss Paisley eine geschickte

Zusammenfassung der Ereignisse, die zu der Vernichtung ihrer Katze geführt hatten, sowie ihrer eigenen nachfolgenden Handlungen, «während denen sie sich in einem hypnoseartigen Zustand befunden hätte».

Der wachhabende Sergeant unterdrückte ein Gähnen. Er holte ein Formular hervor und stellte ihr eine Anzahl Fragen über ihre Person und ihre Beschäftigung, fragte aber überhaupt nicht nach dem Mord. Nachdem er die Antworten niedergeschrieben hatte, las er sie ihr vor.

«Und Sie behaupten, Miss Paisley», sagte er dann, «daß Sie William Rinditch getötet haben, in – in einem hypnoseartigen Zustand, sagten Sie, nicht wahr?»

Miss Paisley bestätigte dies und unterzeichnete ihre Aussage.

«Im Augenblick ist der Inspektor gerade sehr beschäftigt», erklärte der Sergeant. «Ich muß Sie daher bitten, im Warteraum Platz zu nehmen.»

Miss Paisley, die erwartet hatte, daß die Unterredung mit Handschellen enden würde, bewahrte eisern ihre Ruhe und saß über eine Stunde im Warteraum – unbewacht, was sie beinahe als eine Beleidigung empfand. Dann lud man sie mürrisch ein, in einen Polizeiwagen zu steigen, der sie zum Polizeihauptamt des Bezirks brachte.

Chefinspektor Green, der seine Lehrzeit bei Scotland Yard verbracht hatte, waren schon zwanzig oder mehr Fälle hysterischer Selbstankläger begegnet. Er wußte, daß ungefähr einer von vieren zu behaupten pflegte, er hätte den Mord in einem hypnoseartigen Zustand begangen; er wußte aber auch, daß diese Sorte am unangenehmsten werden konnte, wenn sie glaubten, nicht ernst genommen zu werden.

«Dann glauben Sie also, Miss Paisley, Rinditch hat Ihre Katze getötet, weil Jenkins es Ihnen erzählt hat?»

«Aber keinesfalls!» Sie beschrieb das Halsband der Katze und die Methode des Tötens, welche die Entfernung des Halsbandes notwendig machte. Sie erzählte auch, wie sie mit Jenkins das Halsband im Papierkorb gesehen hatte.

«Dann ist das Halsband also immer noch in jenem Papierkorb, wenn Jenkins die Wahrheit gesagt hat?»

Aber eine sofortige Untersuchung ergab, daß sich weder im Papierkorb noch sonstwo im Appartement von Mr. Rinditch ein

Katzenhalsband befand. Miss Paisley war erstaunt – sie wußte genau, daß sie es in jenem Papierkorb gesehen hatte.

Die Unterredung wurde in ihrer kleinen Wohnung fortgesetzt, wo sie dem Inspektor versicherte, daß sie Mr. Rinditch schon bei seiner Rückkehr um zehn Uhr dreißig zu töten beabsichtigt hätte, zu jener Zeit aber ungenügend vorbereitet gewesen wäre. Sie wüßte nicht, um welche Zeit sie ihn getötet hätte, sie wüßte aber, daß es nicht später als ein Viertel vor drei in der Frühe gewesen sein könnte. Als Waffe hätte sie das Messer benutzt, das sie ausschließlich zum Schneiden des Katzenfleisches angeschafft und verwendet hätte.

«An die Tat selbst kann ich mich überhaupt nicht erinnern, Inspektor. Ich weiß lediglich, daß ich nur von dem einen Gedanken besessen war: ran an den Feind und nach oben geschlagen!»

Der Inspektor blinzelte, zögerte und versuchte es in einer anderen Richtung.

«Sie sagen, daß es nach zehn Uhr dreißig gewesen wäre – also nachdem er sich für die Nacht eingeschlossen hatte. Wie sind Sie hineingekommen?»

«Das kann ich wieder nicht sagen. Ich kann nicht gut gegen seine Tür gehämmert haben, denn dann hätte mich jemand gehört. Vielleicht bin ich – ja, so wird es gewesen sein – ich bin sicher durch sein Fenster geklettert. Leider muß ich gestehen, daß ich schon früher einmal auf diese Weise in seine Wohnung gedrungen bin, um meine Katze herauszuholen, die auf mein Rufen nicht kommen wollte.»

«Wie sind Sie auf den Hof gelangt? Die Tür ist des Nachts abgeschlossen.»

«Wahrscheinlich hat Jenkins den Schlüssel darin stecken lassen – er ist sehr nachlässig.»

«Demnach haben Sie also überhaupt keine Erinnerung an das Verbrechen selbst? Sie reimen sich da etwas zusammen, weil Sie glauben, Sie müßten es getan haben?»

Miss Paisley erinnerte sich daran, daß sie um Ruhe gebetet hatte.

«Ich erkenne das Gewicht Ihrer Bemerkung an, Inspektor. Aber ich möchte Ihnen zu bedenken geben, daß es für eine Frau meines Vorlebens und meiner Gepflogenheiten zumindest ungewöhnlich wäre, sich einer traurigen Berühmtheit wegen fälschlich anzuklagen. Ich bitte Sie, mir zu glauben, daß ich um zehn Uhr dreißig in diesem Stuhl hier saß und daß meine nächste klare Erinnerung daran ist, wie ich um ein Viertel vor drei wieder in diesem Stuhl saß. Außerdem gibt es noch andere Anzeichen –»

«Richtig! Wir wollen also annehmen, daß Sie diesen Sessel verlassen haben – wenn Sie sich auch nicht daran erinnern können. Sie mögen auch irgendwelche andere Sachen getan haben, aber ich will Ihnen beweisen, daß *Sie nicht* Mr. Rinditch getötet haben. Als erstes zeigen Sie mir einmal das Mordmesser.»

Miss Paisley ging zu dem Regal.

«Es ist nicht da!» rief sie aus. «Aber ja, natürlich! Ich muß es – ich meine, haben *Sie* nicht das Messer gefunden?»

Inspektor Green war enttäuscht. Er hätte die Angelegenheit sofort erledigt haben können, wenn sie das Messer vorgezeigt hätte – das in der Tat im Körper des Ermordeten gefunden worden war. Ein Messer, wie man es im ganzen Land bei jedem Eisenwarenhändler kaufen und das man nicht von einem gleichen unterscheiden konnte.

«Wenn Sie Rinditchs Zimmer betreten hätten, würden Sie Fingerabdrücke hinterlassen haben –»

«Aber ich habe doch Reithandschuhe getragen –»

«Zeigen Sie die einmal, Miss Paisley.»

Miss Paisley ging wieder ans Regal. Die Handschuhe mußten auf dem obersten Bord liegen. Sie waren nicht da.

«Ich kann mich nicht erinnern, wo ich sie hingetan habe», stammelte sie.

«Das spielt auch keine Rolle!» seufzte Green. «Lassen Sie sich dies von mir sagen, Miss Paisley: der Mann – oder wenn Sie wollen, die Frau – wer also Rinditch getötet hat, kann nicht ohne ein paar recht ansehnliche Blutflecken auf seinen – oder ihren – Kleidern davongekommen sein.»

«Es würde nicht durch meine Lederjacke gesickert sein», murmelte Miss Paisley.

«Durch welche Lederjacke?»

«Oh! Ich vergaß sie zu erwähnen – beziehungsweise ich hatte noch keine Gelegenheit dazu. Als ich mich um zehn Uhr dreißig in diesen Sessel setzte, trug ich eine grüne Wildlederjacke. Als ich in den frühen Morgenstunden wieder zu mir kam, trug ich sie nicht mehr.»

«Dann müßten wir also irgendwo in diesem Appartement eine Damen-Lederjacke finden, die stark mit Blut befleckt ist. Ich werde unter alle Gegenstände sehen, und Sie sehen ebenfalls bitte in allen nach.»

Als die Suche ergebnislos verlaufen war, fuhr Miss Paisley, die sich in die Enge getrieben fühlte, verzweifelt auf den Inspektor los.

«Sie glauben mir nicht!»

«Ich glaube, daß Sie das alles glauben, Miss Paisley. Sie fühlten, daß Sie den Mann töten mußten, der Ihre Katze umgebracht hatte. Ihr Unterbewußtsein sagte Ihnen aber, daß Sie zu einem Mord nicht fähig sein würden, besonders nicht mit einem Messer. Und so bekamen Sie einen Nervenzusammenbruch, oder wie man es nennen mag, in dem Sie sich einbildeten, daß Sie den Mord begangen hätten.»

«Dann habe ich also mein Fleischmesser, meine alten Reithandschuhe und meine Lederjacke versteckt, um Sie zu täuschen?» rief Miss Paisley schrill.

«Nicht um mich zu täuschen, Miss Paisley – um sich selbst zu täuschen! Wenn Sie meine Meinung hören wollen, haben Sie das Messer und die Jacke und die Handschuhe versteckt, weil sie *nicht* blutbefleckt waren. Nervenzusammenbruch, wie ich schon sagte. Vielleicht werden Sie sich später daran erinnern können, wo Sie die Sachen versteckt haben.»

Miss Paisley wurde es ein wenig schwindlig. Green führte sie zu ihrem Lehnsessel.

«Es braucht Ihnen nicht übel zu werden, weil Sie ihn *nicht* getötet haben», sagte er, in sich hineinlächelnd. «Ich will Ihnen etwas verraten – in ein oder zwei Tagen werden Sie es in den Zeitungen lesen können: heute früh um sieben Uhr sah ein Polizist, wie Jenkins eine Aktentasche im Fluß versenken wollte. Die Tasche gehörte Rinditch, der sie nachts unter sein Bett zu legen pflegte. Und Jenkins hatte an die zweihundertdreißig Pfund in bar bei sich, für die er keine Erklärung geben konnte.»

Miss Paisley antwortete nicht. Sie hatte ihre Ruhe bewahrt, aber sie hatte nichts erreicht. Die recht offensichtlich noble Absicht, die sie zu dem Geständnis des Verbrechens getrieben hatte, schrumpfte zu der Anstrengung zusammen, das Gesicht zu wahren.

«Vielleicht haben Sie immer noch so ein Gefühl, als ob Sie Rinditch getötet hätten?» Miss Paisley nickte zustimmend. «Dann denken Sie immer daran: wenn Ihnen der Verstand einmal einen Streich gespielt hat, kann er Ihnen auch leicht wieder einen spielen.»

Inspektor Green hatte sich sehr freundlich und verständnisvoll gezeigt, sagte sich Miss Paisley hinterher. Es war ihre Pflicht, seine Entscheidung zu respektieren – besonders, da sie keinen anderen Ausweg sah – und seine Deutung ihrer Handlungsweise zu akzeptieren. Der nichtswürdige Jenkins – ein abscheulicher Mensch, der sie jahrelang zur Zielscheibe seines Gespötts gemacht hatte – würde wahrscheinlich gehängt werden. Letzten Endes, so dachte Miss Paisley, kamen doch alle Dinge ganz von selbst wieder ins richtige Geleise...

Jenkins wurde dem Amtsrichter vorgeführt und des Mordes angeklagt. Sein Fall sollte im Herbst im Old Bailey zur Verhandlung kommen. Miss Paisley wandte ihr Interesse anderen Dingen zu.

Eines Abends im Frühherbst saß Miss Paisley in ihrem Lehnstuhl und legte sich in Gedanken wieder einmal die Frage vor, ob ihr Vater mit dem Croquet-Rasen einen Fehler gemacht hatte. Sie entdeckte neue Argumente zu seinen Gunsten, die es zu widerlegen galt. In ihrem Eifer stieß sie ihre Hände tief zwischen die Polsterfalten. Ihre Finger berührten einen harten Gegenstand. Sie fuhr mit dem Fingernagel, dann mit dem Finger darunter – und zog das Halsband ihrer toten Katze hervor.

Mit beiden Händen hielt sie es fest, während sie sich lebhaft daran erinnerte, wie sie an der Seite von Jenkins durch Mr. Rinditchs Fenster gespäht und das Halsband im Papierkorb liegen gesehen hatte... Der Verschluß war noch ungeöffnet. Das Lederband war wie von einem Rasiermesser durchtrennt. Sie las die Inschrift: ihren Namen und ihre Adresse und *Ein Pfund Belohnung für Rückgabe*.

«Ich habe es aus dem Papierkorb genommen – *hinterher!*» Sie erlebte noch einmal den ekstatischen Augenblick, in dem sie Rinditch getötet hatte. Der Nebel in ihrem Hirn war wie fortgeblasen, nachdem er seinen Dienst getan hatte. Jede Einzelheit sah sie jetzt klar umrissen. Nach *oben* geschlagen! – wie die Katze es getan hatte – und in die Sicherheit entsprungen. Sie hatte einen Handschuh abgestreift, das Halsband aus dem Papierkorb geschnappt und unter den Kragen ihres Pullovers gesteckt; dann hatte sie den Handschuh wieder angezogen, bevor sie aus dem Zimmer geklettert und zum Fluß geschlichen war. Wieder in ihrem Sessel, hatte sie das Halsband hervorgeholt.

Da war es nun, zwischen ihrem Daumen und Zeigefinger... Miss Paisley war in Rechtsangelegenheiten nicht bewandert, aber sie wußte ganz sicher, daß sie ein Beweisstück in Händen hielt – ein Beweisstück, das sie den Rechtsanwälten melden mußte, die Jenkins verteidigten.

Verschwunden war die Begeisterung, die sie bei ihrem ersten Gang zur Polizei gestützt hatte. Sie erhob sich und blieb aufrecht stehen, wie damals, als sie in der Halle auf das Kratzen an der Wandtäfelung lauschte und sich geweigert hatte, eine unerträgliche Wahrheit zu glauben. Und wieder hatte sie die Illusion, eingeschlossen zu sein – in der Erkenntnis, daß es kein Entrinnen vor sich selbst gab. All die Ereignisse im Bannkreis des Mordes, die noch vor einem Augenblick mit erschreckender Deutlichkeit umrissen waren, begannen jetzt zu verblassen.

Es blieb das Halsband – unwiderlegbarer Beweis, aber man konnte ihm entrinnen.

«Wenn ich dies zur Erinnerung aufhebe, werde ich bald wieder durcheinander geraten und mich des Mordes anklagen! Was hat doch dieser nette Inspektor gesagt? – ‹Wenn einem der Verstand einmal einen Streich gespielt hat, kann er einem auch leicht wieder einen spielen.›»

Sie lächelte, als sie das Halsband in ihre Handtasche gleiten ließ, einen Mantel überzog und – diesmal auf dem geradesten Wege – zu der Brücke aus dem siebzehnten Jahrhundert ging. Sie warf das Halsband in den Fluß und wußte, daß es unter dem Gewicht seines Metallbeschlages versinken würde – anders als die blutbefleckte Wildlederjacke und die Reithandschuhe, die sie – wie Miss Paisley sich plötzlich erinnerte – mit aus der Erde des alten Friedhofs gekratzten Steinen beschwert hatte...

John Steinbeck

Mary gibt eine Party

Mary Talbot, das heißt Mrs. Tom Talbot, war eine aparte Erscheinung. In ihrem roten Haar spielten grünliche Lichter. Ihre Haut
war wie Gold, durch welches ein zartes Grün schimmert, ihre
Augen grün mit kleinen goldenen Tupfen, ihr Gesicht wie über ein
Dreieck entworfen: breite Stirn und Backenknochen, das Kinn
schmal, nach unten gespitzt. Ihre Beine und Füße waren die eines
Tänzers, lang und schmal; beim Gehen schienen sie kaum den
Boden zu berühren. Wenn Mary erregt war, und das war sie fast
immer, schimmerte ihr Gesicht in rötlichem Gold. Ihre Urururur-
ururgroßmutter war als Hexe verbrannt worden.

Was Mary Talbot mehr als alles in der Welt liebte, waren Partys,
sei es, daß sie selbst eine gab, sei es, daß sie eine solche besuchte. Da
jedoch Tom, ihr Gatte, zu wenig verdiente, stiftete sie meist andere
Leute an, eine Party zu veranstalten. Sie klingelte eine ihrer Freundinnen an und sagte einfach: «Du! Es wäre an der Zeit, daß du
wieder einmal eine Party gibst.»

Mary hatte im Jahr durchschnittlich sechsmal Geburtstag. Sie
arrangierte Kostümfeste, Ausflüge und improvisierte sogenannte
Überraschungspartys. Der Weihnachtsabend war bei ihr immer
besonders anregend. Sie war nach Partys verrückt und steckte mit
ihrer Schwärmerei allmählich auch ihren Gatten an.

Wenn Tom bei der Arbeit war und Mary allein zu Haus, veranstaltete sie manchmal einen Tee für die Katzen der Nachbarschaft.
Ein Schemel, mit Puppengeschirr gedeckt, war der Teetisch. Katzen
gab es genug, und sie führte mit ihnen die niedlichsten Gespräche –
stundenlang. Es war eine Art parodistischer Tändelei und bereitete
ihr großen Genuß. Es täuschte sie über die Tatsache hinweg, daß sie
nichts Hübsches zum Anziehen hatte und im Hause Talbot kein

Geld war. Die jungen Leute lebten *vis à vis de rien,* aber wenn alle Stricke gerissen waren, zauberte Mary aus dem gähnenden Nichts eine Party hervor.

Sie war darin ein Genie. Sie konnte mit ihrer Fröhlichkeit ein ganzes Haus auf den Kopf stellen und handhabte diese Begabung als Waffe gegen die Niedergeschlagenheit, die ihren Tom bedrängte. Sie hielt es für ihre Pflicht, ihm die Verzagtheit vom Leibe zu halten: «Das weiß doch jeder, daß du noch einmal ganz, ganz großen Erfolg hast!» Sie selbst hatte jetzt schon Erfolge, denn sie jagte den Trübsinn zum Hause heraus. Aber er drang immer von neuem ein und quälte Tom, daß er stundenlang vor sich hinbrütete, während sie ihre lustigsten Einfälle aufsteigen ließ.

Als wieder einmal der Erste war und die vielen kleinen Rechnungen hereinflatterten und die Miete noch nicht bezahlt war und vom *Collier* ein Manuskript Toms und von *The New Yorker* seine Entwürfe zurückgeschickt worden waren und er von einer Brustfellentzündung schwer geplagt wurde, zog er sich in das gemeinsame Schlafzimmer zurück und legte sich aufs Bett.

Sachte trat Mary ein. Die blaugraue Farbe der Trübsal war durch das Schlüsselloch und die Spalte zwischen Schwelle und Tür bis in den Garten gesickert. Mary trug ein Sträußlein doldenblütiger Schleifenblumen in einer Spitzenmanschette, «da, riech einmal!» und hielt ihm das Sträußlein vor die Nase.

Stumm sog er den Duft ein.

«Weißt du, was heut für ein Tag ist?» lächelte sie vielverheißend und hatte selbst keine Ahnung; sie wollte nur, es solle ein lichter Tag werden. Aber Tom antwortete: «Wir wollen uns doch nichts vormachen, Mary. Wir sind erledigt. Wir gehen unter.»

«Wir gehen auf!» rief Mary. «Weißt du nicht, daß wir Zauberer sind? Von jeher. Weißt du noch, wie du die zehn Dollar in dem Bibliotheksbuch gefunden hast? Und wie uns ein Vetter fünf Dollar geschickt hat? Uns kann nichts geschehen.»

«Ich kann mich nicht aus dieser verfluchten Gesellschaftsordnung herausschwätzen», sagte Tom bedrückt, «ich habe es satt, immer zu tun, als ob. Ich brauche endlich einmal etwas Greifbares, ein einziges Mal!»

«Wie wär's mit einer kleinen Party heut abend?»

«Wovon sollen wir eine Party veranstalten? Willst du da aus dem Stilleben in der Illustrierten den gekochten Schinken herausschneiden und unsern Gästen vorsetzen? Das Getändel ist mir verleidet. Ich finde es nicht mehr komisch, nur traurig.»

«Die kleine Party heut abend trau ich mir zu», beharrte Mary, «mit Leichtigkeit, Tom! Jeder kann kommen, so wie er geht und steht. Kein Frackzwang. Heut ist doch der Gründungstag des internationalen Blütenbundes – hast du das ganz vergessen?»

«Es hat keinen Zweck», sagte der Mann gequält, «ich kann mich zu so etwas nicht mehr aufschwingen. Geh lieber hinaus, schließ die Tür, laß mich allein, ich halt's nicht mehr aus!»

Sie sah ihm tief in die Augen, erkannte, es war sein Ernst, ging still aus dem Zimmer, schloß die Tür hinter sich, und Tom verbarg sein Gesicht in den Armen.

Er hörte sie im Nebenzimmer herumrascheln. Sie dekorierte die Tür mit altem Christbaumschmuck, Glaskugeln, Lametta und malte ein Schild, darauf stand: «Tom, unser Held, sei gegrüßt!» Sie horchte. Nichts regte sich hinter der Tür. Bekümmert zog sie das Fußbänkchen unter dem Sofa hervor, deckte eine Serviette darüber, stellte vier kleine Schalen und Untertassen darauf und ihr Sträußlein in einem Weinglas graziös in die Mitte, ging in die Küche, setzte den Teekessel aufs Feuer und eilte in den Garten.

Randolphs Kätzchen sonnte sich auf dem Gartenzaun. «Miss Randolph», lud Mary sie ein, «es kommen heut ein paar Freundinnen zu mir zum Tee. Kommen Sie auch?» Kätzchen rollte sich wollüstig auf den Rücken und dehnte sich. «Nicht später als vier, wenn ich bitten darf! Mein Herr Gemahl und ich müssen abends zur Jahrhundertfeier des Blütenbundes.»

Hinter dem Haus saß Casinis Kitty unweit der Brombeerhecke und schnurrte; ihr Schweif bewegte sich heftig. «Mrs. Casini –» kam Mary auf sie zu und fuhr im gleichen Moment vor Entsetzen zurück. Kitty Casini spielte mit einer lebenden Maus, schlug nach ihr mit unbewaffneter Pfote, die Maus krümmte sich, wehrte sich voll Verzweiflung; ein Hinterbein hing gelähmt. Die Katze ließ sie ein Stückchen laufen, doch nicht bis in den Schutz der dichten Hecke – schon war sie wieder über dem Mäuslein, weiße Krallen wuchsen aus ihren Pfoten hervor, schlugen ihm zierlich behende ins Rückgrat, rollten es, drehten es hin und her, und ihr Schweif zuckte vor Spannung und Mordlust.

«Tom! Tom!» Tom war eben im Einschlafen, als er den Aufschrei Marys vernahm. Er sprang aus dem Bett. «Was gibt's? Wo bist du?»

Er hörte ihr Schluchzen, lief hinaus in den Garten und sah, was geschehen war. «Dreh dich um, Mary!» rief er und gab dem gemarterten Mäuslein den Tod.

Casinis Kitty war auf den Gartenzaun geklettert und verfolgte sein Treiben voll Zorn. Tom nahm einen Stein, warf nach ihr und traf sie am Bauch, daß sie vom Zaun fiel.

Im Haus weinte Mary leise in sich hinein, goß den Tee über und trug ihn auf. «Setz dich!» bat sie, und Tom lagerte sich auf den Boden neben den Schemeltisch. «Darf ich um eine Tasse Tee für Erwachsene bitten?» fragte er.

«Ich kann Kitty Casini ja keinen Vorwurf machen», erklärte Mary, «ich weiß doch, wie Katzen sind. Sie kann nichts dazu. Aber – ach, lieber Tom», seufzte sie, «so etwas kann man doch unmöglich ein zweites Mal einladen! So gern ich sie an und für sich auch mag, ich bin ihr jetzt lange Zeit böse.» Sie äugte nach Tom und sah, die Kummerfalten waren von seiner Stirn geschwunden, die Augen waren nicht mehr umflort. Und sie fuhr fort: «Der Blütenbund nimmt mich die letzte Zeit dermaßen in Anspruch, ich weiß nicht, wo mir der Kopf steht!»

Noch im gleichen Jahr veranstaltete Mary Talbot eine Schwangerschaftsparty, und es hieß allgemein: «Das Kind, das sie bekommt, wird einmal ein lustiges Leben haben!»

Richard Katz

Hund und Katz

Hunde und Katzen? mag man zweifeln, kommen sie denn gleichzeitig vor? Jawohl, das tun sie. Wo sie Hausgenossen sind, finden sie
sich auch im Garten miteinander ab.

Solange mein altes Haus unter Mäusen litt, die im Keller hinter
eingewinterten Dahlienknollen und Kartoffeln her waren (und sogar den Weinflaschen die Etiketten abnagten, weil ihnen deren
Kleister schmeckte) hielt ich nebst meinem Hund auch eine Katze.
In leidlicher Koexistenz kamen sie miteinander aus. Erst seit meine
Katze mit der Mäuseplage aufgeräumt hat, begnüge ich mich mit
dem Hund.

Wer gern Vögel im Garten hat, soll keine Katze halten. Das
Räubern steckt ihr zu sehr im Blut, als daß es ihr abzugewöhnen
wäre. Dagegen helfen nur die Zwangsmittel, daß man ihr eine
Schelle umhängt, um die Vögel vor ihrem Anschleichen zu warnen,
oder daß man sie kastrieren läßt, um sie träge zu machen. Da mich
aber eine Katze nervös macht, die beständig klingelt, kann ich mir
vorstellen, um wieviel mehr sie darunter leidet; und kastrierte Tiere
will ich schon gar nicht um mich haben. Man soll der Natur nicht ins
Handwerk pfuschen!

In Paris hatte ich die wohlgenährten Katzen bewundert, die in
Schaufenstern und Restaurants herumliegen. Als ich aber hörte, daß
solche Weltstadtkatzen verschnitten sind, mochte ich sie nicht mehr
streicheln. Zu unrecht, mag sein. Doch ich meine, daß Tiere, mit
denen man sich befreundet, *ganze* Tiere sein sollten. Ich mag keine
Eunuchen-Katze – und ist sie das nicht, jagt sie Vögel.

Da dem Gärtner die Vögel, die seine Blumen und Obstbäume von
Ungeziefer säubern, lieber sind, habe ich meine Katze verschenkt,
nachdem sie mein Haus entmaust hatte. Ein mäusegeplagter Nach-

bar nahm sie mir gern ab. «Katzen sind steuerfrei» bemerkte der sparsame Schweizer, indem er sie forttrug. In der Tat: das sind sie, während ich meine Pudelhündin jedes Jahr versteuern muß. Warum eigentlich sind Katzen steuerfrei? überlegte ich mißgünstig. Da mir aber einfiel, daß meine staatsbürgerliche Heimat Brasilien sogar Schriftsteller steuerfrei läßt, obzwar sie nicht einmal Mäuse fangen, ließ ich es dabei bewenden.

Trotz dem behördlichen Entgegenkommen (dessentwegen hier viel zu viele Katzen herumzigeunern) verzichte ich der Gartenvögel wegen auf eine Gartenkatze.

Deshalb ist mein Garten vogelreicher als irgendeiner der Umgebung, in dem eine Hauskatze ihr berechtigtes Jagdrevier hat. Deshalb wiederum schleichen sich wilddiebende Katzen häufig in ihn ein, große Katzen und kleine Katzen, weiße, schwarze, graue, braune und scheckige. Der gerissenste Wilddieb ist ein alter gelber Kater unbestimmbarer Zugehörigkeit.

Hier nun bewährt sich meine Pudelhündin «Asta». Trägt ihr der Wind Katzenwitterung zu, bebt ihre Brust in gewitterhaftem Grollen, und schon stürmt sie dem Erbfeind entgegen. Dann ist sie nicht zu halten. Obzwar Mut nicht zu ihren Tugenden gehört – seit eine Biene sie in die Schwanzwurzel gestochen hat, flüchtet sie vor jeglichem Summen – rast sie in den Garten, wenn ich «Muschi» auch nur flüstere oder ein scheuchendes «Sch-sch-sch» zische. Ich habe kein probateres Mittel, sie loszuwerden, wenn sie andauernd Pfötchen gibt, um mich an die Essenszeit zu erinnern, während ich einen Absatz zu Ende schreiben will. Katzen sind ihr noch wichtiger als Fressen, das ihr wahrlich wichtig genug ist. Ein wahres Glück, daß sie Katzen nur verjagt, nicht aber abwürgt! Sonst hätte ich ständig Streit mit katzenhaltenden Nachbarn. Doch so eifrig sie hinter Katzen her ist: noch keiner hat sie etwas zuleide getan. Denn sie verscheucht nur *die* Katzen, die vor ihr davonlaufen. Als der alte gelbe Kater, der mit Vorliebe in meinem Garten wildert, vor ihrem Ansturm stehenblieb und gesträubten Fells einen Buckel krümmte, zog sie in vollem Galopp ihre Vierpfotenbremse und tat, als habe sie lediglich an einer Azalea indica riechen wollen, die, nebenbei bemerkt, so duftlos ist wie alle Azaleen. Aus seinen großen grünen Augen beobachtete der Kater genau, daß sie dabei den Schwanz einzog. Seither krümmt er nicht einmal mehr den Rücken, wenn sie angebraust kommt. Er ist die einzige Katze, vor der sie Respekt hat.

Ich möchte hoffen, daß er seine Taktik nicht auch den anderen Katzen mitteilt, die sich vom anstürmenden Tank einer fünfundfünfzigpfündigen Pudelin in Panik jagen lassen.

Eva-Maria Harden

Maus und Katz

Nur zögernd räumte der Winter dem Frühling das Feld und den Schnee von unserer Wiese. Doch eines Tages war sie bestickt mit abertausend bunten Primelblüten. Ein Traum in Weiß, Gelb, Rosa, Rot und Violett, so daß man sich kaum sattsehen konnte. Neben der Terrasse verströmte der Seidelbast seinen starken Duft, und der Kirschbaum mit den vielen dicken Knospen versprach uns reiche Ernte. Täglich entdeckte ich, die Großstadtpflanze, ein neues Wunder der Natur. Das würde ein Jahr werden!

Es wurde das Jahr der Tiere. Thomas läutete es ein. Eines Tages opferte er von seiner kleinen Barschaft einen Franken fünfzig und brachte eine winzige graue Feldmaus heim. Er taufte sie Micky, und ich bekam eine leichte Gänsehaut, als er sie in einer Holzkiste in seinem Zimmer als Untermieterin aufnahm. Wie lange würde es wohl dauern, bis sie die Wände erklomm, um die Umgebung zu erforschen, mich zu Tode erschreckte oder vielleicht nachts im Bett besuchte?

«Das schafft sie bestimmt nicht», zerstreute Thomas meine Bedenken, «dafür ist sie doch viel zu klein.»

Na ja, klein war sie wirklich, und niedlich dazu, selbst ich mußte das zugeben. Aber ganz wohl war mir fortan nicht, und ich atmete jedesmal erleichtert auf, wenn ich Micky beim morgendlichen Putzturnus noch in ihrem Refugium vorfand. Sie schien sich wohl zu fühlen zwischen Käseresten, Körnern, Haferflocken und Speckwürfelchen. Kein Wunder, sie führte das Leben einer Landmaus.

Doch eines Morgens belehrte mich der Aufschrei meines Ältesten eines Besseren.

«Meine Maus ist weg!» schallte es durchs Treppenhaus, und

natürlich wurden sofort die Zwillinge verdächtigt und entsprechend ins Gebet genommen.

Sie beteuerten bei allem, was ihnen heilig war (Legosteine, Matchbox-Autos, Cola und Eiscreme), nichts mit der Sache zu tun zu haben. Und da sie sich hinter Thomas' Rücken auch nicht verschwörerisch angrinsten, glaubte wenigstens ich ihnen.

«Hoffentlich tut sie sich nicht an einem Elektrokabel gütlich», seufzte der Vater, bevor er unseren verheulten und verspäteten Großen zur Schule brachte.

Micky blieb verschwunden, und Thomas war entweder knapp bei Kasse oder sparte auf einen handlicheren Zimmergenossen. Jedenfalls versorgte er das hölzerne Appartement nach mehrmaliger Aufforderung endlich wieder im Keller.

Ostersonntag. Die Familie saß einigermaßen friedlich vereint um den Frühstückstisch, als ich neben dem an diesem Tag üblichen Geräusch des «Eiertütschens» ein weiteres hörte.

«Seid mal still», rief ich, «was ist denn das? Hört ihr denn nichts?»

Sie horchten. «Es kommt aus dem Geschirrschrank», sagte der Vater und öffnete die Tür.

«Guckt euch das an.» Er begann, Gläser und Tassen zur Seite zu räumen. «Was ist denn hier los?»

Wir guckten und sahen, daß die Bretter der Regale aussahen wie Ulis altes Kinderbett: abgefressen.

«Das war bestimmt Micky, sie muß im Schrank sein», rief Thomas. «Wir müssen sie fangen, Papi, paß auf, daß du sie nicht erschreckst.»

«Schon passiert», sagte dieser, inzwischen zum obersten Fach vorgedrungen. «Da hockt sie, wie erstarrt. Vielleicht hat sie sich auch überfressen.» Dabei hielt er zwei Joghurtgläser in die Höhe, Weihnachtsgeschenke der Zwillinge, im Kindergarten liebevoll in kleine Vasen verwandelt. Von den rundherum mühsam aufgeklebten Sonnenblumenkernen waren nur noch traurige Schalenreste zu sehen.

«Ganz schön clever», bemerkte Thomas, «ich hole mal die Kiste. Mach die Tür lieber zu, bis ich zurück bin.»

Es bedurfte der Einberufung einer außerordentlichen Familienversammlung, die fast eine Stunde dauerte und alles enthielt, was dazugehört, um das Micky-Problem zu lösen: Vaters Antrag,

Micky in die Freiheit zu entlassen, Thomas' flammenden Protest, Mutters Randbemerkungen und etliche spontane Zwischenrufe der Zwillinge, als über die Rückerstattung des Anschaffungspreises von Micky verhandelt wurde. Letzteres gab dann wohl den Ausschlag dafür, daß der Mäusebesitzer schließlich mit Ja für die Freilassung stimmte. Einsfünfzig mehr im Portemonnaie waren wohl doch beruhigender als eine Maus, die über kurz oder lang wieder verschwunden sein konnte.

Mich wundert noch heute, daß Vater und Sohn es schafften, die kleine Micky im Schrank zu fangen und lebend in der hintersten Ecke des Gartens auf freien Fuß zu setzen. Hoffentlich hielten die Katzen der Nachbarschaft noch Mittagsschlaf bis sie sich von ihrem Schrecken so weit erholt hatte, um das Weite zu suchen.

Natürlich versäumte Thomas nicht, seine edelmütige Haltung in der Mäuseangelegenheit bei passender Gelegenheit an die große Glocke zu hängen, und so kam, was kommen mußte. Unseren Tierfreunden Urs und Brigitte brach anscheinend bei dem Gedanken an diesen heldenhaften Verzicht fast das Herz.

Eines Abends, als wir an nichts Böses denkend den wohlverdienten Feierabend auf der Terrasse genossen, schneiten sie herein. Sie erschienen aber nicht allein, sondern beglückten den vor Freude für kurze Zeit sprachlosen Thomas mit einem vierbeinigen Ersatz für die geopferte Micky: einer jungen wilden Katze.

Mein Jubel hielt sich in Grenzen. Ich hatte vom Umgang mit Haustieren ungefähr so viel Ahnung wie von dem mit einer Nähmaschine, nämlich überhaupt keine. Meine Eltern hatten wahrscheinlich gefunden, daß vier Töchter genügend Abwechslung in eine Stadtwohnung brächten. Und so gab es bei uns weder Hund noch Katze, noch Maus. Aber mir schwante, daß dieses kleine getigerte, noch nicht stubenreine Seelenpflästerchen meinen Seelenfrieden ganz schön stören würde, und mir schwante goldrichtig.

Vorerst störte es erst mal jenen der Nachbarschaft. Kaum auf den Boden gesetzt, war es wie der Blitz im inzwischen dunklen Garten verschwunden, was nicht nur Asta, den Bernhardiner von nebenan, auf die Beine brachte. Wir schwärmten aus, und auch die Zwillinge, durch die Rufe und Zurufe aufgewacht, erschienen auf der Bildfläche und betrachteten mit neidvollen Augen Thomas' neuestes Spielzeug, das ihm, inzwischen eingefangen, die Arme zerkratzte und Fäden aus dem neuen Pullover zog.

Die Katze war ein Kater und wurde «Mutz» getauft. Ich konnte nur hoffen, daß er sich das nicht zu sehr zu Herzen nahm, denn in der Schweiz ist ein Mutz ein Bär. Zum Glück gab es dafür aber vorerst keinerlei Anzeichen. Unser Mutz war mager und winzig und so verspielt, wie kleine Katzen eben sind. Der männliche Teil der Familie zeigte natürlich nur Interesse für die augenfällig angenehmen Eigenschaften des fünften «Herrn der Schöpfung» in meinem Haushalt, mit den unangenehmen durfte ich mich befassen.

Daß ich ab sofort gezwungen war, sämtliche Türen geschlossen zu halten, weil Mutz bei jeder sich bietenden Gelegenheit das Weite suchte, war schon schlimm genug. Ich empfand es keineswegs als Bereicherung meines Zeitplanes, hinter einem kleinen Kater herzurennen, um ihn auf den Pfad der Tugend zurückzubringen. Mit der hatte er ohnehin nicht viel im Sinn, zumindest was die Sauberkeit betraf. Er dachte nicht daran, sein hübsches hellblaues Kistchen zu benutzen, und pflegte seine Geschäfte an möglichst schwer zugänglichen Stellen wie hinter dem alten Küchenschrank im Keller zu verrichten. Und da der Duft von Katzenkot bekanntlich nicht zu den allerfeinsten Gerüchen zählt und Mutzens Besitzer mehr oder minder zwangsläufig abwesend war, ist unschwer zu erraten, wer seine Bandscheibe strapazierte und mit dem Brechreiz kämpfte, um das unangenehme Etwas möglichst schnell beiseite zu schaffen: ich.

Mutz wurde zwar nicht bärengroß und -stark, er blieb aber auch ausgewachsen ein wilder, unhäuslicher Kater, der nie in Ruf-, geschweige denn in Reichweite anzutreffen war. Eine Zeitlang begehrte er wenigstens noch morgens bei mir Einlaß, um nach durchstreunter Nacht seinen Hunger zu stillen. Dann verschwand er sporadisch gänzlich und tauchte merkwürdigerweise immer dann wieder auf, wenn ich gerade im Lokalblättchen eine Suchanzeige aufgegeben hatte. Als wenn er sie gelesen hätte und mir den Finderlohn ersparen wollte!

Schließlich warteten wir vergeblich auf seine Rückkehr. Die Kinder suchten tagelang systematisch den ganzen Ort ab. Mutz blieb unauffindbar.

Sollte irgendwann irgend jemandem ein hübscher, graugetigerter eigenwilliger Kater zugelaufen sein, der sich aus Häuslichkeit und Katzenkiste nichts macht, dann war es sicher unser Mutz. Wir lassen ihn grüßen.

P. G. Wodehouse

Die Geschichte von Webster

«Katzen sind keine Hunde!» Nur einen Ort gibt es, wo man derartige Wahrheiten zu hören bekommt, die, ganz beiläufig in den Redestrom eingeworfen, gleichermaßen ins Schwarze treffen, und das ist die Gaststube von «Anglers Ruh». Dort hatte, als wir vor dem Kaminfeuer saßen, der tiefsinnige «Schoppen Bitterbier» besagten Ausspruch getan.

Obwohl sich das Gespräch bis dahin um Einsteins Relativitätstheorie gedreht hatte, stellten wir uns ohne weiteres darauf ein, es mit diesem neuen Thema aufzunehmen. Die regelmäßige Teilnahme an den allabendlichen Zusammenkünften, die Mr. Mulliner mit solch sicherer Würde und Verbindlichkeit präsidiert, scheint die Wendigkeit des Geistes zu begünstigen. So habe ich es in unserem kleinen Kreis schon erlebt, wie eine Diskussion binnen vierzig Sekunden von der letzten Bestimmung der Seele zu der besten Methode, gebratenen Speck saftig zu halten, wechselte.

«Katzen», fuhr «Schoppen Bitterbier» fort, «sind egoistisch. Ein Mann kann einer Katze während Wochen hinten und vorn aufwarten, kann ihren geringsten Launen willfahren, und dann verläßt sie ihn mir nichts, dir nichts, weil sie weiter unten an der Straße jemanden gefunden hat, bei dem es häufiger Fisch gibt.»

«Was mich an Katzen stört», sagte «Lemon Sour» verständnisinnig, als nage ein tiefsitzender Groll an ihm, «ist ihre Unzuverlässigkeit. Sie sind unaufrichtig und spielen ein falsches Spiel. Du legst dir einen Kater zu und nennst ihn je nachdem Thomas oder Georg. So weit, so gut. Dann, eines schönen Morgens, wachst du auf und findest sechs Junge in der Hutschachtel und bist gezwungen, den Fall noch einmal aufzurollen und von völlig anderen Voraussetzungen auszugehen.»

«Das wirklich Unangenehme an Katzen ist freilich», sagte einer mit gerötetem Gesicht und glasigen Augen, der ungeduldig auf den Tisch trommelte, um seinen vierten Whisky zu bestellen, «daß sie kein bißchen Takt haben. Das ist das wirklich Unangenehme an ihnen. Ein Freund von mir hatte einmal eine Katze. Hat sie so richtig verwöhnt und verhätschelt. Und was ist passiert? Was war der Dank? Eines Abends kam er zu vorgerückter Stunde nach Hause und tastete eben mit dem Korkenzieher nach dem Schlüsselloch; und ob ihr's glaubt oder nicht, seine Katze suchte sich ausgerechnet diesen Augenblick aus, um ihm mit einem Satz von einem Baum auf den Nacken zu springen. Sie haben ganz einfach keinen Takt.»

Mr. Mulliner schüttelte den Kopf. «Ihr mögt ja alle recht haben», sagte er, «doch ich finde, ihr geht am Wesentlichen vorbei. Was bei der Mehrzahl der Katzen wirklich zu beanstanden ist, ist ihre unerträgliche Überheblichkeit. Den Dünkel, der auf der Tatsache gründet, im alten Ägypten als Gottheiten verehrt worden zu sein, haben die Katzen als Klasse bis heute noch nicht restlos überwunden. Deshalb spielen sie sich auch gern als Kritiker und Sittenapostel der schwachen und sündigen Menschen auf, deren Los sie doch teilen. Sie stieren mit tadelndem Blick. Sie beobachten mit Besorgnis. Für einen zartbesaiteten Mann kann das verheerende Folgen haben und einen Minderwertigkeitskomplex schlimmster Art auslösen. Ist es nicht eigenartig, daß unsere Unterhaltung gerade diese Wendung genommen hat», sagte Mr. Mulliner, seinen heißen Whisky mit Zitrone schlürfend, «habe ich doch erst heute nachmittag an die äußerst merkwürdige Geschichte meines Vetters Edward Sohn, Lancelot, gedacht.»

«Ich habe einmal eine Katze gekannt...», begann «Kleines Helles».

«Meines Vetters Edward Sohn, Lancelot», fuhr Mr. Mulliner fort, «war damals, als sich dies zutrug, ein flotter junger Mann von fünfundzwanzig Lenzen. Schon früh verwaist, wuchs er bei seinem Onkel Theodor, dem Dechanten von Bolsover, auf, und es war für den guten Alten ein harter Schlag, als ihm Lancelot, sobald er mündig wurde, ein Schreiben aus London schickte, mit dem er ihn wissen ließ, daß er sich in der Bott Street in Chelsea ein Studio gemietet habe und in der Metropole zu bleiben beabsichtige, um Künstler zu werden. Während vier Jahren hörten Onkel und Neffe nichts voneinander.

Während dieser Jahre nun war Lancelot in seinem gewählten Beruf recht gut vorangekommen. Die Aussichten schienen zu der Zeit, da diese Geschichte ihren Anfang nimmt, vielversprechend. Er malte am Porträt von Brenda, der einzigen Tochter von Mr. und Mrs. B. B. Carberry-Pirbright, Maxton Square 11, South Kensington, was bei Ablieferung dreißig Pfund in sein Sparschwein bedeutete. Er hatte gelernt, Spiegeleier und Speck zu braten. Er war drauf und dran, seiner Ukulele Herr zu werden. Außerdem war er mit einer unerschrockenen jungen Verfasserin freier Rhythmen namens Gladys Bingely verlobt, besser bekannt als ‹die holde Sängerin von der Garbidge Mews in Fulham›, einem entzückenden Mädchen, das eher einem Tintenwischer glich.

Lancelot schien das Leben ausgefüllt und voller Wunder. Er schwelgte in der Gegenwart, ohne einen Gedanken an die Vergangenheit zu verschwenden.

Doch wie wahr ist die Behauptung, die Vergangenheit sei unentwirrbar mit der Gegenwart verflochten und wir wüßten nie, wann sie eine verspätete Bombe unter unsern Füßen platzen lasse.

Eines Nachmittags, er brachte einige kleine Korrekturen am Porträt von Brenda Carberry-Pirbright an, trat seine Verlobte ein.

Er hatte sie erwartet, da sie heute für drei Wochen nach Südfrankreich in die Ferien verreiste, und sie hatte versprochen, auf dem Weg zum Bahnhof bei ihm hereinzugucken. Er legte den Pinsel nieder und schaute sie schmachtend an. Zum tausendsten Mal ging es ihm durch den Kopf, wie sehr er doch jeden einzelnen Tintenspritzer auf ihrer Nase vergötterte. Mit wilden Haaren, die büschelweise vom Kopf wegstrebten wie bei einer Vogelscheuche, stand sie unter der Tür, und ihr Anblick rührte ihn zutiefst.

‹Hallo, Reptil!› sagte er verliebt.

‹Holla, Wurm!› sagte Gladys. Innige jungfräuliche Zuneigung strahlte durch das Monokel, das sie sich ins linke Auge geklemmt hatte. ‹Ich kann nur eine halbe Stunde bleiben.›

‹Ach, eine halbe Stunde ist schnell vorbei›, meinte Lancelot. ‹Was ist denn das hier?›

‹Ein Brief, du Dummkopf. Was sonst?›

‹Wie bist du dazu gekommen?›

‹Ich bin dem Briefträger begegnet.›

Lancelot nahm den Brief und sah ihn sich genauer an. ‹Himmel noch mal!› rief er.

‹Was ist?›

‹Er stammt von Onkel Theodor.›

‹Ich wußte nicht, daß du einen Onkel Theodor hast.›

‹Aber natürlich, schon seit Jahren.›

‹Was schreibt er denn?›

‹Wenn du es einrichten könntest, während zweier Sekunden ruhig zu sein, werd' ich's dir sagen.› Und mit der wohlklingenden Stimme, an der man alle Mulliners, auch jene der entferntesten Nebenlinie, erkennt, las er:

Dechanei
Bolsover, Wiltshire

Mein lieber Lancelot,

Wie Du gewiß dem ‹Kirchenboten› bereits hast entnehmen können, bin ich zum Bischof der unbesetzten Diözese Bongo-Bongo in West-Afrika ernannt worden. Ich habe das Amt angenommen und werde unverzüglich abreisen und mit Gottes Segen meine neuen Pflichten übernehmen.

Die Umstände zwingen mich nun, für meinen Kater Webster ein geeignetes Heim zu finden. Zu meinem großen Leidwesen wird es Webster nämlich unmöglich sein, mich zu begleiten. Die Unbilden des Klimas und der Mangel des mindestens Komforts würden seiner Gesundheit, die seit jeher eher schwächlich war, schlecht bekommen.

Mein lieber Junge, im vollen Vertrauen darauf, daß Du ihm ein zuvorkommender und besorgter Gastgeber sein wirst, lasse ich ihn in einem Reisekorb an Deiner Adresse abgeben.

Mit allen guten Wünschen und herzlichen Grüßen

Dein Dich liebender Onkel
Theodor Bongo-Bongo

Nachdem er den Brief vorgelesen hatte, herrschte im Atelier nachdenkliches Schweigen.

‹So eine Unverschämtheit!› platzte Gladys heraus. ‹Ich an deiner Stelle würde da nicht mitmachen.›

‹Weshalb nicht?›

‹Was willst du mit einer Katze?›

Lancelot überlegte.

‹Zugegeben›, sagte er, ‹wenn es nach mir ginge, wäre es mir lieber, mein Studio würde nicht in eine Katzenei oder einen Katzenzwinger verwandelt. Doch bedenke die besonderen Umstände. Die Beziehungen zwischen Onkel Theodor und meinem Ich waren in den letzten Jahren etwas gespannt. Genaugenommen sind wir in heftigem Krach auseinandergegangen. Er scheint nun wieder einrenken zu wollen. Ich möchte diesen Brief mehr oder weniger als das bezeichnen, was man einen Ölzweig nennt. Glaubst du nicht, wenn ich mir alle Mühe um diesen Kater gebe, daß ich den Alten später anzapfen kann?›

‹Ist er reich, der Bursche?› fragte Gladys interessiert.

‹Außerordentlich.›

‹In dem Fall›, sagte Gladys, ‹nehme ich alles zurück. Ein guter, nahrhafter Wechsel von einem Katzenliebhaber wäre nicht von der Hand zu weisen. Dann könnten wir vielleicht noch dieses Jahr heiraten.›

‹Richtig›, sagte Lancelot, ‹zwar ein widerlicher Gedanke. Doch wir haben uns nun einmal dazu entschlossen. Je eher wir es hinter uns bringen, desto besser, meinst du nicht?›

‹Völlig richtig.›

‹Das wäre geregelt. Der Kater wird in Gewahrsam genommen und steht unter meinem Schutz.›

‹Es bleibt uns nichts anderes übrig›, sagte Gladys. ‹Könntest du mir dennoch deinen Kamm leihen? Gibt es so was in deinem Schlafzimmer?›

‹Was willst du mit einem Kamm?›

‹Beim Mittagessen ist mir Suppe ins Haar geraten. Ich bin gleich zurück.›

Sie rannte hinaus, und Lancelot, der den Brief wieder aufnahm, merkte, daß er die Fortsetzung auf der Rückseite übersehen hatte. Da hieß es:

PS. Ein tieferes Motiv, als der einfache Wunsch, meinen treuen Freund und Begleiter in guten Händen zu wissen, hat mich bewogen, Webster gerade Dir zu übergeben.

Vom moralischen wie vom erzieherischen Standpunkt aus gesehen, davon bin ich überzeugt, wird Websters Gesellschaft von unschätzbarem Wert für Dich sein. Sein Kommen, wahrlich, ich wage es zu hoffen, wird sich als Wendepunkt in Deinem Leben erweisen. Du wirst, wie ich annehme, wieder und wieder in eine

Horde zuchtloser, unmoralischer Bohemiens geschleudert. In diesem Kater nun findest Du ein Beispiel edler Gesinnung, das als Gegengift zum Schierlingsbecher der Versuchung wirken muß, den man Dir zweifelsohne stündlich zu reichen versucht.

PPS. Sahne nur mittags; Fisch höchstens dreimal pro Woche.

Lancelot las den Brief ein zweites Mal, als die Hausglocke läutete und ein Mann mit einem Weidenkorb auf der Schwelle stand. Ein verhaltenes Miauen aus dem Innern ließ auf den Inhalt schließen. Lancelot brachte den Korb ins Atelier und durchschnitt den Bindfaden.

Er ging zur Tür und brüllte: ‹Hallo, Gladys!›

‹Was ist?› rief seine Verlobte vom obern Stock herunter.

‹Der Kater ist da.›

‹Ich komme schon.›

Lancelot kehrte zurück. ‹Holla, Webster!› sagte er munter. ‹Wie geht's, wie steht's, mein Junge?›

Der Kater antwortete nicht. Mit gebeugtem Kopf saß er da; er schniegelte und leckte sich hingebungsvoll, was nach einer Zugreise so unbedingt notwendig ist.

Um sich diese Toilettenprozedur zu erleichtern, streckte er das linke Bein in die Luft. Und da erinnerte sich Lancelot urplötzlich eines alten Aberglaubens, was immer man davon halten mochte, von dem ihm früher einmal eine seiner Kinderschwestern erzählt hatte. Wenn man, so hatte sie gesagt, sich an eine Katze heranschleiche, die ein Bein in der Luft habe, und man tüchtig daran zerre, dürfe man sich etwas wünschen, und der Wunsch erfülle sich nach dreißig Tagen.

Es war ein reizvoller Gedanke. Lancelot schien es einen Versuch wert. Er näherte sich also ganz sachte und hatte schon die Finger ausgestreckt, als Webster das Bein abstellte, sich umdrehte und seine Augen erhob.

Er blickte Lancelot an. Ein jäher Schrecken überfiel ihn, ganz übel wurde ihm, als er sich vergegenwärtigte, welch unverzeihliche Freiheit er sich dem Tier gegenüber hatte herausnehmen wollen.

Bis dahin, obwohl die Nachschrift zu Onkel Theodors Brief ihn eigentlich hätte warnen sollen, hatte sich Lancelot Mulliner keine weiteren Gedanken über die Wesensart dieses Katers gemacht, den er bei sich aufgenommen hatte. Jetzt, zum erstenmal, sah er ihn sich genauer an und erfaßte ihn.

Webster war sehr groß, sehr schwarz und sehr würdig. Er wirkte ausgesprochen reserviert. Als direkter Nachkomme ekklesiastischer Vorfahren, die seit Generationen im Schatten von Kathedralen und hinter Bischofspalästen auf Freiersfüßen gingen, besaß er jene vollkommene innere Ausgeglichenheit, wie man sie bei hohen kirchlichen Würdenträgern sieht. Seine Augen waren klar und ruhig, und sein Blick schien bis ins Innerste der Seele des jungen Mannes vorzudringen und erfüllte ihn mit Schuldgefühlen.

Einmal, vor langer Zeit, in seiner hitzigen Jugend, als Lancelot seine Schulferien in der Dechanei verbrachte, hatte er sich von einem Ingwerbier und der Erbsünde dazu hinreißen lassen, einem alten Stiftsherrn mit einer Windbüchse ins Bein zu schießen, wobei er, als er sich umdrehte, entdeckte, daß ein auf Besuch weilender Archidiakon den Zwischenfall aus nächster Nähe beobachtet hatte. Genauso wie damals, als sein Blick demjenigen des Archidiakons begegnete, fühlte er sich jetzt, da Websters Augen unerbittlich auf ihm ruhten.

Webster, das muß man gerechterweise sagen, hatte nicht wirklich seine Augenbrauen hochgezogen, doch einzig und allein deshalb, wie Lancelot glaubte, weil er keine solchen hatte.

Errötend trat Lancelot einen Schritt zurück. ‹Verzeihung!› stammelte er.

Es entstand eine Pause. Webster musterte ihn unerschütterlich. Lancelot steuerte dem Ausgang zu.

‹Hm... Verzeihung... ich bin gleich zurück›, murmelte er, schlich seitlich zur Tür, drückte sich aus dem Zimmer und stürzte verwirrt die Treppe hinauf.

‹Hör mal›, sagte Lancelot zu Gladys.

‹Was denn?›

‹Kann ich den Spiegel haben?›

‹Wozu?›

‹Ach... ich... ich dachte›, stotterte Lancelot, ‹ich dachte, ich könnte mich eigentlich rasieren.›

Das Mädchen schaute ihn verblüfft an. ‹Rasieren? Du hast dich erst vorgestern rasiert.›

‹Ich weiß. Trotzdem... es wäre doch nichts als höflich. Dieser Kater, weißt du.›

‹Na, und?›

‹Er scheint es irgendwie zu erwarten. Nicht daß er es ausdrücklich gesagt hätte, verstehst du, aber man merkt es ihm an. Ich dachte, wenn ich mich kurz rasieren und meinen blauen Anzug anziehen würde...›

‹Der ist doch nur durstig. Stell ihm etwas Milch hin.›

‹Darf man das?› zweifelte Lancelot. ‹Wir kennen uns kaum.› Er hielt inne. ‹Hör mal, Gladys›, fuhr er leicht verlegen fort.

‹Ja?›

‹Ich weiß, du wirst mir deswegen nicht böse sein, aber du hast einige Tintenkleckse auf der Nase.›

‹Klar. Ich hab' doch immer Tintenkleckse auf der Nase.›

‹Meinst du nicht... vielleicht... etwas schrubben mit dem Bimsstein... ich will sagen... du weißt, wie entscheidend der erste Eindruck ist...›

Das Mädchen blickte ihn scharf an.

‹Lancelot Mulliner›, sagte Gladys, ‹wenn du glaubst, ich scheuere meine Nase bis auf den Knochen wund, nur um einem elenden Kater zu gefallen...›

‹Pst!› sagte Lancelot, bis aufs Blut gepeinigt.

‹Ich will hinuntergehen und ihn mir einmal genauer ansehen›, sagte Gladys gereizt.

Als die beiden das Atelier betraten, ruhte Websters Blick voller Empörung auf einer Illustration aus ‹La Vie Parisienne›, die die eine Wand schmückte. Lancelot riß sie schleunigst herunter.

Gladys aber schaute Webster alles andere als freundlich an. ‹Das wäre also das Biest.›

‹Pst!›

‹Ich will dir mal was sagen: dieser Kater hat zu üppig gelebt. Der ist entschieden zu fett. Du tätest gut daran, ihn etwas kurzzuhalten.›

Ihre Bemerkungen waren keineswegs ungerechtfertigt. Bei Webster war tatsächlich mehr als nur eine Tendenz zur Fülle festzustellen. Er war von jener würdigen Wohlbeleibtheit, die man sonst mit Personen in Verbindung bringt, die im Schoße der Kirche ihr Dasein führen. Doch Lancelot zuckte bei ihren Worten zusammen. Er hatte so sehr gewünscht, Gladys würde eine gute Figur machen; und da war sie nun und sagte ausgerechnet jetzt solche Taktlosigkeiten.

Allzu gerne hätte er Webster erklärt, daß er es sich nicht zu Herzen nehmen solle, daß in den Bohemienkreisen, denen sie zur Zierde gereichte, solche freundschaftlichen Neckereien persönlicher Art dazugehörten, ja sogar geschätzt würden. Doch es war zu spät. Das Unglück war geschehen. Webster wandte sich unmißverständlich ab und verzog sich still hinter das Sofa.

Gladys, die sich der delikaten Lage überhaupt nicht bewußt war, machte sich reisefertig.

‹Auf bald, Schluckbruder›, sagte sie leichthin, ‹in drei Wochen. Ich denke mir, du und dieser Kater werden herumsumpfen, sobald ich euch den Rücken gekehrt habe.›

‹Bitte. Ich bitte dich!› stöhnte Lancelot. ‹Bitte!›

Er gewahrte ein schwarzes Schwanzende, das hinter dem Sofa hervorguckte. Es erschauerte leicht, und Lancelot konnte darin wie in einem Buch lesen. Mit einem Schlag wußte er, daß Webster ein vorschnelles Urteil gefällt und seine Verlobte als liederliche unwürdige Person verdammt hatte.

Etwa zehn Tage danach begegnete Bernhard Worple, der neovortizistische Bildhauer, beim Mittagessen zufällig dem wortgewaltigen surrealistischen Rodney Scollop. Nachdem sie sich eine Weile über ihre Kunst unterhalten hatten, fragte Worple: ‹Sag, was ist eigentlich in Lancelot gefahren? Man erzählt sich die tollsten Geschichten über ihn. Man will ihn mitten in der Woche glatt rasiert gesehen haben. Vermutlich nur ein Gerücht.›

Scollops Miene verdüsterte sich. Er wollte selber auf Lancelot zu sprechen kommen, da er ihn gut mochte und sich seinetwegen sorgte.

‹Es ist aber wahr.›

‹Kaum auszudenken.›

Scollop rückte etwas näher und beugte sich vor. Seine feinen Züge verrieten Kummer.

‹Soll ich dir etwas erzählen, Worple?›

‹Was denn?›

‹Es ist eine nackte Tatsache›, sagte Scollop, ‹daß sich Lancelot Mulliner jeden Morgen rasiert.›

Worple schob die Spaghetti, in die er sich verfangen und damit seinen Kopf bekränzt hatte, beiseite, und durch das Guckloch starrte er sein Gegenüber an.

‹Jeden Morgen?›

‹Jeden Morgen. Neulich bin ich bei ihm vorbeigegangen, und da habe ich ihn denn gesehen: tadellos in einen blauen Anzug gekleidet und blank rasiert. Außerdem hege ich den dringenden Verdacht, daß er nach der Rasur Talkumpuder verwendet hatte.›

‹Ist das dein Ernst?›

‹Mein voller Ernst. Und noch etwas. Ein Buch lag offen auf dem Tisch. Er wollte es zwar verstecken, war aber zu langsam. Es war eins von diesen Anstandsbüchern!›

‹Ein Anstandsbuch?›

‹‚Gute Umgangsformen‘, von Constance, Lady Bodbank.›

Worple spulte einen verirrten Spaghettifaden von seinem linken Ohr ab. Er war tief erschüttert. Wie Scollop, mochte auch er Lancelot gern.

‹Er wird sich nächstens zum Nachtessen in Gala stürzen!› rief er.

‹Ich habe allen Grund zur Annahme, daß er das bereits tut›, meinte Scollop ernst. ‹Jedenfalls wurde am letzten Dienstag bei Hope Brothers ein Mann beobachtet, der ihm täuschend ähnlich sah und der heimlich drei steife Kragen und eine schwarze Krawatte kaufte.›

Worple schob den Stuhl zurück und stand auf. Er war die Entschlossenheit selbst.

‹Scollop›, sagte er, ‹wir sind doch Mulliners Freunde, du und ich. Aus dem, was du berichtest, geht klar hervor, daß subversive Kräfte am Werk sind und er unserer Freundschaft nie dringender bedurfte als jetzt. Sollten wir nicht gleich hingehen?›

‹Du nimmst mir das Wort aus dem Mund›, sagte Rodney Scollop.

Zwanzig Minuten später befanden sie sich in Lancelots Studio; Scollop lenkte mit einem vielsagenden Blick die Aufmerksamkeit seines Begleiters auf die äußere Erscheinung ihres Gastgebers.

Lancelot Mulliner war ordentlich, direkt geckenhaft in einen blauen Anzug gekleidet, mit Bügelfalten in der Hose, und sein Kinn – Worple gab es einen Stich ins Herz – schimmerte sanft in der Nachmittagssonne.

Lancelot sah die Zigarren seiner Freunde und zeigte sichtliches Unbehagen.

‹Ich darf euch wohl bitten, diese Dinger fortzuwerfen?› flehte er.

Rodney Scollop nahm Haltung an. ‹Seit wann, wenn ich fragen darf, sind dir die besten Vier-Penny-Zigarren, die in Chelsea zu finden sind, nicht mehr gut genug?›

Lancelot beeilte sich, ihn zu beschwichtigen. ‹Es ist nicht meinetwegen, sondern wegen Webster, meinem Kater. Ich weiß zufällig, daß er Tabakrauch nicht mag. Mit Rücksicht auf ihn habe ich das Pfeifenrauchen aufgegeben.›

Bernhard Worple schnaubte verächtlich.

‹Willst du uns weismachen›, höhnte er, ‹daß Lancelot Mulliner sich von einem verdammten Kater etwas vorschreiben läßt?›

‹Scht!› sagte Lancelot, am ganzen Körper zitternd. ‹Du kannst dir nicht vorstellen, wie sehr Kraftausdrücke sein Schicklichkeitsempfinden verletzen!›

‹Wo ist dieser Kater?› fragte Rodney Scollop. ‹Ist das das Tier?› sagte er und wies aus dem Fenster in den Garten, wo ein derber Kater mit arg havarierten Ohren kaltschnäuzig aus schiefgezogenen Mundwinkeln miaute.

‹Um Gottes willen, nein!› sagte Lancelot. ‹Das ist eine verwilderte herrenlose Katze, die von Zeit zu Zeit vorbeikommt, um sich das Fressen aus dem Abfalleimer zu holen. Webster ist ganz anders. Webster hat eine angeborene Würde und ein gediegenes Auftreten. Webster ist ein Kater, der viel auf seine gepflegte Erscheinung gibt. Wie Leitsterne sind seine Augen, aus denen edle Prinzipien und erhabene Ideale leuchten ...› Dann fiel er in sich zusammen und fügte tonlos hinzu: ‹Verflucht! Verflucht! Verflucht!›

Worple schaute Scollop an. Scollop schaute Worple an.

‹Alter Knabe›, sagte Scollop, indem er besänftigend eine Hand auf Lancelots gebeugte Schulter legte, ‹wir sind deine Freunde. Vertraue auf uns.›

‹Rede frei heraus›, sagte Worple, ‹was ist mit dir los?›

Lancelot rang sich ein bitteres freudloses Lächeln ab.

‹Ihr wollt wissen, was mit mir los ist? Ich stehe unter dem Kater!›

‹Unter dem Kater?›

‹Habt ihr denn noch nie von Männern gehört, die unter dem Pantoffel stehen?› fragte Lancelot irritiert. ‹Nun, ich stehe unter dem Kater.›

Stockend erzählte er ihnen seine Leidensgeschichte. In groben Zügen zeichnete er seine Beziehung zu Webster auf, seitdem dieser zum erstenmal das Studio betreten hatte. Der Kater war außer Hörweite, und da schüttete er denn sein Herz rückhaltlos aus.

‹Es ist irgend etwas in den Augen dieses Biests›, sagte er mit bebender Stimme, ‹etwas Hypnotisierendes. Der Kater hat mich in seinen Bann gezwungen. Ich bin ihm ausgeliefert. Er schaut mich an und verachtet mich. Unter seinem Einfluß verliere ich langsam, aber sicher mein Eigenleben. Vom gesunden, innerlich freien

Künstler werde ich zum ... ich weiß nicht, wie man das nennen soll. Es genügt, wenn ich euch sage, daß ich das Rauchen aufgegeben habe, keine Hausschuhe mehr trage, dafür im steifen Kragen daherkomme. Es würde mir nicht einfallen, mein bescheidenes Nachtessen einzunehmen, ohne mich vorher umzuziehen. Außerdem›, er schluckte leer, ‹habe ich meine Ukulele verkauft.›

‹Nicht doch!› sagte Worple und erblaßte.

‹Doch›, sagte Lancelot, ‹er empfand es als unanständig. Ich spürte es.›

Eine lange Stille trat ein.

‹Mulliner›, sagte Scollop, ‹das ist schlimmer als befürchtet. Wir müssen uns ernsthaft mit deinem Fall befassen.›

‹Vielleicht›, meinte Worple, ‹können Mittel und Wege gefunden werden.›

Lancelot schüttelte hoffnungslos den Kopf.

‹Es gibt keinen Weg. Es gibt keinen Ausweg. Was mich möglicherweise von dieser unerträglichen Unterdrückung erlösen könnte, wäre, wenn ich den Kater einmal – nur ein einziges Mal – bei einer Unbesonnenheit ertappte. Wenn er einmal – nur einmal – in meiner Gegenwart strauchelte, nur einen Augenblick lang, und ich weiß, seine Macht wäre damit gebrochen. Doch welche Hoffnung besteht?› rief Lancelot leidenschaftlich. ‹Ihr habt vorhin jenen Gammlerkater gesehen. Das ist einer, der alles daran gesetzt und keine Mühe gescheut hat, Websters unmenschliche Selbstbeherrschung zu brechen. Mit eigenen Ohren habe ich gehört, wie er ihm Sachen an den Kopf warf, die keine Katze mit auch nur einem Funken Leben in sich hingenommen hätte. Webster dagegen schaut ihn einfach an, schenkt ihm nicht mehr Beachtung als der Weihbischof dem sündigen Chorknaben, dreht sich um und fällt in einen erquickenden Schlaf.›

Seine Stimme versagte. Worple, von Natur aus Optimist, versuchte auf seine liebenswürdige Art die Tragödie herunterzuspielen.

‹Ach, weißt du›, sagte er, ‹das Rasieren und Sich-Umziehen und was sonst noch ist schlimm, bestimmt. Doch die Gesundheit dürfte es wohl kaum gefährden. Viele der größten Künstler ... Whistler zum Beispiel ...›

‹Warte!› unterbrach ihn hier Lancelot. ‹Das Schlimmste habt ihr noch nicht gehört.›

Er stand erregt auf, ging zur Staffelei und enthüllte das Porträt von Brenda Carberry-Pirbright.

‹Schaut euch das einmal an und sagt mir, was ihr von ihr haltet.›

Seine beiden Freunde betrachteten schweigend das Gesicht. Miss Carberry-Pirbirght war eine junge Dame mit sprödem, eisigem Ausdruck. Man konnte sich lange fragen, weshalb sie sich gemalt haben wollte. Das Bild wäre für jede Wand eine Strafe.

Scollop brach das Schweigen: ‹Eine Bekannte von dir?›

‹Ich kann das Gesicht nicht leiden›, sagte Lancelot heftig.

‹In dem Fall darf ich offen meine Meinung sagen. Wenn du mich fragst: sie ist das reinste Brechmittel›, gestand Scollop.

‹Eine Pustel›, fand Worple.

‹Ein Furunkel. Die wahre Seuche›, faßte Scollop kurz und bündig zusammen.

Lancelot lachte krampfhaft. ‹Treffend habt ihr sie beschrieben. Sie ist der Inbegriff all dessen, was meiner Künstlerseele am entferntesten liegt. Sie hängt mir zum Hals heraus. Ich heirate sie.›

‹Wie bitte?› rief Scollop.

‹Du heiratest doch Gladys Bingley›, sagte Worple.

‹Webster ist anderer Ansicht›, sagte Lancelot niedergeschlagen. ‹Bei ihrer ersten Begegnung hat er Gladys in die Waagschale geworfen und als zu leicht befunden. Kaum hatte er Brenda Carberry-Pirbright gesehen, streckte er auch schon seinen Schwanz steil in die Luft, gurgelte freundlich und strich ihr an den Beinen herum. Er kehrte sich mir zu; er schaute mich an. Ich konnte in seinen Augen lesen. Ich wußte, was in ihm vorging. Fortan hat er sein möglichstes getan, um uns zu verkuppeln.›

‹Aber Mulliner›, sagte Worple, immer darauf bedacht, das Positive herauszustreichen, ‹warum sollte dieses Mädchen einen lausigen, kümmerlichen, armen Schlucker wie dich heiraten wollen? Harre aus, Mulliner! Über kurz oder lang wirst du ihr zuwider sein und sie anekeln.›

Lancelot schüttelte den Kopf.

‹Nein›, sagte er, ‹du sprichst wie ein wahrer Freund, doch erkennst du die Situation nicht. Die alte Carberry-Pirbright, dieses Muster von Mutter, die bei den Sitzungen als Anstandsdame fungiert, hatte nach kürzester Zeit meine Verwandtschaft mit Onkel Theodor herausgekriegt, der, wie ihr wißt, ein Krösus ist. Sie kann es sich an den Fingern abzählen, daß ich eines Tages ein reicher

Mann sein werde. Sie hatte meinen Onkel Theodor bereits gekannt, als er noch Vikar an der St.-Botoloph-Kirche in Knightsbridge war. Vom ersten Augenblick an hat sie mich mit der abstoßenden Vertrautheit behandelt, die man einem langjährigen Familienfreund entgegenbringt. Stets ist sie bemüht, mich in ihr, wie sie es nennt, ‹trautes Heim› zu locken, zu ihren Sonntagsessen, zu ihren ‹kleinen Nachtessen›! Einmal hat sie mir doch tatsächlich vorgeschlagen, sie und ihre getreuliche Tochter zur Königlichen Akademie der Künste zu begleiten.›

Er lachte bitter. Die beißenden Witze, die Lancelot Mulliner über die Königliche Akademie der Künste riß, erzählte man sich in London von der Tite Street im Süden über Holland Park im Norden bis hin nach Blumsberry im Osten.

‹Allen diesen Angeboten gegenüber›, fuhr Lancelot fort, ‹verhielt ich mich betont abweisend. Meine Haltung war stets kühl und reserviert. Obwohl ich es nie ausdrücklich gesagt habe, daß ich lieber tot in einem Graben als in ihrem ‹trauten Heim› wäre, ließ mein Benehmen keine Zweifel offen. Schon hatte ich den Eindruck, ich sei sie endlich losgeworden, als Webster dazwischentrat und alle Hoffnungen zunichte machte. Wollt ihr wissen, wie oft ich vergangene Woche in diesem höllischen Haus zu Gast gewesen bin? Fünfmal. Webster scheint es zu wünschen. Ich kann euch nur sagen, um mich ist's geschehen.›

Er vergrub das Gesicht in den Händen. Scollop tippte Worple auf den Arm, und zusammen stahlen sie sich aus dem Zimmer.

‹Schlimm›, sagte Scollop.

‹Sehr schlimm!› pflichtete Worple bei.

‹Es kommt mir alles unglaublich vor.›

‹O nein. Fälle dieser Art sind bei Leuten wie Mulliner mit hochgradig überreizter, ultrasensibler künstlerischer Gemütsdisposition keineswegs selten. Ein Freund von mir, ein rhythmischer Raumgestalter, hatte sich einmal unbesonnenerweise anerboten, den Papagei seiner Tante zu sich zu nehmen, während sie bei Freunden in Nordengland weilte. Sie war eine Frau mit heftiger evangelischer Überzeugung, die sich der Vogel ebenfalls zu eigen gemacht hatte. Dieser konnte den Kopf schiefhalten, dabei einen Laut ausstoßen, als werde eine Flasche entkorkt, und meinem Freund die Gewissensfrage stellen, ob er bereits bekehrt worden sei. Kurz: als ich einen Monat später zufällig bei ihm vorbeiging, hatte er in seinem

Atelier ein Harmonium aufgestellt und sang mit vollem Tenor alte und neue Kirchenlieder. Der Papagei auf seinem Stängelchen, das eine Bein hochgezogen, übernahm den Baß. Eine sehr traurige Geschichte. Sie hat uns allen schrecklich zu schaffen gemacht.›

Ein Schauder überlief Worple.

‹Scollop, das ist entsetzlich! Da muß man doch etwas unternehmen.›

Rodney Scollop überlegte einen Augenblick.

‹Wir könnten Gladys Bingely telegrafieren, sie solle unverzüglich zurückkehren. Sie könnte den Unglückseligen vielleicht wieder zur Vernunft bringen. Der sanfte Einfluß einer Frau ... ja, das wäre eine Idee. Geh auf dem Heimweg bei der Post vorbei und schicke Gladys ein Telegramm. In die Kosten teilen wir uns.›

Im Studio verfolgte Lancelot stumm und mit starrem Blick eine schwarze Gestalt, die ins Zimmer getreten war. Er machte den Eindruck eines völlig in die Enge getriebenen Mannes.

‹Nein!› schrie er. ‹Nein! Hol's der Teufel!›

Webster sah ihn an und verzog keine Miene.

‹Warum sollte ich?› fragte Lancelot mutlos.

Webster zuckte nicht mit der Wimper.

‹Na also›, sagte Lancelot verdrießlich.

Mit bleiernen Füßen ging er aus dem Zimmer nach oben, zog seinen Cutaway mit gestreifter Hose an und setzte sich den Zylinder auf. Dann, mit einer Gardenie im Knopfloch, machte er sich auf den Weg zum Maxton Square II, wo Mrs. Carberry-Pirbright eine ihrer intimen Tee-Einladungen (‹nur einige liebe Freunde›) gab, um Clara Throckmorton Stooge, die Autorin von ‹Eines starken Mannes Kuß›, vorzustellen.

Gladys Bingely saß im Hotel in Antibes beim Mittagessen, als man ihr Worples Telegramm brachte. Es gab Anlaß zu ernstlicher Besorgnis.

Richtig klar wurde sie aus dem Inhalt allerdings nicht. Infolge der inneren Aufgewühltheit drückte sich Bernhard Worple sehr undurchsichtig aus. Bald glaubte sie, Lancelot sei schwer verunfallt. Bald schien des Rätsels Lösung, er habe sein Hirn dermaßen überbeansprucht, daß konkurrierende Irrenanstalten nun verbissen um seine Kundschaft wetteiferten. Dann wieder glaubte sie herauszulesen, Worple wolle ihr schonend beibringen, Lancelot habe sich mit dem Kater zusammengetan, um einen Harem zu eröffnen. Doch eines ging deutlich daraus hervor: ihr Herzallerliebster war in irgendwelche große Schwierigkeiten geraten, und seine treusten Freunde waren übereingekommen, daß lediglich ihre unverzügliche Rückkehr ihn noch zu retten vermochte.

Gladys zögerte keinen Augenblick. Eine halbe Stunde, nachdem sie das Telegramm erhalten hatte, waren ihre Koffer gepackt, ein letztes Stückchen Spargel aus der rechten Augenbraue entfernt, und sie besorgte sich bereits die Fahrkarte für den nächsten Zug Richtung Norden.

In London angekommen, war ihr erster Gedanke, schnurstracks zu Lancelot zu gehen. Aber eine angeborene weibliche Neugierde ließ sie vorerst Worple aufsuchen, um sich über einige besonders verworrene Stellen des Telegramms Klarheit zu verschaffen.

Worple mochte in seiner Eigenschaft als Schriftsteller zur Mehrdeutigkeit geneigt haben; beschränkte er sich hingegen auf das gesprochene Wort, konnte er klipp und klar sagen, worum es ging. Bereits nach fünf Minuten war Gladys über den Sachverhalt aufgeklärt, und auf ihrem Gesicht begann sich jener grimmige schmallippige Ausdruck abzuzeichnen, der ausschließlich bei Bräuten festzustellen ist, die nach einem kurzen Urlaub zurückkehren und erfahren müssen, daß ihr Liebster während ihrer Abwesenheit vom so geraden und schmalen Pfad der Tugend abgeirrt war.

‹Brenda Carberry-Pirbright?› fragte Gladys mit unheilvoll ruhiger Stimme. ‹Die Brenda Carberry-Pirbright kann er von mir aus haben! Mein Gott, wenn man keine paar Tage mehr nach Antibes fahren kann, ohne daß sich der Verlobte herausputzt und sich wie ein mormonischer Kirchenältester aufführt, sieht es langsam so aus, als hätten Mädchen bösen Zeiten entgegenzusehen.›

Der gutmütige Bernhard Worple tat sein möglichstes. ‹Ich halte den Kater dafür verantwortlich›, beteuerte er. ‹Meiner Meinung nach ist Lancelot, wie schon Shakespeare sagte, ein Mann, an dem man mehr gesündigt, als er sündigte. Ich glaube, seine Handlungen sind die Folge übermäßigen Einflusses oder Zwangs.›

‹Das nenne ich typisch Mann! Alles einem unschuldigen Kater in die Schuhe schieben.›

‹Lancelot sagt, es sei ein gewisses Etwas in seinem Blick!›

‹Eines versprech’ ich dir: wenn ich Lancelot wiedersehe, wird ihm ein gewisses Etwas in *meinem* Blick nicht entgehen.›

Wutschnaubend verließ sie Worple. Er seufzte traurig und wandte sich wieder seiner neo-vortizistischen Bildhauerei zu.

Kaum fünf Minuten später, als Gladys auf dem Weg zur Bott Street den Maxton Square überquerte, blieb sie wie angewurzelt stehen. Bei dem, was sie sehen mußte, wäre es jeder Verlobten so ergangen.

Auf dem Gehsteig zum Haus Nummer 11 kamen zwei Gestalten daher. Oder deren drei, zählte man einen verdrießlichen dackelähnlichen Köter hinzu, der an der Leine geführt voraustrappelte. Eine der Gestalten war Lancelot Mulliner, schmuck in grauem Fischgrät und neuem Homburg. Er war es, der die Leine hielt. In der andern erkannte Gladys vom Porträt her, das sie auf Lancelots Staffelei gesehen hatte, diese moderne Du Barry, diese notorische Penaten-Zerstörerin und Liebesnest-Demoliererin, Brenda Carberry-Pirbright.

Aber bereits waren sie die Treppe zu Nummer 11 hinaufgegangen und hatten sich zu den Teegästen gesellt, höchstwahrscheinlich bei gedämpfter Musik.

Knapp eineinhalb Stunden, nachdem Lancelot nicht ohne beträchtliche Mühe dem Nest der Philisterinnen entflohen war, raste er in einem Taxi nach Hause. Wie üblich nach einem ausgedehnten Tête-à-tête mit Miss Carberry-Pirbright, war er betäubt und verwirrt und fühlte sich, als hätte er in einem Meer von Kleister gebadet und dabei tüchtig geschluckt. Er wußte nur noch, daß er dringend etwas zu trinken brauchte und daß es im Schrank hinter dem Sofa zu finden war.

Er bezahlte den Fahrer und stürzte ins Haus, die ausgetrocknete Zunge schepperte gegen seine Vorderzähne. Und da, vor ihm, stand Gladys Bingely, die er weit, weit weg wähnte.

‹Du!› entfuhr es Lancelot.

‹Ja, ich!› sagte Gladys.

Die lange Wartezeit hatte nicht eben dazu beigetragen, ihren Gleichmut wiederherzustellen. Seitdem sie im Studio angekommen war, hatte sie Zeit gefunden, dreitausendeinhundertzweiundvierzigmal mit dem Fuß zu wippen, und die Summe der grimmigen Grimassen des Lächelns, die eine nach der andern über ihr Gesicht gezogen waren, belief sich auf neunhundertelf. Sie war in jeder Hinsicht für die Schlacht des Jahrhunderts gerüstet.

Sie erhob sich und trat Lancelot entgegen. Die geballte Weiblichkeit blitzte aus ihren Augen.

‹Nun, du Casanova!› sagte sie.

‹Du, du... wer?› fragte Lancelot.

‹Sag nicht, ‹Dudu› zu mir!› brüllte sie ihn an. ‹Spar dir das für deine Brenda Carberry-Pirbright auf! Ja, ich weiß Bescheid, Lancelot Don Juan Heinrich der Achte Mulliner! Ich hab' dich vorhin mit ihr gesehen. Wie ich höre, seid ihr unzertrennlich. Bernhard Worple sagt, du würdest sie heiraten.›

‹Du darfst nicht alles für bare Münze nehmen, was dir ein neovortizistischer Bildhauer erzählt.› Seine Stimme zitterte.

‹Wette, man hat dich zum Nachtessen eingeladen.›

Gladys attackierte aufs Geratewohl, stützte sich einzig und allein auf die besitzergreifende Kopfhaltung, die sie zuvor bei Brenda Carberry-Pirbright beobachtet hatte. ‹Hier›, hatte sie sich gesagt, ‹geht ein Mädchen, das Lancelot Mulliner zu einem traulichen Nachtessen einzuladen gedenkt oder bereits eingeladen hat und das er seinerseits danach ins Kino führen wird.› Die Bemerkung war ein Volltreffer. Lancelot ließ den Kopf hängen.

‹Es war die Rede davon›, gestand er.

‹Ah!›

Lancelot blickte verstört drein. ‹Ich will durchaus nicht hingehen›, beteuerte er. ‹Wirklich nicht. Aber Webster besteht darauf.›

‹Webster!›

‹Jawohl, Webster. Wenn ich kneifen will, setzt er sich vor mich hin und schaut mich an.›

‹Pah!›

‹Ja, das tut er. Frag ihn nur selber.›

Gladys wippte weitere sechsmal rasch hintereinander mit dem Fuß und brachte es somit auf ein Total von dreitausendeinhundertachtundvierzig. Sie änderte nun ihre Taktik und wurde gefährlich ruhig.

‹Lancelot Mulliner›, sagte sie, ‹du hast die Wahl. Zwischen mir und Brenda Carberry-Pirbright. Bei mir wirst du im Bett rauchen und den ganzen Tag lang in Pyjama und Hausschuhen herumgehen dürfen und brauchst dich nur sonntags zu rasieren. Von ihr, was hast du von ihr zu erhoffen? Ein Haus in South Kensington – vielleicht in der Brompton Road – möglicherweise mit ihrer Mutter unter dem gleichen Dach. Ein Leben, das eine einzige Folge von steifen Kragen und unbequemen Schuhen, von Cuts und Zylindern sein wird.›

Lancelot zitterte wie Espenlaub, sie aber fuhr unbarmherzig fort: ‹Jeden zweiten Donnerstag wirst du zu Hause sein, und man wird von dir erwarten, daß du mit Gurken belegte Brötchen herumreichst. Tagtäglich wirst du den Hund an die Luft führen, bis du ein eingefleischter Hundelüfter bist. Dinieren wirst du in Bayswater und den Sommer in Bournemouth oder Dinard verbringen. Wähle gut, Lancelot Mulliner! Ich gehe jetzt, damit du's überdenken kannst. Noch ein letztes Wort: Wenn du dich nicht bis Schlag halb acht an der Garbigde Mews 6a eingestellt hast, um mich zum Abendessen im kleinen Restaurant um die Ecke einzuladen, weiß ich, wofür du dich entschieden hast, und werde mich danach richten.›

Sie rieb sich Zigarettenasche vom Kinn und stürmte hoch erhobenen Hauptes zur Tür hinaus.

‹Gladys!› schrie Lancelot.

Aber sie war weg.

Eine Zeitlang stand Lancelot verdutzt da und tat keinen Wank. Dann fiel ihm ein, daß er noch immer nicht zu seinem Drink gekommen war. Er stürzte zum Schrank und griff nach der Flasche. Er entkorkte sie und schenkte gerade großzügig ein, als sich am Boden etwas regte und ihn ablenkte.

Es war Webster, der zu ihm aufblickte. Jener wohlbekannte stille, vorwurfsvolle Blick ruhte auf ihm, der zu sagen schien: ‹Schwerlich, was ich von der Dechanei her gewöhnt bin.›

Lancelot war wie gelähmt. Das ohnmächtige Gefühl, an Händen und Füßen gefesselt zu sein, in einer Falle zu stecken, aus der es kein Entrinnen gab, überkam ihn heftiger denn je. Die Flasche entglitt seinen kraftlosen Fingern und rollte über den Fußboden. Der Inhalt ergoß sich dunkelgelb, doch war Lancelot allzusehr in Gedanken versunken, um es zu bemerken. Mit einer Gebärde, wie Hiob sie gemacht haben mag, als er eine weitere Schwäre an sich entdeckte, taumelte er zum Fenster und schaute niedergeschlagen hinaus.

Dann drehte er sich seufzend um, schaute wieder auf Webster – schaute ein zweites Mal – und erstarrte.

Der Anblick, der sich ihm bot, hätte auch einen stärkeren Mann als Lancelot Mulliner umgehauen. Zuerst wagte er seinen Augen nicht zu trauen. Allmählich begriff er, daß es sich bei dem, was er sah, nicht nur um die Ausgeburt einer krankhaften Phantasie handelte. Das Unglaubliche geschah tatsächlich.

Webster kauerte neben der größer und größer werdenden Whiskylache. Doch kauerte er nicht etwa aus Mißfallen oder Ekel. Er kauerte, weil er kauernd näher an den Saft herankam und saubere Arbeit leisten konnte. Wie ein Kolben schoß seine Zunge hin und her.

Und dann hielt er für einen flüchtigen Augenblick inne, schaute zu Lancelot auf, und über sein Gesicht huschte ein Lächeln – so freundlich, so innig, so ganz wohlwollend kameradschaftlich, daß der junge Mann unweigerlich zurücklächeln mußte, er zwinkerte ihm sogar zu. Und als Antwort auf dieses Zwinkern zwinkerte Webster zurück. Es war ein herzliches, schalkhaftes Zwinkern, als frage er laut und deutlich: ‹Sag, wie lange gibt es denn so was schon?›

Mit einem leichten Schluckauf wandte er sich wieder dem köstlichen Naß zu, um keine Zeit zu verlieren, ehe es im Boden versickerte.

Sonnenschein flutete in Lancelot Mulliners finstere Seele. Es war, als sei eine schwere Last von seinen Schultern gewälzt worden. Der quälende Bann der vergangenen zwei Wochen war aufgehoben: er war wieder ein freier Mensch. In der allerletzten Minute hatte man ihn begnadigt. Webster, diese scheinbare Säule strenger Sittlichkeit, war auch nur ein gewöhnlicher Sterblicher. Nie wieder würde Lancelot unter seinen Blicken verzagen. Webster hatte ausgespielt.

Webster hatte sich nun wie der Hirsch am Abend satt getrunken. Er hatte vom Alkohol gelassen und drehte einige langsame nachdenkliche Runden. Von Zeit zu Zeit miaute er vorsichtig, als versuche er, ‹britische Konstitution› zu sagen. Die Silben blieben ihm jedoch im Halse stecken, schienen ihn zu kitzeln, und nach jedem Anlauf kicherte er amüsiert vor sich hin. Darauf verfiel er plötzlich in einen beschwingten Tanzschritt, einer Sarabande nicht unähnlich.

Es war eine bemerkenswerte Darbietung, und zu jedem andern Zeitpunkt hätte Lancelot sie mit gespannter Aufmerksamkeit verfolgt. Nun aber saß er an seinem Schreibtisch und setzte einen Brief an Mrs. Carberry-Pirbright auf. In knappen Worten teilte er ihr mit, daß, wenn sie glaube, er sei je wieder innerhalb einer Meile von ihrer Hütte anzutreffen, heute abend oder an irgendeinem Abend, so habe sie die Widerstandskraft eines Lancelot Mulliner gewaltig unterschätzt.

Und Webster? Der Alkohol hielt ihn in seinen Klauen. Die jahrelange Enthaltsamkeit hatte ihn zur leichten Beute der schicksalhaften Flüssigkeit werden lassen. Er war nun an jenem Punkt angelangt, an dem die Friedfertigkeit der Streitsucht Platz macht. Das eher dümmliche Lächeln war aus seinem Gesicht gewichen, seine Stirn umwölkte sich. Er richtete sich auf den Hinterbeinen auf und hielt nach einem geeigneten Gegner Ausschau. Dann, nachdem es um seine Selbstbeherrschung vollends geschehen war, raste er fünfmal im Zimmer herum, stieß gegen eine Fußbank, fiel grausam über sie her, weder Zähne noch Krallen schonend.

Aber Lancelot sah ihn nicht. Lancelot war nicht dort. Lancelot schrie in der Bott Street nach einem Taxi.

‹Nach Fulham, bitte, Garbidge Mews 6 a›, sagte er zum Fahrer.»

Émile Zola

Das Katzenparadies

Eine Tante hat mir einen Angorakater vermacht, das dümmste Tier, das ich kenne; doch an einem Winterabend hat mir dieser Bursche am Kamin folgende Geschichte erzählt:

Ich war zwei Jahre alt und der fetteste und naivste Kater, den man sich denken kann. In diesem zarten Alter zeigte ich den Stolz eines Tieres, das den häuslichen Herd verachtet. Und wie dankbar mußte ich doch der Vorsehung sein, daß sie mich zu Ihrer Tante geführt hatte! Die gute Frau betete mich an. In der Tiefe eines Schrankes besaß ich ein richtiges Schlafzimmer, mit Federkissen und dreifacher Decke. Die Verpflegung war ebensogut: kein Brot, keine Suppe, nur Fleisch, gutes blutiges Fleisch.

Und doch beseelte mich bei diesem Wohlleben nur ein Wunsch, nur eine Sehnsucht: durchs offene Fenster auf die Dächer zu entfliehen. Die Liebkosungen schienen mir abgeschmackt, mein weiches Bett war mir zuwider; ich war so fett, daß ich mich selbst nicht leiden konnte. Mein Glück langweilte mich den ganzen lieben Tag.

Ich muß bemerken, daß ich durchs Fenster das Dach des gegenüberliegenden Hauses sehen konnte, wenn ich den Hals reckte. Eines Tages balgten sich dort vier Katzen mit gesträubtem Fell und erhobenen Schwänzen unter wildem Freudengeheul auf den blauen Schieferplatten. In meinem ganzen Leben hatte ich so etwas noch nicht gesehen. Von diesem Tag an stand es bei mir fest: das wahre Glück findet man nur auf dem Dach, hinter diesem Fenster, das so sorgfältig verschlossen ist; so sorgfältig, fiel mir als Bestärkung in meinem Glauben ein, wie das Fleisch in dem Schrank.

Ich wollte fliehen. Es mußte im Leben noch Schöneres geben als blutiges Fleisch. Das Unbekannte, das Ideal. Eines Tages vergaß man, das Küchenfenster zu schließen. Ich sprang auf ein kleines Dach unter dem Fenster.

Wie schön waren die Dächer! Große Rinnen faßten sie ein, daraus köstliche Düfte emporstiegen. Ich ließ meine Pfoten in dem feinen Schlamm versinken, der lau war und unendlich weich. Mir war es, als ginge ich auf Sammet. Und die Sonne brannte so heiß, daß die Hitze mein Fett schmolz.

Ich kann nicht leugnen, daß ich dabei an allen Gliedern zitterte. Ich meiner Freude war ein gut Stück Angst. Ich erinnere mich besonders deutlich an ein fürchterliches Ereignis, das mich fast aufs Straßenpflaster hätte stürzen lassen. Drei Kater kollerten vom Dachfirst herunter und miauten mich schrecklich an; und als ich darüber in Ohnmacht fiel, verhöhnten sie mich Dickwanst und meinten, sie miauten nur zum Spaß. Da miaute ich mit ihnen. Das war entzückend. Die Übermütigen waren nicht so dick wie ich. Sie machten sich über mich lustig, als ich wie eine Kugel über das Zinkblech rollte, das die heiße Sonne erhitzte. Ein alter Kater aus der Bande nahm sich meiner besonders an. Er wollte mich erziehen, schlug es mir vor, und ich nahm mit Dank an.

Wie weit hinter mir lagen die Fleischtöpfe Ihrer Tante! Ich trank aus den Dachrinnen, und niemals hat mir gezuckerte Milch so süß geschmeckt. Alles erschien mir gut und schön. Eine Katze ging vorüber, eine entzückende Katze, bei deren Anblick mich eine noch nie gefühlte Erregung ergriff. Nur in meinen Träumen hatte ich diese erlesenen Geschöpfe gesehen, deren Rückgrat von so wundervoller Biegsamkeit ist. Wir stürzten ihr alle entgegen, meine drei Gefährten und ich. Ich überholte die andern und wollte mich gerade tief vor der entzückenden Katze verbeugen, daß biß mich einer meiner Kameraden grausam in den Hals. Ich stieß einen Schmerzensschrei aus.

«Bah», sagte der alte Kater und zog mich fort, «es gibt noch mehr solche Frauenzimmer.»

Nachdem ich eine Stunde lang herumgebummelt war, verspürte ich rasenden Hunger.

«Was ißt man eigentlich auf den Dächern?» fragte ich meinen Freund, den alten Kater.

«Was man findet», belehrte er mich.

Diese Antwort setzte mich in Verlegenheit; denn, soviel ich suchte, ich fand nichts. Endlich erblickte ich in einer Mansarde eine junge Arbeiterin beim Frühstück. Auf dem Tisch unter dem Fenster lag ein appetitlich rotes Kotelett.

«Das ist etwas für mich», dachte ich ganz naiv.

Und ich sprang auf den Tisch und packte das Kotelett. Aber die Arbeiterin bemerkte mich und versetzte mir einen Schlag auf den Rücken. Da ließ ich das Fleisch fallen und entfloh unter schrecklichen Flüchen.

«Du kommst wohl gerade aus deinem Dorf?» fragte mich der Kater. «Fleisch auf fremden Tischen darf nur von weitem begehrt werden. In den Dachrinnen mußt du suchen.»

Niemals werde ich begreifen können, daß das Fleisch in den Küchen nicht den Katzen gehöre. Mein Magen fing an zu knurren. Und der Kater brachte mich völlig zur Verzweiflung: er sagte, ich müßte bis zum Abend warten. Dann würden wir auf die Straße hinuntersteigen und die Kehrrichthaufen durchwühlen. Die Nacht abwarten! Das sagte er ruhig wie ein alter Philosoph. Ich fiel schon beim Gedanken an dieses lange Fasten in Ohnmacht!

Die Nacht kam langsam, eine eiskalte Nebelnacht. Es fing zu regnen an, spitz und wie mit Nadeln stechend, von Windstößen gepeitscht. Wir kletterten über eine Treppe hinunter. Wie häßlich erschien mir nun die Straße! Keine Wärme, keine Sonne, keine sonnenglänzenden Dächer mehr, auf denen man so herrlich herumtollen konnte. Meine Pfoten glitten auf dem schmutzigen Pflaster aus. Wehmütig dachte ich an mein Federkissen und meine dreifache Decke.

Kaum waren wir auf der Straße, wurde mein Freund, der Kater, ganz klein. Geduckt strich er an den Häusern entlang und sagte mir, ich sollte ihm schleunigst folgen. Beim ersten Torweg flüchtete er hinein und schnurrte im Gefühl der Sicherheit. Als ich ihn über diese Flucht fragte, sagte er: «Hast du den Mann gesehen, den mit der Kiepe und dem Haken?»

«Ja.»

«Na ja, hätte der uns bemerkt, so hätte er uns totgeschlagen und am Spieß gebraten!»

«Am Spieß gebraten? Aber gehört denn die Straße nicht uns? Man findet nichts zu essen und wird selbst noch aufgefressen!»

Der Kehricht stand vor den Türen. Ich wühlte verzweifelt in den Haufen herum. Zwei oder drei abgenagte Knochen fand ich. Da verstand ich erst, was für ein Leckerbissen frisches Fleisch für eine

Katze ist. Mein Freund, der Kater, kratzte den Schmutz wie ein Künstler auseinander. Langsam suchte er alles ab; bis zum Morgen mußte ich ihn begleiten. So verbrachte ich fast zehn Stunden im Regen und zitterte vor Kälte an allen Gliedern. Verdammte Straße, verfluchte Freiheit. Wie sehnte ich mich nach meinem Gefängnis!

Als der Kater am frühen Morgen sah, daß ich fast zusammenbrach, fragte er mich in seltsamem Ton: «Du hast genug davon, was?»

«O ja!»

«Möchtest du wieder nach Hause?»

«Natürlich, aber wie finde ich das Haus?»

«Komm. Schon als ich dich heute morgen sah, habe ich es mir gleich gedacht, daß ein so fetter Kater wie du nicht für die herben Freuden der Freiheit geschaffen ist. Ich weiß, wo du wohnst, ich bringe dich bis an die Tür.»

Das sagte dieser würdige Kater in aller Ruhe. Als wir angekommen waren, sagte er, ohne die geringste Erregung zu zeigen: «Leb wohl!»

«Nein», rief ich, «so wollen wir nicht auseinandergehen. Du mußt mit mir kommen. Ich teile mein Fleisch und mein Bett mit dir. Meine Herrin ist eine gute Frau...»

Er ließ mich nicht zu Ende sprechen: «Schweig, du bist dumm. Ich stürbe in diesem Treibhausleben. Dein üppiges Leben taugt nur für entartete Katzen. Niemals wird eine freie Katze sich durch Gefangenschaft Fleisch und weiche Bissen erkaufen... Leb wohl.»

Und er kletterte wieder auf seine Dächer. Ich sah, wie seine große, magere Silhouette unter den Liebkosungen der aufgehenden Sonne voller Lust erschauerte.

Als ich wieder nach Hause kam, nahm Ihre Tante das Stöckchen, und ich freute mich dieser Schläge von Herzen. Voller Wollust genoß ich das Vergnügen, es warm zu haben und geschlagen zu werden. Während sie mich schlug, dachte ich schon mit Entzücken an das Fleisch, das ich bekommen würde.

«Sehen Sie», schloß meine Katze und streckte sich vor der Glut aus, «das wahre Glück, das Paradies, lieber Meister, besteht darin, daß man gefangen ist und in einem Zimmer, wo es Fleisch gibt, geschlagen wird.»

Ich spreche für die Katzen.

Mark Twain

Dick Baker und sein Kater

Einer meiner Kameraden dort – auch ein Opfer von achtzehn Jahren unbelohnter Plackerei und vernichteter Hoffnungen – war eines der sanftesten Gemüter, die je in öder Verbannung geduldig ihr Kreuz getragen haben: der gesetzte und schlichte Dick Baker, Nestergräber von Dead-House Gulch. Sechsundvierzig Jahre alt, grau wie ein Ratz, ernst beschaulich, mit dürftiger Bildung, schlampig gekleidet und lehmbeschmiert, sein Herz aber aus edlerem Metall als alles Gold, das seine Schippe zutage förderte – ja als alles, was jemals gegraben oder geprägt worden ist.

Immer wenn er eine Pechsträhne hatte und ein bißchen niedergeschlagen war, fing er an, um den Verlust einer wunderbaren Katze zu trauern, die er einmal besessen hatte (denn wo keine Frauen und Kinder da sind, halten sich gutherzig veranlagte Männer Schoßtiere, weil sie irgend etwas liebhaben müssen). Und immer sprach er von der merkwürdigen Klugheit dieser Katze, und er tat dies mit der Miene eines Mannes, der im geheimsten Innern glaubte, daß sie etwas Menschliches – vielleicht sogar Übernatürliches – an sich gehabt hätte.

Ich hörte ihn einmal von diesem Tier erzählen. Er sagte: «Wissen Sie, ich hab hier mal 'ne Katze gehabt, die hieß Tom Quarz, die hätte Sie vielleicht interessiert, ich meine – hätte fast jeden interessiert. Hab sie hier acht Jahre gehabt – die phantastischste Katze, die *ich* jedenfalls gesehn hab. War 'n großer grauer Kater, mein Tom Quarz, mit mehr Menschenverstand wie jeder hier im Camp – und *würdig* – hätte sich nicht mal von unserm hohen Gouverneur vertraulich kommen lassen. Sein ganzes Leben lang hat er keine Ratte gefangen – war ihm nicht fein genug. Ihn hat nichts weiter reizen können wie's Goldgraben. Da wußt er mehr drüber, dieser

Kater, wie alle Leute, die ich überhaupt kenne. Übers Seifengraben konnte ihm keiner mehr was vormachen – und für Nester, Mann, dafür war er richtiggehend geboren. Hat hinter mir und Jim herge-buddelt, wenn wir über die Hügel schürfen waren, und ist ganze fünf Meilen hinter uns hergetrottet, wenn wir so weit gegangen sind. Und hat den allerbesten Riecher gehabt für Boden mit was drin – so was haben Sie einfach noch nicht gesehn. Haben wir dann mit der Arbeit angefangen, hat er rumgeäugt, und wenn er von den Anzeichen nicht viel gehalten hat, hat er geguckt, wie wenn er sagen wollte: ‹Mich müßt ihr schon entschuldigen›, und hat dann ohne jedes weitere Wort die Nase hochgenommen und ist abgeschoben und nach Hause. Hat ihm der Boden aber gefallen, hat er abgewartet und keinen Mucks gesagt, bis die erste Pfanne ausgeseift war, und dann ist er anscharwenzelt gekommen und hat sich's angeguckt, und hatten wir so Stücker sechs bis sieben Goldkörner drin, war er zufrieden – 'ne bessere Schürfe wollte er gar nicht –, und dann hat er sich auf unsre Jacketts hingehaun und wie's Dampfschiff ge-schnarcht, bis wir aufs Nest gestoßen sind, und ist dann aufgestan-den und hat Aufsicht geführt. Im Obersteigern war er schon beinah ganz große Klasse.

Na ja, und dann kam das Getue mit dem Quarzbau. Sind alle rein versessen drauf gewesen, haben sich alle mit der Picke und Spreng-pulver rangemacht, statt auf 'm Hang zu schippen – haben alle ihrn Schacht gebohrt, statt über Tage zu kratzen. Jim ließ keine Ruhe mehr, wir sollten's auch mal mit Adern probieren, und das haben wir denn. Haben uns an einen Schacht gemacht, und Tom Quarz, der hat sich vielleicht gewundert, was in drei Teufels Namen das nu alles bedeuten sollte. So 'ne Art Bergbau hatte er doch noch nie gesehn, und er war reineweg durcheinander, es ging ihm irgendwie nicht ein, war ihm einfach zu hoch. Hat ihm gestunken, kann ich Ihnen sagen, hat ihm mächtig gestunken – hat's wohl für den reinsten Blödsinn gehalten. Aber dieser Kater war schon von früher her gegen alle neumodischen Einrichtungen – die konnte er irgend-wie nicht ausstehn. Sie wissen ja, wie das mit alten Gewohnheiten so ist. Langsam hat sich Tom Quarz dann aber doch 'n bißchen damit ausgesöhnt, bloß hat er nie völlig verstanden, warum nu immerzu Schacht gebohrt und gar nichts mehr ausgeseift wurde. Zuletzt ist er auch selber runter in den Schacht gekommen, um sich die Sache zu beschnuppern. Und wenn er mal miesepetrig war und niedergeschlagen und verärgert und sauer – denn er wußte doch, daß wir immer tiefer in die Kreide gerieten und keinen einzigen Cent machten –, da hat er sich in der Ecke auf einem Jutesack zusammengerollt und sich ausgeschlafen. Wie nu eines Tages der Schacht seine zirka acht Fuß tief war, wurde das Gestein so knochenhart, daß wir sprengen mußten – das erstemal in Tom Quarz' Leben. Und da haben wir also die Lunte angezündet und sind raus und fünfzig Schritt weit weg – und haben Tom Quarz vergessen und auf dem Sack weiterschlafen lassen. Nach ungefähr einer Minute sehn wir aus dem Loch 'ne Rauchwolke rauspuffen, und dann ist alles mit furchtbarem Krach losgegangen, und zirka vier Millionen Tonnen Felsen und Erde und Rauch und Splitter sind anderthalb Meilen hoch in die Luft geflogen, und, weiß der Kuckuck, genau mittendrin der alte Tom Quarz! Und schießt wie wahnsinnig Kobolz und schnaubt und niest, und haut um sich und will sich wo festkrallen. Half bloß nicht, wissen Sie, half überhaupt nicht. Und dann haben wir zweieinhalb Minuten lang nichts mehr von ihm gesehn, und auf einmal hat's Steinbrocken und Dreck geregnet, und dann plumps! ist er runtergekommen, ungefähr zehn Fuß weit ab von da, wo wir standen. Na, der sah aus wie das gemeinste Viech, was Ihnen je übern Weg gelaufen ist. Das eine Ohr hinten am Genick und den Schwanz verbogen und die Wimpern versengt und ganz schwarz von Pulver und Rauch und mit Dreck beschmiert und von oben bis unten mistig. Also, ich sag Ihnen, sich entschuldigen wollen, war sinnlos – kein Wort brachten wir raus. Er hat erst sich selber und denn uns angeguckt, ganz empört, so als ob er sagen wollte: ‹Ihr kommt euch wohl sehr schlau vor, was, 'ne Katze so reinzulegen, die mit Quarz noch keine Erfahrung hat, aber ich denk da anders drüber!›, und dann machte er kehrt und zog ab nach Hause, ohne noch weiter was zu sagen.

Das war genau seine Art. Und Sie werden's vielleicht nicht glauben, aber was der hinterher für 'n Vorurteil gegen Quarzbau hatte, das war bei 'ner Katze einfach einmalig. Und wie er dann nach und nach doch wieder runter in den Schacht gegangen ist, da hätten Sie gestaunt, wie schlau er da war. Den Moment, wo wir 'ne Sprengung loslassen wollen und die Lunte anfängt zu knistern, guckt er als wie: ‹*Mich* müßt ihr schon entschuldigen›, und nichts wie raus aus 'm Loch und rauf auf 'n Baum. Klugheit? Gar kein Ausdruck. Schon mehr höhere Eingebung!»

Ich sagte: «Diese Voreingenommenheit gegen den Quarzbau ist wirklich erstaunlich, Mr. Baker, wenn man bedenkt, wie er sie sich geholt hat. Konnten Sie ihn denn nie davon heilen?»

«Ihn *heilen?* Ach herrje! Wenn Tom Quarz erst einmal gegen was war, dann war er *immer* dagegen – und da hätten Sie ihn dreimillionenmal in die Luft sprengen können, sein verdammtes Vorurteil gegen Quarzbau hätten Sie nicht aus ihm rausgekriegt, nein, aus ihm nicht.»

Die Liebe und der Stolz, die Bakers Gesicht erhellten, wenn er der Standhaftigkeit seines einstigen ergebenen Freundes Tribut zollte, wird mir immer lebendig in Erinnerung bleiben.

Damon Runyon

Lillian

Was ich schon lange sage: Wilbur Willard hat immer wieder unverschämten Dusel, denn was sonst als purer Dusel läßt ihn grade an diesem kalten, verschneiten Morgen die Neunundvierzigste Straße runtertorkeln, als Lillian auf dem Bürgersteig herummiaut und ihre Mutti sucht.

Und ist es vielleicht kein Dusel, daß Wilbur Willard grade voll ist wie eine Strandhaubitze, weil er soeben mit einem Freund namens Haggerty in dessen Wohnung in der Neunundfünfzigsten Straße etliche Pullen Whisky geschmettert hat? Denn hätte Wilbur Willard grade mal keinen in der Krone gehabt, hätte er in Lillian nichts als eine kleine schwarze Katze gesehn und einen großen Bogen um sie gemacht, weil jeder weiß, schwarze Katzen bringen unheimliches Pech, selbst wenn sie noch ganz klein sind.

Aber in besagtem schwergeladenem Zustand sieht für Wilbur Willard alles anders aus, und so sieht er auch Lillian nicht als die kleine schwarze Katze, die da im Schnee rumkrabbelt, sondern er sieht einen herrlich schönen Panther, denn ein Blauer namens O'Hara, der grade vorbeischlendert und der Wilbur Willard kennt, hört, wie er sagt: «Oh, du wunderschöner Panther, du!»

Der Blaue linst selber mal schnell hin, denn er wünscht nicht, daß in seinem Revier Panther frei rumlaufen, weil das polizeiwidrig ist, aber, wie er mir später erzählt, er sieht weiter nichts als diesen versoffenen Schauspieler Willard, wie er eine verhungerte kleine schwarze Katze aufhebt und in seine Manteltasche stopft, und er hört noch, wie Wilbur sagt: «Von jetzt an heißt du Lillian.»

Dann schwankt Wilbur weiter bis in sein Zimmer im obersten Stockwerk einer verwanzten alten Bude in der Achten Avenue, die sich Hotel Brüssel nennt, wo er schon eine ganze Weile wohnt, weil die Direktion nichts gegen Schauspieler hat, denn die Direktion vom Hotel Brüssel ist wirklich sehr großzügig.

Am gleichen Morgen läuft eine Beschwerde von seiten einer Zimmernachbarin von Wilbur ein, einer alten Varieté-Puppe namens Minnie Madigan, die seit der Zeit von Abraham Lincolns Ermordung kein Engagement mehr hat, weil sie Wilbur in seinem Zimmer nämlich dauernd von einem wunderschönen Panther faseln hört, und sie ruft den Portier rauf und erklärt, ein Hotel, in dem wilde Tiere erlaubt sind, ist nicht respektabel. Aber der Portier guckt bei Wilbur rein und stellt fest, daß er nur mit einem harmlosen schwarzen Kätzchen spielt, und so erfolgt auf die Meckerei der alten Puppe weiter nichts, vor allem, wo ja sowieso kein Mensch behauptet, das Hotel Brüssel ist ein besonders respektables Haus.

Als Wilbur am nächsten Nachmittag aus der Narkose erwacht, sieht er natürlich, daß Lillian gar kein Panther ist, und er ist sogar recht erstaunt darüber, daß er zusammen mit einem schwarzen Kätzchen im Bett liegt, denn Lillian schläft scheint's an Wilburs Brust, um es schön warm zu haben. Zuerst will Wilbur seinen Augen nicht trauen, und er schiebt es auf Haggertys Whisky, aber schließlich merkt er doch, daß er sich nicht täuscht, und so steckt er Lillian wieder in die Tasche und nimmt sie mit rüber in die «Scharfe Kiste», das Nachtlokal, und gibt ihr Milch zu trinken, die Lillian scheint's sehr gern mag.

Wo Lillian nun eigentlich herstammt, weiß natürlich kein Mensch. Höchstwahrscheinlich pfefferte sie jemand aus dem Fenster in den Schnee runter, weil die Leute in New York dauernd junge Katzen und ähnliches Zeug aus dem Fenster pfeffern. Tatsache, wenn es etwas im Überfluß gibt hier in New York, dann sind das kleine Katzen, die schließlich zu großen Katzen ranwachsen und in Mülleimern schnuppern und auf den Dachböden rummiauen, so daß kein Mensch richtig schlafen kann.

Ich persönlich mach' mir gar nichts aus Katzen, auch aus jungen nicht, weil ich bisher noch nie eine zu sehen kriegte, die halbwegs vernünftig ist, obgleich ich einen Kerl namens Pussy McGuire kenne, der sich nur damit einen prima Lebensunterhalt verdient, daß er Katzen und gelegentlich auch Hunde klaut und sie an alternde Puppen verkauft, die so was zur Gesellschaft mögen. Aber Pussy klaut bloß Perser- und Angorakatzen, die ganz vornehm sind, und natürlich gehört Lillian nicht zu dieser Sorte von Katzen,

Lillian ist nichts weiter als eine ganz simple schwarze Katze, und kein Mensch in New York würde auch nur zehn Cent fürs Dutzend zahlen, weil sie allgemein als üble Pechbringer gelten.

Außerdem stellt sich nach ein paar Wochen raus, daß Wilbur Willard sie genausogut Hermann oder Emil nennen könnte, aber Wilbur bleibt bei Lillian, weil das der Name seiner Partnerin war, als er vor Jahren noch im Varieté auftrat. Er erzählt mir oft von Lillian Withington, wenn er einen in der Krone hat, was allerhand oft vorkommt, denn Wilbur hat eine große Schwäche für Scotch und alle Sorten amerikanischen Whisky oder für Gin oder was sonst grade Trinkbares da ist außer Wasser. Tatsache, Wilbur Willard ist ein gewaltiger Trinker vor dem Herrn, und es hat gar keinen Sinn, ihm zu erzählen, daß das Trinken hierzulande gesetzwidrig ist, weil ihn das nur wild macht und er dann sagt, das Gesetz kann ihn gern haben, nur braucht Wilbur Willard einen viel kräftigeren Ausdruck als gern haben.

«Sie ist wie ein wunderschöner Panther», erzählt mir Wilbur von Lillian Withington. «Schwarze Haare und schwarze Augen, und sie hat Kurven wie ein Panther, den ich mal im gleichen Programm mit uns in einer Dressurnummer im Palace seh'. Wir sind eine Hauptattraktion damals», sagt er, «Willard und Withington, die beste Gesang- und Tanznummer im ganzen Land.

Ich gabele sie in San Antonio auf, einem Nest in Texas», sagt Wilbur. «Sie ist eben erst aus der Klosterschule raus, und ich verliere grade meine alte Partnerin Mary McGee, die mir da unten plötzlich vor der Nase an Lungenentzündung wegstirbt. Lillian will zur Bühne und tut sich mit mir zusammen, die geborene Schauspielerin, mit einer großartigen Stimme. Aber wie ein Panther», sagt Wilbur, «wie ein Panther! In ihr steckt eine Katze, da gibt's nichts, und Katzen wie Frauen sind beide undankbar. Ich liebe Lillian Withington. Ich möchte sie heiraten. Aber sie ist eiskalt gegen mich. Sie sagt, sie denkt nicht dran, ihr ganzes Leben lang bei der Bühne zu bleiben. Sie sagt, sie will Geld und Luxus und eine schöne Wohnung, und so was kann ein Kerl wie ich einer Puppe natürlich nicht bieten.

Ich trage sie auf Händen», sagt Wilbur, «ich bin ihr Sklave. Es gibt nichts, was ich nicht für sie tue. Dann, eines Tages überfällt sie mich in Boston und erzählt mir eiskalt, daß sie mich verläßt. Sie sagt, sie heiratet einen reichen Knaben dort. Damit ist natürlich unsere Nummer geplatzt, und ich bring' es nie mehr übers Herz, mich nach einer anderen Partnerin umzusehn, und dann verfalle ich auf die gute alte Schnapsbuddel, und was ist jetzt aus mir geworden? Ein ganz ordinärer Kabarettsänger.»

Dann fängt er manchmal plötzlich an zu heulen, und manchmal heule ich mit ihm, obgleich Wilbur, wie ich die Sache anseh', doch noch ganz gut dabei wegkommt, was das betrifft, weil er nämlich eine Puppe los wird, die sich dauernd Sachen wünscht, die er ihr nun mal nicht geben kann. Manch einer in unserer Stadt hat eine Puppe am Hals, die sich Sachen wünscht, die er ihr nicht geben kann, wobei er sich aber trotzdem nicht von ihr trennen kann und sich nur um des lieben Friedens willen für sie ruiniert.

Wilbur verdient ganz anständig als Kabarettsänger in der «Heißen Kiste», wenn er auch fast all sein Geld für Whisky wieder rausschmeißt, und er ist noch nicht mal ein so schlechter Kabarettist. Manchmal, wenn ich in Katerstimmung bin, geh' ich in die «Heiße Kiste», um ihn «Melancholy Baby» und «Moonshine Valley» und andere Couplets singen zu hören, die mir mit ihrer Traurigkeit das Herz brechen. Ich persönlich kann gar nicht verstehn, wie eine Puppe es überhaupt fertigbringt, Wilbur nicht zu lieben, besonders wenn sie ihn solche Couplets wie «Melancholy Baby» singen hört und er schön blau dabei ist, denn Wilbur ist ein großer, sympathischer Kerl mit langen Wimpern und verschlafenen braunen Augen, und seine Stimme hat jenes gewisse tiefe Schluchzen, auf das die Puppen immer so fliegen. Tatsächlich wirft auch schon manche Puppe Wilbur verheißungsvolle Blicke zu, wenn er in der «Heißen Kiste» singt, aber aus irgendeinem Grund beißt Wilbur niemals an, und ich glaube, der Grund ist, weil für ihn einzig und allein nur Lillian Withington existiert.

Seit er nun Lillian, das schwarze Kätzchen, hat, scheint das Leben für Wilbur wieder neues Interesse zu gewinnen, und Lillian entpuppt sich denn auch als ein reizendes und bildhübsches Wesen, nachdem Wilbur sie erst mal gut rausgefüttert hat. Sie ist schwarz wie ein Ofenrohr, ohne auch nur das kleinste weiße Fleckchen, und sie wächst in einem derartigen Tempo, daß Wilbur sie bald nicht mehr bei sich in der Tasche tragen kann, deshalb legt er ihr ein Halsband an und führt sie an der Leine rum. Auf diese Weise wird Lillian am Broadway wohlbekannt, indem Wilbur ihr all die vielen Lokale zeigt, und es dauert gar nicht lange, da braucht Wilbur sie überhaupt nicht mehr an der Leine zu führen, sondern sie läuft auf Schritt und Tritt hinter ihm her wie ein Hund, und nirgendwo im Gebiet der brausenden Vierziger Straßen gibt es auch nur einen einzigen Köter, dem im geringsten daran liegt, mit Lillian anzubinden, denn ehe man piep sagen kann, ist sie den Kötern auf den Buckel gesprungen und kratzt und beißt solang auf ihnen rum, bis sie nur noch den einen Wunsch haben, schnellstens wieder von ihr loszukommen.

Allerdings handelt es sich bei den Kötern in den Vierziger Straßen in der Hauptsache um Chows und Pekinesen oder um Spitze oder flaumige weiße Zwergpudel, die von blonden Puppen an der Leine rumgeführt werden und natürlich nicht imstande sind, es mit einer so abgefeimten Katze aufzunehmen. Schließlich hat es Wilbur Willard tatsächlich mit sämtlichen Puppen zwischen Times Square und Columbus Circle, die einen Köter besitzen, total verdorben, und sie allesamt hoffen nur noch, Wilbur und Lillian möchten irgendwohin verschwinden und verrecken. Weiterhin muß Wilbur sich etliche Male mit Kerls rumprügeln, die auch zu den betreffenden Puppen gehören, aber Wilbur ist als Boxer beileibe nicht zu unterschätzen, es sei denn, er ist grade allzu blau und kann keine genügende Beinarbeit leisten.

Wenn Wilbur in der «Heißen Kiste» mit seinen Vorträgen fertig ist, macht er gewöhnlich die Runde in sämtlichen verbotenen Kneipen, die vielleicht noch offen haben, und setzt außer der Reihe noch ein paar Schnäpse auf das Quantum drauf, das er bereits in der «Heißen Kiste» tankt – und das ist an sich schon eine ganze Menge –, und obgleich es in New York für sehr riskant gilt, den Fusel, den sie in der«Heißen Kiste» ausschenken, mit anderm Fusel durcheinander zu trinken, scheint Wilbur das nie das geringste anzuhaben. Sobald am Morgen die Sonne aufgeht, nimmt er sich dann noch zwei Pullen Scotch Whisky mit auf seine Bude im Hotel Brüssel, wo sie ihm endgültig zu der nötigen Bettschwere verhelfen, so daß Wilbur Willard, wenn er endlich so weit ist, daß er einschlummert, eine ganz hübsche Ladung Alkohol der verschiedensten Gattungen intus hat, worauf er dann ausgezeichnet zu pennen pflegt.

Natürlich macht niemand am Broadway Wilbur den geringsten Vorwurf wegen seines versoffenen Lebenswandels, denn jedermann ist ja darüber im Bilde, daß er Lillian Withington, seine große Liebe, verloren hat, denn es gilt bei uns in New York als völlig ausreichende Entschuldigung für einen, der zur Pulle greift, wenn er seine Puppe verliert, weswegen ja bei uns auch soviel getrunken wird, nur daß es für jedermann ein großes Rätsel bleibt, wie Wilbur nur all diese Schnapsmengen verträgt, ohne dabei draufzugehen. Die Friedhöfe sind gerappelt voll von Kerls, die bedeutend weniger trinken als Wilbur, aber Wilbur scheint noch nicht mal nennenswerte Nachwirkungen zu spüren, oder wenn er das doch tut, dann behält er es für sich und erzählt nicht aller Welt, daran sei nur der miserable Fusel schuld, den man heutzutage vorgesetzt kriegt.

Ein paar von den Jungens bei Mindy verlieren in einem Winter mal eine hübsche Stange Geld, weil Wilbur nach Geschäftsschluß plötzlich fast nur noch in Amüsier-Charlys Kneipe weitersäuft, worauf sie Wetten vier zu eins anbieten, daß er nicht länger als bis zum Frühjahr mitmacht, denn sie taxieren, kein Mensch kann größere Mengen von Amüsier-Charlys Schnaps verdrücken und dabei am Leben bleiben. Aber Wilbur Willard schafft es trotzdem, so daß sie alle sagen, der Kerl hat einfach eine übermenschliche Natur, und es dabei bewenden lassen.

Gelegentlich guckt Wilbur mal bei Mindy rein, gefolgt von Lillian, die nach Kötern Ausschau hält, oder sie sitzt auch auf seiner Schulter, wenn schlechtes Wetter ist, und die beiden hocken dann stundenlang an unserm Tisch, und wir quasseln über dies und jenes. Bei solchen Gelegenheiten trägt Wilbur meist eine Flasche in der Hüfttasche und genehmigt sich ab und zu einen Schluck, aber selbstverständlich fällt das bei ihm nicht unter die Rubrik zünftiges Trinken. Wenn Lillian mit dabei ist, kuschelt sie sich immer so dicht an ihn ran wie nur möglich, und jeder kann sehn, daß sie scheint's sehr an Wilbur hängt und daß er auch sehr an ihr hängt, wenn er sich auch manchmal vergißt und von ihr als von einem wunderschönen Panther redet. Aber dann verspricht er sich natürlich nur, und überhaupt, wenn Wilbur Spaß dran hat, in Lillian einen Panther zu sehn, dann ist das ja sowieso eine höchst private Angelegenheit und geht niemand anders was an. – «Ich rechne damit, daß sie mir eines Tages fortläuft», sagt Wilbur und streichelt Lillians Rücken, bis ihr Fell knistert. «Jawohl, wenn ich ihr auch dauernd Leber und Gemüse und dies und das zu fressen gebe und ihr meine ganze Zuneigung schenke, eines Tages wird sie mich wahrscheinlich doch abhängen. Katzen sind wie Weiber, und Weiber sind wie Katzen. Beide sind sie sehr undankbar.» – «Und beide bringen meistens nur

Pech», sagt der Lange Nig, der große Spieler, «besonders Katzen, und ganz besonders schwarze Katzen.»

Noch viele andere Kerls machen Wilbur klar, daß schwarze Katzen Pech bringen, und raten ihm, Lillian eines Nachts mit einem Stein am Hals im North River verschwinden zu lassen, aber Wilbur behauptet, er hat schon alles Pech auf der Welt, als er Lillian Withington verliert, und Lillian, die Katze, kann es gar nicht schlimmer machen, als es sowieso schon ist, und so sorgt er denn weiter ganz extra gut für sie, und Lillian wird immer größer und größer, bis auch ich langsam denke, vielleicht hat doch ein Bernhardiner was mit ihr zu tun.

Eines Tages mach' ich bei Lillian eine ganz komische Entdeckung. Manchmal benimmt sie sich sehr zärtlich gegen Wilbur, und dann wieder ist sie richtig kratzbürstig gegen ihn und faucht ihn an und schlägt direkt bösartig mit den Krallen nach ihm. Es kommt mir so vor, als ob sie freundlich ist, wenn Willard einen sitzen hat, dann aber wieder genauso mißgelaunt und reizbar wie er selbst, wenn er nicht soviel getrunken hat. Wenn Lillian aber schlechter Laune und reizbar ist, dann gnade Gott den Kötern in der Nachbarschaft vom Hotel Brüssel.

Ja, Lillian fängt sogar an, regelrecht Jagd auf sie zu machen, sie schleicht sich davon, wenn Wilbur pennt, und jagt dann hinter den Kötern her, bis ihnen die Puste ausgeht, besonders wenn sie einen entdeckt, der frei rumläuft. Ein Köter, der nicht an der Leine geht, ist für Lillian einfach Schlagsahne.

Das erregt natürlich große Empörung bei den Puppen, denen die Köter gehören, besonders als Lillian eines Tages nach Hause kommt und einen Pekinesen, der so groß ist wie sie selbst, am Genick reinschleppt, gefolgt von einer furchtbar aufgeregten Puppe, die vor Wilbur Willards Tür Zetermordio schreit, als Lillian durch ein Loch, das Wilbur für sie in seine Tür sägte, reingeflitzt kommt, mit dem Peki immer noch im Maul. Aber Wilbur ist scheint's hoch beglückt darüber, statt böse zu werden und Lillian für ihre Untaten zu verprügeln, denn er ist zufällig noch benebelt, als Lillian mit dem Peki eintrifft, und sieht in Lillian einen wunderschönen Panther.

«Donnerwetter», sagt Wilbur, «das kann man wohl als Anhänglichkeit bezeichnen! Mein wunderschöner Panther begibt sich in den Dschungel und holt mir eine Antilope für mein Abendessen.»

Natürlich ist das alles reinster Quatsch, denn ein Pekinese ist nun mal bestimmt keine Antilope, aber die blonde Puppe vor der Tür hört Wilburs Gemurmel, und sie glaubt im Ernst, daß er ihren armen Peki zum Abendbrot verspeisen will, und das Gezeter, das sie erhebt, ist gradezu fürchterlich. Es gibt ein Riesentheater im Hotel Brüssel, bis man die blonde Puppe endlich darüber beruhigt, daß Lillian ihren Pekinesen geraubt hat, und zu allem Überfluß kreuzt am nächsten Abend in der «Heißen Kiste» noch der blonden Puppe ihr treuliebender Kerl auf, der sich als ein ganz gefährlicher italienischer Schnapshändler namens Gregorio entpuppt, und er möchte Wilbur Willard eine blaue Bohne in die Rippen jagen.

Aber Wilbur macht ihn mit ein paar Schnäpsen weich und indem er ihm «Melancholy Baby» vorsingt, und ehe der Italiano wieder abhaut, wird er ganz rührselig zu Wilbur und auch zu Lillian und möchte Wilbur fünf Dollar schenken, damit Lillian den Pekinesen noch mal packt, nur muß Lillian versprechen, ihn nie wieder zurückzubringen. Gregorio schätzt den Pekinesen scheint's gar nicht besonders und spielt nur den wilden Mann, um der blonden Puppe zu Gefallen zu sein, und damit sie denken soll, daß er sie heiß und innig liebt.

Also, wie gesagt, ich merke, daß Lillian ihre Launen hat, und schließlich frage ich Wilbur, ob ihm das nicht auch auffällt.

«Ja», sagt er ganz traurig, «ich kann ihre Liebe scheint's nicht halten. Sie ist in letzter Zeit sehr wankelmütig. Neulich zieht im Brüssel auf meinem Stockwerk ein Kerl mit einem kleinen Jungen ein, und Lillian verliebt sich sofort mächtig in das Balg. Tatsächlich sind sie schon ganz dicke Freunde. Was will man machen», seufzt Wilbur, «Katzen sind wie Frauen. Ihre Zuneigung hält nicht an.»

Ein paar Tage später geh' ich zufällig ins Brüssel rüber, um einem Kerl namens Crutchy, der im gleichen Stock wie Wilbur wohnt, klarzumachen, daß einigen von unseren Mitbürgern seine Nase nicht gefällt und daß es gar keine schlechte Idee für ihn wäre, schleunigst abzureisen, besonders wenn er drauf bestehen sollte, Bier in ihrem Gebiet abzusetzen, und da sehe ich Lillian draußen auf dem Gang zusammen mit einem Kind, von dem ich taxiere, es wird wohl das Balg sein, von dem Wilbur neulich redet. Das Kind ist vielleicht drei Jahre alt und sehr niedlich mit seinem schwarzen Haar und seinen schwarzen Augen, und es tobt mit Lillian in einer Weise im Korridor rum, die höchst erstaunlich ist, denn Lillian ist sonst nicht die Katze, die sich's gefallen läßt, einfach so rumgezerrt zu werden, nicht mal von Wilbur Willard. Ich verstehe nicht, wie jemand drauf kommt, so ein Kind in eine Bruchbude wie das Brüssel zu bringen, aber ich taxiere, es gehört irgendeinem Schauspieler, und vielleicht ist gar keine Mutti dafür vorhanden. Als ich später mit Wilbur darüber spreche, sagt er: «Na, wenn der Alte von dem Kind Schauspieler ist, dann muß er wohl arbeitslos sein. Er hockt die ganze Zeit auf seiner Bude und erlaubt dem Kind, nirgendwo hinzugehn als nur auf den Gang, und mir tut der kleine Kerl leid, deswegen erlaube ich Lillian, mit ihm zu spielen.»

Inzwischen bricht eine starke Kälteperiode ein, und eines Morgens gegen fünf sitzen ein paar von uns bei Mindy, als wir plötzlich die Feuerwehr vorbeirasen hören. Nach einer Weile kommt ein Kerl rein, der Kansas genannt wird, weil er aus Kansas stammt, und der von Beruf Spieler ist.

«Das alte Brüssel brennt», sagt dieser gewisse Kansas.

«Da brennt's immer», sagt der Lange Nig, womit er meint, daß im Brüssel immer irgendwas Brenzliges vor sich geht.

Etwa um die gleiche Zeit kommt Wilbur Willard reinspaziert, und man sieht auf den ersten Blick, daß er wieder mal hoch in den Wolken schwebt. Wahrscheinlich kommt er von Amüsier-Charly, und er hat tatsächlich allerhand Dampf aufgesetzt. Noch nie sah ich Wilbur Willard so blau wie jetzt. Lillian hat er nicht bei sich, aber er nimmt sie ja sowieso nie mit zu Amüsier-Charly, weil Charly Katzen nicht ausstehn kann.

«He, Wilbur», sagt der Lange Nig, «deine alte Bude, das Brüssel, brennt.»

«Prima», sagt Wilbur, «ich bin ein Glühwürmchen, und ich verlange nach Licht. Kommt, wir gehen hin, wo's Feuer gibt.»

Das Brüssel ist nur ein paar Häuserblocks von Mindy entfernt, und da es sonst grade nichts andres zu tun gibt, gehn ein paar von uns mit zur Achten Avenue rüber, und Wilbur schaukelt vor uns her. Die alte Bude prasselt tatsächlich ganz prächtig, als wir näher rankommen. Die Feuerwehrleute spritzen aus allen Schläuchen, und die Blauen haben ihre Absperrseile gespannt, um die Menge zurückzuhalten, obgleich um diese frühe Morgenstunde keine große Menschenmenge vorhanden ist.

«Ist das nicht schön?» sagt Wilbur Willard in Betrachtung der Flammen versunken. «Sieht es nicht aus wie ein Märchenschloß, so ganz von Licht durchflutet?»

Wilbur kapiert nämlich überhaupt nicht, daß die Bude in Flammen steht, obgleich aus allen Türen Männer und Frauen rausgerannt kommen, die meisten nur halb angezogen oder mit überhaupt nichts am Leib, und die Feuerwehrleute spannen die Sprungnetze aus für den Fall, daß jemand aus dem Fenster raushopsen will.

«Es ist wirklich prachtvoll», sagt Wilbur. «Ich muß Lillian holen, damit sie's auch sehn kann.»

Und ehe wir merken, was los ist, latscht Wilbur Willard auch schon in den Hauseingang vom Brüssel rein, als ob überhaupt nichts passiert ist. Die Feuerwehr und die Blauen sind derartig überrascht, daß sie nur noch hinter Wilbur herbrüllen können, aber er kümmert sich nicht im geringsten drum. Na, jeder denkt natürlich, Wilburs letztes Stündlein hat geschlagen, aber nach zehn Minuten kommt er mit größter Seelenruhe aus derselben Tür mitten durch Rauch und Flammen wieder rausspaziert und hat Lillian im Arm.

«Stellt euch vor», sagt Wilbur, als er zu uns rüberkommt, während wir einfach sprachlos sind vor Staunen, «ich muß den ganzen Weg bis zu meinem Zimmer rauflaufen, weil der Fahrstuhl scheint's nicht mehr funktioniert. Die Bedienung wird immer miserabler in diesem Hotel. Verlaßt euch drauf, die Direktion kriegt todsicher allerhand deswegen von mir zu hören, sobald ich nur mal wieder was auf meine Rechnung abgezahlt habe.»

Und dann macht Lillian auf einmal laut Miau, hopst von Wilburs Arm runter und flitzt mit hochgezogenem Rücken an den Blauen und den Feuerwehrmännern vorbei, und eh' sich's einer versieht, schießt sie in den Eingang des alten Hotels rein und ist im Nu verschwunden.

«Na, na, na!» sagt Wilbur und macht ganz große Augen. «Da haut Lillian wieder ab!»

Und was tut Wilbur Willard, dieser irrsinnige Hund? Er schiebt doch wahrhaftig los und marschiert schnurstracks wieder ins Brüssel rein, und inzwischen kommt der Rauch so dicht aus dem Eingang gequollen, daß er nach ein paar Sekunden schon nicht mehr zu sehen ist. Die Blauen und die Feuerwehrleute hat er natürlich völlig überrumpelt, denn sie sind nicht drauf gefaßt, daß Leute vor ihrer Nase in Brandstätten rein- und rausmarschieren.

Diesmal wettet, was da rumsteht, zu den verschiedensten Quoten, zweieinhalb und auch drei zu eins, daß Wilbur nie wieder zum Vorschein kommt, denn aus den unteren Fenstern des alten Brüssel schlagen schon riesige Flammen und Rauchwolken raus, obgleich es in den oberen Stockwerken noch nicht ganz so toll zu brennen scheint. Alle Insassen haben das Gebäude inzwischen scheint's geräumt, und selbst die Feuerwehr bekämpft den Brand jetzt nur noch von außen, weil das Brüssel viel zu alt und baufällig ist, als daß es noch Sinn hätte, sich ins Innere reinzuwagen.

Ich will sagen, alle sind jetzt raus, außer Wilbur Willard und Lillian, und wir taxieren, die beiden werden irgendwo im Innern schön schmoren, nur Latschen-Samuel läuft rum und bietet dreizehn zu fünf für ein paar bescheidene Wetten, daß Lillian heil wieder rauskommt, denn Samuel behauptet, eine Katze hat neun Leben, und dafür ist das allerdings ein ganz faires Angebot.

Plötzlich kommt eine fesche Puppe angerannt, die irgendworüber furchtbar aufgeregt ist, und arbeitet sich mit Fäusten und Krallen durch die Menge bis an die Absperrung ran und schreit, daß man kaum sein eigenes Wort verstehen kann, und im selben Augenblick hört man jemand aus vollem Halse «Ai-li-hei-hi-ho» rufen, wie ein Schweizer jodelt, und der Jodler kommt ganz oben vom Dach des Brüssel runter, und wie wir raufgucken, wen sehen wir? Wilbur Willard steht da oben hart an der Dachrinne, hoch über Feuer und Rauch, und jodelt so laut, wie er kann.

Unter dem einen Arm trägt er irgendein großes Bündel, und unter dem andern hat er den kleinen Bengel eingeklemmt, den ich in der Halle mit Lillian spielen sah. Wie er da oben steht und sein «Ai-li-hei-hi-ho» ausstößt, kreischt die fesche Puppe neben uns noch lauter los als Wilbur jodelt, und die Feuerwehrleute rennen mit dem Sprungnetz zu der Stelle unter ihm.

Wilbur läßt noch einmal ein «Ai-li-hei-hi-ho» ertönen, und dann kommt er mit weit gespreizten Beinen, das Bündel und das Kind fest an sich geklemmt, runtergeschossen, aber er landet im Netz auf seinem Allerwertesten und hopst noch ein paarmal rauf und runter, bis er schließlich zum Stillstand kommt. Tatsächlich macht ihm die Hopserei solchen Spaß, daß er wahrscheinlich immer noch am Hopsen wäre, wenn die Feuerwehrleute das Netz nicht einfach losgelassen und ihn auf den Boden gesetzt hätten. Dann stapft Wilbur aus dem Sprungnetz raus, und ich sehe, das Bündel ist eine zusammengerollte Wolldecke, aus deren einem Ende Lillians Augen rausschielen. Das Kind hat er immer noch unterm Arm, sein Kopf steckt vorn und die Beine hinten raus, und es kommt mir so vor, als ob Wilbur mit dem Kind lange nicht so vorsichtig umgeht wie mit Lillian. Er steht da, grient die Feuerwehrleute höhnisch an, und schließlich sagt er: «Denkt bloß nicht, ihr könnt mich in eurem Netz fangen, wenn ich das nicht will. Ich bin ein Schmetterling, und mich hascht man nicht so leicht!»

Da stürzt plötzlich die elegante Puppe, die so laut angegeben hat, über Wilbur her, reißt ihm das Kind weg, drückt es an ihre Brust und knutscht es fürcherlich ab.

«Wilbur», ruft sie, «Gott segne dich Wilbur, daß du mein Baby rettest! Oh, ich danke dir, Wilbur, ich danke dir! Mein elender Mann entführt es und rückt mit ihm aus, und erst vor ein paar Stunden machen meine Detektive ausfindig, wo es steckt.»

Wilbur guckt die Frau eine halbe Minute lang mit seltsamen Blicken an und will grade weggehen, als Lillian sich aus ihrer Decke rausschlängelt, und sie sieht erheblich angesengt aus und riecht auch so, und dann sieht das Kind Lillian und erhebt ein lautes Geschrei nach ihr, bis Wilbur dem Jungen endlich die Katze gibt. Und weil er sich von Lillian nicht trennen kann, bleibt Wilbur verwirrt stehn, und die Puppe redet mit ihm, und schließlich gehn sie zusammen weg, und wie sie losziehn, hat Wilbur das Kind im Arm und das Kind hat Lillian im Arm, und Lillian fühlt sich gar nicht so besonders wohl mit ihren Brandwunden.

Inzwischen ist Wilbur so nüchtern wie wahrscheinlich seit Jahren nicht um diese Morgenstunde, aber ehe sie losgehen, hab' ich noch Gelegenheit, ein paar Worte mit Wilbur zu sprechen, als er noch ein bißchen wirr im Kopf ist, und aus seinen Reden entnehme ich, daß er Lillian das erste Mal, als er nach ihr raufgeht, in seinem Zimmer findet, aber von dem kleinen Kind ist nicht die geringste Spur zu sehn, und er denkt auch gar nicht an das Kind, da er ja sowieso nicht weiß, in welchem Zimmer es wohnt, weil er nie darauf geachtet hat.

Wie er aber zum zweitenmal raufläuft, schnuppert Lillian an der Türritze eines Zimmers rum, das weiter unten auf demselben Gang liegt, und Wilbur sagt, er glaubt sich noch zu erinnern, daß ein kleines Gerinnsel wie von Wasser unter der Tür hervorkommt.

«Und», sagt Wilbur, «wie ich nach einer Decke für Lillian suche und es mir zu umständlich ist, noch mal in mein Zimmer zurückzugehn, denke ich, ich hole mir einfach eine aus diesem Zimmer. Ich drücke auf die Klinke, aber die Tür ist verschlossen, deshalb trete ich sie ein, und wie ich reinkomme, ist das Zimmer voller Rauch, und die Flammen schlagen lieblich zum Fenster rein, und wie ich schnell eine Decke für Lillian vom Bett reiße, wer liegt drunter? Das Kind!»

«Schön», fährt Wilbur fort, «das Kind brüllt, und Lillian miaut, und überall herrscht überhaupt so eine Verwirrung, daß ich nervös werde, und ich taxiere daher, es ist besser, wir gehen erst mal aufs Dach, damit wir aus dem Gestank rauskommen, und gucken uns das Feuer von dort oben an. In dem Zimmer scheint noch ein Mann auf dem Fußboden zu liegen, neben einem umgefallenen Tisch zwischen der Tür und dem Bett. In der Hand hält er eine Flasche, und er ist mausetot. Natürlich liegt ja keine Marge drin, einen toten Kerl mitzuschleppen, deshalb nehm' ich Lillian und das Kind und geh' rauf aufs Dach, und von dort fliegen wir einfach los wie die Kolibris. Und jetzt muß ich unbedingt 'nen Schnaps haben», sagt Wilbur. «Hat einer von euch vielleicht was bei sich?»

Die Zeitungen sind am nächsten Tag natürlich voll von Wilbur und Lillian, besonders von Lillian, und beide werden als große Helden gefeiert.

Aber Wilbur hält dem Pressesturm nicht lange stand, weil er dadurch überhaupt nicht mehr zum Trinken kommt, wo die Reporter und die Fotografen alle Augenblick auf ihn losstürzen, um seine Geschichte zu hören und immer wieder neue Aufnahmen von ihm und Lillian zu machen, und so verschwindet er eines Nachts, und Lillian verschwindet mit ihm.

Nach einem Jahr kommt raus, daß er seine ehemalige Puppe, Lillian Withington-Harmon, heiratet, und er kommt an eine Menge Geld, und, was noch mehr heißen will, er steckt das Saufen auf und wird in vieler Beziehung ein brauchbarer Mitbürger. Deshalb muß jeder zugeben, daß schwarze Katzen nicht immer Pech bedeuten, wenn Wilburs Fall auch etwas außer der Reihe liegt, weil er ja zuerst gar nicht weiß, daß Lillian eine schwarze Katze ist, sondern sie für einen Panther hält.

Eines Tages begegne ich Wilbur auf der Straße, er hat einen fabelhaften Anzug sowie echte Ringe und Manschettenknöpfe am Leib, und er ist überhaupt ein richtiger Dandy geworden.

«Wilbur», sage ich zu ihm, «ich denke oft, wie erstaunlich es doch ist, daß Lillian damals plötzlich so eine Anhänglichkeit an den kleinen Jungen empfindet und daran denkt, daß er noch im Hotel steckt, und dich beim zweitenmal direkt zum richtigen Zimmer hinführt. Wenn ich's nicht mit eigenen Augen angesehn hätte, würde ich nie im Leben glauben, eine Katze hat Verstand genug, um so was fertigzubringen, weil ich Katzen für besonders dämliche Tiere halte.»

«Was heißt Verstand?» sagt Wilbur. «Lillian hat nicht einen Funken mehr Verstand als der dümmste Spatz. Und das ist noch nicht alles, sie hat nämlich für den Jungen nicht 'nen Pfifferling übrig gehabt. Der Zeitpunkt ist gekommen», sagt Wilbur, «wo man Lillian endlich mal die Maske runterreißen muß. Sie heimst einen Haufen Lob ein, das ihr überhaupt nicht zusteht. Jetzt werde ich dir mal die Wahrheit über Lillian erzählen, und die kennt außer mir niemand.

Die Sache ist nämlich so», sagt Wilbur, «als Lillian noch ganz jung ist, gebe ich ihr immer ein bißchen Whisky in die Milch mit rein, teils um sie damit groß und stark zu machen, teils, weil ich nicht gern allein trinke, außer, wenn absolut niemand da ist, der mir Gesellschaft leistet. Anfangs macht Lillian sich aus diesem Schnaps in ihrer Milch nicht viel, aber mit der Zeit schmeckt er ihr ausgezeichnet, und ich mache ihren Grog allmählich immer stärker, bis sie schließlich eine ganz anständige Portion davon auch ohne Milch, nur so zum Nachspülen, runterschlappt und sogar noch mehr davon verlangt. Tatsächlich wird mir plötzlich klar, daß Lillian ja eine regelrechte Schnapsdrossel ist, genau wie ich damals, und daß sie einfach ihren Grog haben muß, und immer dann, wenn sie einen ordentlichen sitzen hat, zieht Lillian los und kauft sich einen Pekinesen und verbreitet überall Furcht und Schrecken um sich her.

Als damals nun das Feuer ausbricht», fährt Wilbur fort, «ist das ungefähr grade um die Stunde, wo ich sonst morgens immer nach Hause komme und Lillian ihren Schnaps gebe. Wie ich aber ins Hotel reingehe und Lillian das erste Mal rausole, vergesse ich, ihr ihre Dosis Whisky zu verabfolgen, und der Grund, warum sie ins Hotel zurücksaust, ist natürlich, weil sie ihren Rachenputzer haben will. Und an der Türschwelle schnuppern tut sie auch nicht etwa deshalb, weil der Junge in dem Zimmer ist, sondern weil der kleine Bach, der unter der Türritze rausrinnt, nichts weiter ist als purer Whisky, der aus der Flasche in der Hand des toten Kerls rausläuft. Ich habe darüber bis jetzt das Maul gehalten, weil ich taxiere, man soll die Erinnerung an einen Toten in Ruhe lassen», sagt Wilbur.

«Trinken ist wirklich ein abscheuliches Laster, besonders dann, wenn man's auf heimliche Tour betreibt.»

«Na, und was macht Lillian so in letzter Zeit?» frage ich Wilbur Willard.

«Von Lillian bin ich schwer enttäuscht», sagt er. «Sie weigert sich, ein neues Leben anzufangen, wie ich das tu', und soviel ich zuletzt von ihr höre, hat sie sich kürzlich an Gregorio, den Italiano-Schnapshändler, rangemacht, der sie nun dauernd unter Whisky hält, damit sie dem Köter von seiner blonden Puppe erst mal klarmacht, was ein Hundeleben ist.»

A. W. Smith

Die Katze und die Kobra

Eine anderthalb Meter lange Kobra gilt in Indien als groß. Es mag solche geben, die einsachtzig lang sind, aber eine mehr als zwei Meter lange Kobra ist etwas Unerhörtes.

Diese Angaben beziehen sich auf die Gemeine Kobra, die Brillenschlange, in Indien Naga genannt. Die Riesen- oder Königskobra wird drei bis vier Meter lang, eine für eine Giftschlange ungeheuerliche Länge. Die Königskobra ist wirklich gefährlich, weil sie sofort angreift. Das tut die Gemeine Kobra nicht. Sie versucht zu entschlüpfen, sofern ihr die Auswege nicht verstellt sind. Wenn dies jedoch der Fall ist, wirst du den alle menschlichen Wesen erschrekkenden Laut hören – das Zischen der gereizten Schlange!

Das tiefe, kehlige «eeh» einer wütenden Menschenmenge, das langgezogene «wiuh» einer heulenden Bombe sind üble Geräusche. Aber wenn du beim Betreten des dunklen Badezimmers das plötzliche explosive Zischen der Kobra vom nassen Zementboden her hörst, fühlst du den lähmenden Schrecken, der dir das Blut gerinnen macht.

Vielleicht war's hinter der Zinkwanne... oder kam's aus dem Winkel unter dem Fenster...

Steh still – rühr dich nicht.

Du glaubst, das trockene Rascheln von Schuppen über den Boden zu hören. Das große irdene *chatti* in der Ecke, aus dessen porösen Wänden kühlendes Wasser verdunstet, hängt nicht so voller kalter Tropfen wie du.

Durch den Türspalt fällt ein freundlicher gelber Lichtstreifen auf den naß glänzenden Fußboden. Faiz Ullah geht leise hin und her, legt das Hemd bereit (knips machen die Knöpfe im Latz) – und wundert sich, daß der Herr nicht kommt... Dabei sind deine

Knöchel bloß. Das Haar sträubt sich, die Haut kribbelt. Tritt sacht – ganz leise. Nimm das große Badetuch – ganz langsam. Halte es lose, mach daraus einen Vorhang vor deinen Schienbeinen, so...

Geh rückwärts hinaus ... leise, sag' ich. Kein König fordert mehr Ehrerbietung. Und rufe nicht. Wenn dir dein Leben lieb ist, rufe nicht.

Uff!

Nun bist du wieder im warmen gelben Licht deines Zimmers, die Badezimmertür ist zugeknallt, und du fühlst dich wieder tapfer. Schick Faiz Ullah, daß er rasch was Starkes, Langes, Leichtes, Federndes holt, den abgeschnittenen Stiel eines Polohammers etwa – das wird am besten sein.

«Ai, Faiz Ullah – polo lakri lao – Nag gussul Khana men hai.»
Schrei, was du kannst – mach ihnen Beine.

«Ai, Maharaj, nag gussul Khana men hai.»

Zieh Reitstiefel an, aber pudere dir erst die Füße, weil sie bloß sind. Sonst kommst du zu spät zum Abendessen, wenn du die Stiefel wieder ausziehen mußt.

«Ai, durwan! Hurricane lamp lao – Nag gussul Khana men hai.»

Vorsichtig in eine schwere Decke gewickelt geh behutsam wieder hinein – die elektrische Lampe und einen federnden Stock in der Hand.

Hausmeister, Ausfeger, *Durwan*, Christi und Christis Sohn, Hamal, Mali und Syces Nummer zwei hängen tuschelnd an der Verandatür.

«Halt den Hund fest, Faiz Ullah – *Kuttha puckerao.»*

Reiß die Tür auf, hau zu, triff sie genau unter den Brillen auf den geschwollenen Kehlsack.

«Shabash – Shabash, buzoor.»

Man wird sie den Weihen und Krähen hinwerfen, vorher aber wird der Ausfeger ihr den Kopf abschneiden, damit er ihn gegen Belohnung bei der Regierung abliefern kann.

«Bedaure, daß ich zu spät komme. Habe in meinem Badezimmer eine Kobra totgeschlagen – mindestens zweieinhalb Meter lang.»

Nun kannst du bei Gin und Magenbitter plaudern.

«Noch einen Gin?» – «Danke!» – «Der Postzug hat kein Eis mitgebracht.» – «Schade.»

Indien besteht nicht nur aus Kobras, wie manche meinen, aber häufig genug sind sie sogar in Kalkutta. Unser Geschäft befand sich in einer der düsteren Finanzfestungen neben der Clivestraße, einer alten, halbklassischen Bude mit korinthischen Säulen und tiefen Veranden. Außen Stuck, dem in jeder Regenzeit ein grüner Moosbart anwuchs. Innen dunkel und kühl mit hohen Räumen und knarrenden Dielen. Das Haus war so unansehnlich und so altmodisch, daß nur eine Firma von Ruf wie die unsere darin residieren konnte, ohne ihren Kredit zu verlieren.

Keiner von uns dachte an einen Wechsel. Wir waren sehr stolz auf unser Haus – es gehörte uns seit hundert Jahren – und sahen mit Geringschätzung auf die Firmen hinab, die die neumodischen Paläste aus Stahl und Beton bezogen und soviel dafür bezahlten.

Das Haus war Jones' Domäne. Als Hauptbuchhalter war er unter anderm verantwortlich für Organisation und Bewirtschaftung, für Einstellung und Entlassung der Dienerschaft und der indischen Angestellten. Mit andern Worten: Er hatte denen von uns, die nur mit dem Geldverdienen beschäftigt waren, den Weg zu ebnen. Es gab für Jones kein wichtigeres Amt, als unser Tun in den Begriffen von Rupien, Annas und Pice zu registrieren. Seine Aufgabe war mehr oder weniger automatisch, soweit man in Indien etwas automatisch nennen kann.

Ohne Zweifel war er ein guter Buchhalter, aber es fehlte ihm bei allem die sanfte Geduld und das überlegene Taktgefühl, die beide für die reibungslose Lenkung eines indischen Stabes unbedingt notwendig sind. Er verwirrte die Leutchen. Er versuchte, uralte Bräuche zu ändern. Dabei verknackste er sich die Zehen. Er hätte ebensogut versuchen können, das Einmaleins zu ändern.

Statt die Ordnung der Dinge, so wie sie mit Mühe und Fleiß auf dem Gewebe von Glaube und Beispiel aufgebaut war, zu übernehmen, versuchte er, jeden als vernünftiges menschliches Wesen zu behandeln. Er glaubte, alle – vom Hauptkommis bis hinunter zum armseligsten Ausfeger – durch Gründe überzeugen zu können. Mit dogmatischer Beharrlichkeit wollte er ihnen erklären, daß auf seine Art die Dinge besser, schneller und mit weniger Arbeit zu tun wären – kurz, daß es so zweckmäßiger sein würde.

Man antwortete ihm mit liebenswürdig nachsichtigem Lächeln und sofortiger Bereitwilligkeit – getan wurde aber nichts.

Auch fehlte Jones das Verständnis für die feinen Unterschiede. Er begriff nicht, warum man Rajah Singh, den Sezoy, nicht bitten durfte, ein Glas Wasser zu holen, oder warum der Mann, der das Wasser heranfuhr, nicht ein paar Schuhe zum Ausbessern mitnehmen konnte, oder wieso Schauquat Ali, einer der Verkäufer im Basar, eine Platte mit Schinkenbroten nicht anrührte. (Jones aß oft im Büro – eine leidige Angewohnheit, aber Tüchtigkeit war sein Paßwort.)

Über all solche Dinge verlor Jones die Geduld, ohne daß er dadurch etwas erreichte. Allmählich lernte er, aber es ging langsam. Immer kam etwas dazwischen, das ihm vor Ärger die Sprache verschlug. So hatte er sich's eines Tages in den Kopf gesetzt, die Lohnliste zu überprüfen. Er strich Namen für Namen mit Blaustift an, von Ahmed Ali, dem chittagonischen Kutscher des Geschäftsfuhrwerks, über die Bannerjis und Mukerjis bis zu Xavier und Zacharias, den getauften indischen Werftschreibern. Am Schluß der Spalte entdeckte er: «Katzen 2 – je 1 Rupie.»

Er klingelte Sturm. Der Kassier blieb völlig gelassen. «Und warum nicht?» fragte er. Von Sahib Wilsons Zeit her waren immer zwei Katzen auf der Lohnliste gewesen. Erst nur eine, dann zwei.

Sahib Wilson hatte sich irgendwann in den neunziger Jahren aus der Firma zurückgezogen. Jones war ihm in London begegnet – ein Mann Mitte achtzig.

«Doch wozu?» Jones standen ein paar Schaumperlen auf den Lippen. «Vierzig Jahre lang zwei Rupien monatlich – beinahe tausend Rupien für Katzen!»

«Befehl von Sahib Wilson», gurrte der Kassier.

Jones ordnete Nachforschung des Befundes der Büro-Katzen an.

«Ich lasse sofort untersuchen», antwortete der Kassier.

«Kein Gehalt für zwei Katzen, Herr», berichtete der Kassier später, «sondern Unterhaltskosten zu einer Rupie per Monat und Kopf. Wie soll eine Katze Gehalt kriegen?» Er lächelte sanft über den Witz.

Jones fand dieses Lächeln besonders aufreizend. «Ich glaube, es sind überhaupt keine Katzen da», sagte er ungnädig. «Nichts als Schwindel! Der Ausfeger oder sonst wer kriegt zwei Rupien im Monat extra, weil jemand so idiotisch war...»

«Sahib Wilsons Befehl, Herr», sagte der Kassier vorwurfsvoll; «aber ich werde Katzen suchen.»

Nach angemessener Pause brachte er zwei abgemagerte graue

Katzen, die vom Oberausfeger und seinem Gehilfen mit größter Mühe festgehalten wurden; der Mann fluchte, als Jones sie anfassen wollte.

Jones verstand ihn nicht; er hatte es nie für nötig gefunden, eine weitere Sprache außer seiner eigenen zu lernen.

«Dies ist der Senior-Kater – zehn Jahre im Dienst, Herr», übersetzte der Kassier. «Und bitte, der Ausfeger sagt, er müsse besser gefüttert werden. Er wird älter und braucht Milch, eine Schale täglich.»

«Ach, Schluß damit», sagte Jones. «Ich schmeiße sie alle beide raus. Katzen gehören nicht auf die Lohnliste – wir müssen sparen, schon wegen der Jutepreise und was sonst noch dazu kommt.»

«Aber Sahib Wilsons Befehl», protestierte der Kassier, der keine Verbindung zwischen Katzen und Jute finden konnte.

«Sahib Wilson kann mir gestohlen werden», äußerte Jones. Und mit herrischem Schwung seines Blaustiftes strich er «Katzen 2» – Senior und Junior – von der Lohnliste.

Unser Haus war alt. Es war im Jahr 1820 errichtet worden, in der glorreichen Zeit des Indigos und des Opiums, als man mit einer Schiffsladung ein Vermögen verdienen konnte. Ratten überschwemmten das Haus wie eine der Plagen über Ägyptenland. Sie schwänzelten oben auf den Verschlägen entlang und beschnupperten uns aus dunklen Winkeln. Es waren dicke, grau gesprenkelte Veteranen unter ihnen, die die einfache Kost von Papier und elektrischen Leitungsschnüren den fetten Bissen der Docks und Abwässer vorzogen, aber auch kleine braune Spielratten, die in den Jute- und Baumwollmustern nisteten.

Als die Katzen fort waren, wurden die Ratten immer frecher. Wir beklagten uns erst einzeln, dann alle zusammen, aber in puncto Katzen war Jones eisern.

«Lachhaft», sagte er. «Zwei Rupien monatlich für Katzen – ich bitte Sie...»

Er gab sagenhafte Summen für Rattenfallen und Gift aus. Er kaufte sackweise gerösteten Mais für Köder – genug, um damit nicht nur das ganze Ausfeger-Korps, sondern auch den Wasserholer nebst Sohn, die Magaziner, den Kutscher und den Betelnußverkäufer von der unteren Treppe zu füttern. Es roch recht sonderbar in den dunklen Schränken – nach Käse und verfaulten Fischen.

«Sahib Jones», erläuterte der Sezoy mit vielsagendem Lächeln. Aber die Ratten schienen die riesigen, kalbledergebundenen Hauptbücher, zu deren Transport zwei kräftige Männer nötig waren, allen listigen Lockungen Jonesscher Köder vorzuziehen.

Eines Tages wurde ein Sezoy über die wacklige Treppe hinunter ins Jutemusterlager geschickt. Er sah in seiner netten blauen Uniform mit scharlachroten *pugri* sehr ansehnlich und würdig aus. Er beeilte sich nicht, aber er trödelte auch keineswegs. Er stieg mit regelmäßigen Schritten, erhobenen Kopfes, den Bart sauber gegen die Ohren gebürstet, hinunter.

Hals über Kopf kam er wieder heraufgestürzt. Eine Kobra habe er gesehen, eine riesige Kobra, stammelte er, und sie hätte unten an der Treppe gelegen und mit ihrem Schwanz gespielt. Er weigerte sich entschieden, noch einmal hinunterzugehen.

«*Naga!*» Das Wort ging wie ein Lauffeuer durch das Haus. Die kleinen Schreiber guckten ängstlich auf die Dielen unter ihren Pulten und versteckten die nackten Zehen zur Sicherheit hinter den Stuhlbeinen.

«Oh, gewiß – eine Kobra», sagte der Oberausfeger freundlich. «Sie bewacht die Treppe, seit die Katzen abgeschafft worden sind. Wir Ausfeger gehen nicht über die Treppe. Ich habe sie oft gesehen. So lang ist sie.»

Er markierte auf dem Boden einen Abstand von etwa sechs Meter.

«Unsinn!» sagte Jones, der eben dabei war, die Wirkung einer neuen Sorte Gift zu untersuchen. «Mitten in Kalkutta eine Kobra? Unsinn!»

Es war ja auch sonderbar, wo die Straßenbahn draußen vorbeiklingelte und eine Reihe Taxis an der Ecke wartete!

«Unsinn!» sagte Jones nochmals mit Festigkeit.

Aber wo Ratten sind, zeigen sich auch Kobras – das ergibt sich aus dem Gesetz von Angebot und Nachfrage. Das Personal weigerte sich entschieden, diese Treppe zu benutzen. Die Leute blieben dabei ganz liebenswürdig, aber keine gesteigerte Grobheit von seiten Jones' kam dagegen an. Nach den Jutemustern mußten wir einen Mann rund ums Haus und durch die Hintertür schicken. Es war zeitraubend, aber wir nahmen es hin, wie es in Indien üblich ist, bis einer der Seniorchefs davon hörte... Er schickte nach Jones.

«Was soll das heißen?» sagte er. «Das Haus soll voller Kobras sein?»

«Oh, nichts», antwortete Jones verlegen. «Bloß Gerede.»

«Jeder beklagt sich aber. Sie sollten etwas dagegen tun – sie entweder einfangen oder dafür sorgen, daß die Leute ordentlich arbeiten – eins von beiden. Mir gleich, was. Dafür sind Sie ja da!» Jones schickte nach dem Kassier.

«Was – die Kobra totschlagen?» rief der entsetzt. «Das geht nicht, Herr», er senkte die Stimme zu einem Flüstern, «die Schlange ist heilig – unser Herr Krischna, Sahib.»

«Dann schaffen Sie die Kobra fort», sagte Jones eigensinnig.

«Wie Sie wünschen», antwortete der Kassier. «Ich habe einen Freund im Kuccha Basar, der ein sehr heiliger Mann ist. Ein Schlangenbändiger. Für zwei Silberrupien bar in die Hand wird er...»

«Holen Sie ihn sofort her», unterbrach ihn Jones.

Jones fand fast das ganze Personal bei der Treppe versammelt. Es war wohl keiner darunter, der nicht glaubte, daß die Seele eines Mannes, der ohne Erben starb, im Leib einer Kobra wiederkehren würde. Kannte nicht jeder diese dringendste Notwendigkeit, einen Sohn zu zeugen? Sind Kobras nicht heilig? Also...

Spannung lag in der Luft. Jeder fühlte, daß sich etwas Erregendes ereignen würde. Keiner wußte, was. In der heißen staubigen Dunkelheit zwischen den Frachtkisten und den die Mauern tragenden Säulen wehte ein lockendes Geheimnis.

«Habt ihr eigentlich nichts zu tun?» fuhr Jones die Leute an. «Vorwärts, an die Arbeit!»

Füße raschelten, Gesichter machten kehrt; man gab vor, zu gehorchen. Aber niemand ging. Jones entschloß sich, die Sachlage nicht zu beachten.

Eine Bewegung in der Menge – ein kleiner Seufzer – ein Mann erschien.

«Sind Sie der Schlangenbändiger?» fragte Jones.

Der Ankömmling ging an Jones vorüber, als habe er ihn nicht gesehen. Er kauerte sich bequem auf die Fersen, zündete sich eine grüne Cidi an, fing den übelriechenden Rauch in den hohlen Händen auf, atmete ihn ein und hustete.

Es war aber nicht der Schlangenbändiger, nur jemand, der von draußen hereingekommen war, weil es hier Unterhaltung gab.

Die Leute hockten auf den Fersen und schwatzten. Das Zusehen kostete nichts. Vielleicht kam noch eine Überraschung.

Jones wurde ungeduldig.

«Er kommt, Herr», murmelte der Kassier beruhigend. «Er wartet auf die günstige Stunde.»

Für diesen Tag schien die Arbeit oben beendet.

«Jetzt kommt er», sagte jemand. Es wurde still. Dann schrie das Söhnchen des Oberausfegers auf. Angetan mit einer runden gestickten Kappe und einem herzförmigen Silberamulett, hatte der Vater den Kleinen zum Zusehen mitgebracht. Das Kind brüllte und rieb sich mit den kleinen Fäusten die Augen.

«*Aiee – Cawa sahib – durro mut – durro mut!* – Still mein Prinzchen, hab keine Angst!» tröstete der Vater und sah sich stolz um, ob auch jeder seinen Sohn und Erben gesehen hätte. «Sieh, wie der fette Sahib auf dem Geländer sitzt. Gleich wird er Feuer und Rauch aus dem Munde blasen, und dann kommen die Schlangen raus.»

«*Chup tum!* – Halt den Mund!» herrschte ihn der Kassier von der sicheren Höhe einer Frachtkiste herunter an.

«*Ai, babuji!*» sagte der Oberausfeger. «Oh, bitte, Herr – der fette Sahib versteht das nicht – es ist ja bloß für das Kind.»

Jones sah des Jungen große schwarze Augen starr auf sich gerichtet. Ihr Ernst machte ihn verlegen. Er stampfte ungeduldig mit dem Fuß.

Wieder Stille. Die Wirkung seines Auftritts wohlberechnend, kam der Schlangenbändiger langsam, Stufe um Stufe, die Treppe hinunter.

Er machte einen tiefen Salaam. Jones erwiderte mit einer unbestimmten Grußform, einer ziemlich ungeschickten Geste, die herablassend gemeint war.

«*Salaam, buzoor*», sagte der Schlangenbändiger.

«Morgen», antwortete Jones. «Schönes Wetter, nicht?»

Nachdem der Kassier diese Bemerkung übersetzt hatte, zögerte der Schlangenbändiger nicht, zuzustimmen. Die Tatsache war augenscheinlich.

«Warum sagt der Sahib, daß die Sonne scheint?» piepste der kleine Sohn des Oberausfegers.

«Das ist die Art der Sahibs», erwiderte der Oberausfeger mit Bedeutung. «Wie wir sprechen, *Ram Ram* – so sagen sie, der Tag hat gut begonnen. Sie finden es schön, ob es heiß oder naß oder kalt ist.»

«Wir wollen weitermachen», kommandierte Jones munter.

«Das Geld, Herr», sagte der Kassier. «Er ist ein sehr heiliger Mann. Er muß Geld sehen.»

Die Leute reckten die Hälse, als zwei Silberrupien hinübergereicht wurden. Ein großes Geschäft, das sah man. Geld floß wie Wasser zu ihrer Unterhaltung. Ihr Tuscheln hörte auf, als der Schlangenbändiger, mit gekreuzten Beinen auf dem Steinboden hockend, Kupfermünzen und ein paar Tabakblätter zu einer kleinen Säule vor sich aufhäufte. Er zeichnete mit einem rostigen Eisendraht Diagramme, Dreiecke und Kreise in den Staub. Die Spitze kratzte auf dem Stein.

«Dieser Draht», flüsterte der Kassier, «dieser Eisendraht sehr heilig.»

Jones schien er von einem Juteballen zu stammen, doch er zögerte, es zu sagen. Der Kassier wackelte ängstlich mit seinen nackten Zehen.

Mit einer raschen Bewegung sprang der heilige Mann auf die Füße und zeigte mit dem rostigen Eisendraht dramatisch auf eine Spalte in einer dunklen Ecke unter den Stufen. Seiner Zuschauer sicher, schritt er quer über den Boden. Er fing an, zwischen den Steinen zu stochern. Ein tiefes Aufseufzen lief durch die Menge. Sogar Jones war beeindruckt.

Der heilige Draht tat sein Werk, denn aus der Spalte kam plötzlich ein lautes, wütendes Zischen. Die Zuschauer drückten sich rückwärts in die dunklen Nischen des Kellers. Jones fühlte, wie sich sein Nackenhaar sträubte. Er teilte mit den andern den Widerwillen gegen Schlangen und überlegte, ob es wohl unter seiner Würde wäre, sich ein bis zwei Stufen treppauf zurückzuziehen.

Er hatte noch keinen Entschluß gefaßt, als blitzgeschwind eine prachtvolle, etwa anderthalb Meter lange Kobra wie ein dickes Tau über den glatten Steinboden schnellte. Noch schneller als sie sprang der heilige Schlangenmann auf die Treppe, und die Zuschauer brachten sich auf Frachtkisten und Baumwollballen in Sicherheit.

Jones blieb im Alleinbesitz des ebenerdigen Raumes.

Sichtlich verwirrt ringelte sich die Kobra zusammen. Den Kopf mit der Haube erhoben, verlegte sie Jones den Fluchtweg zur sicheren Treppe.

«Stehen Sie still, Herr, stehen Sie still», ermahnte der Kassier.

Jones brauchte keine Warnung. Vom Schrecken gelähmt, starrte er auf den hin und her schwingenden Kopf – ein Ding wie ein großer abgestumpfter Fingerhut, der aus der geblähten Haube herausstach. Er wagte sich nicht zu regen. Er schielte an seiner Nase vorbei, voll Angst, genau zu sehen.

«*Lathi lao*», rief der Kassier. «Bringt einen Stock.»

«*Lathi lao – maro maro!* – Bringt einen Stock und schlagt, schlagt zu!» kam das Echo aus der Menge.

Die Heiligkeit der Kobra war vergessen.

«Was macht der fette Sahib?» fragte der kleine Sohn des Oberausfegers.

«Schaut die Kobra an», antwortete sein Vater.

Jones rührte sich nicht. Ingrimmig fühlte er, daß er Knöchel und Unterschenkel hatte. Ob die Beinkleider dick genug waren, um das Gift aufzufangen? Und ob es weh tun würde?

Lange Sekunden hindurch voll äußerster Spannung waren sie Aug' in Auge – als plötzlich von irgendwoher aus dem Dunklen der Senior-Kater schlüpfte. Hellgrau, mager und mottenzerfressen, mit zurückgelegten Ohren, den Leib gegen den Boden gepreßt, glitt er, der erfahrene Krieger, lautlos näher.

Die indische Katze gleicht keiner andern Rasse. Meist ist der Mensch ihr Gegner, und so ist es eher möglich, ein Stachelschwein zu streicheln als sie. Die Kobra ist ihr traditioneller Feind.

Jetzt kroch der Senior-Kater an Jones' Beinen vorbei. Die Spitze seines räudigen Schwanzes schlug zuckend auf und nieder. Das machte die Kobra aufmerksam. Der schwingende Kopf änderte die Richtung. Er schaukelte rascher.

Weiß wie ein Laken blinzelte Jones über seine Nase nach dem Senior-Kater.

Die Kobra schnellte vor. Im Bruchteil einer Sekunde überstürzten sich die Dinge. Mit einem leichten Sprung landete der Kater auf dem Rücken der Kobra. Und Jones – Jones entfaltete turnerische Talente, die ihm seine besten Freunde nicht zugetraut hätten: Im Weitsprung erreichte er die fünfte Treppenstufe.

Der Sohn des Oberausfegers krähte vor Vergnügen, doch die andern waren vom Kampf des Senior-Katers mit der Schlange zu sehr gefesselt, um auf Jones acht zu geben. Jedes Mal, wenn die Kobra zustieß, sprang der Senior-Kater, bald nach der einen, bald nach der andern Seite, jetzt steil nach oben, so daß die Schlange unter ihm hindurchschoß. Bei jedem Sprung landete er einen bösartigen Hieb mit den Krallen seiner Vorderpfote.

Nach jedem Angriff wirbelte die Kobra herum und reckte sich über die Ringe ihres Leibes empor mit hin und her schwingendem Kopf, geblähter Haube, aus dem gespaltenen Maul züngelnd – und der Senior-Kater duckte sich dicht an den Boden, unbeweglich bis auf den krampfhaft zuckenden Schwanz. Sein Knurren war schaurig zu hören.

Wieder attackierte die Kobra mit unverminderter Kraft. Diesmal sprang der Senior-Kater steil in die Höhe und drehte sich in der Luft um sich selber. Er kam mit allen vier Füßen gleichzeitig herunter und biß zu, genau an der Stelle, wo der Kopf an der bebrillten Haube angewachsen war. Einen Augenblick lang wälzten sich Schlange und Kater über den Fußboden. Der Kater löste sich mit einem Sprung. Er ließ seine Feindin krampfhaft zuckend zurück.

Es war das Ende für die Kobra. Der Senior-Kater umkreiste im Paradeschritt sein Opfer. Er wartete auf die Gelegenheit, der Feindin den Rest zu geben.

Jones trocknete sich die Stirn. Fasziniert beobachtete er den mageren grauen Kater.

Auf einmal sprang die Junior-Katze hinter einer Säule hervor. Auch Sezoy Rajah Singh, der stämmige Rajputaner, trat jetzt in Aktion. Den schwarzen Bart bis zu den Ohren hochgebürstet und einen schweren eisenbeschlagenen Bambusstab schwingend, sprang er in die Arena.

«*Hut jao, billi!* – aus dem Weg, Katze!» schrie er.

«*Shabash, maro, maro!* – Gut so, schlag zu, schlag zu!» heulte die entfesselte Menge.

Rajah Singh hieb zu. Der Eisenbeschlag seines Stockes ließ Funken vom Steinboden sprühen, der Staub flog auf. Die Kobra war tot.

Senior-Kater und Junior-Katze entwichen wie graue magere Schatten.

Natürlich kann man sagen, es war verabredetes Theater. Wenn die Katzen die ganze Zeit dagewesen waren... man sieht, was gemeint ist.

Möglicherweise war es Theater.

Zweifellos kam Jones, der immer Mißtrauen gegen die menschliche Natur hegte, auch auf diese Möglichkeit. Jedenfalls debattierte

er einen vollen Nachmittag, bevor er eine Anweisung auf Wieder-
einstellung der Katzen nebst Nebenausgaben unterschrieb (worun-
ter Barzahlung von 2 Silberrupien an heiligen Mann für Aufstöbe-
rung einer Kobraschlange usw.).

Am nächsten Tag entließ Jones den Oberausfeger.

Denn an diesem Tag war unter Jones' Besuchern ein schmuddli-
ger ungekämmter Herr, der gewaltsam in seine Burg eindrang. Er
behauptete, der Kastenbruder des Oberausfegers zu sein, und behauptete weiter, er sei nicht bezahlt worden. Die Firma schulde ihm
das Geld. Zugleich überreichte er Jones eine schmutzige Rechnung
für eine ausgewachsene Kobra, der die Giftzähne entfernt worden
waren.

Théophile Gautier

Die weiße und die schwarze Dynastie

Aus Havanna hat Aïta de la Penuela, eine junge spanische Künstlerin, deren Studien weißer Angoras noch heute die Auslagen der Gravürenhändler zieren, eine Katze heimgebracht, von der ich ein Junges erhielt. Es war das entzückendste Geschöpf der Welt – anzusehen wie ein mit Reispuder bestäubter Wedel aus Schwanenfedern. Seiner makellosen Weiße wegen nannte ich es Pierrot, ein Name, der sich später, als es heranwuchs, zu Don-Pierrot-de-Navarre verlängerte, was natürlich hoheitsvoller, ja nach Grandezza klang. Wie alle Tiere, um die man sich kümmert und bemüht, so wurde auch Don-Pierrot äußerst liebenswürdig. Glücklich nahm er am häuslichen Leben teil, wie alle Katzen mit einem traulichen Heim. Von seinem angestammten Platz beim Kaminfeuer aus verfolgte er unsere Gespräche, anscheinend voll Verständnis und Interesse. Er guckte die Sprechenden an und räusperte sich manchmal leise, wie um etwas einzuwenden oder auch *seine* Meinung über die Literatur vorzubringen, von der bei uns tagtäglich die Rede war. Bücher liebte er sehr, und wenn eines offen auf dem Tisch lag, ließ er sich darauf nieder, bestaunte die Seite und wendete die Blätter mit seinen Krallen. Schließlich schlummerte er darüber ein, als hätte er tatsächlich einen Moderoman gelesen. Sobald ich zur Feder griff, sprang er auf meinen Schreibtisch, studierte mit gespannter Aufmerksamkeit, wie der kleine Metallschnabel das Papierblatt vollkritzelte, und drehte bei jedem neuen Zeilenanfang den Kopf mit. Mitunter wollte er mir sogar die Feder aus der Hand nehmen, wahrscheinlich um selber zu schreiben. Denn er war eine schöngeistige Katze wie Hoffmanns Kater Murr. Ich vermute sogar, daß er nächtlicherweile, in irgendeiner Dachrinne, im Schimmer seiner phosphoreszierenden Augen, seine Memoiren hingeschmiert hat.

Don-Pierrot-de-Navarre legte sich nicht schlafen, bevor ich heimgekehrt war. Er wartete hinter der Tür auf mich, und kaum hatte ich das Vorzimmer betreten, strich er mir um die Beine, machte einen Buckel und schnurrte zutraulich und froh. Dann schritt er wie ein Page voran und hätte auf meinen Wunsch wohl gar den Kerzenleuchter gehalten. So geleitete er mich zum Schlafzimmer, wartete, bis ich entkleidet war, sprang auf mein Bett, legte mir die Pfoten um den Hals, drückte seine Nase an die meine, leckte mich mit seinem feileartig rauhen Zünglein und stieß leise Gluckser aus, ein untrügliches Zeichen der Freude über meine Rückkehr. Wenn sein Zärtlichkeitsdrang gestillt und die Ruhezeit gekommen war, stieg er auf die Rückenlehne seines Lagers und schlief dort, im Gleichgewicht wie der Vogel auf seinem Ast. Kaum war ich erwacht, legte er sich neben mich, bis ich aufstand.

Mitternacht war die späteste Stunde, zu der ich heimkehren durfte. Pierrot hatte darüber Vorstellungen wie ein Hauswart. Wir hatten dazumal unter Freunden eine kleine Abendgesellschaft gegründet, den «Verein zu den vier Kerzen», so benannt, weil die Beleuchtung unseres Versammlungsorts tatsächlich aus vier Kerzen bestand, die in silbernen Haltern an den Tischecken steckten. Dort vergaßen wir über unsern regen Diskussionen bisweilen die Zeit, auf die Gefahr hin, daß sich unsere Kutsche, wie diejenige Aschenbrödels, in eine Kürbisschale und der Kutscher in eine stämmige Ratte verwandelte. Ein paarmal wartete Pierrot bis zwei Uhr morgens, doch auf die Länge mißfiel ihm mein Benehmen, und so ging er eben ohne mich schlafen. Dieser stumme Protest gegen meine harmlose Liederlichkeit ging mir zu Herzen, und so kam ich fortan vor Mitternacht nach Hause. Pierrot grollte mir aber noch lange und wollte sicher sein, daß meine Reue echt war. Erst als er zur Überzeugung kam, daß ich mich aufrichtig bekehrt hatte, beehrte er mich wieder mit seiner Gunst und bezog erneut seinen nächtlichen Warteposten im Vorzimmer.

Don-Pierrot-de-Navarre hatte eine Gespielin der gleichen Rasse, nicht minder weiß als er. Alles, was ich in meiner «Symphonie en blanc majeur» an schneeträchtigen Bildern zusammengetragen habe, ergäbe keinen hinreichenden Begriff von ihrem fleckenlosen Pelz, neben dem ein Hermelin vergleichsweise gelb erschiene. Wir hießen sie Séraphita, nach dem swedenborgschen Roman Balzacs. Nie erstrahlte die Heldin dieser wundersamen Sage, wenn sie mit

Minna die schneebedeckten Gipfel des Falbergs erklomm, in reinerem Weiß. Séraphita war träumerisch und nachdenklich veranlagt. Stundenlang verweilte sie unbeweglich, aber wach auf einem Kissen und bestaunte gebannt Vorgänge, die gewöhnlichen Sterblichen verborgen blieben. Liebkosungen ließ sie sich gefallen, doch gab sie sie eher kühl zurück und nur jenen, die sie mit ihrer schwer zu gewinnenden Achtung beehrte. Sie liebte Luxus und war immer nur auf dem einladendsten Lehnstuhl oder auf dem Tuch zu finden, auf dem ihr Schwanenflaumhaar am besten zur Geltung kam. Auf ihre Toilette verwendete sie eine Unmenge Zeit, ihr Fell war jeden Morgen säuberlich glatt. Sie putzte sich das Gesicht mit der Pfote, und jedes Haar ihres Vlieses leuchtete, von ihrer rosaroten Zunge beleckt, wie neues Silber. Wenn man sie berührte, strich sie jede Spur davon wieder aus, da sie es nicht ertrug, zerzaust zu sein. Ihre Eleganz, ihr vornehmes Wesen hatten etwas Aristokratisches, und unter ihren Gattungsgenossen war sie zumindest eine Herzogin. Sie war verrückt auf alles, was duftete, steckte die Nase in jeden Blumenstrauß, biß mit Wonneschauern in parfümierte Taschentücher, schlich im Badezimmer um die Fläschchen mit Essenzen und beschnupperte ihre Pfropfen, und hätte man sie gewähren lassen, so wäre sie wohl noch mit Reispuder betupft einhergekommen.

Zu jener Zeit zogen einst durch unsere Rue de Longchamps zwei jener angeblichen Seeleute, die buntscheckige Decken, Tüchlein aus Ananasfibern und andere exotische Güter feilboten. In einem kleinen Käfig trugen sie zwei weiße norwegische Ratten mit den allerhübschesten rosaroten Augen. Damals war ich auf weiße Tiere richtig versessen. Selbst mein Hühnerstall war ausschließlich mit weißem Geflügel bevölkert. Ich kaufte die beiden Ratten und ließ ihnen ein weites Gehege mit Innentreppen zu verschiedenen Stockwerken, Futterkrippen, Schlafkammern und Trapezen zum Turnen bauen. Darin waren sie bestimmt besser behaust und glücklicher als die Ratte La Fontaines in ihrem Holländerkäse.

Diese freundlichen Tiere, vor denen es merkwürdigerweise allen Menschen derart kindisch graust, wurden, sobald sie merkten, daß man es gut mit ihnen meinte, erstaunlich zahm. Sie ließen sich streicheln wie Katzen, nahmen einem den Finger zwischen ihre feinen rosaroten Pfötchen und leckten einen zutraulich. Wir ließen sie gewöhnlich nach unseren Mahlzeiten frei. Da kletterten sie einem auf Arme, Schultern und Kopf, schlüpften in Ärmel von

Morgenröcken oder Jacken und wieder hinaus, eigentümlich flink und behende. Zweck dieser anmutigen Kunststücke war, sich die Überbleibsel unseres Nachtischs zu erbetteln. Da setzten wir sie auf den Tisch, und im Nu hatte das Rattenpaar Nüsse, Haselnüsse, Rosinen und Zuckerbrocken aus dem Wege geräumt. Es gab nichts Drolligeres als ihr emsig-heimliches Treiben oder ihre Verblüffung, wenn sie sich am Rande des Tischtuchs fanden. Doch über ein Brettchen, das wir ihnen als Laufsteg hinhielten, schafften die beiden ihre Schätze in den Nahrungsspeicher ihres Geheges. Das Paar vermehrte sich rasch, und so stiegen denn zahlreiche ebenso weiße Familien die Leiterchen des Käfigs hinauf und hinab. Ich sah mich etwa dreißig Ratten vorgesetzt, denen es bei kaltem Wetter so kläglich erging, daß sie mir in die Taschen krochen und dort nicht mehr mucksten. Manchmal ließ ich die Tore dieser Ratopolis aufsperren und pfiff, während ich zuoberst ins Haus hinaufstieg, auf eine allen Schülern wohlvertraute Weise. Darauf kraxelten die auf Treppenstufen unbeholfenen Ratten an einer Geländersäule empor, klammerten sich am Handlauf fest und klommen so, in Einerkolonne und in unsicherem Gleichgewicht, den engen Pfad hinan, auf dem sonst etwa Schulkinder rittlings heruntergleiten. Und so stießen sie schließlich freudig fiepend wieder zu mir.

Vielleicht wundern Sie sich, wie Katzen und Ratten, zwei einander so feindliche Gattungen, von denen die eine der andern als Beute dient, friedlich miteinander leben konnten. Sie ertrugen sich aufs beste. Die Katzen gaben sich den Ratten gegenüber sanftmütig, während diese alles Mißtrauen vor ihnen ablegten. Nie kam es von seiten der Katzen zu Arglist, und nie hatten die Nager um einen der Ihren zu klagen. Don-Pierrot-de-Navarre war voller Güte zu ihnen. Er streckte sich neben ihrem Käfig aus und ergötzte sich stundenlang an ihren Spielen. War zufällig die Tür zu ihrem Zimmer geschlossen, so kratzte und miaute er leise, bis man ihm öffnete und er seine kleinen weißen Freunde wiederfand. Diese legten sich oft dicht neben ihm schlafen. Die hochnäsigere Séraphita, der der starke Moschusgeruch der Ratten nicht zusagte, hielt sich von ihren Vergnügungen fern. Doch quälte sie sie nie und ließ sie vorüberziehen, ohne je die Krallen ihnen entgegenzustrecken.

Mit den Ratten nahm es ein seltsames Ende. An einem schwülen Sommertag, als das Thermometer, wie im Senegal, gegen die vierzig Grad anzeigte, hatte man ihr Gitter im Garten unter eine von

Weinreben umrankte Laube gestellt, da sie anscheinend sehr unter der Hitze litten. Da brach ein Gewitter mit Blitz, Regen, Donner und Böen aus. Die hohen Pappeln am Flußufer bogen sich wie Binsen, und während ich, unter einem Regenschirm, den der Wind umkehrte, hinauslief, meine Ratten zu holen, nagelte mich ein greller Blitzstrahl, der die Tiefen des Himmels aufwühlte, oben auf den Stufen fest, die von der Terrasse zu den Gartenbeeten führten.

Ein Donnerschlag, schauerlicher als das Krachen von hundert Geschützen, folgte dicht auf den Blitz. Die heftige Erschütterung warf mich beinahe zu Boden.

Nach dieser fürchterlichen Entladung flaute das Unwetter ein wenig ab, doch als ich unter die Laube trat, fand ich die zweiunddreißig Ratten, Bauch nach oben, vom selben Strahl erschlagen. Sicher hatte der Eisendraht ihres Käfigs die Elektrizität angezogen und ihr als Leiter gedient.

Als Kind von Havanna brauchte Don-Pierrot-de-Navarre eine wahre Treibhauswärme. Diese fand er in der Wohnung, doch rings um das Haus erstreckten sich weite Gärten mit Umzäunungen, durch die eine Katze schlüpfen konnte, und mit hohen Bäumen, auf denen Schwärme von Vögeln zwitscherten, pfiffen und sangen. Und bisweilen entwich Pierrot abends durch eine halboffene Tür und zog auf die Jagd, mitten über Rasen und durch taufeuchte Blumen. Danach mußte er bis zum nächsten Morgen draußen warten, denn obwohl er unter den Fenstern jaulte, wurde darüber von denen, die drinnen schliefen, nicht immer einer wach, der ihn hereinließ. Er war sehr empfindlich auf der Brust, und nach einer besonders kühlen Nacht kam er mit einer Erkältung heim, die rasch in Schwindsucht ausartete. Ein Jahr lang hustete der arme Pierrot und magerte ab bis auf die Knochen. Sein einst so seidig weißes Haar wurde matt wie ein Leichentuch. Die weiten, durchsichtigen Augen standen übergroß in dem geschrumpften Gesicht. Seine rosa Nase verlor ihre Farbe, und langsam strich er nur noch sonnenbestrahlten Wänden nach und schaute lustlos zu, wie die gelben Herbstblätter in Spiralen emporwirbelten. Es gibt nichts Ergreifenderes als ein krankes Tier: es erträgt sein Leiden mit einer so stillen und traurigen Ergebenheit!

Wir unternahmen das menschenmögliche, um Pierrot zu retten. Ein kundiger Arzt auskultierte ihn und befühlte ihm den Puls. Er verschrieb ihm Eselsmilch, die das arme Tier ganz gerne in seinem Porzellanschälchen aufleckte. Stundenlang ruhte Pierrot mir auf den Knien, das blasse Abbild einer Sphinx. Unter meinen Fingern fühlte sich sein Rückgrat wie eine Perlenschnur an. Meine Liebkosungen versuchte er mit einem schwachen Schnurren zu erwidern, das aber eher wie ein Röcheln tönte. Am Tage seines Ablebens lag er keuchend auf der Seite, raffte sich dann mit letzter Kraft nochmals auf. Er kam auf mich zu und blickte mich mit geweiteten Pupillen inständig flehend an, als wollte er sagen: «Komm, hilf mir; du bist doch ein Mensch!» Dann wankte er mit schon glasigem Blick ein paar Schritte weit und brach zusammen, mit einem so jammervollen, verzweifelten, so angsterfüllten Schrei, daß mir davon ein stummer Schreck im Leibe blieb. Er wurde hinten im Garten begraben, unter einem Strauch mit roten Rosen, der bis heute seine Grabstätte bezeichnet.

Séraphita starb zwei, drei Jahre später an einer Rachendiphtherie, gegen die keine Ärztekunst etwas vermochte. Sie ruht unweit von Pierrot entfernt. Mit ihr erlosch die weiße Dynastie, nicht aber das Geschlecht. Denn von jenem schneeweißen Paar stammten drei tintenschwarze Katzen ab. Möge dieses Rätsel erklären, wer es kann. Damals feierte der Roman «Les Misérables» von Victor Hugo Triumphe. Alles sprach nur von diesem neuen Meisterwerk, und die Namen seiner Helden waren in aller Mund. So wurden die beiden Männchen Enjolras und Gavroche, das Weibchen Eponine getauft. Ihre Jugendzeit war liebevoll umhegt, und sie wurden wie Hunde darauf abgerichtet, Kugeln aus zerknülltem Papier, die man vor sie hinwarf, zu apportieren. Wir warfen diese Kugeln bis auf die Kranzleisten von Kästen, versteckten sie hinter Kisten oder in tiefe Gefäße, wo die Katzen sie mit ihren Pfoten geschickt hervorangelten. Als sie erwachsen wurden, ließen sie von solchen Tändeleien ab und hüllten sich in jene philosophische und nachdenkliche Gelassenheit, die echter Katzenart entspricht.

Für jene, die in eine amerikanische Kolonie mit Sklaven einreisen, sind alle Neger Neger, die sich durch nichts voneinander unterscheiden. Desgleichen sind drei schwarze Katzen für einen gleichgültigen Betrachter einfach drei schwarze Katzen. Aber ein geübtes Auge täuscht sich da nicht. Tiergesichter sind unter sich so verschieden wie Menschengesichter, und ich wußte genau, wem welche Schnauze gehörte, dunkel gleich der Maske Harlekins, wie sie alle waren, doch von goldspiegelndem Smaragdgrün erhellt.

Enjolras, bei weitem der schönste von den dreien, fiel auf durch einen breiten Kopf mit löwenhaften Zügen und dicht behaarten Backen, durch kräftige Schultern, eine lange Rückenpartie und einen prächtigen federwischartigen Schwanz. Er hatte etwas Theatralisches und Bombastisches an sich und schien zu posieren wie ein bewunderter Schauspieler. Seine Bewegungen waren langsam, geschmeidig und voller Würde. Er ging einher, als schritte er stets auf einem mit Porzellanväschen und venezianischen Gläsern übersäten Wandsims, so vorsichtig setzte er seine Füße auf. Artmäßig war er kein Stoiker, und fürs Essen zeigte er eine Vorliebe, die sein literarischer Schutzheiliger mißbilligt hätte. Enjolras, jener nüchterne und selbstlose Jüngling hätte wohl, wie der Engel zu Swedenborg, zu ihm gesagt: «Du ißt zuviel!» Wie bei gefräßigen Affen wurde diese Völlerei von den Menschen noch gefördert, so daß Enjolras eine für Hauskatzen ungewöhnliche Fülle und Schwere erreichte. Da verfielen wir auf die Idee, ihn zu scheren wie einen Pudel, damit er noch stärker einem Löwen gleiche. Wir ließen ihm nur eine Mähne und eine lange Haarquaste am Schwanz stehen. Ich glaube fast, daß man ihm auf den Oberschenkeln noch Koteletten beließ. So zurechtgestutzt, sah er allerdings weniger einem Löwen aus dem Atlasgebirge oder dem Kapland als einer japanischen Chimäre gleich. Nie war eine ausgefallenere Schrulle einem lebenden Tier so auf den Leib geschnitten worden. Das kurzgeschorene Haar ließ die Haut durchschimmern und überzog sich mit den merkwürdigsten bläulichen Tönungen, wodurch es eigentümlich vom Schwarz der Mähne abstand.

Gavroche war eine Katze von listig-verschmitztem Aussehen, wie zur Erinnerung an ihren Namensvetter im Roman. Kleiner als Enjolras, zeigte er eine jähe und spaßige Gewandtheit und gab statt der faulen Sprüche und der derben Sprache des Pariser Gassenjungen allerhand Sprünge, Überschläge und possierliche Haltungen zum besten. Allem Volkstümlichen zugetan, benützte er jede Gelegenheit, den Salon zu verlassen und im Hof drunten, ja auf der Straße mit streunenden Katzen beliebiger Herkunft und jeglichen Geblüts sich in zweifelhafte Techtelmechtel einzulassen. Abenteuer, über denen er all seine havannische Würde sowie die Tatsache vergaß, daß er ein Sohn des berühmten Don-Pierrot-de-Navarre, eines spanischen Granden ersten Ranges, und der Marquise Doña Séraphita war, einer Dame von vornehm-aristokratischem Gebaren. Manchmal lud er schwindsüchtige Kumpane, denen er ein Fest bieten wollte, an seinen Futternapf: abgemergelte Gestalten aus nichts als Haar und Knochen, die er auf seine Strolchenfahrten und seine Ausreißbummel mitnahm – denn er war ein gutmütiger Geselle. Die armen Hungerschlucker standen mit zurückgelegten Ohren da, den Schwanz zwischen die Beine geklemmt und stets zur Seite schielend vor Angst, sie könnten vom Besen einer Putzfrau von ihrem Freimahl vertrieben werden, und verschlangen viel zu große Bissen. Und wie der berühmte Hund Siete-Aguas (Sieben Wasser) der spanischen *posadas* (Wirtshäuser), leckten sie ihren Teller so sauber, als wäre er von einer holländischen Hausfrau gewaschen und blankgerieben worden, die einem Mieris oder einem Gerard Dou Modell gestanden hätte. Beim Anblick der Gefährten Gavroches kam mir unwillkürlich ein Satz in Erinnerung, der als Legende unter einer Zeichnung Gavarnis steht: «Nett sind sie, die Freunde, mit denen Sie allenfalls ausgehen müssen.» Doch all dies zeugte einzig von der Gutherzigkeit Gavroches, der ja auch alles hätte allein verzehren können.

Die Katze, die den Namen der interessanten Eponine trug, war schlanker und zierlicher von Gestalt als ihre Brüder. Ihre längliche Schnauze, die etwas chinesisch schräggestellten Augen von der Farbe, die Homer bei Pallas Athene nie anders als γλαυκῶπις nennt, ihre samtschwarze Nase, die sich anfühlte wie eine feine Perigord-Trüffel, und der dauernd bewegte Schnurrbart prägten ihr Gesicht auf eigentümliche Weise. Ihre herrlich schwarzen Haare bebten immer leise und durchwirkten sich so mit einem wechselnden Spiel von Schatten. Nie hat es ein so feinfühlendes, feinnerviges Tier gegeben, und eines, das stärker mit Elektrizität geladen war. Fuhr man ihm im Dunkeln ein paarmal mit der Hand über den Rücken, so sprangen aus seinem Pelz knisternd blaue Funken. Eponine schloß sich mir besonders eng an, wie die Eponine des Romans dem Marius. Da es mich aber weniger nach einer Cosette verlangte als jenen schönen Jüngling, habe ich die große Liebe dieser zärtlich ergebenen Katze angenommen, und so leistet sie mir noch immer eifrig Gesellschaft bei der Arbeit und ist die Zierde meiner einsamen Klause draußen am Rande der Vorstadt. Sie läuft herbei, wenn die Hausglocke klingelt, und empfängt die Gäste, sie führt sie in den Salon und läßt sie sich dort setzen, spricht mit ihnen – jawohl, sie spricht – lispelnd, murmelnd, glucksend, in Tönen, die

nicht den gewöhnlichen Katzenlauten gleichen, sondern die artiku-
lierte Sprache der Menschen vortäuschen. Was aber sagt sie? Nun,
ganz eindeutig dies: «Gedulden Sie sich ein wenig. Schauen Sie sich
die Bilder an, oder plaudern Sie mit mir, wenn es Ihnen Vergnügen
macht. Der Herr wird gleich herunterkommen.» Bei meinem Eintritt zieht sie sich unauffällig auf einen Polsterstuhl zurück oder auf
eine Ecke des Klaviers und lauscht auf unser Gespräch, ohne sich
weiter darin einzumischen, wie es sich für ein Tier mit soviel An-
stand und gesellschaftlicher Erfahrung schickt.

Die liebe Eponine hat so häufig bewiesen, wie einsichtig, gutherzig und leutselig sie ist, daß wir ihr einmütig die Würde einer Person
zuerkannt haben. Was sie lenkt, ist ganz offenbar eine wahre Vernunft, dem bloßen Instinkt weit überlegen. Diese Würde verleiht
ihr das Recht, wie eine Person bei Tisch zu essen und nicht, nach
Tierbrauch, aus einem Tellerchen in einer Ecke am Boden. Eponine
hat also ihren Stuhl neben uns beim Mittag- und beim Abendessen,
doch haben wir ihr, ihrer Kleinheit wegen, gestattet, die beiden
Vorderpfoten auf den Tischrand zu setzen. Sie hat ihr Gedeck, ohne
Messer und Gabel, doch mit einem Glas. Sie nimmt an der ganzen
Mahlzeit teil, Gericht um Gericht, von der Suppe bis zum Nachtisch, wobei sie wartet, bis sie bedient wird, und sich so sittsam und
manierlich verhält, wie man es vielen Kindern wünschen möchte.
Beim ersten Glockenzeichen ist sie da, und wenn wir das Eßzimmer
betreten, ist sie bereits an ihrem Platz auf dem Stuhl, die Pfoten an
der Tischkante, die kleine Stirn zu einem Kuß hingestreckt, wie eine
wohlerzogene junge Dame und voll Artigkeit gegen Eltern und
ältere Leute.

Man findet Trübungen in Diamanten und Flecken auf der Sonne.
Sogar was sonst vollkommen ist, kann leicht überschattet sein. So
muß ich zugeben, daß Eponine, wie alle Katzen, sehr erpicht ist auf
Fische. Fischspeisen lassen sie ganz außer sich geraten, und wie
Kinder, die sich mächtig auf den Nachtisch freuen, ziert sie sich
mitunter beim Suppenessen, wenn sie vorher gewittert hat, daß
Meerfische in der Küche sind. Wenn sie sich so benimmt, wird sie
nicht bedient, und mit kühler Miene erklären wir ihr: «Fräulein,
eine *Person*, die keine Suppe mag, wird auch keinen Fisch essen
wollen», worauf wir sie beim ersten Gang schonungslos übergehen.
Darauf ißt die gefräßige Eponine, überzeugt, daß die Drohung ernst
gemeint ist, die Suppe doch noch in aller Eile, leckt den letzten

Tropfen Brühe auf und verzehrt die kleinste Krume Brot, den winzigsten Rest italienischer Teigwaren. Dann sieht sie uns stolz an, wie jemand, den kein Tadel mehr trifft, weil er gewissenhaft seine Pflicht getan hat. So erhält sie nun ihren Anteil und vertilgt diesen mit äußerstem Behagen. Und zum Schluß, wenn sie von allen Speisen gekostet hat, trinkt sie ihr Glas zu einem Drittel leer.

Wenn wir abends Gäste erwarten, weiß dies Eponine, noch bevor sie sie gesehen hat. Sie späht nämlich nach ihrem Platz, und wenn sie dort neben ihrem Teller ein Besteck findet, verzieht sie sich auf den Klavierstuhl, ihren Zufluchtsort bei solchen Anlässen. Mögen jene, die den Tieren Vernunft absprechen, diesen scheinbar so einfachen und doch aufschlußreichen Umstand erklären. Daraus, daß in ihrem Gedeck jene Geräte vorhanden sind, die einzig ein Mensch zu gebrauchen weiß, folgert die aufmerksame und scharfsinnige Katze, daß sie an jenem Tag ihren Platz einem Geladenen abtreten muß, was sie auch eiligst tut. Nie irrt sie sich dabei. Einzig steigt sie dem Gast, wenn er ihr vertraut ist, auf die Knie und versucht dort durch ihre anmutige Zärtlichkeit gelegentlich einen Bissen von ihm zu erschmeicheln.

Doch genug von all dem. Man darf den Leser nicht allzu lange mit denselben Dingen hinhalten. Katzengeschichten gefallen weniger als Hundegeschichten, und dennoch glauben wir berichten zu müssen, welches Ende es mit Enjolras und Gavroche nahm. Rohlinge, die es nach einem Pfefferbraten gelüstete, brachten Enjolras um. Doch die Mörder starben noch im selben Jahr auf jammervolle Weise. Der Tod einer schwarzen Katze, eines so rätselvollen Tieres, rächt sich immer.

Gavroche, den plötzlich ein rasender Freiheitsdrang oder genauer ein Taumel ergriff, sprang eines Tages zum Fenster hinaus, dann über die Straße und die Umzäunung des Saint-James-Parks gegenüber unserem Haus, worauf er verschwand. Wie sehr wir nach ihm forschten, wir hörten nie mehr von ihm. Ein geheimnisvolles Dunkel umhüllt sein Schicksal. So überlebt denn von der schwarzen Dynastie allein Eponine, ihrem Herrn unverbrüchlich treu und heute nachgerade eine «Literaturkatze.»

Ihr Gespiele ist ein prächtiger Angorakater mit einem silbergrauen Balg, der an rissiges Chinaporzellan erinnert. Er heißt Zizzi oder «Zu schön, um etwas zu tun». Zizi schwärmt für Musik. Nicht befriedigt vom bloßen Zuhören, erzeugt er solche sogar selber. In der Stille der Nacht, wenn alles schläft, ertönen bisweilen Melodien, auf die ein Kreisler oder die Musikanten der Zukunft neidisch sein könnten: das ist Zizi, der über die Tasten des offen gebliebenen Klaviers spaziert und staunt vor Entzücken, daß diese unter seinen Tritten aufklingen.

Es wäre ungerecht, dieser Linie nicht auch Cléopatre, die Tochter Eponines, anzureihen, ein bezauberndes Tier, das einzig zu schüchtern ist, unter die Leute zu gehen. Sie ist rötlich-schwarz wie Mumma, die behaarte Gefährtin Atta Trolls, und hat grüne Augen wie ungeheure Aquamarinsteine. Sie steht gewöhnlich auf drei Füßen, den vierten zurückgebogen in der Luft, wie ein Löwe in klassischer Haltung, der seine Marmorkugel verloren hätte.

Soweit die Chronik der schwarzen Dynastie. Enjolras, Gavroche und Eponine erinnern mich an die Gestalten eines geliebten Meisters. Freilich, wenn ich die «Misérables» wieder lese, scheinen mir die Hauptrollen des Romans von schwarzen Katzen erfüllt – was ihrem Wert aber durchaus keinen Abbruch tut.

Alexandre Dumas

Die Katze, der Gerichtsdiener und das Skelett

Der Arzt, der mit Walter Scott nach Frankreich kam, hieß Doktor Sympson; er war mit den angesehensten Personen der Stadt befreundet.

Darunter befand sich auch ein Richter, dessen Namen er mir nicht genannt hat. Der Name war das einzige Geheimnis, das er in dieser ganzen Angelegenheit für sich behielt. Dieser Richter, den er gewöhnlich als Arzt behandelte, verfiel sichtlich, ohne daß seine Gesundheit gestört schien; eine finstere Schwermut hatte sich seiner bemächtigt. Seine Familie hatte wiederholt den Doktor befragt, und dieser hatte sich an die Freunde des Richters gewandt, ohne etwas aus ihnen herauszubringen als unbestimmte Antworten, die seine Befürchtung nur noch verstärkten.

Endlich drang Dr. Sympson eines Tages in ihn, worauf der Richter mit traurigem Lächeln seine Hände ergriff und zu ihm sagte:

«Ja, ich bin krank, und meine Krankheit, lieber Doktor, ist unheilbar, da sie nur in meiner Einbildung besteht.»

«Wie? In Ihrer Einbildung?»

«Ja, ich bin im Begriff, wahnsinnig zu werden!»

«Sie und wahnsinnig! Ich bitte Sie, Sie haben einen klaren Blick, eine ruhige Stimme» – er ergriff ihn bei der Hand –, «einen ausgezeichneten Puls.»

«Das ist ja gerade das Gefährliche meines Zustands, lieber Doktor: Ich sehe und beurteile es nämlich selbst.»

«Aber worin besteht denn Ihr Wahnsinn?»

«Schließen Sie die Tür, damit man uns nicht stört, Doktor, ich will es Ihnen erzählen.»

Der Doktor verschloß die Tür und setzte sich neben seinen Freund.

«Erinnern Sie sich des letzten Strafprozesses», fragte der Richter, «in dem ich ein Urteil zu fällen hatte?»

«Ja, über einen schottischen Räuber, der von Ihnen zum Galgen verurteilt und gehenkt worden ist.»

«Ganz recht. Nun, in dem Augenblick, als ich das Urteil verkündete, sprühte eine Flamme aus seinen Augen, und er zeigte mir drohend die Faust. Ich achtete nicht darauf... Solche Drohungen sind bei den Verurteilten häufig. Aber am Tag nach der Hinrichtung erschien der Scharfrichter bei mir, er sagte, daß er geglaubt hätte, mich von etwas unterrichten zu müssen: Der Räuber war gestorben, indem er eine Art von Beschwörung gegen mich aussprach und erklärte, daß ich am folgenden Tag um sechs Uhr, der Stunde, in der er hingerichtet worden war, Nachrichten von ihm erhalten würde.

Ich glaubte an irgendeinen Überfall durch seine Kameraden, an Rache von bewaffneter Hand, und als die sechste Stunde kam, schloß ich mich mit einem Paar Pistolen auf meinem Schreibtisch in meinem Zimmer ein.

Die Standuhr meines Kamins schlug sechs. Ich hatte den ganzen Tag an diese Mitteilung des Scharfrichters gedacht. Aber der letzte Schlag erbebte auf der Glocke, ohne daß ich etwas anderes hörte als ein gewisses Schnurren, dessen Ursache ich nicht erklären konnte. Ich wandte mich um und sah eine große schwarz- und feuerrotgefleckte Katze. Wie war sie hereingekommen? Es war unmöglich, das zu erklären, denn Türen und Fenster waren verschlossen. Sie mußte während des Tages in das Zimmer eingesperrt gewesen sein.

Ich läutete meinem Diener, aber er konnte nicht eintreten, da ich von innen zugeschlossen hatte; ich ging an die Tür und machte sie auf. Nun sprach ich von der schwarz- und feuerrotgefleckten Katze; aber wir suchten sie vergebens, sie war verschwunden.

Ich kümmerte mich nicht weiter darum; der Abend verfloß, die Nacht brach an, der Tag kam und verging, und dann schlug es wieder sechs Uhr. In diesem Augenblick hörte ich dasselbe Geräusch hinter mir und sah dieselbe Katze.

Diesmal sprang sie auf meinen Schoß.

Ich habe keinen Widerwillen gegen Katzen, und dennoch machte diese Vertraulichkeit einen unangenehmen Eindruck auf mich. Ich jagte sie von meinem Schoß. Aber kaum war sie auf dem Boden, als sie von neuem auf mich sprang. Ich stieß sie zurück, aber ebenso vergebens wie das erste Mal. Nun stand ich auf und ging im Zimmer auf und ab; die Katze folgte mir Schritt für Schritt; unwillig über diese Beharrlichkeit, läutete ich wie am Tage zuvor, mein Bedienter trat ein, aber die Katze floh unter das Bett, wo wir sie vergebens suchten; denn sobald sie unter das Bett gekrochen war, war sie verschwunden.

Ich ging am Abend aus und besuchte mehrere Freunde; dann kehrte ich nach Hause zurück.

Da ich kein Licht hatte, so ging ich aus Furcht, mich zu stoßen, vorsichtig die Treppe hinauf; als ich die letzte Stufe erreichte, hörte ich meinen Bedienten, der sich mit dem Mädchen meiner Frau unterhielt.

Da mein Name fiel, hörte ich auf das, was er sagte, und nun hörte ich ihn das ganze Abenteuer von gestern und heute erzählen; nur fügte er hinzu: ‹Der Herr wird wahnsinnig, denn es befand sich ebensowenig eine schwarz- und feuerrotgefleckte Katze in dem Zimmer wie in meiner Hand.›

Diese Worte erschreckten mich; entweder war die Erscheinung wirklich, oder sie war falsch; wenn die Erscheinung wirklich war, so befand ich mich im Bann einer übernatürlichen Sache; wenn die Erscheinung falsch war, wenn ich etwas zu sehen glaubte, das nicht bestand, wie mein Bedienter gesagt hatte, so wurde ich wahnsinnig.

Sie werden erraten, daß ich in mit Furcht gemischter Ungeduld das nächste Mal erwartete. Am folgenden Tag behielt ich unter dem Vorwand, etwas zu ordnen, meinen Bedienten bei mir; es schlug sechs Uhr, als er da war; bei dem letzten Glockenschlag hörte ich dasselbe Geräusch und sah meine Katze wieder.

Sie saß neben mir. Ich blieb einen Augenblick ruhig, ohne etwas zu sagen, denn ich hoffte, daß mein Bedienter das Tier erblicken und zuerst davon sprechen würde; aber er ging in meinem Zimmer auf und ab und sah offenbar nichts.

Ich wartete den Augenblick ab, da er in der Richtung, die er einschlagen mußte, um den Auftrag auszuführen, den ich ihm geben wollte, fast auf die Katze treten würde. ‹Stellen Sie meine Glocke auf den Tisch, John›, sagte ich.

Er stand am Kopfende meines Bettes, die Glocke stand auf dem Kamin; um von da zum Kamin zu gehen, mußte er wohl oder übel über das Tier gehen. Er kam, aber in dem Augenblick, da sein Fuß das Tier berühren mußte, sprang die Katze auf meinen Schoß.

John sah sie nicht oder schien sie wenigstens nicht zu sehen.

Kalter Schweiß trat auf meine Stirn, und die Worte: ‹Der Herr wird wahnsinnig›, kamen mir wieder in furchtbare Erinnerung.

‹John›, sagte ich zu ihm, ‹sehen Sie nichts auf meinem Schoß?› John blickte mich an. Dann sagte er wie ein Mensch, der einen Entschluß faßt: ‹Doch, Herr, ich sehe eine Katze.›

Ich atmete wieder auf.

Ich nahm die Katze und sagte zu ihm: ‹Dann tragen Sie sie hinaus, John, ich bitte Sie.›

Seine Hände kamen den meinen entgegen; ich legte ihm das Tier auf die Arme, worauf er auf einen Wink von mir das Zimmer verließ.

Ich war einigermaßen beruhigt; etwa zehn Minuten blickte ich noch mit einem Rest von Angst um mich; da ich aber kein lebendiges Wesen, das irgendeiner Tierart angehörte, bemerkte, wollte ich nachsehen, was John mit der Katze gemacht hatte.

Ich verließ daher mein Zimmer, in der Absicht, ihn danach zu fragen. Als ich aber den Fuß auf die Schwelle der Salontür setzte, hörte ich ein lautes Gelächter, das aus dem Zimmer meiner Frau kam. Ich näherte mich leise auf den Fußzehen und hörte die Stimme Johns.

‹Meine liebe Freundin›, sagte er zu dem Zimmermädchen, ‹der Herr wird nicht wahnsinnig – nein, er ist es schon. Wie du weißt, besteht sein Wahnsinn darin, daß er eine schwarz- und rotgefleckte Katze sieht. Heute abend hat er mich gefragt, ob ich diese Katze nicht auf seinem Schoß sähe.›

‹Und was hast du geantwortet?› fragte das Mädchen.

‹Bei Gott! Ich habe geantwortet, daß ich sie sähe›, sagte John. ‹Ich habe den armen, lieben Mann nicht ärgern wollen; und was meinst du, was er getan hat?›

‹Wie soll ich das erraten?›

‹Nun denn, er hat die vermeintliche Katze von seinem Schoß genommen, hat sie mir auf die Arme gelegt und zu mir gesagt: Trage sie fort! – Trage sie fort! – Ich habe die Katze hurtig fortgetragen, und er ist zufrieden gewesen.›

‹Aber wenn du die Katze fortgetragen hast, so war die Katze also doch vorhanden.›

‹Nicht doch, die Katze bestand nur in seiner Einbildung. Aber was hätte es geholfen, wenn ich ihm die Wahrheit gesagt hätte? Mich aus dem Hause werfen zu lassen? – Meiner Treu, nein, es geht mir

hier gut, und ich bleibe. Er gibt mir fünfundzwanzig Pfund jährlich – um eine Katze zu sehen. Gut, ich sehe sie. Er soll mir dreißig
geben, und ich werde zwei Katzen sehen.›

Ich hatte nicht den Mut, länger zuzuhören. Seufzend kehrte ich
in mein Zimmer zurück.

Mein Zimmer war leer…

Am folgenden Tag fand sich meine Gesellschafterin wie gewöhnlich um sechs wieder bei mir ein und verschwand erst am
folgenden Morgen.

Was soll ich Ihnen sagen, mein Freund?» fuhr der Kranke fort,
«einen Monat lang hatte ich dieselbe Erscheinung jeden Abend,
und ich gewöhnte mich allmählich an ihre Gegenwart; am dreißig-
sten Tage nach der Hinrichtung schlug es sechs Uhr, ohne daß die
Katze erschien.

Ich glaubte von ihr befreit zu sein, ich konnte vor Freude nicht
schlafen. Den ganzen Morgen des folgenden Tages schob ich sozusagen die Zeit vor mir her; ich konnte kaum die verhängnisvolle
Stunde abwarten.

Von fünf bis sechs Uhr verließen meine Augen die Standuhr
nicht. Ich folgte dem Gang des großen Zeigers von Minute zu
Minute. Endlich erreichte er die Zahl XII, das Knarren der Uhr
ließ sich vernehmen, dann tat der Hammer den ersten, den zweiten, den dritten, den vierten, den fünften, endlich den sechsten
Schlag! – Bei dem sechsten Schlag ging meine Tür auf», sagte der
unglückliche Richter, «und ich sah einen Gerichtsdiener der Kammer eintreten, der die Uniform des Lord-Lieutenants von Schottland trug.

Mein erster Gedanke war, daß der Lord-Lieutenant mir irgendein Schreiben sende, und ich streckte die Hand nach dem Unbekannten aus. Aber er schien auf meine Gebärde nicht zu achten
und stellte sich einfach hinter meinen Sessel.

Ich brauchte mich nicht umzuwenden, um ihn zu sehen, denn
ich saß dem Spiegel gegenüber und hatte ihn also im Blick. Ich
stand auf und bewegte mich hin und her; er folgte mir in der
Entfernung einiger Schritte. Ich ging an meinen Tisch und läutete.

Mein Bedienter erschien, aber er sah den Gerichtsboten ebensowenig wie vorher die Katze.

Ich schickte ihn wieder fort und blieb mit dieser seltsamen Person allein, die ich nach Herzenslust betrachten konnte.

Er trug Hofkleidung, den Haarbeutel, den Degen an der Seite, eine gestickte Weste und seinen Hut unter dem Arm.

Um zehn Uhr legte ich mich zu Bett; um offenbar die Nacht so bequem als möglich zuzubringen, setzte er sich meinem Bett gegenüber in einen Sessel.

Ich wandte den Kopf nach der Seite der Wand; da ich aber nicht einschlafen konnte, so drehte ich mich zwei- bis dreimal wieder um, und jedesmal sah ich ihn beim Licht meiner Nachtlampe in demselben Sessel.

Auch er schlief nicht.

Endlich sah ich die ersten Strahlen des Tages durch die Läden in mein Zimmer dringen, ich wandte mich ein letztes Mal nach meinem Mann um: er war verschwunden, der Sessel war leer.

Bis zum Abend des nächsten Tages war ich von meiner Erscheinung befreit.

Am Abend war Empfang bei dem Großvikar der Kirche, und ich rief unter dem Vorwand, meinen Festrock auszubürsten, wenige Minuten vor sechs Uhr meinen Bedienten, indem ich ihm befahl, die Riegel der Tür vorzuschieben.

Er gehorchte.

Beim letzten Schlag der sechsten Stunde heftete ich die Augen auf die Tür; die Tür ging auf, und mein Gerichtsbote trat ein.

Ich ging sofort an die Tür – sie war wieder verschlossen; die Riegel schienen nicht verschoben zu sein. Ich wandte mich um – der Gerichtsbote stand hinter meinem Sessel, und John ging im Zimmer hin und her, ohne ihn im geringsten zu bemerken.

Er sah ihn offenbar ebensowenig wie vorher das Tier.

Ich kleidete mich an.

Nun geschah etwas Seltsames: Voll Aufmerksamkeit für mich, half mein neuer Hausgenosse John in allem, was er tat, ohne daß John es bemerkte. So hielt John meinen Rock beim Kragen – das Gespenst hielt die Schöße; John reichte mir die Hose beim Gürtel, das Gespenst hielt sie bei den Beinen.

Ich hatte niemals einen diensteifrigeren Bedienten.

Die Stunde des Besuchs kam.

Statt mir zu folgen, ging der Gerichtsbote mir jedoch voraus, schlüpfte durch die Tür meines Zimmers, ging die Treppe hinab, hielt sich, den Hut unter dem Arm, hinter John, der den Schlag des Wagens aufmachte, und als John ihn geschlossen und seinen Platz hinter dem Wagen eingenommen hatte, stieg er auf den Bock des Kutschers, der nach rechts rückte, um ihm Platz zu machen.

Vor dem Haus des Großvikars hielt der Wagen; John öffnete den Schlag, aber das Gespenst stand bereits hinter ihm auf seinem Posten. Kaum war ich ausgestiegen, als das Gespenst mir vorauseilte, indem es sich durch die Bedienten zwängte, die am Portal standen, und nachsah, ob ich ihm folgte.

Nun wollte ich mit dem Kutscher denselben Versuch anstellen, den ich mit John gemacht hatte.

‹Patrick›, fragte ich ihn, ‹wer war der Mann, der neben Euch saß?›

‹Welcher Mann, Euer Gnaden?›

‹Der Mann, der auf dem Bock saß.›

Patrick machte große Augen, indem er erstaunt um sich blickte.

‹Es ist gut›, sagte ich, ‹ich habe mich geirrt.›

Ich ging in das Haus.

Der Gerichtsbote war auf der Treppe stehengeblieben und erwartete mich. Sobald er mich kommen sah, lief er mir voraus, trat vor mir ein, wie um mich im Empfangssaal zu melden; dann, als ich eingetreten war, nahm er in dem Vorzimmer wieder den Platz ein, der sich für ihn geziemte.

Wie für John und Patrick war das Gespenst für jedermann unsichtbar.

Nun verwandelte sich meine Furcht in Entsetzen, und ich sah ein, daß ich tatsächlich wahnsinnig würde.

Von diesem Abend an bemerkte man die Veränderung, die mit mir vorging. Jedermann fragte mich, welche Sorgen mich quälten.

Ich fand mein Gespenst im Vorzimmer wieder. Wie bei meiner Ankunft eilte es mir auf dem Heimweg voraus, kehrte mit mir nach Hause und hinter mir in mein Zimmer zurück und setzte sich wie die Nacht zuvor in den Sessel. Nun wollte ich mich überzeugen, ob etwas Wirkliches und besonders etwas Fühlbares an dieser Erscheinung wäre. Ich nahm meinen ganzen Mut zusammen und setzte mich rückwärtsschreitend auf den Sessel. Ich fühlte nichts, aber ich sah den Gerichtsdiener im Spiegel hinter mir stehen. Wie am Abend zuvor legte ich mich zu Bett, aber erst gegen ein Uhr. Sobald ich im Bett lag, sah ich ihn wieder auf seinem Sessel.

Am folgenden Morgen verschwand er.

Die Erscheinung dauerte einen Monat.

Dann fehlte sie entgegen ihrer Gewohnheit und blieb einen Tag aus.

Diesmal glaubte ich nicht mehr an ein gänzliches Verschwinden wie das erste Mal, sondern an irgendeine schreckliche Veränderung, und statt mein Alleinsein zu genießen, erwartete ich den nächsten Tag voller Entsetzen.

Am andern Tag hörte ich beim letzten Schlag der sechsten Stunde ein leises Rauschen in den Vorhängen meines Bettes, und an der Wand erblickte ich ein Skelett.

Das Skelett stand regungslos dort und blickte mich mit seinen hohlen Augen an.

Ich stand auf, machte mehrere Gänge in meinem Zimmer – der Totenkopf folgte allen meinen Bewegungen. Die Augen verließen mich keinen Augenblick, der Körper blieb regungslos.

Diese Nacht hatte ich nicht den Mut, mich zu Bett zu legen. Ich schlief, oder ich blieb vielmehr mit geschlossenen Augen im Lehnstuhl sitzen, in dem sonst das Gespenst saß, nach dessen Gegenwart ich mich nun sogar sehnte. Mit Tagesanbruch verschwand das Skelett.

Am Abend befahl ich John, mein Bett von der Stelle zu rücken und die Vorhänge sehr gut zuzuziehen.

Beim letzten Schlag der sechsten Stunde hörte ich dasselbe Rauschen, ich sah die Vorhänge sich bewegen, dann erblickte ich zwei Knochenhände, die die Vorhänge meines Bettes zurückschlugen, dann nahm das Skelett seinen Platz ein wie die Nacht zuvor.

Doch jetzt hatte ich den Mut, mich zu Bett zu legen.

Der Kopf, der wie tags zuvor allen meinen Bewegungen gefolgt war, neigte sich nun zu mir. Die hohlen Augen, die mich wie in der vorhergehenden Nacht keinen Augenblick aus dem Blick verloren hatten, hefteten sich auf mich.»

Am folgenden Tag kam der Doktor um sieben Uhr morgens in das Zimmer seines Freundes.

«Nun», fragte er ihn, «was macht das Skelett?»

«Es ist soeben verschwunden», antwortete dieser mit schwacher Stimme.

«Gut, wir wollen es so einrichten, daß es heute nacht nicht wiederkommt.»

«Tun Sie es.»

«Sie sagen, daß es mit dem letzten Schlag der sechsten Stunde kommt?»

«Jedesmal.»

«Gut, fangen wir damit an, die Uhr anzuhalten», und er hielt das Pendel an.

«Was wollen Sie tun?»

«Ich will Ihnen die Möglichkeit nehmen, die Zeit zu erkennen.»

«Gut.»

«Jetzt wollen wir die Läden schließen und die Vorhänge der Fenster zuziehen.»

«Warum das?»

«Immer zu demselben Zweck, damit Sie nicht wissen, welche Tageszeit es ist.»

«Tun Sie es.»

Die Läden wurden zugemacht, die Vorhänge zugezogen, und wir zündeten Kerzen an.

«Halten Sie ein Frühstück und ein Mittagessen bereit, John», sagte der Doktor, «wir wollen nicht zu bestimmten Stunden bedient sein, sondern nur dann, wenn ich rufen werde.»

«Sie hören, John», sagte der Kranke.

«Ja, Herr.»

«Dann geben Sie uns Karten, Würfel, Dominos, und lassen Sie uns allein.»

John brachte die verlangten Gegenstände und entfernte sich.

Der Doktor begann damit, den Kranken nach Kräften zu zerstreuen, indem er bald plauderte, bald mit ihm spielte; dann, als er Hunger hatte, läutete er.

John brachte das Frühstück.

Nach dem Frühstück begann das Spiel wieder und wurde später durch ein neues Läuten des Doktors unterbrochen.

John brachte das Mittagessen. Sie aßen und tranken, nahmen Kaffee und spielten weiter. So für sich gelassen erschien ihnen der Tag lang. Der Arzt glaubte, daß die verhängnisvolle Stunde vorüber sein müßte.

«Nun denn!» stand er auf, «Viktoria.»

«Wie, Viktoria?» fragte der Kranke.

«Es muß zweifellos zum mindesten acht bis neun Uhr sein, und das Skelett ist nicht gekommen.»

«Sehen Sie nach Ihrer Uhr, Doktor, und wenn die Stunde vorüber ist, so werde ich wie Sie Viktoria rufen.»

Der Doktor sah nach seiner Uhr, sagte aber nichts.

«Sie hatten sich geirrt, nicht wahr, Doktor?» sagte der Kranke, «es ist gerade sechs Uhr.»

«Ja.»

«Nun, da tritt auch das Skelett ein.»

Und der Kranke warf sich mit einem tiefen Seufzer zurück.

Der Arzt blickte nach allen Seiten.

«Wo sehen Sie es denn?» fragte er.

«An seinem gewöhnlichen Platz, hinter meinem Bett, zwischen den Vorhängen.»

Der Doktor stand auf, zog das Bett vor und nahm zwischen den Vorhängen den Platz ein, den das Skelett einnehmen sollte.

«Und jetzt», sagte er, «sehen Sie es immer noch?»

«Ich sehe nicht mehr den untern Teil seines Körpers, da der Ihre es mir verbirgt, aber ich sehe seinen Schädel.»

«Wo?»

«Über Ihrer rechten Schulter. Es ist, als ob Sie zwei Köpfe hätten, einen lebenden und einen toten.»

So ungläubig der Arzt auch war, er schauderte doch unwillkürlich. Er wandte sich um, aber er sah nichts.

«Mein Freund», sagte er traurig, indem er zu dem Kranken zurückkehrte, «wenn Sie noch kein Testament gemacht haben, so beeilen Sie sich.» Und er entfernte sich.

Als John neun Tage später in das Zimmer seines Herrn trat, fand er ihn tot in seinem Bett.

Es waren genau drei Monate seit der Hinrichtung des Räubers vergangen...

Dorothy Sayers

Die Moschuskatze

Es ist wirklich anständig von Ihnen, mich hier aufzusuchen, Harringay. Glauben Sie mir, ich rechne Ihnen das hoch an. Nicht jeder vielbeschäftigte Anwalt würde sich soviel Mühe um einen so hoffnungslosen Klienten machen. Ich wünschte nur, ich könnte Ihnen eine Geschichte erzählen, mit der sich etwas anfangen ließe, aber, offen gestanden, kann ich Ihnen nur das sagen, was Peabody bereits von mir gehört hat. Ich weiß natürlich, daß er kein Wort davon glaubt, und nehme es ihm nicht übel. Er ist der Ansicht, daß ich eine glaubwürdigere Geschichte erfinden könnte – und damit hat er wahrscheinlich recht, aber was hat das für einen Zweck? Man fällt doch irgendwo herein, wenn man sich in Lügen verstrickt. Was ich Ihnen jetzt sage, ist die absolute Wahrheit. Ich habe einen einzigen Schuß abgefeuert, und nur diesen einen. Und zwar auf die Katze. Komisch, daß man gehängt werden soll, weil man auf eine Katze geschossen hat.

Merridew und ich waren stets die besten Freunde; schon auf der Schule und der Universität. Nach dem Kriege sahen wir nicht viel von einander, weil wir in entgegengesetzten Teilen des Landes wohnten. Aber wir trafen uns von Zeit zu Zeit in London und schrieben uns gelegentlich; jeder von uns wußte, daß der andere sozusagen im Hintergrund existierte. Vor zwei Jahren schrieb er mir, daß er sich verheiraten würde. Er war gerade vierzig geworden, und das Mädchen war fünfzehn Jahre jünger, und er war maßlos in sie verliebt. Es versetzte mir einen ziemlichen Stoß – Sie wissen ja, wie es ist, wenn Ihre Freunde heiraten. Man hat das Gefühl, daß sie niemals wieder die alten sein werden, und ich hatte mich an den Gedanken gewöhnt, daß Merridew und ich geborene Junggesellen seien. Aber ich gratulierte ihm natürlich, schickte ihm ein Hochzeitsgeschenk und hoffte aufrichtig, daß er glücklich werden würde. Er war offenbar bis über beide Ohren verliebt – gefährlich verliebt – obwohl es, abgesehen von dem Altersunterschied, anscheinend eine ganz passende Partie war. Er hatte sie ausgerechnet bei der Gartengesellschaft eines Pfarrers in Norfolk kennengelernt, und sie war noch nie aus ihrem Heimatdorf herausgekommen, nicht einmal eine Fahrt in die nächste Stadt. Ihr Vater war ein merkwürdiger Einsiedler – ein Kenner des Mittelalters, oder so etwas Ähnliches – schrecklich arm. Er starb kurz nach ihrer Heirat.

Während des ersten Jahres nach der Hochzeit sah ich nichts von ihnen, Merridew ist nämlich Ingenieur, und er nahm seine Frau nach den Flitterwochen mit nach Liverpool, wo er am Hafen zu tun hatte. Es muß für sie eine große Veränderung gewesen sein nach der Einöde von Norfolk. Ich war damals in Birmingham und steckte bis über die Ohren in Arbeit. Wir tauschten daher nur gelegentliche Briefe aus. Seine Briefe kann ich nur als wahnsinnig glücklich bezeichnen, besonders zuerst. Später schien er sich um die Gesundheit seiner Frau zu sorgen. Sie war ruhelos; das Leben in der Stadt bekam ihr nicht; er war froh, als er seinen Job in Liverpool aufgeben und mit ihr auf dem Land leben konnte. Wohlverstanden, an ihrem Glück war nicht zu zweifeln. Er war ihr mit Leib und Seele zugetan und sie ihm ebenfalls, soweit ich feststellen konnte. Das möchte ich deutlich hervorheben.

Kurz und gut, Merridew schrieb mir zu Anfang des vorigen Monats und teilte mir mit, daß er eine neue Arbeit in Somerset angenommen habe. Er fragte an, ob ich mich nicht freimachen und einige Wochen mit ihnen zusammen verbringen könne. Sie hätten Zimmer im Gasthaus des Dorfes. Es sei ein ziemlich abgelegener Flecken, aber landschaftlich reizvoll und ein Anglerparadies, und ich könnte Felicitas Gesellschaft leisten, während er am Damm arbeite. Ich hatte damals gerade genug von Birmingham und der Hitze, und der Vorschlag erschien mir verlockend. Außerdem standen mir Ferien zu. Also ging ich darauf ein. Ich hatte erst noch etwas in London zu tun, was mich voraussichtlich eine Woche in Anspruch nahm, und setzte daher meine Ankunft in Little Hexham auf den 20. Juni fest.

Zufällig wickelten sich meine Geschäfte in London unerwartet rasch ab, und am sechzehnten war ich frei. Ich hockte in einem Hotel, wo unter meinen Fenstern Preßluftbohrer und andere Baumaschinen einen Höllenlärm machten. Sie erinnern sich wohl noch an diesen glühend heißen Juni? Ich hielt es für sinnlos, länger zu warten. Also schickte ich Merridew ein Telegramm, packte meine Koffer und fuhr noch am selben Abend nach Somerset. Ich konnte kein Abteil für mich allein bekommen, entdeckte aber ein Raucherabteil erster Klasse, in dem nur drei Plätze besetzt waren, und drückte mich dankbar in die vierte Ecke. Die anderen Fahrgäste waren ein militärisch aussehender alter Herr, eine alte Jungfer mit einer Unmenge von Koffern und Körben und ein junges Mädchen. Ich glaubte, eine angenehme, ruhige Reise vor mir zu haben.

Diese Vermutung hätte sich auch erfüllt, wenn ich nicht so unglücklich veranlagt wäre. Zuerst war alles in bester Ordnung. Ich duselte sogar ein und wachte erst um sieben Uhr wieder auf, als der Kellner zum Abendessen aufforderte. Die anderen gingen nicht zum Essen, und als ich aus dem Speisewagen zurückkam, war der alte Herr verschwunden. Nur die beiden Frauen waren noch da. Ich machte es mir wieder in meiner Ecke gemütlich, aber nach einer Weile beschlich mich das gräßliche Gefühl, daß irgendwo im Abteil eine Katze sei. Ich gehöre zu jenen unglückseligen Leuten, die Katzen nicht ertragen können. Nicht, daß ich Hunde vorziehe – aber die Anwesenheit einer Katze im selben Raum übt eine verheerende Wirkung auf mich aus. Ich kann es nicht beschreiben, aber ich glaube, es geht einer ganzen Reihe von Leuten ebenso. Soll mit Elektrizität zu tun haben, wie man mir erklärt hat. Ich habe gelesen, daß die Abneigung oft auf beiden Seiten besteht. In meinem Falle leider nicht. Die Biester finden mich im Gegenteil faszinierend und schießen jedesmal auf meine Beine los. Ein komisches Leiden, das mich bei alten Damen gerade nicht beliebt macht.

Auf alle Fälle ging es mir von Minute zu Minute schlechter, und ich kam zu der Überzeugung, daß die alte Dame in einem ihrer Körbe eine Katze haben mußte. Ich überlegte, ob ich sie bitten sollte, den Korb in den Gang zu stellen, oder ob ich den Schaffner rufen sollte. Aber ich war mir bewußt, wie lächerlich das klingen würde, und nahm mir vor, die Zähne zusammenzubeißen. Ich versuchte mich abzulenken, indem ich das junge Mädchen betrachtete.

Der Anblick lohnte sich – sie war sehr schlank, dunkel, und ihre weiße Haut erinnerte an Magnolienblüten. Auch hatte sie die seltsamsten Augen der Welt: ein sehr blasses Braun, fast bernsteinfarben, weit auseinanderliegend und etwas schräggestellt, und sie schienen eine eigene Leuchtkraft zu besitzen. Aber denken Sie jetzt nicht, daß es mich erwischt hätte. Sie besaß durchaus keine Anziehungskraft für mich, doch konnte ich mir vorstellen, daß ein anderer Mann ganz wild auf sie sein mochte. Sie war einfach ungewöhnlich, weiter nichts. Aber wie sehr ich mich auch abzulenken versuchte, ich konnte des unbehaglichen Gefühls nicht Herr werden. Schließlich gab ich es auf und trat auf den Gang. – Wenn Sie sich nur vorstellen könnten, wie elend mir in Gegenwart einer Katze wird – selbst wenn sie in einem Korb verschlossen ist – Sie würden verstehen, wie ich dazu kam, den Revolver zu kaufen!

Nun, wir kamen in Hexham Junction, der Bahnstation von Hexham an, und da stand der gute Merridew auf dem Bahnsteig und wartete. Die junge Dame stieg ebenfalls aus, und ich stellte gerade ihre Siebensachen auf den Bahnsteig, als er herbeieilte und uns begrüßte.

«Hallo!» rief er. «Das ist ja prächtig. Habt ihr euch schon miteinander bekannt gemacht?» Da ging mir auf, daß das Mädchen Mrs. Merridew war, die in London Einkäufe gemacht hatte. Ich erklärte ihr, weshalb ich meine Pläne geändert hatte, und sie erwiderte, wie schön es sei, daß ich kommen konnte – die üblichen Redensarten. Ich freute mich an ihrer tiefen, sympathischen Stimme und ihren graziösen Bewegungen und konnte Merridews Vernarrtheit verstehen, aber wohlgemerkt, ohne sie zu teilen.

Wir stiegen in seinen Wagen. Mrs. Merridew saß hinten und ich neben ihrem Mann. Ich war froh, in der frischen Luft zu sein und das bedrückende, gespannte Gefühl loszuwerden, das mich im Zuge gequält hatte. Merridew erzählte mir, daß die Gegend ihnen außerordentlich gut gefalle; Felicitas sei ein ganz anderer Mensch geworden, auch er selbst fühle sich gekräftigt. Auf mich persönlich machte er jedoch einen ziemlich abgekämpften und nervösen Eindruck.

Das Gasthaus hätte Ihnen gefallen, Harringay. Eins von der guten alten Sorte – altmodisch und wunderlich, und alles echte Antiquitäten, keine Imitationen aus der Tottenham Court Road. Na, wir hatten alle zu Abend gegessen, Mrs. Merridew war müde und ging früh zu Bett, Merridew und ich tranken noch ein Gläschen in der Gaststube und machten dann einen Bummel durchs Dorf – ein winziges Fleckchen am Ende der Welt mit kleinen strohgedeckten Häusern, wo um zehn Uhr schon alles in tiefstem Schlafe lag.

Der Wirt – ein Klotz von einem Mann mit einem völlig ausdruckslosen Gesicht – schloß gerade die Bar ab, als wir zurückkehrten.

Man hatte mir ein vortreffliches Zimmer gegeben, dicht unter dem Dach, mit einem breiten, niedrigen Fenster, das auf den Garten ging. Die Bettwäsche roch nach Lavendel, und ich hatte mich kaum zugedeckt, da war ich schon eingeschlafen. Irgendwann in der Nacht wachte ich auf. Da es mir heiß war, nahm ich einige Decken vom Bett und ging ans Fenster, um frische Luft zu schöpfen. Der Garten war vom Mondlicht überflutet, und ich konnte sehen, wie sich auf dem Rasen etwas merkwürdig drehte und wand. Nach einer Weile erkannte ich, daß es zwei Katzen waren. In dieser Entfernung beunruhigten sie mich nicht, und ich sah ihnen eine Weile zu, ehe ich wieder zu Bett ging. Sie balgten sich, sprangen auseinander und jagten ihrem eigenen Schatten nach. Es wirkte wie ein ritueller Tanz. Dann schien sie etwas stutzig zu machen, und sie huschten davon.

Ich legte mich wieder hin, konnte aber nicht mehr einschlafen. Meine Nerven schienen überreizt zu sein. Ich lag da und sah auf das Fenster, während ich auf ein weiches Rascheln lauschte, das aus der großen, an dieser Seite des Hauses rankenden Glyzinie kam. Und dann landete plötzlich etwas mit einem weichen Aufprall auf meiner Fensterbank – eine riesige Moschuskatze. Eine von diesen grau und schwarz gestreiften Katzen. Bei uns zulande nennt man sie so. Noch nie hatte ich eine von dieser Größe gesehen. Sie stand da mit seitwärts geneigtem Kopf und starrte ins Zimmer, während sie die Ohren leise am Fensterkreuz rieb.

Das konnte ich natürlich nicht dulden. Ich verjagte das Biest, das geräuschlos verschwand. Trotz der Hitze schloß ich das Fenster. Fern im Gebüsch glaubte ich ein schwaches Miauen zu hören. Dann Schweigen. Ich schlief endlich wieder ein und rührte mich nicht, bis ich von dem Mädchen geweckt wurde.

Am nächsten Tage nahm uns Merridew in seinem Wagen mit, um uns den Damm zu zeigen. Bei dieser Gelegenheit merkte ich zum erstenmal, daß Mrs. Merridews Nervosität doch noch nicht ganz geheilt war. Merridew zeigte uns die Stelle, wo ein Teil des Flusses in einen kleinen schnellen Wasserlauf verwandelt war, der den Dynamo einer elektrischen Anlage speisen sollte. Man hatte ein paar Planken über diesen Bach gelegt, und Merridew wollte uns hinüberführen, um uns die Maschinen zu zeigen. Der Bach war weder breit noch gefährlich, doch Mrs. Merridew weigerte sich entschieden, ihn zu überqueren, und wurde ganz hysterisch, als ihr Mann sie zu überreden versuchte. Schließlich gingen er und ich allein hinüber. Als wir zurückkehrten, hatte sie sich beruhigt und entschuldigte sich wegen ihres Benehmens. Merridew nahm natürlich alle Schuld auf sich, und ich kam mir ein wenig überflüssig vor. Sie erzählte mir später, daß sie als Kind einmal in einen Fluß gefallen und beinahe ertrunken sei, und seitdem habe sie einen Widerwillen gegen fließendes Wasser. Abgesehen von dieser unbedeutenden Episode, habe ich während meines ganzen Aufenthaltes nie gehört, daß die beiden sich gestritten hätten. Auch bemerkte ich eine ganze Woche lang nichts, das auf einen Defekt in Mrs. Merridews strahlender Gesundheit schließen ließ. Im Gegenteil, als Mittsommer näher rückte und die Hitze intensiver wurde, schien ihr ganzer Körper vor Vitalität zu glühn. Es war, als ob sie von innen her leuchtete.

Merridew war den ganzen Tag draußen am Damm und arbeitete sehr viel, meiner Ansicht nach zuviel. Ich fragte ihn, ob er schlecht schlafe. Im Gegenteil, erwiderte er, er schlafe ein, sobald sein Kopf auf dem Kissen liege, und habe – was höchst ungewöhnlich für ihn sei – überhaupt keine Träume. Ich selbst schlief auch ganz gut, aber die Hitze machte mich schlapp. Mrs. Merridew unternahm lange Autofahrten mit mir. Ich lehnte stundenlang im Wagen, durch den warmen Lufthauch und das Summen des Motors eingelullt, und blickte hin und wieder auf meine Fahrerin, die kerzengerade am Steuer saß, die Augen unverwandt auf das Fließband der Straße gerichtet. Wir durchstreiften die ganze Gegend südlich und östlich von Little Hexham, und ein paarmal stießen wir sogar im Norden bis Bath vor. Einmal schlug ich vor, über die Brücke in einen Wald zu fahren. Doch Mrs. Merridew war von dieser Idee nicht entzückt. Sie sagte, die Straße sei schlecht und das Landschaftsbild auf der anderen Seite der Brücke enttäuschend.

Im großen und ganzen verbrachte ich eine angenehme Woche in Little Hexham, und wenn die Katzen nicht gewesen wären, hätte ich mich durchaus behaglich gefühlt. Aber jede Nacht suchten sie den Garten heim. Die Moschuskatze, die ich in der ersten Nacht gesehen hatte, dazu eine kleine rötliche und ein stinkender schwarzer Kater waren besonders lästig. Ich bombardierte meine Besucher mit Stiefeln und Büchern bis zum Überdruß, aber sie schienen entschlossen, den Wirtshausgarten zu ihrem Treffpunkt zu machen. Die Plage wurde von Nacht zu Nacht schlimmer. Einmal zählte ich fünfzehn Katzen, die auf ihren Hinterteilen saßen und einen Kreis bildeten, während die Moschuskatze ihren Schattentanz tanzte und wie ein Weberschiffchen zwischen ihnen hindurchglitt. Ich mußte bei geschlossenem Fenster schlafen; denn die Moschuskatze hatte es sich zur Gewohnheit gemacht, an der Glyzinie emporzuklettern. Die Tür mußte ich ebenfalls schließen; denn als ich einmal hinuntergegangen war, um etwas aus dem Wohnzimmer zu holen, fand ich sie auf meinem Bett, wo sie mit in sinnlicher Ekstase geschlossenen Augen die Decke mit den Pfoten knetete – *pr'rp pr'rp pr'rp*. Ich jagte sie fort, und sie fauchte mich an, als sie in den dunklen Korridor flüchtete.

Ich erkundigte mich bei der Wirtin nach ihr und erhielt die abweisende Antwort, daß man im Gasthaus keine Katzen halte. Bei Tage habe ich auch niemals eine dieser Kreaturen gesehen. Aber eines Abends in der Dämmerung traf ich den Wirt in einem der Nebengebäude. Auf seiner Schulter hockte die rötliche Katze, und er fütterte sie mit Leberstückchen. Ich machte ihm Vorhaltungen darüber, daß er die Katzen zu sehr an diesen Platz gewöhne, und fragte ihn, ob ich ein anderes Zimmer bekommen könne, da mich das nächtliche Katzengeschrei störe. Er murmelte, daß er mit seiner Frau darüber sprechen wolle. Aber es blieb alles beim alten.

Und dazu wurde es von Tag zu Tag schwüler, als ob ein Gewitter im Anzuge sei. Der Himmel war wie Messing und die Erde wie Eisen, und die Luft zitterte, daß es den Augen weh tat, sie anzusehen ...

Na schön, Harringay, ich werde mich kürzer fassen. Jedenfalls verschweige ich Ihnen nichts. Meine Beziehungen zu Mrs. Merridew waren durchaus normal. Natürlich waren wir sehr viel zusammen, da Merridew ja den ganzen Tag fort war. Wir fuhren morgens mit ihm zum Damm und brachten den Wagen wieder mit zurück. Bis zum Abend mußten wir uns so gut unterhalten wie es ging. Sie schien ganz gern in meiner Gesellschaft zu sein, und ich hatte nichts gegen sie einzuwenden. Ich kann Ihnen nicht sagen, worüber wir sprachen – nichts Besonderes. Sie war keine redselige Frau. Sie konnte stundenlang in der Sonne liegen, ohne viel zu sagen; gab einfach ihren Körper dem Licht und der Wärme hin. Manchmal spielte sie einen ganzen Nachmittag mit einem Zweig oder einem

Kieselstein, während ich dabeisaß und rauchte. Beruhigend? Nein. Nein – so möchte ich sie eigentlich nicht nennen. Auf mich wirkte sie jedenfalls nicht so. Abends wurde sie lebhafter und redete etwas mehr, aber im allgemeinen ging sie früh zu Bett und ließ Merridew und mich bei unserer Unterhaltung im Garten allein.

Ach, der Revolver. Natürlich. Ich kaufte ihn in Bath, als ich genau eine Woche in Little Hexham war. Wir fuhren morgens hin, und während Mrs. Merridew einige Sachen für ihren Mann besorgte, stöberte ich in den Altwarenläden herum. Ich hatte beabsichtigt, mir ein Luftgewehr oder eine Schrotflinte oder etwas Ähnliches zu besorgen, und dann sah ich den Revolver. Sie haben ihn natürlich auch gesehen. Er ist sehr klein – fast ein Spielzeug, wie es in den Büchern immer heißt, aber dennoch eine tödliche Waffe. Der Alte, der ihn mir verkaufte, schien sich mit Schußwaffen nicht auszukennen. Er hatte ihn vor einiger Zeit als Pfand angenommen, wie er mir sagte, zusammen mit zehn Kugeln. Er machte keine Schwierigkeiten wegen eines Waffenscheins – war sicher froh, daß er das Ding verkaufen konnte. Ich erwähnte im Scherz, daß ich mir ein paar Katzen aufs Korn nehmen wolle. Bei dieser Bemerkung schien er aufzuhorchen und fragte mich, wo ich wohne. Ich erwiderte: «In Little Hexham.»

«Ich rate Ihnen, vorsichtig zu sein, Sir», sagte er. «Sie halten da unten viel von ihren Katzen und glauben, es bringt Unglück, wenn man sie tötet.» Und dann fügte er noch etwas hinzu, das ich nicht richtig verstanden habe, etwas von einer silbernen Kugel. Er war ein tatteriger alter Mann und schien jetzt Bedenken zu hegen, ob er mir den Revolver anvertrauen könne, aber ich versicherte ihm, daß ich keine Dummheiten damit machen würde. Er sah mir von der Ladentür aus nach, während er nachdenklich an seinem Bart zupfte.

In der Nacht kam das Gewitter. Der Himmel hatte sich gegen Abend in Blei verwandelt, aber die schwüle Hitze war noch drückender als der Sonnenschein. Beide Merridews schienen hochgradig nervös zu sein – er war verdrießlich und verwünschte das Wetter und die Fliegen, sie war von einer merkwürdigen, vibrierenden Erregung befallen. Ein nahendes Gewitter wirkt auf manche Menschen so. Mir erging es nicht viel besser, und zu allem Übel beschlich mich das Gefühl, daß das Haus voller Katzen sei. Ich konnte sie nicht sehen, wußte aber, daß sie da waren, hinter den Schränken lauerten und lautlos durch die Korridore huschten. Es war mir kaum möglich, im Gastzimmer zu sitzen; ich war froh, als ich mich endlich auf mein Zimmer verziehen konnte. Katzen hin, Katzen her, ich mußte das Fenster öffnen. Ich saß da, mit aufgeknöpfter Pyjamajacke, und versuchte einen Lufthauch zu erhaschen. Aber der Raum war wie das Innere eines Ofens. Und stockdunkel. Von meinem Fenster konnte ich kaum sehen, wo das Gebüsch aufhörte und der Rasen begann. Doch die Katzen konnte ich hören und fühlen. Es kratzte in der Glyzinie und raschelte in den Blättern, und gegen elf Uhr begann eine von ihnen das Konzert mit einem langen, häßlichen Jammergeschrei. Eine nach der anderen fiel ein – ich möchte schwören, daß es mindestens fünfzig waren! Und bald darauf beschlich mich wieder dieses widerliche Gefühl, das meine Haut kribbeln ließ, und ich wußte, daß sich eine der Katzen in der Dunkelheit an mich heranpirschte. Ich blickte mich um, und da stand sie, die große Moschuskatze, dicht an meiner Schulter, und ihre Augen glühten wie grüne Laternen. Mit einem gellenden Schrei schlug ich nach ihr, und sie sprang fauchend in die Tiefe. Ich hörte sie auf dem Kies landen, und überall im Garten brach von neuem ein heftiges Gejaule aus. Im nächsten Augenblick herrschte völlige Stille. In der Ferne sah man einen züngelnden blauen Blitz – kurz darauf noch einen. Beim ersten erkannte ich, daß die Gartenmauer der Länge nach von Katzen besetzt war, wie der Fries in einem Kinderzimmer. Beim zweiten Blitz war die Mauer leer.

Um zwei Uhr kam der Regen. Drei Stunden lang hatte ich am Fenster gesessen und beobachtet, wie die Blitze über den Himmel zuckten, und mich am Krachen des Donners ergötzt. Das Gewitter schien die elektrischen Spannungen aus meinem Körper entfernt zu haben – ich hätte vor Erregung und Erleichterung schreien können. Dann fielen die ersten schweren Tropfen, die bald in einen kräftigen Regen übergingen. Schließlich die Sintflut. Mit einem Geräusch wie von fallenden Stahlstäben prasselte der Regen auf den ausgedörrten Boden. Der Erdgeruch drang berauschend ins Zimmer, und der zunehmende Wind schleuderte mir die Tropfen ins Gesicht. Ich hörte am anderen Ende des Korridors ein Fenster zuschlagen, aber ich lehnte mich weit hinaus und ließ Kopf und Schultern vom Regen überfluten. Der Donner grollte noch von Zeit zu Zeit, aber weniger laut und in weiterer Ferne, und im Schein eines gelegentlichen Blitzes sah ich das weiße Gitterwerk des fallenden Wasser zwischen mir und dem Garten.

Nach einem dieser Donnerschläge vernahm ich ein Klopfen an meiner Tür. Ich öffnete, und auf der Schwelle stand Merridew mit einer Kerze in der Hand und schreckensbleich.

«Felicitas!» sagte er. «Sie ist krank. Ich kann sie nicht wach bekommen. Um Himmels willen, komm und hilf mir!»

Ich folgte ihm in sein Zimmer. Hier standen zwei Betten – ein mit karmesinrotem Damast behangenes Himmelbett und ein schmales, nahe ans Fenster gerücktes Feldbett. Die schmale Bett war leer. Die beiseite geworfenen Decken deuteten darauf hin, daß Merridew sich gerade von diesem Lager erhoben hatte. Im Himmelbett lag Mrs. Merridew, nackt, nur mit einem Laken bedeckt. Ihr langes schwarzes Haar hing in zwei Zöpfen über ihre Schultern. Ihr Gesicht war wächsern, eingefallen wie bei einer Leiche, und ihr Puls so schwach, daß ich ihn zuerst kaum finden konnte. Sie atmete langsam und flach, und ihre Haut fühlte sich kalt an. Ich schüttelte sie, aber ohne jede Wirkung. Dann zog ich ihre Augenlider hoch und sah, daß die Iris unter den Lidern verschwunden war, so daß nur noch das Weiße sichtbar war. Ich berührte einen der empfindlichen Augäpfel mit meiner Fingerspitze, ohne eine Reaktion. Ich fragte mich, ob sie wohl ein Rauschgift nahm.

Merridew hielt eine Erklärung für angebracht und stotterte etwas von der Hitze – sie konnte nicht einmal ein seidenes Nachthemd ertragen – *sie* hatte ihm den Vorschlag gemacht, im anderen Bett zu schlafen – er hatte nicht einmal das Gewitter gehört – war erst aufgewacht, als ihm der Regen ins Gesicht strömte. Er war aufgestanden und hatte das Fenster zugemacht. Dann hatte er nach ihr gerufen, um zu wissen, ob alles in Ordnung sei – er nahm an, daß das Gewitter sie vielleicht erschreckt habe. Es kam keine Antwort. Dann hatte er eine Kerze angezündet, und ihr Zustand hatte ihm Angst eingejagt – und so weiter.

Ich bat ihn, sich zusammenzunehmen, und sagte, wir wollten versuchen, ihre Blutzirkulation anzuregen, indem wir ihr die Hände und Füße rieben. Ich war überzeugt, daß sie unter dem Einfluß eines Opiates stand. Wir machten uns an die Arbeit: wir rieben sie, kneteten sie, schlugen sie mit nassen Handtüchern und riefen sie beim Namen. Aber es war, als hätten wir eine Tote vor uns. Daß sie noch lebte, deutete nur das leichte, aber regelmäßige Heben und Senken ihres Busens an, auf dem ich – überrascht, daß die magnolienhafte Weiße irgendwie getrübt war – gerade über dem

Herzen ein großes braunes Muttermal entdeckte. Auf meine verstörte Phantasie wirkte es wie eine Wunde und eine Drohung. Wir hatten uns bereits eine Zeitlang heftig abgemüht, als wir durch ein Geräusch vor dem Fenster abgelenkt wurden. Ich ergriff die Kerze und blickte hinaus.

Auf der Fensterbank saß die Moschuskatze und kratzte an der Scheibe. Das nasse Fell klebte ihr am Körper, ihre Augen blickten mich böse an, ihr Maul war in heftigem Protest geöffnet. Sie klammerte sich ungestüm an das Fensterkreuz, während ihre Hinterpfoten kratzend auf dem Holzwerk ausrutschten. Ich hämmerte an die Scheibe und brüllte sie an, und sie schlug wie besessen mit den Pfoten gegen das Glas. Als ich mich fluchend abwandte, stieß sie einen langen, verzweifelten Schrei aus...

Merridew rief mir zu, ich möchte die Kerze bringen und das Biest in Ruhe lassen. Ich kehrte ans Bett zurück, aber das Gejammer nahm kein ein Ende. Ich schlug Merridew vor, den Wirt zu wecken, Wärmeflaschen und Brandy zu holen und nach Möglichkeit einen Boten zum Arzt zu schicken. Während er sich auf den Weg machte, fuhr ich mit der Massage fort. Mir war, als ob ihr Puls schwächer würde. Dann fiel mir plötzlich ein, daß ich eine kleine Brandyflasche in meinem Koffer hatte. Ich lief hinaus, um sie zu holen, und sofort hörte das Heulen der Katze auf.

Als ich mein Zimmer betrat, empfand ich den durch das offene Fenster wehenden Luftzug als sehr angenehm. Ich fand meinen Koffer im Dunkeln und wühlte unter Hemden und Socken nach der Flasche, als ich auf einmal ein lautes, triumphierendes «Miau» hörte. Ich drehte mich rasch um und sah gerade noch, wie die Moschuskatze sich auf der Fensterbank duckte, bevor sie an mir vorbei aus dem Zimmer sprang. Ich fand die Flasche und eilte damit zurück, gerade als Merridew und der Wirt die Treppe hinaufstürmten.

Wir betraten alle zusammen das Zimmer, und in diesem Augenblick regte sich Mrs. Merridew, richtete sich auf und fragte uns erstaunt, was denn eigentlich los sei.

Ich bin mir selten so blöde vorgekommen.

Am nächsten Tag war es kühler. Das Gewitter hatte die Luft gereinigt. Was Merridew seiner Frau erzählt hatte, weiß ich nicht. Keiner von uns spielte auf den nächtlichen Zwischenfall an, und allem

Anschein nach befand sich Mrs. Merridew bei bester Gesundheit und Laune. Merridew nahm sich einen Tag frei, und wir machten alle zusammen eine lange Picknicktour. Wir befanden uns im besten Einvernehmen. Fragen Sie Merridew – er wird es Ihnen bestätigen. Er würde... er könnte bestimmt nichts anderes sagen. Ich kann nicht glauben, Harringay, ich kann einfach nicht glauben, daß er sich vorstellen oder den Verdacht haben könnte, daß ich... Hören Sie, es gab überhaupt nichts, das einen Verdacht erwecken konnte. Gar nichts!

Ja – dies ist das wichtige Datum – der 24. Juni. Ich kann Ihnen keine weiteren Einzelheiten geben; es gibt nichts zu berichten. Wir kehrten zurück und nahmen, wie üblich, unser Dinner ein. Alle drei hatten wir den ganzen Tag bis zum Schlafengehen zusammen verbracht. Ich gebe Ihnen mein Ehrenwort, daß ich an diesem Tage weder mit ihm noch mit ihr irgendeine Privatunterredung gehabt habe. Ich ging als erster zu Bett, und ich hörte, wie die anderen etwa eine halbe Stunde später die Treppe heraufkamen.

Es war eine mondhelle Nacht. Ausnahmsweise störte kein Katzengeschrei die nächtliche Stille. Ich schloß nicht einmal das Fenster oder die Tür. Bevor ich zu Bett ging, legte ich den Revolver neben mich auf den Stuhl. Ja, er war geladen. Ich hatte die Absicht, auf die Katzen zu schießen, falls ihr Treiben wieder losging.

Ich war todmüde und nahm an, daß ich sofort einschlafen würde, aber die Erwartung erfüllte sich nicht. Wahrscheinlich war ich übermüdet. Ich lag im Bett und starrte auf das Mondlicht. Und dann, gegen Mitternacht, hörte ich das, worauf ich unbewußt wohl gewartet hatte: ein verstohlenes Rascheln in der Glyzinie und ein schwaches Miauen.

Ich richtete mich im Bett auf und griff nach dem Revolver. Ich hörte den Aufprall, als die große Katze auf den Fenstersims sprang. Ich sah deutlich die schwarz und silbrig gestreiften Flanken, den Umriß ihres Kopfes, die gespitzten Ohren, den aufgerichteten Schwanz. Ich zielte und drückte ab. Das Biest stieß einen fürchterlichen Schrei aus und sprang ins Zimmer.

Ich schnellte aus dem Bett. Der Knall meines Schusses hallte mit vielfachem Echo durch das schweigende Haus. Irgendwo in der Ferne hörte ich eine Stimme. Mit dem Revolver in der Hand verfolgte ich die Katze in den Korridor, um ihr vollends den Garaus zu machen. Und da sah ich Mrs. Merridew im Türrahmen von Merridews Zimmer. Sie stützte sich mit beiden Händen an den Türpfosten und schwankte hin und her. Dann sank sie vor mir zu Boden. Ihre nackte Brust war über und über mit Blut bedeckt. Als ich den Revolver umklammernd dastand und auf sie herabstarrte, kam Merridew heraus und fand uns – so...

Nun, Harringay, das ist meine Geschichte, genau wie ich sie Peabody auch erzählt habe. Ich fürchte, sie wird vor Gericht nicht gut klingen, aber ich kann es nicht ändern. Die Blutspuren führten von meinem Zimmer bis zu ihrem; die Katze muß diesen Weg genommen haben. Ich *weiß,* daß es die Katze war, die ich angeschossen habe. Eine Erklärung kann ich Ihnen nicht geben. Ich kann nicht sagen, wer Mrs. Merridew erschossen hat oder warum. Auch kann ich nichts dafür, wenn die Leute im Gasthaus behaupten, sie hätten die Moschuskatze nie gesehen. Merridew hat sie in jener Nacht gesehen, und ich weiß, daß er es nicht abstreiten wird. Durchsuchen Sie das Haus, Harringay – das ist das einzige, was man tun kann. Kehren Sie das Unterste zuoberst, bis Sie den Kadaver der Moschuskatze finden. In ihm werden Sie meine Kugel entdecken.

Rudolf Hagelstange

Ärger mit Schopenhauer

Sehr geehrter Herr Generaldirektor, ich bitte, mir nicht zu verübeln, daß ich Sie mit einem sehr ausführlichen Schreiben behellige. Unerwartete, merkwürdige Begebenheiten veranlassen mich, um Rückversetzung an unser Zweigwerk in O. zu bitten. Ich darf Ihnen den Fall nachstehend vortragen.

Als ich vor rund anderthalb Jahren von Ihrer freundlichen Aufmerksamkeit begünstigt, in das Planungsbüro unseres Hauptwerkes berufen wurde, befand sich in meinem Gefolge außer meiner Frau, zwei Kindern und der Hausgehilfin auch unser Kater Schopenhauer, in etwas bedrängteren Augenblicken auch Schops gerufen. Ich wählte diesen vielleicht sonderbar anmutenden Namen einmal, weil mich das Tier auf rätselhafte Weise an meinen Lieblingsphilosophen Schopenhauer beziehungsweise dessen Bild erinnert, zum anderen aber, weil es von ungewöhnlicher, fast menschlicher Intelligenz ist und in einer Art Symbiose mit mir lebt. Solange ich im Hause bin, ist auch Schopenhauer im Hause. Er verläßt es, wenn ich ins Büro fahre. Er erwartet mich vor der Haustür, wenn ich heimkehre. Da ich nachts oft arbeite, haben wir getrennte Schlafzimmer, das heißt, meine Frau und ich, während Schopenhauer, der an Sauberkeit jeden Menschen übertrifft, in meinem Bett schläft. Arbeite ich über vertretbare Zeit hinaus, so kommt er auf den Zeichentisch und legt seine Pfote auf meinen Arm. Er vermahnt mich. Das wiederholt sich, wenn ich nicht aufhöre. Aber meist folge ich dem Rat. Nur dreimal ist es vorgekommen, daß Schopenhauer mir buchstäblich den Zeichenstift aus der Hand schnippte.

Morgens, wenn der Wecker schellt, erhebt sich Schopenhauer unauffällig – er liegt oberhalb meines Kopfkissens – und legt die

Pfote auf den Druckknopf, der das Klingeln abschaltet. Das geschieht gelegentlich so rasch und taktvoll, daß ich wieder in Schlaf falle. Das wiederum läßt das Tier nicht lange zu, sondern nötigt mich durch freundlichste Berührung in den Tag, geleitet mich ins Badezimmer und putzt und leckt sich, während ich mich wasche und rasiere. Dann frühstücken wir zusammen, denn ich frühstücke allein, und Schopenhauer besetzt und besitzt für diese Viertelstunde das hohe Kinderstühlchen unserer Anette, leert seine kleine Milchschüssel, kriegt vom Honighörnchen, auch Käserinden schätzt er sehr, und wenn ich eine oder zwei Ölsardinen mit ihm teile, ist das ein Festtag für ihn. Er begleitet mich zum Auto; wenn es anfährt, springt er mit einem federnden Satz auf die Mauer des angrenzenden Friedhofs und ist für die Stunden meiner Abwesenheit verschwunden. Nur selten kommt er mittags für einen kurzen Imbiß nach Hause, offenbar nur dann, wenn andere Jagdgründe sich ihm verschlossen hielten.

Für Menschen, beziehungsweise ihre Charaktere, hat er einen zuweilen geradezu bestürzenden Instinkt. Kommen Besucher, so empfängt er sie mit mir an der Tür, und noch während sie Hut und Mantel ablegen, sieht das Tier mich ruhig an, und ich kann an diesem Blick ablesen, mit wem ich es zu tun habe. Seine Augen drücken dann so viel Zustimmung oder Ablehnung aus, daß an seiner Einschätzung kein Zweifel möglich ist. In besonders krassen Fällen äußert sich diese auch in aktiver Stellungnahme. So hatten wir, noch in O., eine Hausangestellte von aufdringlicher Liebenswürdigkeit, angenehmem Äußeren und betont guten Manieren. Schon am zweiten Tag antwortete Schopenhauer auf eine ihm zugedachte Liebkosung mit einem Kratzer. Am siebten Tag beschwerte sich der Hausgeist über eine unziemliche Verunreinigung seines Kopfkissens. Am neunten Tage stellte meine Frau die erste Einbuße an Wirtschaftsgeld fest. Am fünfzehnten vermißte sie eine Bluse und zwei Paar Strümpfe.

Am achtzehnten Tage hörte ich zufällig, spät heimkehrend, unliebsame Geräusche im Zimmer des Mädchens und machte mich mit naiven Fragen nach Einbrechern vor ihrer Tür bemerkbar. Die Zimmertür wurde so geöffnet, daß ich sofort das leere Bett, aber durch herunterhängende Decken nicht unter das Bett sehen konnte. Am Tage darauf verunreinigte Schopenhauer, der mich bei dieser mißlungenen Inspektion begleitet hatte, zwei Stellen unterhalb dieses Bettes nachdrücklichst, offenbar in der Absicht, dem ungesetzlichen Liebhaber den Boden zu weiteren Geheimaktionen zu entziehen. Ich will Sie nicht langweilen mit weiteren Intelligenzbeweisen, sondern auf den eigentlichen Anlaß meines Schreibens kommen.

Seit etlichen Wochen habe ich Ärger mit Schopenhauer. Ärger, der aus der unmittelbaren Nachbarschaft des Stadtfriedhofs herrührt. Ich sagte schon oben, daß der Kater, wenn ich zum Dienst aufbreche, seinen Weg über die Friedhofsmauer wählt, um, wie ich annahm, sich dort zwischen Gesträuch und Gewächsen, bepflanzten oder vernachlässigen Grabhügeln oder Zypressen, Birken und Lebensbäumen zu ergehen, hier eine Eidechse, dort eine Maus oder sonst Jagdbares zu erhaschen, Vögeln nachzustellen, ein Stelldichein zu absolvieren, eventuell auch an frisch ausgehobenen, also keineswegs eingesegneten Gräber etwas Überflüssiges zu verscharren.

Man weiß, wonach der Sinn des Katzenvolkes steht. All dieses gibt kein Ärgernis: die Tierschutzvereine fühlen sich zum Schutz von Hunden, Affen und Katzen aufgerufen, die Eidechsen und Vögel müssen zusehen, wie sie ohne Tierschutz zu Jahren und Altersheim kommen. Das Ärgernis, das Schopenhauer gibt, ist gewissermaßen metaphysischer Natur. Schopenhauer hat im Laufe der siebzehn Monate, da wir am Ort wohnen, Besitz von diesem Friedhof ergriffen, hat ihn in seine Obhut und Wachsamkeit genommen, und weil er ein äußerst intelligentes Tier ist, hat er seine Befugnisse auch auf eine Art Repräsentation ausgedehnt, die gerade in Anbetracht der trauererweckenden Vorkommnisse, als welche Todesfälle zumeist angesehen werden dürfen, beziehungsweise in Anbetracht der sie abschließenden Begräbnisfeierlichkeiten als unangebracht, ja störend empfunden wird. Nach mancherlei Andeutungen und Gerede setzte mich vor vierzehn Tagen unser würdiger Herr Stadtpfarrer ins Bild, ohne Vorwurf, milde, eigentlich voll Bewunderung und Sympathie für das kluge Tier, aber dann doch mit der inständigen Bitte, Abhilfe zu schaffen. Nicht jeden, aber doch fast jeden Tag haben wir den Heimgang eines Mitbürgers oder einer Mitbürgerin zu beklagen, und Sie wissen vielleicht, daß der Herr Stadtpfarrer sehr auf das Zeremoniell bedacht ist und daß selbst von den unmittelbar Betroffenen seine Feierlichkeiten geschätzt, beinahe begehrt sind. Man spricht sogar davon, daß Konversionen stattgefunden hätten, weil der Pfarrer von der anderen

Fakultät, der sich ohnehin nur auf gewisse Gebete beschränkt, bei weitem nicht so zu Augen und Herzen gehende Stimmung verbreite. Die leichtfertige Redewendung: Es war ein würdiges Begräbnis, oder: es war eine schöne Beerdigung, hat in unserer Stadt ein reelles Gewicht. Der Herr Stadtpfarrer läßt das gußeiserne Tor des Friedhofs z. B. verschlossen halten, bis der Trauerzug, gewissermaßen um Einlaß bittend, vor dem Portal anlangt. Dann öffnet der Friefhofswärter die Pforte, aber noch ehe er sie öffnet, sehen die vordersten Teilnehmenden durch die Gitterstäbe in der Mitte des Hauptweges, etwa zehn oder fünfzehn Meter entfernt, meinen Schopenhauer sitzen in Erwartung der beinahe obligaten täglichen Feierlichkeit. Der Pfarrer betritt als erster den Weg. Schopenhauer erhebt sich und geht ihm entgegen, langsam, mit hoch erhobenem Schwanz, der sich am Ende der Krümmung eines Bischofsstabes annähert. Er stellt sich neben den Herrn Stadtpfarrer und läßt den Sarg passieren und schließt sich mit dem geistlichen Herrn, der sich im schwarzen Talar mit blütenweißen Beffchen, samtenem Birett auf silbernem Haar sehr eindrucksvoll ausnimmt, dem Sarge an. Da Schopenhauer blauschwarzes Fell besitzt und sich seine Barthaare – er ist nicht mehr der Allerjüngste – an den Spitzen zu versilbern beginnen, mag er jetzt erst das Bild für vollständig halten. Jedenfalls bleibt er immer neben dem Herrn Stadtpfarrer, soll auch die Schwanzhaltung nicht aufgeben, wie alle Augenzeugen dem Stadtpfarrer beteuert hätten, der erhobenen Hauptes dem Grabe zuschreitet. Anfänglich habe er zuweilen dem hübschen possierlichen Begleiter einen ernsten, gewissermaßen milde verweisenden Blick zukommen lassen, aber der habe sich nicht beirren lassen, vielmehr dem alten Herrn mit einem Blick fragenden Einverständnisses erwidert, als wollte er sagen: Sind wir nicht ein würdiges Paar? Das habe den Herrn Stadtpfarrer zum Lächeln gebracht. Darum schreitet er jetzt, ohne des Tieres zu achten. Am Grabe dann, um das sich die Trauergemeinde versammelt, steht der Pfarrer, während Schopenhauer neben den Sprechenden und Betenden sitzt. Er sitzt unbeweglich und lauscht, den schönen, ausdrucksvollen Kopf mit den Bernsteinaugen etwa auf Hosenbeine beziehungsweise umflorte Schienbeine und Waden der Trauergäste gerichtet. Aber von Zeit zu Zeit unterbricht er seine Unbeweglichkeit und blickt, bei einem schön vorgetragenen Bibelzitat oder einer ausdrucksvollen Geste des Predigenden, mit seitlich hoch gedrehtem Kopf bewundernd zu diesem auf, verharrt ein Weilchen gebannt in dieser aufmerksamen Hinwendung, um sich dann wieder in ein zierliches Monument zurückzuverwandeln. Tritt der Herr Stadtpfarrer, nach vollzogenem Ritual, beiseite, um den Trauergästen Platz zu geben für die letzten Hände Erde, so tritt auch Schopenhauer in den Hintergrund, und während sich nun die Feierlichkeit in ungezügelteren Schmerz und ungeregeltere Teilnahme aufzulösen beginnt, geht der geistliche Herr still für sich, aber nicht allein, den Weg zum Portal zurück. Dort erst hält Schopenhauer an, der diesmal den Schwanz ohne Bischofskringel trägt, und entläßt ihn zu seinem Dienst an den Lebenden. Und nun wähnt er wohl auch sich entlassen, man sieht ihn nicht mehr, und das ist gut so. Denn Sie werden sich vorstellen können, sehr geehrter Herr Generaldirektor, daß die unerbetene Teilnahme des unbestellten Kustoden an den Begräbnisfeierlichkeiten nicht ohne Begleiterscheinungen bleibt. Teilnahme lindert wohl den Schmerz, so sagt man wenigstens. Aber die Teilnahme Schopenhauers an der Feierlichkeit trübt den reinen Schmerz, oder sagen wir genauer, sie läßt keinen ungetrübten Schmerz zu. Seufzer und Schluchzer sehen sich um ihre Eindeutigkeit betrogen. Die Anmut und Gefälligkeit des drolligen Tieres siegt über die Starre und das Mißfallen des Todes. Des Menschen Natur, von widersprüchlichen Reizen angesprochen, verkrampft sich, verliert die vorgefaßte Orientierung. Mit einem Satz: die Existenz Schopenhauers, an offenen Gräbern wenigstens, wird, obwohl oder vielleicht weil sie unfreiwillig den Charakter einer verhohlenen Erheiterung hat, als öffentliches Ärgernis empfunden. So sagte der Herr Stadtpfarrer, so sagte es mir ein anonymer Brief, der mir die bevorstehende Beseitigung Schopenhauers androht. Und so sage ich es mir selbst. Wir Menschen haben, wie Friedrich Schiller es großartig formuliert hat, nur die bange Wahl zwischen Sinnenglück und Seelenfrieden. Ich erhalte mir beides und meiner Umwelt den Seelenfrieden, wenn ich das Ärgernis entferne. Darum bitte ich nach langer und reiflicher Überlegung um eine Rückversetzung nach O., notfalls in die alte Stellung und Gehaltsstufe. Hochachtungsvoll Ihr sehr ergebener ...

Randnotiz des Generaldirektors: In Anbetracht einer weiterhin glücklichen Symbiose werden Schopenhauer und sein Besitzer an die Zweigniederlassung der Firma nach O. versetzt. Letzterer bewegt sich eine Gehaltsstufe aufwärts.

Quellenverzeichnis

Cleveland Amory, «Die Katze, die zur Weihnacht kam», aus: *Die Katze, die zur Weihnacht kam*, Scherz Verlag, Bern und München.

Victor Auburtin, «Blaue Katzen und Kater Cleveland», aus: *Pfauenfedern*, Langen Müller Verlag in der F. A. Herbig Verlagsbuchhandlung, München.

Elisabeth Castonier, «Ein Gentleman stirbt», aus: *Gesamtwerk*, Herbig Verlagsbuchhandlung, München.

Warren Chetham-Strode, «Katzen ganz privat», aus: *Katzen ganz privat*, Süddeutscher Verlag, München.

Jean Cocteau, «Über eine Katzengeschichte», aus: *Tagebuch eines Unbekannten*, Éditions Bernard Grasset, Paris.

Colette, «Nonoche», aus: *Friede bei den Tieren*, Zsolnay Verlag, Wien.

Axel Eggebrecht, «Mutz und Pimsel», aus: *Katzen*, Verlags AG Die Arche, Zürich, 1967, 1989.

Paul Gallico, «Ein Mann wird gezähmt», aus: *Miau sagt mehr als tausend Worte*, Albert Müller Verlag, Rüschlikon.

Rudolf Hagelstange, «Ärger mit Schopenhauer», aus: *Zeit für ein Lächeln*, List Verlag, München.

Eva-Maria Harden, «Maus und Katz», aus: *Im Doppel billiger*, Scherz Verlag, Bern und München.

Ernest Hemingway, «Katze im Regen», aus: *49 Stories*, Rowohlt Verlag, Reinbek, 1950.

Patricia Highsmith, «Leer ist das Vogelhaus», aus: *Der Schneckenforscher*, Diogenes Verlag, Zürich, 1978.

Richard Katz, «Hund und Katz», aus: *Übern Gartenhag*, Albert Müller Verlag, Rüschlikon.

Rudyard Kipling, «Die Katze, die für sich allein ging», aus: *Das kommt davon*, List Verlag, München.

Doris Lessing, «Eine alte Frau und ihre Katze», aus: *Der Mann, der auf und davon ging*, Klett-Cotta Verlag, Stuttgart, 1979.

Ella Maillart, «Ti-Puss», aus: *Ti-Puss*, Albert Müller Verlag, Rüschlikon.

Bruce Marshall, «Katzengesellschaft», aus: *Kätzchen und Katzen*, Sanssouci Verlag, Zürich, 1975.

Herbert Rosendorfer, «Bilanz», aus: *Ball bei Thod*, Nymphenburger Verlag in der F. A. Herbig Verlagsbuchhandlung, München.

Damon Runyon, «Lillian», aus: *In Mindy's Restaurant*, Harper & Row Publishers, New York und Fischer Verlag, Frankfurt.

Saki, «Tobermory», aus: *Die offene Tür*, Diogenes Verlag, Zürich, 1973.

Dorothy Sayers, «Die Moschuskatze», aus: *Feuerwerk*, Scherz Verlag, Bern und München.

Jill Steinberg, «Miss Lucie ist verschwunden», aus: *Die unverbesserliche Miss Lucie*, Lübbe Verlag, Bergisch Gladbach.

D. L. Stewart, «Eigentlich kann ich Katzen nicht ausstehen», aus: *Väter sind auch nur Menschen*, Scherz Verlag, Bern und München.

Kurt Tucholsky, «Die Katz», aus: *Gesammelte Werke, Band 1*, Rowohlt Verlag, Reinbek, 1960.

Mark Twain, «Dick Baker und sein Kater», aus: *Durch Dick und Dünn*, Hanser Verlag, München, 1985.

Roy Vickers, «Miss Paisleys Katze», aus: *Mord*, herausgegeben von Mary Hottinger, Diogenes Verlag, Zürich, 1972.

P. G. Wodehouse, «Die Geschichte von Webster», aus: *Mulliner Nights*, Agentur Mohrbooks, Zürich.

Wir danken den genannten Rechtsinhabern für die Genehmigung zum Abdruck der Auszüge aus den obengenannten Werken.